T0105768

# العنف ضد المرأة

## بين الفقه والمواثيق الدولية

الطبعة الأولى

١٤٣١هـ - ٢٠١٠م

المملكة الأردنية الهاشمية

رقم الإيداع لدى دائرة المكتبة الوطنية

(٢٠٠٩/١٠/٤٥١٨)

٣٦٢,٢٩٢

ضيف الله، عالية أحمد صالح

العنف ضد المرأة بين الفقه والمواثيق الدولية/ عالية أحمد

صالح ضيف الله ـ عمان: دار المأمون للنشر، ٢٠٠٩.

(٢٨٩) ص

ر.أ: (٤٥١٨ /١٠/ ٢٠٠٩).

الواصفات: /العنف الاسرى//المرأة//الإسلام/

❖ أعدت دائرة المكتبة الوطنية بيانات الفهرسة والتصنيف الأولية

❖ يتحمل المؤلف كامل المسؤولية القانونية عـن محتوى مصنفه ولا يعبر هـذا المصنف عن رأي دائرة المكتبة الوطنية أو أي جهة حكومية أخرى.

دار المأمون للنشر والتوزيع

العبدلي - عمارة جوهرة القدس

تلفاكس: ٤٦٤٥٧٥٧

ص.ب: ٩٢٧٨٠٢ عمان ١١١٩٠ الأردن

E- mail: daralmamoun@maktoob.com

# العنف ضد المرأة

## بين الفقه والمواثيق الدولية
### دراسة مقارنة

الدكتورة

## عالية أحمد صالح ضيف الله

دار المأمون للنشر والتوزيع

بسم الله الرحمن الرحيم

# الإهداء

إلى رسول الله رجاء سقيا وشفاعة

إلى روح أمي الطاهرة حبا وشوقا

تـهيج لي الأحزان كل فلا أرى

سـوى موجع لي بادكارك مؤلم

تـمـثلك الأفكار لي كـل ليلة

وتؤنسني أطيافك الأنجم الزهر

أنوح لتغريد الحمائم بالضحى

وأبكي للدمع البارق المتبسم

وأرسل طرفا لا يراك فأنطوي

على كبد حرى وقلب مكـلم

ومـا أشتكي فقد الصباح لأنني

لفقدك في ليل مدى الدهر مظلم

مدامع عيني استبدلي الدمع بالدم

ولا تسـأمي أن يستهل وتسجمي

لـحق بأن يبكي دما جفن مقلتي

لأوجـب من فارقت حقا وألـزم

## شكر وتقدير

بعد شكر الـلـه تعالى على فضله وكرمه ونعمائه، أشكر والدي العزيز حفظه الـلـه تعالى، وأخي الحبيب يوسف على ما بذله لي من دعم مادي ومعنوي لإتمام دراستي فتقبل الـلـه تعالى منه ونفعه به يوم لا ينفع مال ولا بنون، وأشكر رفيق الدرب زوجي الحبييب على ما بذله لي من مساندة فجزاه الـلـه كل خير.

وأتقدم بخالص الشكر إلى أساتذتي في كلية الشريعة، وأخص بالذكر الدكتور هايل عبد الحفيظ، والأستاذ الدكتور محمد منصور، على توجيهاتهما السديدة، فجزاهما الـلـه كل خير، والدكتورة جميلة الرفاعي على ما بذلته لي من دعم معنوي ومادي منذ اللحظة الأولى من البحث فجزاها الـلـه كل خير، والأستاذ الدكتور عبد الـلـه الكيلاني، و الدكتورة رولا الحيت، والدكتور عباس الباز، والدكتور عارف حسونة، مع خالص الدعاء بان يتقبل الـلـه منهم وينفع بهم، فجزاهم الـلـه تعالى كل خير.

كما أتوجه بجزيل الشكر، وعظيم الامتنان إلى الأساتذة الأفاضل أعضاء لجنة المناقشة على تفضلهم بقبول مناقشة هذه الرسالة، ولكل من أسهم بعون، أو خصني بدعاء، سائلا للجميع المثوبة من الـلـه تعالى.

# فهرس المحتويات

# ملخص

تناولت هذه الدراسة أهم مسائل العنف ضد المرأة التي تثار على الساحة الدولية مثل؛ العنف المادي المتمثل في ضرب النساء وختانهن واغتصابهن، ومسائل العنف اللفظي المتمثل في سبها وتعييرها، وناقشت هذه المسائل، منبهة إلى تميز الفقه الإسلامي في رعايته للمرأة في جميع جوانب حياتها، وموضحة الآراء الفقهية في هذه المسائل، مقارنة ذلك بما تحتويه المواثيق الدولية المعنية بالمرأة وخاصة اتفاقية سيداو، وأوصت الدراسة بضرورة تطبيق هدي الإسلام في التعامل مع المرأة، دون الالتفات إلى الأعراف التي تتصادم مع الشريعة الإسلامية، والتي يتخذها أعداء الدين على أنها الدين، كمحاولة منهم لتحريض المرأة على التمرد على شريعة رب العالمين، وبينت الدراسة كيف أوصى الإسلام بالرفق بالمرأة، من خلال حمايته لها من جميع أشكال العنف وصوره.

# المقدمة

الحمد لله رب العالمين،والصلاة والسلام على هادي الأمم وخير البشر، ورحمة الله للعالمين،وعلى آله وصحبه ومن تبعه بإحسان إلى يوم الدين، وبعد:

ينتشر العنف ضد المرأة بشكل واسع في العالم حتى أصبح حديث الساعة في وسائل الإعلام، وواقع المرأة اليوم يدعو للحزن والأسى، إذ تتعرض لأشكال مختلفة من العنف تشمل العنف الجسدي واللفظي والاجتماعي والصحي،وتعتبرآثار العنف ضد المرأة مدمرة لها ولأسرتها بل وللمجتمع، فخطورته تتطلب تفعيل جميع أفراد المجتمع ومؤسساته للعمل على الحد من هذه الجريمة، لأن قضية المرأة تدخل في سياق قضايا الأمة الثقافية والاجتماعية والسياسية والاقتصادية والتنموية، والرفع من مستواها وحل إشكالاتها، يعزز الأمة ويرفعها.

فما تشهده المجتمعات من صراعات فكرية ثقافية، وما يوجه للإسلام من نقد لاذع في تشريعاته الخاصة بالمرأة، جعل من المهم بيان نظرة الإسلام للعنف ضد المرأة بالاعتماد على المصادر الأصلية، لا على رصد ممارسات معتنقيه، ولعل هذه الأطروحة تكون إسهاما في بلورة المشروع الحضاري الإسلامي خاصة في دحض الشبهات التي تثار حول الإسلام، والتي تستغل بعض الموروثات الاجتماعية في بعض المجتمعات المسلمة التي لا تقدر المرأة ولا تنظر إليها النظرة السوية، وتتهم الإسلام بانتقاصه للمرأة من خلال النظر في تطبيقات أحكامه التي تتمثلها بعض المجتمعات المسلمة والتي يقاس الإسلام من خلالها، ولا تقاس هي بمعايير إسلامية وفي هذا قلب للموازين، ولأن المرأة تعتبر الثغر المفتوح، الذي من خلاله تنتقص القيم الإسلامية ويدخل الآخر بكل مثالبه، فيستغل معاناتها، فباسم الدين تضرب المرأة، وباسمه تكبت وتنتقص وتعنف، جاءت الرسالة لتبين حكم الإسلام في قضايا تطرح بقوة عبر وسائل الإعلام؛ كضرب المرأة، وختانها، واغتصابها، والعنف المعنوي الذي تتعرض له سواء داخل الأسرة أو خارجها.

## الدراسات السابقة:

هنالك عدد من الدراسات والمؤلفات تناولت بعض المواضيع المتعلقة بالعنف ضد المرأة، ويمكن الإشارة إلى بعضها على سبيل الذكر لا الحصر:

- العنف ضد الزوجة في المجتمع الأردني: أمل سالم العواودة، رسالة ماجستير في علم الاجتماع، الجامعة الأردنية.١٩٩٨م.

تحدثت في التمهيد عن مفهوم العنف وأنواعه، والنظريات التي تفسر ممارسة العنف، وعن دوافع ممارسته في المجتمع الأردني، ثم أجرت دراسة ميدانية عن النساء المتزوجات ومدى تعرضهن للعنف وخلصت إلى نتائج منها؛ إن الزوجات يعانين أشكالا من العنف الاجتماعي واللفظي والجسدي والجنسي والصحي، والمعاناة لا تنحصر في المجتمعات الفقيرة بل تطال الغنية أيضا.

- العنف ضد المرأة وأثره على الإساءة للطفل، ضرار عسال، رسالة ماجستير في العمل الاجتماعي، الجامعة الأردنية،٢٠٠٣.

يتحدث عن مفهوم العنف ضد المرأة وأنواعه، وآثاره المدمرة على الطفولة من خلال دراسة ميدانية على عينات من الأطفال، ينتمون لأسر يمارس فيها العنف، ويخلص إلى توصيات بضرورة وضع تشريعات تحد من العنف الأسري لحماية الطفولة.

- أحاديث الختان، حجيتها وفقهها، سعد المرصفي، ط(١)، مكتبة المنار الإسلامية، الكويت،١٩٩٤.

يتحدث فيه عن الختان مفهومه ومشروعيته وحكمته، وكيفيته ومن يقوم به وشروطه مبينا آراء فقهاء المذاهب الأربعة في ذلك.

- جريمة اغتصاب الإناث في الفقه الإسلامي مقارنا بالقانون الوضعي، محمد الجندي، ط(١)، دار النهضة العربية، القاهرة،١٩٩٠.

يتحدث فيه عن مفهوم الاغتصاب وأركانه ووسائل الوقاية منه، بحيث يقارن بين الفقه الإسلامي والقانون الوضعي ثم يتحدث عن عقوبة المغتصب واختلاف الفقهاء فيها بحسب تكييفهم للواقعة هل حدثت في الخفاء أم بالتعدي والمجاهرة.

- جريمة الاغتصاب في ضوء الشريعة الإسلامية والقانون الوضعي، الدكتورة نهى

القاطرجي، دار مجد بيروت، الطبعة الأولى، ٢٠٠٣.

تحدثت عن جريمة الاغتصاب في الإسلام وعقوبتها وحقوق المجني عليها، مقارنة ذلك بما في القانون اللبناني والمصري والفرنسي.

- الاغتصاب أو الإكراه على الزنا دراسة فقهية قانونية مقارنة: الدكتورة نشوة العلواني، دار ابن حزم، بيروت، الطبعة الأولى، ٢٠٠٣.

تحدثت عن مفهوم الزنا وأسبابه وأضراره الاجتماعية والنفسية، وعن حكم الإسلام فيه مقارنة بالقوانين العربية والأجنبية، ثم عن الإكراه على الزنا في الشريعة وآثاره، مقارنة ذلك بجرائم الاغتصاب في القانون وتطبيقاته.

- مؤامرة الصمت؛ ختان الذكور والإناث عند اليهود والمسيحيين والمسلمين: الدكتور سامي عامر أبو ساحلية، دار الأوائل، دمشق،٢٠٠٣.

تحدث فيه عن الجدل الديني والطبي والاجتماعي والقانوني حول ختان الذكور والإناث عند اليهود والنصارى والمسلمين.

## منهج الدراسة:

هذه الدراسة تعتمد على المنهج الوصفي التحليلي القائم على:

أولا: التأصيل من القرآن الكريم والسنة النبوية الشريفة والفقه الإسلامي المصحوب بالتحليل والاستنتاج المدعوم بالأدلة الصحيحة، والمقارن بما نصت عليه المواثيق الدولية فيما يتعلق بالمرأة.

ثانيا: استقصاء تفاصيل الموضوع ما أمكن من مصادره الأصلية، ومناقشة الآراء المختلفة في المسائل الاجتهادية ومن ثم محاولة الترجيح بينها للوصول إلى الرأي الذي يكون أكثر قوة من حيث الاستدلال، وأكثر مراعاة لظروف العصر.

ثالثا: الإطلاع على إسهامات المحدثين في هذا الموضوع، والاستفادة من دراستهم، خاصة أن موضوع المرأة من المواضيع الحيوية المطروقة من شتى الثقافات.

رابعا: دراسة ما تضمنته المواثيق الدولية من قضايا العنف ضد المرأة، ونقدها على ضوء قواعد الشريعة الإسلامية،وتأييد ما جاء منها متفقا مع روح التشريع الإسلامي، محققا لمقاصده دون مصادمة أو تعارض.

خامسا: لم تتناول الدراسة منهج الإسلام في الوقاية من العنف ضد المرأة، ذلكم لأن الدراسة لظاهرة العنف ضد المرأة مجردة عن الأساليب الوقائية والعلاجية مع الإشارة لبعض الأساليب في بعض المباحث.

## خطة الدراسة:

اشتملت خطة الدراسة على مقدمة وتمهيد وفصلين وخاتمة.

ففي المقدمة تحدثت عن أهمية الموضوع وسبب اختياره والدراسات السابقة والمنهج المتبع.

**وفي التمهيد:** عرفت العنف، مبينة أنواعه وأسبابه، وآثاره، وتناولت التعريف بالمواثيق الدولية والاتفاقيات الخاصة بالمرأة.

**وفي الفصل الأول:** تناولت العنف المادي وصوره، المتمثل في ضرب النساء وختان الإناث، واغتصاب النساء، واستغلال المرأة في البغاء.

**وفي الفصل الثاني:** تحدثت عن العنف المعنوي بشقيه اللفظي والنفسي، فتحدثت عن العنف اللفظي داخل الأسرة وصوره من سب وشتم ولمز للمرأة، و العنف اللفظي خارج الأسرة وصوره من معاكسات، ومساومات، ومحاولات تغرير.

ثم تحدثت عن العنف النفسي المتمثل في عدم نقل جنسية الأم لأولادها، وإجبار المرأة على الزواج، وإجبار المرأة على الحمل، وإجبار المرأة على الرضاع.

واختتمت الدراسة بخاتمة ذكرت فيها أهم نتائج البحث، مع التوصيات.

وأخيرا وليس آخرا، فإن هذا جهد المقل، فما كان من توفيق فمن الله تعالى وحده، فإن أصبت فبفضله وعظيم كرمه، وإن أخطأت أو قصرت فمن نفسي، وأستغفر الله العظيم وأتوب إليه، وأسأله أن يتقبل عملي خالصا لوجهه وينفع به وينفعني به يوم لا ينفع مال ولا بنون إلا من أتى الله تعالى بقلب سليم.

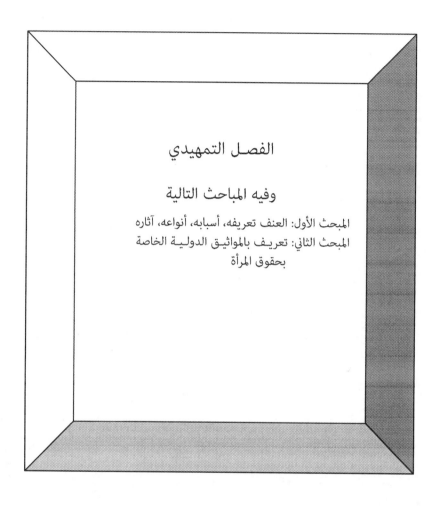

الفصـل التمهيدي

وفيه المباحث التالية

المبحث الأول: العنف تعريفه، أسبابه، أنواعه، آثاره

المبحث الثاني: تعريـف بالمواثيـق الدوليـة الخاصة
بحقوق المرأة

# المبحث الأول: العنف ضد المرأة، مفهومه، أسبابه، أنواعه، آثاره

تستقطب ظاهرة العنف ضد المرأة اهتماما عالميا، وقد بدا ذلك جليا من خلال الندوات الدولية والأبحاث والدراسات التي طرقت هذا المجال، فظاهرة العنف ضد المرأة منتشرة في جميع شرائح المجتمع وطبقاته، فهي واحدة في كل المجتمعات، وإن اختلفت أساليبها، وفيما يلي تعريف هذه الظاهرة، وبيان أسبابها، وأنواعها، وآثارها.

## المطلب الأول: مفهوم العنف ضد المرأة لغة واصطلاحا والألفاظ ذات الصلة:

العنف لغة: الخرق بالأمر وقلة الرفق به، وهو ضد الرفق، عنف به وعليه يعنف عنفا وعنافة وأعنفه وعنفه تعنيفا، وهو عنيف إذا لم يكن رفيقا في أمره، واعتنف الأمر أخذه بعنف، وهو بالضم الشدة والمشقة، وكل ما في الرفق من الخير ففي العنف من الشر مثله [١]، والتعنيف التعيير واللوم[٢]، قال ابن فارس:" العين والنون والفاء أصل صحيح، يدل على خلاف الرفق، يقال عنف يعنف عنفا فهو عنيف إذا لم يرفق في أمره، واعتنف الشيء أخذه بشدة، والتعنييف التعيير واللوم والتوبيخ والتفريق"[٣].

**أما في الاصطلاح** فقد وردت تعريفات عدة للعنف ضد المرأة، أذكر منها:

العنف ضد المرأة: السلوك أو الفعل الموجه إلى المرأة على وجه الخصوص، سواء أكانت زوجة، أو أما أو أختا أو ابنة، ويتسم بدرجات متفاوتة من التمييز والاضطهاد، والقهر والعدوانية، الناجم عن علاقات القوة غير المتكافئة، بين الرجل والمرأة في المجتمع والأسرة على حد سواء[٤].

---

(١) ابن منظور، لسان العرب، (ج٩، ص٢٥٧).

(٢) الرازي، مختار الصحاح، (ج١، ص١٩٢).

(٣) ابن فارس: معجم مقاييس اللغة، مادة عنف،

(٤) فتال، اخلاص، ٢٠٠٢م، العنف ضد المرأة لدى سيدات متزوجات من مدينة دمشق، مفاهيم وآثار صحية، رسالة ماجستير في طب الأسرة والمجتمع، جامعة دمشق، مودعة في قسم الرسائل الجامعية في مكتبة الجامعة الأردنية، عمان، (ص١٠).

فهذا التعريف يذكر نتائج العنف على نفسية المرأة بجعلها مضطهدة ومقهورة، ويذكر الأسباب الدافعة لانتشار العنف ضد المرأة، التي منها ثقافة تفضيل الرجل على المرأة.

وعرف بأنه أي عمل مقصود أو غير مقصود، يرتكب بأية وسيلة بحق المرأة لكونها امرأة، ويلحق بها الأذى والإهانة بطريقة مباشرة، ويخلق لديها معاناة نفسية أو جنسية أو جسدية، من خلال الخداع أو التهديد أو الاستغلال أو التحرش أو الإكراه أو العقاب أو أي وسيلة أخرى، وإنكار وإهانة كرامتها الإنسانية أو سلامتها الأخلاقية، أو التقليل من أمن شخصها ومن احترامها لذاتها أو شخصيتها، أو الانتقاص من إمكانياتها الذهنية والجسدية[١].

هذا التعريف يفسر ظاهرة العنف ضد المرأة بحيث يذكر نتائج وآثار العنف على المرأة، ويذكر صورا وأنواعا من العنف الممارس ضدها، ووسائل ممارسته.

ويقرب من التعريف التالي: "أي عمل من أعمال العنف القائم على نوع الجنس، يترتب عليه أو من المحتمل أن يترتب عليه، أذى بدني أو جنسي أو نفسي أو معاناة للمرأة، بما في ذلك التهديد بالقيام بأعمال من هذا القبيل، أو الإكراه أو الحرمان التعسفي من الحرية، سواء حدث ذلك في الحياة العامة أو الخاصة[٢]، ويعرف في المؤتمرات الدولية بأنه: "لا يعني فقط الاعتداء الجسدي أو المعنوي على شخص المرأة، بل يقصد به كافة أشكال السلوك الفردي والجماعي، المباشر وغير المباشر الذي ينال من المرأة، ويحط من قدرها، ويكرس تبعيتها، ويحرمها من ممارسة حقوقها المقررة لها بالقانون، ويحجبها عن المشاركة، ويمنعها من ممارسة كينونتها بشكل طبيعي وحقيقي[٣].

---

(١) دراغمة،ديما، ٢٠٠٢م، العنف الأسري وأثره على الصحة النفسية للمرأة الفلسطينية، رسالة ماجستير، جامعة القدس، مودعة في قسم الرسائل الجامعية، مكتبة الجامعة الأردنية، عمان، (ص١٢).

(٢) تقرير المؤتمر العالمي الرابع المعني بالمرأة ١٩٩٥م، نقلا عن العواودة، أمل، ١٩٩٨م، العنف ضد الزوجة في المجتمع الأردني، رسالة ماجستير في علم الاجتماع، الجامعة الأردنية، عمان، (ص ١٢).

(٣) المكتب التنسيقي لشؤوون مؤتمر بكين ١٩٩٥م، نقلا عن العواودة، أمل، العنف ضد الزوجة في المجتمع الأردني، (ص١٢).

هذه التعريفات تصف ظاهرة العنف ضد المرأة، بأشكال وأساليب مختلفة، وتوسع الظاهرة لتشمل الأسرة والمجتمع، بهدف الحط من كرامة المرأة، وتكريس تخلفها وتبعيتها للرجل[1].

ويلاحظ أن المعنى الاصطلاحي للعنف ضد المرأة لا يخرج عن المعنى اللغوي للعنف، إذ إنه تعنيف المرأة وعدم رفق بها، وإن اختلفت الوسائل والأساليب المستعملة في ذلك.

**الألفاظ ذات الصلة:** للعنف ألفاظ متقاربة تستعمل للدلالة عليه؛ منها:

١. **العدوان:** مجموعة متنوعة من مظاهر السلوك، التي تتراوح بين مجرد إغاظة الآخرين، أو إبداء العداوة نحوهم، كالركل أثناء اللعب والاعتداء، أو نشاط يسعى من خلاله شخص أن يحدث أذى جسمانيا، أو أذى نفسيا لشخص آخر، يحاول أن يحقق المعتدي منه هدفا يتحدد في إيذاء شخص آخر[2]، والعدوان مفهوم عام يندرج تحته العنف، الذي هو صورة من صوره، تتميز بالاستخدام المقصود للقوة[3]، وقد يميز بعضهم بينهما بأن العدوان له طابع مادي بحت، في حين أن العنف يشمل المظاهر المادية والمعنوية معا[4].

---

(١) هذه المؤتمرات تعطي المرأة الحق في أن تكون ندا للرجل، لا شريكا تكامليا معه، فهي تكرس فلسفة الندية والتضادية وتخلق صراعا بين الرجل والمرأة مما ينبىء بخطورة الانسياق وراءها، فهي وإن كانت في ظاهرها المناداة بحقوق المرأة، لكن في باطنها وابل من العذاب، لتدمير الأسر والمجتمعات على حد السواء.

(٢) زايد، أحمد، ٢٠٠٢م، العنف في الحياة اليومية في المجتمع المصري، المركز القومي للبحوث الاجتماعية والجنائية، القاهرة، (ص٩).

(٣) المرجع السابق، (ص١١). وانظر: نصر، سميحة، ١٩٩٦م، العنف والمشقة، الاستهداف للعنف والتعرض لأحداث الحياة المشقة، القاهرة، (ص٤١). وذكرت أن الدراسات الاجتماعية والنفسية لم تكن تستخدم مفهوم العنف، وكانت تستخدم مفاهيم بديلة له كالعدوان، والتدميرية.

(٤) أبوشهية، فادية، ٢٠٠٣م، ظاهرة العنف داخل الأسرة المصرية، المركز القومي للبحوث الاجتماعية والجنائية، القاهرة، (ص١٥). وانظر: أحمد، عنان توفيق، العنف الأسري ضد الطفل في المجتمع الأردني، (ص١١).

٢. **الإيذاء:** كل ما تتأذى به من ضرر كان صغيرا أو كبيرا، فهو انحراف في استعمال الحق ينشأ عنه ضرر بالغير[١]، أو الإساءة سواء على الجسد أو العقل أو الجنس[٢].

٣ . **الجريمة:** سلوك يخالف القانون، وهي تحدث ضررا بالأشخاص والممتلكات، رغم أنها قد لا تكون مصحوبة بالعنف بالضرورة، فالعنف أكثر اتساعا من الجريمة، حيث يشمل الصور التي لا يعاقب عليها القانون[٣].

الإرهاب: سلوك تنظر إليه معظم النظم السياسية على أنه صورة من صور الجريمة المنظمة، فهو إستراتيجية للعنف، يتم تخطيطها لتحقيق أهداف معينة من خلال بث الرعب في الجمهور، والفرق بينه وبين العنف أن الإرهاب يرتبط بعملية تخويف للعامة، والعنف عادة ما يكون موجها نحو شخص معين[٤].

## المطلب الثاني: أسباب العنف ضد المرأة:

غالبا ما يكون العنف نتيجة الشعور بإحباط، أو ضغوط مختلفة كالقهر، أو الإحساس بظلم يتعرض له الشخص فيدفعانه للعنف[٥]، فهو عادة يرتبط بالحرمان النفسي، وعدم القدرة على تحقيق الذات، أو يعبر عن صراع الأدوار، أو ضغوطها أو عدم تكاملها أو سوء فهمها، أو يتبناه الفرد أسلوبا لحل الصراع، بهدف حسم الصراع لصالحه، بالاستناد إلى القوة المادية، أو غالبا ما يرتبط العنف بمشكلات التكيف والتوافق الأسري، وقد يدور العنف حول البعد الاقتصادي، أو التعليمي أو النفسي أو العاطفي

---

(١) العواودة، أمل، العنف ضد الزوجة، (ص١١).

(٢) أحمد، عنان توفيق، ١٩٩٩م، العنف الأسري ضد الطفل في المجتمع الأردني، رسالة ماجستير في علم الاجتماع، الجامعة الأردنية، عمان، (ص١١بتصرف).

(٣) زايد، أحمد، العنف في الحياة اليومية في المجتمع المصري، (ص١١).

(٤) زايد: أحمد،العنف في الحياة اليومية، (ص١١).

(٥) أبوشهية، فادية، ظاهرة العنف داخل الأسرة المصرية، (ص١٦). العواودة، أمل، العنف ضد الزوجة في المجتمع الأردني، (ص٩).

أو الجنسي، أو انعدام القيم واختلال القواعد والمعايير الأسرية، أو غياب الثواب والعقاب، أو فشل عملية التوجيه والتنشئة الاجتماعية[1]، لذا وجدت نظريات تفسر العنف بما يلي:

فمثلا يذهب أصحاب المدخل الوظيفي، إلى أن مشكلة العنف ضد المرأة، تظهر عندما يفشل المجتمع في وضع ضوابط قوية، على سلوك أفراده، بينما يذهب أصحاب مدخل الصراع إلى أن العنف، يحدث نتيجة الإحباط، بسبب عدم المساواة بين أعضاء المجتمع، أما أصحاب مدخل علم النفس الاجتماعي فيذهبون إلى أن أفراد المجتمع يتعلمون السلوك المتسم بالعنف، بنفس الطريقة التي يتعلمون بها أي نمط آخر من السلوك[2]، وفيما يلي تفصيل لهذه النظريات:

١. **نظرية التعلم الاجتماعي:** يرى أصحاب هذه النظرية أن معظم سلوك الإنسان سلوك متعلم، ويتم تعلمه من خلال القدوة، إذ يمكن الفرد من خلال ملاحظة سلوك الآخرين، أن يتعلم كيفية إنجاز السلوك الجديد، فالأسرة تعد المصدر الأول في تعليم الأفراد سلوك العنف، حيث يتعلم الأفراد المعايير والقيم التي تبين أن العنف، هو الطريق الوحيد للحصول على ما يريدون، فهو الأسلوب الأمثل في مواقف معينة، فالآباء الذين يمارسون العنف يزودون أبناءهم بنموذج عدواني لكي يقلدوه، واتخاذه شكلا مقبولا للتعبير أو لحل المشكلات[3].

٢. **نظرية الإحباط والعدوان:** ترى هذه النظرية أن العدوان ينتج دائما عن الإحباط، كما أن الإحباط يؤدي إلى ظهور بعض أشكال العدوان، فالإحباط الناتج عن

---

(١) أبوشهية، فادية، ظاهرة العنف داخل الأسرة المصرية، (ص٢٢).
(٢) أبوشهية، فادية، ظاهرة العنف داخل الأسرة المصرية، (ص٢٣).
(٣) أبوشهية، فادية، ظاهرة العنف داخل الأسرة المصرية، (ص٢٤-٢٩). العواودة، أمل، العنف ضد الزوجة، (ص١٧) وما بعدها. بنات، سهيلة، ٢٠٠٦م، العنف ضد المرأة، أسبابه آثاره وكيفية علاجه، ط(١)، دار دجلة، عمان، (ص٧٨). والتلفاز الذي ينقل مشاهد عنف يعلم مشاهديه العنف والجريمة.

الحرمان، أشد قسوة لأنه يؤدي إلى الإيذاء الجسدي، فالعنف هو استجابة لضغوط بنائية وإحباطات تنتج عن الحرمان، فالزوج غير القادر على مواجهة أعباء الأسرة وسد احتياجاتها، ويفتقد الموارد المادية التي تحقق مسؤولياته تجاه أسرته، يشعر بالإحباط والضغط الذي يدفعه إلى أن يمارس العنف كمنفس عن إحباطاته[١].

٣. **نظرية الثقافة الفرعية للعنف:** تركز على افتراض أساسي مؤداه أن سلوك العنف يعد نتيجة مباشرة لتبني قيم الثقافة الخاصة للعنف[٢]، فالثقافة التي تمنح الرجل الحق في السلطة والرأي، هي ثقافة تؤيد الإساءة للمرأة باعتبارها ضربا من ضروب الرجولة[٣].

والإسلام لا يبرر العنف ضد المرأة ،ولا يلتفت إلى هذه النظريات التي تبرر للشخص سلوكه الإجرامي، فالأصل أن كل إنسان يملك نفسه ويضبطها.

## المطلب الثالث: أنواع العنف ضد المرأة:

العنف ضد المرأة يتخذ أشكالا وأنواعا مختلفة، تتعدد بحسب المجتمعات، فالظاهرة واحدة لكن أساليبها متنوعة ومختلفة، ومن هذه الأنواع:

**أولا:** العنف الجسدي: يعد أكثر أنواع العنف وضوحا وانتشارا، إذ يتم باستخدام وسائل مادية كالأيدي،من شأنها ترك آثار واضحة على جسد المعتدي عليها[٤].

---

(١) أبوشهية، فادية، ظاهرة العنف داخل الأسرة المصرية، (ص٢٩-٣٠). بنات، سهيلة، العنف ضد المرأة، (ص٧٥ بتصرف).

(٢) أبوشهية، فادية، ظاهرة العنف داخل الأسرة المصرية، (ص٣١).

(٣) بنات، سهيلة، العنف ضد المرأة، (ص٤٥).

(٤) العواودة، أمل، العنف ضد الزوجة في المجتمع الأردني، (ص١٥). بنات: سهيلة، العنف ضد المرأة، (ص٢٢). فتال، إخلاص، العنف ضد المرأة، (ص١٤).

**ثانيا:** العنف النفسي: أي فعل مؤذ للمرأة ولعواطفها نفسيا، دون أن تكون له آثار جسدية مادية، ويشمل الوسائل اللفظية وغير اللفظية، التي تهدف للحط من قيمة المرأة بإشعارها أنها سيئة، من خلال تلقيبها بأسماء حقيرة، أو شتمها أو تعييرها، أو حرمانها من التعبيرات العاطفية، أو المراقبة والشك بها وسوء الظن، أو التهديد، مما يزعزع ثقتها بنفسها، ويجعلها تشعر بأنها غير مرغوب بها[١].

**ثالثا:** العنف الاقتصادي: قيام الرجل بالسيطرة على موارد العائلة، والتحكم بالإنفاق على المرأة، أو حرمانها من النفقة، أو إجبارها على العمل، أو منعها من مزاولة مهن ترغب بها، أو منعها من العمل أصلا، أو السيطرة على أملاكها وحقها بالإرث، فهوعنف يتعلق بالمال؛بهدف إذلال المرأة وزيادة شعورها بأنها لا تستطيع العيش دون الاعتماد على الرجل[٢].

**رابعا:** العنف الجنسي: إجبارها على القيام بأعمال جنسية لا ترغب بها، أو لا تشعر بالراحة للقيام بها، أوممارسة الجنس معها رغما عنها، دون مراعاة لوضعها الصحي أو النفسي لها، أو إجبارها على ممارسة أساليب وطرائق منحرفة، أو استغلالها بالبغاء[٣].

**خامسا:** العنف الصحي: ويقصد به حرمان المرأة الظروف الصحية المناسبة واللازمة كالتطعيم والغذاء والعلاج لها، وعدم مراعاة الصحة الإنجابية لها[٤]، وأكثر ما يواجه المرأة

---

(١) فتال، إخلاص، ٢٠٠٢م، العنف ضد المرأة لدى سيدات متزوجات من مدينة دمشق، رسالة ماجستير في طب الأسرة، جامعة دمشق، مودعة في قسم الرسائل الجامعية، مكتبة الجامعة الأردنية، عمان، (ص١٤). بنات، سهيلة، العنف ضد المرأة، (ص٢٤)، يتحدث عنه البعض باعتباره عنفا لفظيا لا نفسيا.

(٢) بنات، سهيلة، العنف ضد المرأة، (ص٢٦). فتال، إخلاص، العنف ضد المرأة، (ص١٥).

(٣) دراغمة، ديما، العنف الأسري وأثره على الصحة النفسية للمرأة الفلسطينية، (ص١٢-١٣). فتال، إخلاص، العنف ضد المرأة، (ص١٤). بنات: سهيلة، العنف ضد المرأة، (ص٢٦). العواودة، أمل، العنف ضد الزوجة، (ص١٦).

(٤) الصحة الإنجابية تعني قدرة الزوجة على الحمل والإنجاب من غير التعرض للأمراض النسائية عن طريق المراجعات الطبية وأخذ المطاعيم الضرورية والتغذية الجيدة للمرأة. عسال، ضرار، العنف ضد المرأة، (ص٢١).

من مشاكل صحية، إجبارها على الحمل، أو منعها منه، وإجبارها على تناول موانع الحمل، أو إجبارها على الإجهاض، أو عدم المباعدة بين الأحمال، أو منعها من زيارة الطبيب أثناء الحمل وبعده[1].

**سادسا:** العنف الإجتماعي: يعني حرمان المرأة من ممارسة حقوقها الإجتماعية، والشخصية، وانقيادها وراء متطلبات الرجل الفكرية والعاطفية، مما يؤدي إلى عدم انخراطها في المجتمع وممارستها لأدوارها[2]، ومن أشكاله تقييد حركتها بعدم السماح لها بزيارة أهلها وصديقاتها، والتدخل في علاقاتها الشخصية واختيارها، وحرمانها من إبداء رأيها، أو اتخاذه في قرارات الأسرة، ويدخل في العنف الاجتماعي العنف التعليمي، كحرمانها من فرص التعليم، بإجبارها على ترك مقاعد الدراسة أو إجبارها على تخصص معين[3].

هذا وإن الباحثة لن تتعرض لكل هذه الأنواع، لأن هذه الأنواع تختلف من دراسة لأخرى، وستتحدث عن العنف بنوعيه المادي والمعنوي، دون التطرق لكل الأنواع.

## المطلب الرابع: آثار العنف ضد المرأة:

للعنف ضد المرأة انعكاسات على الأسرة والمجتمع، تظهر آثاره على المرأة المعنفة وأطفالها، فالعنف يتخذ أبعادا سلبية على سلامتها النفسية، واستقرارها العاطفي والأسري، ويؤثر على فاعليتها في الأسرة والمجتمع، وعلى سلامة أطفالها وحسن رعايتها لهم وتربيتهم، وتتنوع آثار ونتائج العنف إلى ما يلي:

**أولا: الآثار النفسية:** غالبا ما ينتج العنف ضد المرأة، امرأة معنفة، تفقد ثقتها بنفسها، واحترامها لنفسها، فهي تشعر بالذنب، فتعيش معزولة عن الحياة الاجتماعية،

---

(١) بنات، سهيلة، العنف ضد المرأة، (ص٢٥). فتال، إخلاص، العنف ضد المرأة، (ص١٥). العواودة، أمل، العنف ضد الزوجة في المجتمع الأردني، (ص١٣).

(٢) بنات، سهيلة، العنف ضد المرأة، (ص٢٥)، العواودة، أمل، العنف ضد الزوجة في المجتمع الأردني، (ص١٥). عسال، ضرار، العنف ضد المرأة، (ص٢١).

(٣) فتال، إخلاص، العنف ضد المرأة، (ص١٤).

وتفقد المبادرة فيها، لأنها تعيش حالة من الإحباط والكآبة والعجز والرعب والعذاب النفسي، مما يقودها للتفكير بالانتحار أو تنفيذه[١].

**ثانيا: الآثار الجسدية:** قد ينتج عن العنف ضد المرأة آثارا مادية ملموسة، تتمثل في جسد المعنفة على شكل خدوش في الرأس والوجه والعنق، أو الإصابة بالكسور وإلتواءات في المفاصل والعظام، أو قد تصاب بعاهات دائمة، أو إجهاض الحمل إن كانت حامل، أو الصداع الدائم، الذي قد يدفعها إلى الإدمان على المخدرات أو الدخان أو الكحول[٢].

**ثالثا: الآثار الإجتماعية:** تعتبر هذه الآثار من أشد ما يتركه العنف على المرأة والأسرة والمجتمع، فضرره لا يقتصر على المرأة المعنفة، وإنما يمتد ليشمل أسرتها ومجتمعها، ومن أبرز آثاره، ارتفاع نسبة الطلاق، وزيادة التفكك الأسري، الذي يظهر في عدم القدرة على ضبط وتربية الأبناء، وتنشئتهم تنشئة نفسية واجتماعية متوازنة، مما ينعكس سلبا على الأبناء فيميلون إلى العنف والعدوانية، ناهيك عن اضطراب العلاقات الاجتماعية [٣].

**رابعا: الآثار الإقتصادية:** من نتائج انتشار العنف ضد المرأة، إعاقة متطلبات التنمية الإقتصادية، بسبب عدم تمكن المرأة المعنفة من الإندماج في سوق العمل، وزيادة التكلفة الإقتصادية اللازمة لمعالجة المرأة المعنفة، بل إن البعض يجعل من أسباب انتشار العنف ضد المرأة تدهور الوضع الإقتصادي للأسرة[٤].

ومن خلال التعرف على آثاره المدمرة، أؤكد ضرورة التصدي لهذه الظاهرة، كي تحفظ كرامة المرأة، ويحفظ استقرار الأسر التي بحفظها يحفظ المجتمع.

---

(١) فتال، إخلاص، العنف ضد المرأة، ص١٧ بنات، سهيلة، العنف ضد المرأة، (ص٩١).

(٢) فتال، إخلاص، العنف ضد المرأة، (ص١٨). بنات: سهيلة، العنف ضد المرأة، ص٨٩

(٣) فتال، إخلاص، العنف ضد المرأة، (ص٢٢-٢٣). بنات: سهيلة، العنف ضد المرأة، (ص٩٦) وما بعدها.

(٤) فتال، إخلاص، العنف ضد المرأة، (ص٢٣).

## المبحث الثاني: تعريف بالمواثيق الدولية الخاصة بحقوق المرأة[1]

اعتنت المواثيق الدولية بقضية المرأة، من أجل حمايتها وإعطائها حقوقا متساوية مع الرجل، وفي سبيل ذلك عقدت العديد من المؤتمرات المتعلقة بالمرأة ووضعها في العالم، ففي عام ١٩٤٥م صدر ميثاق الأمم المتحدة، الذي يؤكد في مقدمته على الحقوق المتساوية للمرأة والرجل، ثم أعقبه الإعلان العالمي لحقوق الإنسان عام ١٩٤٨م، الذي أكد على مساواة البشر جميعا في جميع الحقوق، وبعد ذلك توالت الاتفاقيات الخاصة بحقوق المرأة فكان من أهمها:

عام ١٩٥٠ اتفاقية منع المتاجرة بالنساء والأطفال.

عام ١٩٥١ اتفاقية منظمة العمل الدولية، للمساواة في التعويض للعاملين من الرجال والنساء، للأعمال ذات القيمة نفسها.

عام ١٩٥٢ اتفاقية الحقوق السياسية للمرأة.

عام ١٩٥٧ الاتفاقية الخاصة بجنسية المرأة المتزوجة.

عام ١٩٦٤ اتفاقية حول رفع سن الزواج للمرأة وتسجيل عقود الزواج.

عام ١٩٦٧ الإعلان حول القضاء على التمييز ضد المرأة.

عام ١٩٧٤ الإعلان عن حماية المرأة والطفل في حالات الطوارىء والنزاعات المسلحة.

عام ١٩٧٩ اتفاقية القضاء على جميع أشكال التمييز ضد المرأة (CEDAW)، وتعد هذه الاتفاقية الأكثر شمولا وتحديدا فيما يتعلق بقضايا المرأة، والمعاهدة الثانية

(١) الحيت: رولا، قضايا المرأة في الشريعة والمواثيق الدولية، (ص٢٩).

لحقوق الإنسان المعترف بها بشكل واسع بعد اتفاقية حقوق الطفل[1]، لذلك سأعتمدها في البحث أثناء المقارنة ، بين موادها والشريعة الإسلامية، فيما يتعلق بموضوع الدراسة.

عام ١٩٩٣ أعلنت الجمعية العامة للأمم المتحدة اتفاقية بشأن القضاء على العنف ضد النساء.

**أما عن المؤتمرات التي اهتمت بقضايا المرأة فقد كانت على النحوالتالي:**

المؤتمر العالمي الأول للمرأة ١٩٧٥م وقد عقد في المكسيك. وفي السنة نفسها أعلنت الأمم المتحدة السنة العالمية للمرأة.

---

(١) هذه الاتفاقية تتضمن ثلاثين مادة وردت في ستة أجزاء للقضاء على جميع أشكال التمييز ضد المرأة، وقد بلغ عدد الدول التي وقعت عليها ١٤٧ دولة، من بينها دولا عربية تحفظت على بعض المواد المخالفة لدساتيرها وللشريعة الإسلامية من مثل (المادة الثانية، والتاسعة، والخامسة عشرة، والسادسة عشرة، والتاسعة والعشرون)، ودول عربية أخرى صادقت من غير تحفظ، هذا وقد ألزمت فيما بعد الدول التي تحفظت بسحب تحفظاتها والعمل بكل المواد من غير تحفظ، ولا زالت الأمم المتحدة تضغط على الدول التي تحفظت والتي لم تصادق للدخول في الاتفاقية والعمل بها، وتستخدم هذه الاتفاقية كورقة ضغط من قبل الدول العظمى على الدول التي تقاوم النمط الحضاري الغربي عن طريق مؤسسات عسكرية أو مالية كصندوق النقد الدولي، وهذه الاتفاقية لا تخلومن الإيجابيات لكن فيها سلبيات تخالف الفطرة الإنسانية ،وتؤكد على حتمية الصراع بين الرجل والمرأة، وتجعل المرأة وحدة مستقلة لا تنتمي لأسرة أو دين أو= =تاريخ أو أخلاق، فتطالب بما لها دون أن تعطي ما عليها، وتحاول الاتفاقية تمرير وعولمة النمط الغربي على سائر الدول دون نظر أو احترام لخصوصية الحضارات والثقافات، فتأتي ببنود تخالف ما تألفه الإنسانية، كتغيير الأدوار النمطية للرجل والمرأة، وهدم الأسرة المكونة من رجل وامرأة وإحلال أشكال من الأسر الفردية أو المثلية محلها،وإشاعة الإباحية الجنسية عن طريق تمكين المراهقين والمراهقات من ممارسة الجنس الآمن، وتثقيفهم بوسائل ذلك، وغير ذلك كثير انظر: العبد الكريم: فؤاد، ٢٠٠٥م، العدوان على المرأة في المؤتمرات الدولية، إصدار مجلة البيان. الحيت، رولا، قضايا المرأة، (ص٣١-٣٦).

عام ١٩٧٩ عقد مؤتمر الأمم المتحدة لإزالة الفوارق بين الرجل والمرأة، وعلى إثره جاءت اتفاقية السيداو .

عام ١٩٨٠ عقد المؤتمر الثاني للمرأة في كوبنهاجن.

عام ١٩٨٥ عقد المؤتمر الثالث لبحث الاستراتيجية التطلعية لقضية المرأة في نيروبي.

عام ١٩٩٥ عقد المؤتمر الرابع للمرأة في بكين[١].

إضافة لبعض المؤتمرات الدولية التي تناولت قضايا مختلفة متصلة بالمرأة، مثل مؤتمر الطفل بنيويورك في ١٩٩٠، ومؤتمر البيئة والتنمية في ريودي جانيرو في ١٩٩٢، ومؤتمر السكان والتنمية في القاهرة عام ١٩٩٤، ومؤتمر التنمية الاجتماعية في كوبنهاجن عام ١٩٩٥، ومؤتمر استانبول للمستوطنات البشرية عام ١٩٩٦، ومؤتمر الإنسان والثقافة في استكولهم عام ١٩٩٨[٢].

---

(١) يعتبر هذا المؤتمر من أهم المؤتمرات التي طالبت بالقضاء على أي مفهوم نمطي عن دور الرجل والمرأة في الحياة الاجتماعية، وتعديل الأنماط الاجتماعية والثقافية والسياسية المعتمدة على العادات والقيم الدينية، لمنح المرأة حقوقا متساوية مع الرجل، ويعقد هذا المؤتمر كل خمس سنوات لمتابعة ورصد التغيرات التي وقعت عليها الدول المشاركة.
(٢) الحيت، رولا، قضايا المرأة في الشريعة والمواثيق الدولية، ص.٣٠، العبد الكريم: فؤاد، ٢٠٠٥م، العدوان على المرأة في المؤتمرات الدولية، (ص٥٢ وما بعدها).

# الفصــل الأول

## العنف المادي وصوره

المبحث الأول: ضرب المرأة.
المبحث الثاني: ختان الإناث .
المبحث الثالث: اغتصاب المرأة.
المبحث الرابع: البغاء.

# المبحث الأول

# ضرب المرأة

وفيه المطالب التالية:

**المطلب الأول:** لفظ ضرب في اللغة والقرآن.

**المطلب الثاني:** حكم ضرب الرجل لزوجته المطيعة.

**المطلب الثالث:** حكم ضرب الرجل لزوجته الناشز.

**المطلب الرابع:** حكم ضرب الرجل لمن تحت ولايته من النساء

## تمهيد

تعالت الصيحات على تشريع ضرب المرأة الناشز في الإسلام بين ناقم على منهج الـلـه تعالى، يشنع على الإسلام موقفه من المرأة، ويصف الإسلام بالوحشية لكونه أباح ضربها، وبين متأول يقدم فهما متواكبا مع العصرنة والحداثة[1]، مطالبا بضرورة نفض أيدينا من تراثنا الفقهي، وفهم نصوص القرآن فهما جديدا على اعتبار صلاحية القرآن لكل زمان، وصلاحية العقول التي تقرأه في كل زمان!! مستعظما أن يعطي القرآن الزوج الحق في ضرب زوجته الناشز.

ويعتقد البعض أن مشكلة ضرب المرأة تقتصر على المجتمعات الفقيرة وتنتشر بين الطبقات غير المتعلمة، والصحيح أن هذه المشكلة تنتشر في كل المجتمعات وبين جميع الشرائح الغنية والفقيرة المتقدمة والنامية المتعلمة وغيرها، والمستقري لهذه المشكلة في بعض الدول المتقدمة يعي حجم المعاناة التي تعيشها المرأة هناك، على حين يغض الطرف بعض الجهلة أو المتجاهلين ويزعمون أن المرأة في تلك المجتمعات لا تظلم ولا تهان ولا تضرب، وأن المجتمعات الإسلامية هي فقط من تشرع الضرب وتطبقه، وأن المرأة بإسلامها مهانة مظلومة، وللرد على مثل هؤلاء أذكر فقط بعض إحصائيات الدول المتقدمة عن ضرب المرأة فيها، الذي لا يقتصر على الصفع وإنما قد يصل إلى القتل! فأي أمان وأمن تعيشه المرأة هناك؟!

في أمريكا ٧٩% من الرجال يضربون زوجاتهم ضربا يؤدي إلى عاهة، و١٧% منهن تستدعي حالاتهن الدخول للعناية المركزة، وبحسب تقرير الوكالة المركزية

---

(١) جعل الغرب من قضية المرأة سهاما للنيل من الإسلام، فاتهموا الإسلام بتهم ما زالت الألسن تلوكها، ويتعالم بها من لا يحسن من أمر الشريعة شيئا، بل قد يعتبر ذلك مدعاة لإدخاله في زمرة المثقفين والباحثين العلميين والعصريين المتحضرين، بل إن منهم من يعطى الجوائز على أبحاثه ويرفع في المؤسسات التي تخدم ذاك الفكر المسموم للنيل من شريعة الإسلام، خاصة فيما يتعلق بنظرة الإسلام للمرأة فيظهرونها أنها مهانة ومظلومة ومقهورة، فيجترئوا على أحكام الـلـه تعالى فيبتروا ويتأولوا ويتمحلوا، ليرضوا شياطين الإنس باسم التقدم والتحضر!!!

الأمريكية للفحص والتحقيق هناك زوجة يضربها زوجها كل ١٨ ثانية في أمريكا، وكتبت صحيفة أمريكية أن امرأة من كل عشر نساء يضربها زوجها، فعقبت عليها صحيفة Family Relation أن امرأة من كل امرأتين يضربها زوجها وتتعرض للظلم والعدوان.

أما في فرنسا فهناك مليونا امرأة معرضة للضرب سنويا، وقالت أمينة سر الدولة لحقوق المرأة (ميشيل اندريه): حتى الحيوانات تعامل أحيانا أفضل من النساء، فلو أن رجلا ضرب كلبا في الشارع سيتقدم شخص ما يشكو لجمعية الرفق بالحيوان، لكن لو ضرب رجل زوجته في الشارع فلن يتحرك أحد في فرنسا،فنسبة ٩٢% من عمليات الضرب تقع في المدن، و ٦٠% من الشكاوى الليلية التي تتلاقاها شرطة النجدة في باريس هي استغاثة من نساء يسيء أزواجهن معاملتهن.

وليس الحال أفضل في بريطانيا إذ يفيد تقرير أن ٧٧% من الأزواج يضربون زوجاتهن دون أن يكون هناك سبب لذلك،وأكثر من ٥٠% من القتيلات كن ضحايا الزوج أو الشريك، كما وجد أن ٢٥% من النساء يتعرضن للضرب من قبل أزواجهن أو شركائهن، وتتلقى الشرطة البريطانية ١٠٠ ألف مكالمة سنويا لتبلغ شكاوى اعتداء على زوجات أو شريكات،

وهذا لا يعني أن المرأة في المجتمعات العربية لا تتعرض للضرب، فمثلا في الأردن تصل نسبة العنف الجسدي إلى ٦٢،٣% و في باقي الدول العربية كمصر وفلسطين وسوريا واليمن والسعودية ينتشر ضرب المرأة لكن بنسب متفاوتة، ويعزي بعض الباحثين عدم وجود نسب دقيقة لحجم المعاناة إلى أن المرأة في مجتمعاتنا تتحرج أن تشتكي عن أسرتها، إما خوفا من أذى سيلحقها، أو أن النظام الإجتماعي بمؤسساته الأمنية والقضائية والقانونية يدعم الصمت تجاه ما يمارس من ضرب أو عنف ضد النساء[1]، وبما أن ضرب المرأة من أبرز قضايا العنف الموجه للمرأة، فسأجيب عن بعض التساؤلات، من مثل ما حكم ضرب المرأة بالإسلام؟ وكيف تفهم الآية التي تحدثت عنه، وما هي الوسائل التي شرعها الإسلام في سبيل ديمومة المودة في الأسرة؟

---

(١) انظر للاستزادة، بنات، سهيلة، العنف ضد المرأة، ص٢٧ وما بعدها

## المطلب الأول: لفظ ضرب في اللغة والقرآن الكريم

**أولا: للفعل ضرب معان واستعمالات كثيرة في اللغة، أذكر منها:**

الضرب: مصدر ضربه يضربه ضربا[١] بيده أو بالسوط أو بالسيف أو بغير ذلك علاه به[٢]، فالضاد والراء والباء أصل واحد ثم يستعار ويحمل عليه[٣]، فمن هذه الاستعمالات:

ضربت في الأرض سافرت، وفي السير أسرعت، وضربت مع القوم بسهم ساهمتهم، وضربت على يديه حجرت عليه أو أفسدت عليه أمره، وضرب الله مثلا وصفه وبينه، وضرب على آذانهم بعث عليهم النوم فناموا ولم يستيقظوا، وضربت عن الأمر وأضربت بالألف أعرضت تركا أو إهمالا[٤]. "وضرب بيده إلى كذا أهوى وإليه أشار، وضرب على المكتوب وغيره ختم، وضرب فلان على يد فلان أمسك وقبض، وضرب على فلان أفسد عليه أمره، وضرب القاضي على يد فلان حجر عليه ومنعه التصرف، وضرب الدهر بين القوم فرق وباعد وأفسد، ويقال ضرب به عرض الحائط أهمله وأعرض عنه احتقارا، وضرب فلانا وغيره بكذا أوقعه عليه وجلده؛ وفي التنزيل العزيز ﴿وَخُذْ بِيَدِكَ ضِغْثًا فَاضْرِب بِّهِ وَلَا تَحْنَثْ﴾[٥]، وضرب فلان على يد فلان حبس

---

(١) ابن دريد، جمهرة اللغة، ١٩٨٧م، دار العلم للملايين، بيروت، تحقيق رمزي منير بعلبكي، (ج١، ص٣١٤).

(٢) الأحمدي، موسى بن محمد بن الملياني، معجم الأفعال المتعدية، (ج١، ص٢٠٦). الزيات، أحمد وآخرون، المعجم الوسيط، (ج١، ص٥٣٧).

(٣) ابن فارس، معجم مقاييس اللغة، (ج٣، ص٣٩٧).

(٤) الفيومي، أحمد بن محمد بن علي المقري، المصباح المنير في غريب الشرح الكبير للرافعي، المكتبة العلمية، بيروت، (ج٢، ص٣٦٠).

(٥) الزيات، أحمد، وآخرون (إبراهيم مصطفى، حامد عبد القادر، محمد النجار)، المعجم الوسيط، دار الدعوة، تحقيق مجمع اللغة العربية، (ج١، ص٥٣٧).

عليه أمرا أخذ فيه وأراده، ومعناه حجر عليه[١].

قال ابن الجوزي: "الأصل في الضرب الجلد بالسوط وما أشبهه، ثم نقل بالاستعارة مواضع"[٢] منها ما سبق ذكره.

وعليه فمادة ضرب تدور حول معان هي: الإهمال والإعراض والجلد والحبس والحجر بمعنى المنع من التصرف، وما يعنينا في بحثنا هو فعل الضرب المقصود به التأديب المشوب بالإيلام أو عدمه، فالضرب هو اسم الفعل بصورة معقولة أي معلومة، وهواستعمال آلة التأديب في محل صالح للتأديب ومعنى مقصود وهو الإيلام، فإن المقصود من هذا الفعل ليس إلا الإيلام[٣] بنوعيه المادي والنفسي.

**ثانيا: لفظ ضرب في القرآن[٤]:**

وردت مادة ضرب في القرآن والسنة على استعمالات منها:

الإيجاب والإلزام؛ ومنه قوله تعالى: ﴿وَضُرِبَتْ عَلَيْهِمُ الذِّلَّةُ وَالْمَسْكَنَةُ﴾[٥].

الإسراع في السير؛ ﴿لَا يَسْتَطِيعُونَ ضَرْبًا فِي الْأَرْضِ﴾[٦]، ﴿وَلَا يَضْرِبْنَ

(١) الفراهيدي، الخليل بن أحمد، العين، دار ومكتبة الهلال، تحقيق: د مهدي المخزومي، (ج٧، ص٣٠)، ابن منظور، لسان العرب، (ج١، ص٥٤٣).

(٢) ابن الجوزي، جمال الدين أبي الفرج عبد الرحمن، ١٩٨٤م، نزهة الأعين النواظر في علم الوجوه والنظائر، مؤسسة الرسالة، بيروت، ط(١)، تحقيق: محمد عبد الكريم كاظم الراضي، (ج١، ص٤٠١).

(٣) الكفوي، أبوالبقاء أيوب بن موسى الحسيني، ١٩٩٨م، الكليات معجم في المصطلحات والفروق اللغوية، مؤسسة الرسالة بيروت، تحقيق عدنان درويش - محمد المصري، (ج١، ص٥٧٢).

(٤) العباسي، إياد محمد، ٢٠٠٢م، مضارة الزوجة بالشقاق والنزاع في ضوء الكتاب والسنة، رسالة ماجستير، جامعة القدس، مودعة في قسم الرسائل الجامعية في مكتبة الجامعة الأردنية، (ص٢٨٢).

(٥) سورة البقرة، آية ٦١.

(٦) سورة البقرة: آية ٢٧٣.

بِأَرْجُلِهِنَّ لِيُعْلَمَ مَا يُخْفِينَ مِنْ زِينَتِهِنَّ) (١).

الضرب بالسيف أو باليد؛ (فَاضْرِبُوا فَوْقَ الْأَعْنَاقِ وَاضْرِبُوا مِنْهُمْ كُلَّ بَنَانٍ) (٢)، وقوله: (وَخُذْ بِيَدِكَ ضِغْثًا فَاضْرِبْ بِهِ وَلَا تَحْنَثْ) (٣)، وقوله (وَاضْرِبُوا مِنْهُمْ كُلَّ بَنَانٍ) وقوله: (فَضَرْبَ الرِّقَابِ حَتَّى إِذَا أَثْخَنْتُمُوهُمْ فَشُدُّوا الْوَثَاقَ) (٤).

الوصف؛ (ضَرَبَ اللهُ مَثَلًا) (٥). والبيان؛ (وَكُلًّا ضَرَبْنَا لَهُ الْأَمْثَالَ) (٦).

كناية عن النوم؛ (فَضَرَبْنَا عَلَى آذَانِهِمْ فِي الْكَهْفِ سِنِينَ عَدَدًا) (٧)، أي أنمناهم أو منعناهم السمع.

الشد والاستتار (٨)، في قوله تعالى (وَلْيَضْرِبْنَ بِخُمُرِهِنَّ عَلَى جُيُوبِهِنَّ) (٩)، أي يلقين خمرهن عليهن ليسترن بها.

المنع والحجز؛ قوله تعالى (فَضُرِبَ بَيْنَهُمْ بِسُورٍ لَهُ بَابٌ) (١٠).

---

(١) سورة النور: آية ٣١.

(٢) سورة الأنفال: آية ١٢.

(٣) سورة ص: آية ٤٤.

(٤) سورة محمد: آية ٤.

(٥) سورة إبراهيم: آية ٢٤.

(٦) سورة الفرقان: آية ٣٩.

(٧) سورة الكهف: آية ١١.

(٨) ابن أبي حاتم: تفسير القرآن الكريم، ٨، ص٢٧٥، السيوطي: الدر المنثور، (ج٦، ص١٨٢). الطبري: جامع البيان عن تأويل آي القرآن، (ج٨، ص١٢٠).

(٩) سورة النور: آية ٣١.

(١٠) سورة الحديد: آية ١٣.

قال ابن الجوزي: "ذكر أهل التفسير أن الضرب في القرآن على ثلاثة أوجه؛ أحدها السير ومنه قوله تعالى في سورة النساء: (إِذَا ضَرَبْتُمْ فِي سَبِيلِ اللَّهِ فَتَبَيَّنُوا)[١]، وفيها: (وَإِذَا ضَرَبْتُمْ فِي الْأَرْضِ)[٢]، وفي وفي المزمل: (وَآخَرُونَ يَضْرِبُونَ فِي الْأَرْضِ)[٣]، والثاني الضرب باليد وبالآلة المستعملة باليد ومنه قوله تعالى في سورة النساء: (وَاضْرِبُوهُنَّ)[٤]، وفي الأنفال: (فَاضْرِبُوا فَوْقَ الْأَعْنَاقِ وَاضْرِبُوا مِنْهُمْ كُلَّ بَنَانٍ)[٥]، الثالث الوصف، ومنه قوله تعالى: (إِنَّ اللَّهَ لَا يَسْتَحْيِي أَنْ يَضْرِبَ مَثَلًا مَا بَعُوضَةً فَمَا فَوْقَهَا)[٦]، وقوله تعالى: (ضَرَبَ اللَّهُ مَثَلًا) [٧].

## المطلب الثاني: حكم ضرب الرجل لزوجته المطيعة

أقام الإسلام الحياة الزوجية على المودة والرحمة والمؤانسة بين الزوجين، فشرع كل ما يحقق هذا المقصد العام، ونفر من كل ما يعدمه، لذلك جاءت آيات كثيرة توصي بالمعاشرة بالمعروف وتوصي بحسن المعاملة والرفق بالزوجة (ۋ ۋ ې) [٨]، حتى كانت آخر وصية للنبي صلى الله عليه و سلم "استوصوا بالنساء خيرا"[٩]، ناهيك عن أحاديث كثيرة تدعم هذا المقصد وتحث عليه بما يضمن الاستقرار والمؤانسة في الحياة

---

(١) سورة النساء، الآية ٩٤.

(٢) سورة النساء ١٠١.

(٣) سورة المزمل، الآية ٢٠.

(٤) سورة النساء، الآية ٣٤.

(٥) سورة الأنفال: آية ١٢.

(٦) سورة البقرة، الآية ٢٦.

(٧) ابن الجوزي: نزهة الأعين النواظر، (ج١، ص٤٠١).

(٨) سورة النساء، الآية ١٩.

(٩) سيأتي تخريجه ص

الزوجية، لتؤدي الأسرة وظيفتها في المحافظة على البقاء الإنساني، بما يحقق عمارة الأرض، لذلك حرم الإسلام ضرب الزوج زوجته المطيعة، وفيما يلي الأدلة على ذلك.

١. قوله تعالى: ﴿فَإِنْ أَطَعْنَكُمْ فَلَا تَبْغُوا عَلَيْهِنَّ سَبِيلًا﴾ [١].

**وجه الدلالة:** الآية تنص على أن الزوجة متى كانت مستقيمة مطيعة لزوجها غير ناشز، لا ينبغي له التعرض لها بما تكره من القول أو الفعل لأنه بغي وظلم، إذ يحرم على الزوج التعرض لها بما يؤذيها بما في ذلك ضربها أو شتمها، وختم الله تعالى الآية بإثبات صفتي العلو والكبر تهديدا منه عزوجل للأزواج؛ إن علت أيديكم عليهن فاعلموا أن قدرته عليكم أعظم من قدرتكم عليهن، فاجتنبوا ظلمهن، أو أن الله كان عليا كبيرا وأنكم تعصونه على علو شأنه وكبرياء سلطانه ثم تتوبون فيتوب عليكم، فأنتم أحق بالعفوعمن يجنى عليكم إذا رجع[٢].

وعند ابن كثير في تفسير قوله تعالى ﴿فَإِنْ أَطَعْنَكُمْ فَلَا تَبْغُوا عَلَيْهِنَّ سَبِيلًا﴾ : "أي إذا أطاعت المرأة زوجها في جميع ما يريده منها مما أباحه الله له منها، فلا سبيل له عليها بعد ذلك، وليس له ضربها ولا هجرانها، وقوله ﴿إِنَّ اللَّهَ كَانَ عَلِيًّا كَبِيرًا﴾ تهديد للرجال إذا بغوا على النساء من غير سبب، فإن الله العلي الكبير وليهن، وهومنتقم ممن ظلمهن وبغى عليهن[٣]. وقيل: "أزيلوا عنهن التعرض بالأذى والتوبيخ وتوبوا عليهن واجعلوا ما كان منهن كأن لم يكن[٤]. "وروي عن عطاء وقتادة وابن عباس قولهم في معنى ﴿فَلَا تَبْغُوا عَلَيْهِنَّ سَبِيلًا﴾ أي إذا أطاعتك فلا تتجن عليها العلل، وعن

---

(١) سورة النساء، الآية ٣٤.

(٢) تفسيرالنسفي، (ج١، ص٢٢٠). رضا، تفسير المنار، (ج٥، ص٧٦ بتصرف).

(٣) ابن كثير، تفسير القرآن العظيم، (ج١، ص٤٩٣).

(٤) القاري، علي بن سلطان، ٢٠٠١م، مرقاة المفاتيح شرح مشكاة المصابيح، دار الكتب العلمية، بيروت، تحقيق جمال عيتاني، (ج٦، ص٣٧٥).

مقاتل بن حيان معناه تحريمه ضربهن عند الطاعة"[١]، فالآية تفيد تحريم ظلمهن والتعسف عليهن بالقول والفعل بما فيه الضرب.

٢. ما رواه عبد الله بن زمعة عن النبي صلى الله عليه و سلم قال: "لا يجلد أحدكم امرأته جلد العبد ثم يجامعها في آخر اليوم"[٢].

**وجه الدلالة**: النبي صلى الله عليه و سلم ينهى أن يضرب الرجل زوجته، ثم يكون وإياها في فراش واحد، إذ لا يعقل الجمع بين الضرب والمضاجعة لما بينهما من النفرة، فما الباعث للرجل على ضرب زوجته مع أنه يضاجعها ويلاعبها، إذ الضرب على هذا الوجه يقتضي المنافرة، والزوجة للمؤانسة، وقد قال ابن حجر: "فيه إشارة إلى أن ضربهن لا يباح مطلقا، بل فيه ما يكره كراهة تنزيه، وفي سياقه استبعاد وقوع الأمرين من العاقل أن يبالغ في ضرب امرأته، ثم يجامعها من بقية يومه أو ليلته، لأن المجامعة أو المضاجعة إنما تستحسن مع ميل النفس والرغبة في العشرة، فوقعت الإشارة إلى ذم ذلك"[٣].

ففيه تذكير الرجل بأنه إذا كان يعلم من نفسه أنه لا بد له من ذلك الاجتماع، والاتصال الخاص بامرأته، وهو أقوى وأحكم اجتماع يكون بين اثنين من البشر يتحد أحدهما بالآخر اتحادا تاما، فيشعر كل منهما بأن صلته بالآخر أقوى من صلة بعض أعضائه ببعض، إذا كان لا بد له من هذه الصلة والوحدة التي تقتضيها الفطرة، فكيف يليق به أن يجعل امرأته وهي كنفسه، مهينة كمهانة عبده، بحيث يضربها بسوطه أو يده، حقا إن الرجل الحيي الكريم ليتجافى به طبعه عن مثل هذا الجفاء، ويأبى عليه أن يطلب منتهى الاتحاد بمن أنزلها منزلة الإماء، فالحديث أبلغ ما يمكن أن يقال في تشنيع

(١) ابن أبي حاتم الرازي: تفسير القرآن الكريم، (ج٣، ص٩٤٣).

(٢) البخاري، الصحيح، باب ما يكره من ضرب النساء وقول الله (**واضربوهن**) أي ضربا غير مبرح، ح رقم( )، (ج٥، ص١٩٩٧).

(٣) ابن حجر، فتح الباري، (ج٩، ص٢٠٣) بتصرف. الصنعاني، محمد بن إسماعيل، ١٣٧٩هـ سبل السلام شرح بلوغ المرام من أدلة الأحكام، ط(٤)، دار إحياء التراث العربي، بيروت، تحقيق: محمد عبد العزيز الخولي، (ج٢، ص٢٤٤).

ضرب النساء. ثم كيف يستطيع الإنسان أن يعيش عيشة الأزواج مع امرأة تضرب؟ تارة يسطوعليها بالضرب فتكون منه كالشاة من الذئب، وتارة يذل لها كالعبد، طالبا منتهى القرب!(١).

٣. عن إياس بن عبد الله بن أبي ذباب **رضي الله عنه** قال: قال رسول الله صلى الله عليه و سلم: "لا تضربوا إماء الله" فجاء عمر إلى النبي صلى الله عليه و سلم فقال: يا رسول الله قد ذئرن(٢) النساء على أزواجهن، فأذن رسول الله صلى الله عليه و سلم أن يضربوهن، قال فأطاف بآل محمد صلى الله عليه و سلم سبعون امرأة كلهن يشتكين أزواجهن(٣)، فقال رسول الله صلى الله عليه و سلم: "ليس أولئك خياركم"(٤). وفي رواية "وأيم الله لا تجدون أولئك خياركم"(٥). وفي رواية"ولن يضرب خياركم"(٦). وفي رواية نهاهم وقال: " خيركم خيركم لأهله وأنا من خيركم لأهلي"(٧).

**وجه الدلالة:** أن النبي صلى الله عليه و سلم نهى عن ضرب النساء، ثم لما جاءه عمر أباح ضربهن للتأديب،فعلم أنه يحرم ضربها حال طاعتها، إذ بين أن عدم ضربهن من مكارم ومحاسن

---

(١) رضا، محمد رشيد، مجلة المنار، (ج٥، ص٧٥ بتصرف).

(٢) ذئر اجترأ وذئر النساء على أزواجهن بكسر الهمزة أي نفرن ونشزن واجترأن وتغير خلقهن، الرازي، محمد بن أبي بكر،مختار الصحاح، (ج١، ص٩٢)، ابن منظور، لسان العرب، (ج٤، ص٣٠١).

(٣) انظر كيف أن المرأة تشتكي ظلم زوجها دون حرج أو خوف، فترفع شكواها للرسول صلى الله عليه و سلم، وفي هذا دلالة واضحة على الحقوق التي تميزت بها المرأة في عصر الرسالة.

(٤) الحاكم، المستدرك على الصحيحين، كتاب النكاح، ح رقم(٢٧٧٤)، وقال هذا حديث صحيح الإسناد ولم يخرجاه وله شاهد بإسناد صحيح عن أم كلثوم بنت أبي بكر، (ج٢، ص٢٠٨). ورواه ابن حبان في صحيحه، ح رقم(٤١٨٩)، باب ذكر الزجر عن ضرب النساء إلا عند الحاجة إلى أدبهن ضربا غير مبرح، (ج٩، ص٤٩٩). وانظر أبو داود، السنن، باب في ضرب النساء، ح رقم(٢١٤٥)، (ج٢، ص٢٤٦).

(٥) البيهقي، السنن الكبرى، باب ما جاء في ضربها، ح رقم(١٤٥٥٢)، وقال: "بلغنا عن محمد بن إسماعيل البخاري أنه قال لا يعرف لإياس صحبة، وقد روي من وجه آخر مرسلا"، (ج٧، ص٣٠٣).

(٦) الحاكم، المستدرك على الصحيحين، كتاب النكاح، ح رقم(٢٧٧٥)، (ج٢، ص٢٠٨).

(٧) ابن حبان، الصحيح، باب ذكر الزجر عن ضرب النساء إذ خير الناس خيرهم لأهله، ح رقم (٤١٨٦)، (ج٩، ص٤٩١).

الأخلاق، فمن حسن خلق الزوج عفوه وصفحه على زوجته إقتداء بأخلاق المصطفى صلى الله عليه و سلم، فنهى عن ضربهن عند طاعتهن وعدم وجود نشوز يبرر ضربهن.

قال ابن حجر: "وفي قوله لن يضرب خياركم، دلالة على أن ضربهن مباح في الجملة، ومحل ذلك أن يضربها تأديبا إذا رأى منها ما يكره فيما يجب عليها فيه طاعته، فإن اكتفى بالتهديد ونحوه كان أفضل، ومهما أمكن الوصول إلى الغرض بالإيهام لا يعدل إلى الفعل، لما في وقوع ذلك من النفرة المضادة لحسن المعاشرة المطلوبة في الزوجية، إلا إذا كان في أمر يتعلق بمعصية الله"[1]. وقد ذكر النووي أن الشافعي أشار إلى أن النهي محمول على الكراهة أو ترك الأولى، أو على الحال الذي لم يوجد فيه السبب المجوز للضرب، للتوفيق بين الآية والحديث، إذ يبعد القول بأن الحديث منسوخ بالآية أو بحديث آخر بضربهن[2]. "قال الشافعي في نهي النبي صلى الله عليه و سلم عن ضرب النساء: ثم إذنه في ضربهن وقوله لن يضرب خياركم، يشبه أن يكون صلى الله عليه و سلم نهى عنه على اختيار النهي وأذن فيه بأن مباحا لهم الضرب في الحق، واختار لهم أن لا يضربوا لقوله لن يضرب خياركم، ويحتمل أن يكون قبل نزول الآية بضربهن ثم أذن لهم بعد نزولها بضربهن، وفي قوله لن يضرب خياركم دلالة على أن ضربهن مباح لا فرض أن يضربن، ونختار له من ذلك ما اختار رسول الله صلى الله عليه و سلم، فنحب للرجل أن لا يضرب امرأته في انبساط لسانها عليه وما أشبه ذلك"[3].

٤. عن القاسم بن محمد بن أبي بكر مرسلا "اضربوهن ولا يضرب إلا شراركم"[4].

---

(١) ابن حجر، فتح الباري، (ج٩، ص٣٠٣). انظر: الشربيني، مغني المحتاج، (ج٣، ص٢٦٠). النووي، روضة الطالبين، (ج٧، ص٣٦٨).

(٢) النووي، روضة الطالبين، (ج٧، ص٣٦٨).

(٣) الشافعي، الأم، (ج٥، ص١٩٤).

(٤) العجلوني، إسماعيل بن محمد الجراحي، ١٤٠٥هـ كشف الخفاء ومزيل الإلباس عما اشتهر من الأحاديث على ألسنة الناس، ط(٤)، مؤسسة الرسالة، بيروت، تحقيق أحمد القلاش، ح رقم( ٣٨١)، (ج١، ص١٤٩). وقيل أن مناسبته مناسبة الحديث السابق. انظر الحسيني، إبراهيم بن محمد، البيان والتعريف، دار الكتاب العربي، بيروت، تحقيق سيف الدين الكاتب، (ج١، ص١٠٤)، وأخرجه ابن سعد: الطبقات الكبرى، وقال حديث مرسل، (ج٨، ص٢٠٤).

**وجه الدلالة:** اضربوهن يعني نساءكم اللاتي تخافون نشوزهن، فالمرأة التي يؤذن بضربها هي الناشز أما المطيعة فلا، ولا يضربهن إلا شراركم، أما الأخيار فيصبرون على عوجهن ويعاملونهن بالعفووالحلم ويقومونهن برفق[١]، ففيه دلالة واضحة على التنفير من ضربهن، لأن الأخيار والصلحاء لا يضربون والمسلم مطالب بالخيرية في كل شيء ومع كل شيء.

٥. عن حكيم بن معاوية القشيري عن أبيه قال: قلت: يا رسول الله ما حق زوجة أحدنا عليه؟ قال: "أن تطعمها إذا طعمت، وتكسوها إذا اكتسيت أو اكتسبت، ولا تضرب الوجه، ولا تقبح، ولا تهجر إلا في البيت"[٢]. وفي روايات "ولا تضربوهن ولا تقبحوهن"[٣]، قال أبو داود: "ولا تقبح أن تقول قبحك الله"[٤]، وقيل لا تسمعها المكروه ولا تشتمها[٥].

**وجه الدلالة:** أن هذا إرشاد منه صلى الله عليه و سلم بعدم ضربهن، ووصاية بالنساء، وبيان حقهن على أزواجهن، ولا يفهم بالنهي عن ضرب الوجه جواز ضرب ما دونه، بل في النهي عن الأعلى نهي عن ما دونه. قال محمد شمس الحق آبادي: "وظاهر الحديث النهي عن الضرب مطلقا وإن حصل نشوز والأولى ترك الضرب مع النشوز"[٦]، "وقال المناوي: "عبر

---

(١) المناوي: زين الدين عبد الرؤوف،(١٩٨٨م)، التيسير بشرح الجامع الصغير، ط(٣)، مكتبة الإمام الشافعي، الرياض، (ج١، ص١٦١). المناوي، زين الدين عبد الرؤوف، ١٣٥٦هـ فيض القدير شرح الجامع الصغير، ط(١)، المكتبة التجارية الكبرى - مصر، (ج١، ص٥٣٤)، وقال اضربوا أي جوازا.

(٢) الحاكم، المستدرك على الصحيحين، كتاب النكاح، ح رقم(٢٧٦٤)، وقال هذا حديث صحيح الإسناد لم يخرجاه، (ج٢، ص٢٠٤).

(٣) أبو داود، السنن،كتاب النكاح، باب في حق المرأة على زوجها، ح رقم (٢١٤٤)، (ج٢، ص٢٤٥).

(٤) أبو داود، السنن، كتاب النكاح،باب في حق المرأة على زوجها، ح رقم(٢١٤٢)، (ج٢، ص٢٤٥).

(٥) المنذري، الترغيب والترهيب، (ج٣، ص٣٣). غالبا ما يصدر السباب من شدة الانفعال وهو في الوقت يغذى الانفعال فيؤدي إلى شدة الضرب، فإذا منع السباب فهذا يعني ضبط الانفعال، وإذا ضبط الانفعال أمكن الرفق في الضرب. انظر: أبوشقة، تحرير المرأة في عصر الرسالة، (ج٥، ص٢٤٦).

(٦) آبادي، محمد شمس الحق العظيم، ١٩٩٥م، عون المعبود شرح سنن أبي داود، ط(٢)، دار الكتب

بالوجه عن الذات فالنهي عن الأقوال والأفعال القبيحة في الوجه وغيره من ذاتها وصفاتها، فشمل نحو لعن وشتم وهجر وسوء عشرة وغير ذلك، ولا تضرب ضربا مبرحا مطلقا ولا غير مبرح لغير نشوز"(١).

٦. قوله صلى الله عليه و سلم عن أبي جهم: "أما أبوجهم فلا يضع عصاه عن عاتقه"(٢)، وفي رواية لمسلم: "وأما أبو جهم فضراب للنساء"(٣).

**وجه الدلالة:** جعل هذا اللفظ عبارة عن المبالغة في وصفه بضرب النساء، أي كناية عن كثرة ضربه للنساء(٤). ولما عيب رسول الله صلى الله عليه و سلم على أبي جهم ما كان عليه من ضربه للنساء، كان هذا من طريق الكراهة لفعله.

٧. روي عن الحسن وقتادة أن رجلا ضرب امرأته وجرحها، فأتوا النبي صلى الله عليه و سلم يطلبون القصاص، فأنزل الله ﴿الرِّجَالُ قَوَّامُونَ عَلَى النِّسَاءِ﴾(٥).

---

العلمية، بيروت، (ج٦، ص١٢٨).

(١) المناوي، عبد الرؤوف، فيض القدير، ط(١)، المكتبة التجارية الكبرى، القاهرة، (ج١، ص٥٣٤).

(٢) مسلم، الصحيح، كتاب النكاح، باب المطلقة ثلاثا لا نفقة لها، ح رقم(١٤٨٠)، (ج٢، ص١١١٤).

(٣) مسلم، الصحيح، كتاب النكاح، باب المطلقة ثلاثا لا نفقة لها، ح رقم(١٤٨٠)، (ج٢، ص١١١٩).

(٤) ابن حجر، أبوالفضل أحمد بن علي العسقلاني، ١٩٦٤م، تلخيص الحبير في أحاديث الرافعي الكبير، تحقيق، السيد عبد الله هاشم اليماني المدني، (ج٣، ص٣١٤)، الجصاص، أحمد بن علي الرازي، ١٤٠٥هـ الفصول في الأصول، ط(١)، وزارة الأوقاف والشؤون الإسلامية، الكويت، تحقيق، د. عجيل جاسم النشمي، (ج١، ص٣٦٣). الشوكاني، محمد بن علي بن محمد، نيل الأو طار من أحاديث سيد الأخيار شرح منتقى الأخبار، دار الجيل، بيروت، (ج٦، ص٢٤٧). وقال العلماء يحتمل أنه كثير الأسفار أو كثير الضرب للنساء والثاني أرجح لرواية مسلم.انظر الزرقاني، الشرح، (ج٣، ص٢٦٩). والرواية جاءت في فاطمة بنت قيس تستشير رسول الله **صلى الله عليه و سلم** في معاوية وأبي جهم وأسامة عندما تقدموا لخطبتها.

(٥) الجصاص، أحكام القرآن، (ج٢، ص٢٦٧). ابن العربي، أحكام القرآن، (ج١، ص٥٣٠). وفيه: "إن زوجي لطم وجهي، فقال بينكما القصاص، فأنزل الله تعالى الآية، وقيل نزلت في سعد بن الربيع لطم زوجته فجاء أبوها وقال: افترشته كريمتي فلطمها وإن أثر اللطمة بوجهها، وفي رواية للنسائي=

**وجه الدلالة**: أن ضرب النساء كان مستنكرا عرفا، حتى رفع ذلك للنبي صلى الـلـه عليه و سلم ليحكم بالقصاص، ثم يأتي القرآن مصوبا اجتهاده صلى الـلـه عليه و سلم، إذ لوكان أمرا اعتياديا أن يضربها ويجرحها لما أوجب صلى الـلـه عليه و سلم القصاص في بادئ الأمر[1].

## ما يترتب على من ضرب زوجته ظلما وعدوانا؟

بما أن الإسلام يحرم على الرجل ضرب زوجته ظلما وعدوانا، فضربها بعد تحقق الطاعة بغي وظلم، والزوج إن ضربها ظلما فهو آثم عند الـلـه تعالى؛ لأن من يأتي الحرام يأثم ديانة فيما بينه وبين الـلـه عز وجل، لكن ماذا يترتب على ضربه إياها قضاء؟

قال االعلماء على القاضي أو الحاكم أن يعزره بما يتناسب مع مقدار ضرره بها، وبما يرده عن ظلمه وتعديه، ولها التطليق بالضرر[2]، وعند الشافعية ينهاه عن ضربها ولا

---

=أن ثابت بن قيس ضرب امرأته فكسرها، وهي جميلة بنت عبد الـلـه بن أبي، فأتى أخوها يشكوه إلى رسول الـلـه **صلى الـلـه عليه و سلم**، فأرسل رسول الـلـه **صلى الـلـه عليه و سلم** إلى ثابت فقال له: ترد الذي لك عليك وخل سبيلها،قال: نعم، فأمرها رسول الـلـه **صلى الـلـه عليه و سلم** أن تربص حيضة واحدة وتلحق بأهلها"، وعن عائشة:"أن حبيبة بنت سهل كانت عند ثابت بن قيس بن شماس فضربها فكسر بعضها،فأتت رسول الـلـه **صلى الـلـه عليه و سلم** بعد الصبح فاشتكته إليه، فدعا النبي **صلى الـلـه عليه و سلم** ثابتا فقال: خذ بعض مالها وفارقها، قال: ويصلح ذلك يا رسول الـلـه، قال: نعم، قال: فإني أصدقتها حديقتين وهما بيدها، فقال: رسول الـلـه **صلى الـلـه عليه و سلم** خذهما وفارقها ففعل".

(١) الجصاص، أحكام القرآن، (ج٢، ص٢٦٧). فإن قيل: لو كان ضربه إياها لأجل النشوز لما أوجب رسول الـلـه **صلى الـلـه عليه و سلم** القصاص، قيل له: إن النبي **صلى الـلـه عليه و سلم** إنما قال ذلك قبل نزول هذه الآية التي فيها إباحة الضرب عند النشوز لأن قوله تعالى:"الرجال قوامون على النساء" إلى قوله: "واضربوهن" نزل بعد، فلم يوجب عليهم بعد نزول الآية شيئا فتضمن قوله:" الرجال قوامون على النساء" قيامهم عليهن بالتأديب والتدبير والحفظ والصيانة، لما فضل الـلـه به الرجل على المرأة في العقل والرأي وبما ألزمه الـلـه تعالى من الإنفاق عليها.

(٢) الحطاب، أبوعبد الـلـه محمد بن عبد الرحمن المغربي، ١٣٩٨هـ مواهب الجليل لشرح مختصر خليل، ط(٢)، دار الفكر، بيروت، (ج٤، ص١٦)، ابن عابدين،رد المحتار،(ج٤،ص٨٠) وفيه:"ادعت ضربا فاحشا وثبت ذلك عزر، وإذا ضربها بغير حق وجب عليه التعزير، وإن لم يكن فاحشا يضمنه".

يعزره، فإن عاد إلى ضربها ورفعت الأمر للقاضي عزره بما يليق لتعديه عليها[١]، ثم إن عاد يسكنهما جنب ثقة يتعرف حالهما، ثم إن عاد يحل القاضي بينهما حتى يثبت حسن خلقه معها وعدالته، لأنه لو لم يحل بينهما لربما بلغ منها متلفا لا يستدرك[٢].

فهذه التدابير الوقائية التي وضعها العلماء كلها تهدف إلى حماية المرأة من ظلم زوجها، وتضمن استقرار الحياة الزوجية، بأجواء من المودة والرحمة والسكينة التي يهدف الإسلام إلى تحقيقها من مؤسسة الأسرة.

## المطلب الثالث: حكم ضرب الرجل لزوجته الناشز

إن من دلائل واقعية الإسلام أن شرع ضمانات أولية، ووسائل وقائية لنزع الخلاف، واستئصال النزاع بين الزوجين، وإرجاع مياه الألفة والمحبة إلى مجاريها الطبيعية، مما يضمن استمرار الحياة الزوجية وبقاء روابطها قوية متماسكة، يعز عليها التمزق والانقطاع، بمجرد هبوب ريح الخلاف والنزاع، وهذه الضمانات ذات خطوات متعددة، بعضها شرعت في بداية الخلاف وظهور أماراته، لتمنعه من الاشتداد والاتساع، وبعضها شرعت عند تصاعده، حتى لا يستفحل الداء ويعز على الشفاء، ومن بين هذه الضمانات ما يتعلق بعلاج نشوز المرأة في قوله تعالى: ﴿وَاللَّاتِي تَخَافُونَ نُشُوزَهُنَّ فَعِظُوهُنَّ وَاهْجُرُوهُنَّ فِي الْمَضَاجِعِ وَاضْرِبُوهُنَّ﴾[٣]،

فقد أعطى الإسلام للزوج ولاية التأديب على زوجته الناشز بالوعظ والهجر، فإن لم يجد ينتقل إلى الضرب غير المبرح فإن لم يفدها ويردها للطاعة، يحرم عليه ضربها، فالضرب آخر العلاج، وهو ليس ضرب الإتلاف والإهانة بل ضرب الأدب، بل من العلماء من رأى أن الأولى والأفضل عدم ضرب الناشز، والصبر عليها، والعفوعن

---

(١) الماوردي، الإقناع، (ج٢، ص٤٣٣).

(٢) الشربيني، مغني المحتاج، (ج٤، ص٤٤٩). الغرر البهية في شرح البهجة، (ج٤، ص٢٢٦).

(٣) سورة النساء، الاية ٣٤.

نشوزها كما هي أخلاق الرسول صلى الـلـه عليه و سلم إذ قالت عائشة: "ما ضرب رسول الـلـه شيئا قط بيده ولا امرأة ولا خادما إلا أن يجاهد في سبيل الـلـه"[١]. وفيما يلي أبين حكم ضرب الزوجة الناشز، بعد بيان مفهوم النشوز ومراحل علاجه كما شرعها القرآن الكريم، ومتى يباح الضرب، وهل يصح ضربها بتفويتها حقا لـلـه تعالى، أم بتفويتها حقا للزوج، وهل يباح له ضربها في ابتداء النشوز، أم لا بد من وعظها ثم هجرها إن لم ينفع الوعظ، ثم ضربها إن لم ينفع الوعظ والهجر، وهل يكفي ابتداء النشوز أم لا بد من الإصرار عليه، ثم هل ضربه مقيد بضوابط ينبغي مراعاتها أم مطلق بلا ضوابط، وهل عليه إن تعدى في ضربها مسؤولية، كل هذا أوضحه مفصلا بالمطالب التالية:

الفرع الأول: تعريف النشوز، وفيه المسائل التالية:

## المسألة الأولى: تعريف النشوز لغة واصطلاحا،

**النشوز لغة:** أصله الارتفاع، وقيل الانزعاج[٢]، وقيل العداوة[٣]، وقيل البغض، وقيل العصيان[٤].

**أما اصطلاحا:** فهوكراهية كل واحد من الزوجين صاحبه[٥]، ونشزت المرأة إذا ارتفعت عليه واستعصت عليه وأبغضته وخرجت عن طاعته وفركته فلم تطمئن عنده[٦]،

---

(١) مسلم، الصحيح، كتاب الفضائل، باب مباعدته للآثام واختياره من المباح أسهله،ح رقم(٣٢٢٨)، (ج ٤،ص١٨١٤).

(٢) ابن الجوزي، عبد الرحمن بن علي، ١٤٠٤هـ زاد المسير في علم التفسير، المكتب الإسلامي، بيروت، (ج٢، ص٧٥). النشوز والنسور بالسين والراء المهملتين والنصور والنشوص معنى واحد

(٣) العداوة هي ارتفاع عما يجب وزوال عنه، النحاس،معاني القرآن، (ج٢، ص٧٨).

(٤) القرطبي، الجامع لأحكام القرآن، (ج٥، ص١٧٢)، وقال: "ونشزت المرأة استصعبت على بعلها ونشز بعلها عليها إذا ضربها وجفاها". يعرف العلماء النشوز بذكر صوره،دون أن يكون تعريفا جامعا مانعا، لذلك فإني جمعت أقوالهم في حد النشوز وصوره واستخلصت ما ذكرته بالاصطلاح بما يقرب للفهم.

(٥) القرطبي، الجامع لأحكام القرآن، (ج٥، ص١٧٢).

(٦) ابن منظور، لسان العرب، (ج٥، ص٤١٨). الرازي، مختار الصحاح، (ج١، ص٢٧٥). ابن الأثير،

"وقال عطاء نشوزها أن لا تتعطر وتمنعه من نفسها، وتتغير عن أشياء كانت تتصنع للزوج بها، وقيل امتناعها من المقام معه في بيته، وإقامتها في مكان لا يريد الإقامة فيه، وقيل منعه نفسها من الاستمتاع بها إذا طلبها لذلك، بحيث تنفر عنه فلا تطيعه إذا دعاها للفراش،

أو تخرج من منزله بغير إذنه، ونحو ذلك مما فيه امتناع عما يجب عليها من طاعته، وهذه الأقوال كلها متقاربة"[1].

وعلى ذلك فالمرأة الناشز هي المترفعة على زوجها[2]، المعرضة عنه المبغضة له[3]، الممتنعه منه[4] والمستعلية عليه، التاركة لأمره بالقول أو الفعل، السيئة العشرة[5].

## المسألة الثانية: هل يقتصر النشوز على حق الزوج أم يطال حق الله تعالى:

اختلف العلماء في حدود النشوز الذي يبيح للزوج تأديب زوجته، فهل يؤدبها إذا فوتت حقوق الله تعالى وحقوقه، أم أن ولاية تأديبه لها مقتصرة على تفويتها حقوقه الزوجية دون نظر لحقوق الله تعالى.

**الرأي الأول:** يرى فريق من العلماء كبعض الحنفية[6]، وبعض المالكية[7]، وبعض

---

النهاية في غريب الحديث، (ج٥، ص٥٥).

(١) ابن حيان، تفسير البحر المحيط، (ج٣، ص٢٥٠). ابن تيمية، مجموع الفتاوى، (ج١٤، ص٢١١). المغني، ابن قدامة، (ج٧، ص٢٤٢).

(٢) الرازي، التفسير الكبير، (ج١٠، ص٧٣).

(٣) ابن كثير، تفسير القرآن العظيم، (ج١، ص٤٩٣).

(٤) ابن العربي، أحكام القرآن، (ج١، ص٥٣٢).

(٥) السعدي، تيسير الكريم، (ج١، ص١٧٧). السمرقندي، تفسير القرآن المسمى بحر العلوم، (ج١، ص٣٢٦). الجلالين، جلال الدين عبد الرحمن بن أبي بكرالمحلي ومحمد بن أحمد السيوطي، تفسير الجلالين، ط(١)، دار الحديث، القاهرة، (ج١، ص١٠٦). البضاوي، التفسير، (ج٢، ص١٨٥). البغوي، التفسير، (ج١، ص٤٢٣). الثعالبي، الجواهر الحسان في تفسير القرآن، (ج١، ص٣٦٩). ابن أبي حاتم، تفسير القرآن الكريم، (ج٣، ص٩٤٢).

(٦) ابن نجيم، البحر الرائق، (ج٣، ص٣٨٥). الكاساني، بدائع الصنائع، (ج٢، ص٣٣٤).

(٧) الدردير، الشرح الكبير، (ج٢، ص٣٤٣)، وقال: "أو تركت حقوق الله كالغسل والصلاة".

الشافعية[١]، وبعض الحنابلة[٢] أن ولاية تأديب الزوج زوجته تمتد إذا فوتت حقا للـه تعالى، فله إن يؤدبها على ترك فرائض الـلـه تعالى كالصلاة والصوم، فإذا كان الأمر يتعلق بمعصية الـلـه تعالى فأولى به أن يؤدبها غضبا لحق الـلـه وإنكارا لما هي عليه من المنكر والمعصية، قال ابن نجيم: " وحق الزوج على الزوجة أن تطيعه في كل مباح يأمرها به"[٣]، وقال الكاساني: "إذا ارتكبت محظورا سوى النشوز ليس فيه حد مقدر فللزوج أن يؤدبها تعزيرا لها لأن للزوج أن يعزر زوجته"[٤]، مستدلين:

قوله تعالى: (يَا أَيُّهَا الَّذِينَ آمَنُوا قُوا أَنفُسَكُمْ وَأَهْلِيكُمْ نَارًا وَقُودُهَا النَّاسُ وَالْحِجَارَةُ)[٥]، قال علي يعني: "علموهم وأدبوهم"[٦]، وقوله تعالى مادحا نبيه إسماعيل: (وَكَانَ يَأْمُرُ أَهْلَهُ بِالصَّلَاةِ وَالزَّكَاةِ)[٧]، وأمر نبيه محمد أن يعظ أهله فقال: (وَأْمُرْ أَهْلَكَ بِالصَّلَاةِ وَاصْطَبِرْ عَلَيْهَا)[٨]، وتأديب الزوجة لتفويتها حق الـلـه فيه وقاية لها من النار، ثم إن الأمر بالمعروف والنهي عن المنكر واجب على المسلمين، وتفويتها حقوق الـلـه منكر، والزوج من جملة من

---

(١) ابن حجر، أحمد بن علي العسقلاني، فتح الباري شرح صحيح البخاري، دار المعرفة، بيروت، تحقيق محي الدين الخطيب، (ج٩، ص٣٠٣).

(٢) البهوتي، منصور بن يونس، كشاف القناع، (ج٥، ص٢٥٦٧). ابن قدامة، المغني، (ج٧، ص٣٣).

(٣) ابن نجيم، البحر الرائق، (ج٣، ص٣٨٥).

(٤) الكاساني، بدائع الصنائع، (ج٢، ص٣٣٤). ابن نجيم، البحر الرائق، (ج٥، ص٥٣)، وقال: "وقع اختلاف في جواز ضربها على ترك الصلاة، الراجح يجوز وقيل لا يجوز لأن المنفعة لا تعود إليه بل إليها". وقال الجصاص في أحكام القرآن: "النشوز معصية الزوج فيما يلزمها من طاعته"، (ج٣، ص١٤٩)، وكأنه يرى أن طاعة الـلـه تعالى تلزم الزوجة لأنها طاعة للزوج.

(٥) سورة التحريم، آية ٦.

(٦) البهوتي، منصور بن يونس، كشاف القناع، (ج٥، ص ٢٥٦٧)، ويقول: "معصيتها إياه فيما يجب عليها... ولا يؤدبها في حادث متعلق بحق الـلـه كالسحاق، "ولعله أراد أن السحاق فيه شبه بالحدود الذي يتولى تأديبها عليه الحاكم لا الزوج.

(٧) سورة مريم: آية ٥٥

(٨) سورة طه: آية ١٣٢

يكلف بالإنكار باليد واللسان، فكان له تأديبها على تركها حقوق الـلـه عزوجل[1].

**الرأي الثاني:** ذهب بعض الشافعية[2] وابن العربي من المالكية[3] أن النشوز مقتصر على تفويتها حقا للزوج فلا يؤدبها إذا فوتت حقوق الـلـه تعالى[4]، إذ لا يضربها على ترك الصلاة[5].

ولعل مستندهم في ذلك أن النشوز متعلق بمخالفة الزوج في المضجع، فهوحق الزوج وبالتالي الآية جاءت في علاج النشوز المتعلق بحق الزوج لا بحق الـلـه تعالى، أما حق الـلـه فيعظها عليه، لأن العظة واجبة من المرء لأخيه في أمور الدنيا بل التناصح في أمور الدين أولى وآكد طلبا، ولا يضربها إذا قصرت بحقوق الـلـه، وإنما يوكلها إلى ربها عزوجل ويبرأ منها لأنه وعظها، وقيل إنما يضربها لمنفعة تعود إليه لا لما يعود إليها، وحق الـلـه منفعة تعود إليها فلا يضربها[6]، وعند بعض العلماء قال يرفع الأمر إلى الحاكم ليعزرها على تقصيرها بحقوق الـلـه تعالى[7].

**الرأي المختار:** أن حق التأديب على النشوز يتناول تأديبها على حقوق الـلـه تعالى وحقوق الزوج، بل إن حقوق الـلـه تعالى أولى بالعناية والتعهد من قبل الزوج، لأن بمدى التزامهما بطاعة الـلـه تعالى يجنيان الإستقرار في الأسرة، وبمدى إلتزامها بطاعة الـلـه تعالى تبر

---

(1) الهيتمي، تحفة المحتاج، (ج1، ص453). الخادمي، بريقة محمودية، (ج4، ص157). الصنعاني، سبل السلام، (ج2، ص457).

(2) الرافعي، العزيز، (ص389). الغزالي في الوسيط قال: "النشوز ألا تمكن الزوج وتعصي عليه في الامتناع عصيانا خارجا عن حد الدلال"، (ج5، ص305)، فهويقصر النشوز على ما كان حقا للزوج في الاستمتاع. قال في المنهاج: "وللزوج تعزير زوجته لحق نفسه كنشوز لا لحق الـلـه تعالى"، (ج8، ص23). وقال الهيتمي: "صرحوا بأن الزوج له الضرب لحقه لا لحق الـلـه... والراجح له الأمر لا الضرب إلا بإذن الولي". تحفة المحتاج شرح المنهاج، (ج1، ص453). وفي نهاية المحتاج للرملي قيدها بالبالغة أما الزوجة الصغيرة فله ضربها على حق الـلـه تعالى إن كانت فاقدة الأبوين، (ج1، ص394).

(3) ابن العربي، أحكام القرآن، (ج1، ص532).

(4) ابن العربي، أحكام القرآن، (ج1، ص536).

(5) العيني، محمود بن أحمد، البناية شرح الهداية، (ج6، ص397).

(6 ) الخادمي، محمد بن محمد بن مصطفى، بريقة محمودية في شرح طريقة محمدية وشريعة نبوية أحمدية، دار إحياء الكتب العربية، بيروت،(ج4، ص157).

(7) الهيتمي، تحفة المحتاج في شرح المنهاج، (ج1، ص453).

زوجها وتوفيه حقه، لأنها تعلم أن الله تعالى يرضى عنها إن أطاعته ووفت بصحبته، قال صاحب تحفة المحتاج: "لأنه يحصل له بذلك مزيد إقبال لمزيد نظافتها الناشئ عن الصلوات"[١]، والنشوز يشمل كل عصيان سببه الترفع والإيذاء، فكيف تستقيم حياتهما إن كانت تاركة أمر الله تعالى.

## المسألة الثالثة: هل يشترط تحقق النشوز أم ظهور علاماته؟

اختلف العلماء في النشوز الذي يبيح للزوج تأديب زوجته عليه، هل يكتفى بمجرد ظهور علاماته وأماراته أم لا بد من تحققه وإصرارها عليه، إلى الرأيين التاليين:

**الرأي الأول:** ذهب الحنفية[٢] والمالكية[٣] والشافعي في قول[٤]، والإمام أحمد في قول[٥]، إلى اشتراط اشتراط تحقق النشوز لضربها، فإذا رأى الزوج الدلالات في أفعال المرأة وأقوالها على النشوز، وكان للخوف موضع أن يعظها، فإن أبدت نشوزا هجرها، فإن أقامت عليه ضربها، فالوعظ عند خوف النشوز، والهجر عند ظهور النشوز، والضرب عند تكرره واللجاج فيه، ولا يجوز الضرب عند ابتداء النشوز، ولا خلاف عند الحنابلة في أنه لا يضربها لخوف النشوز قبل إظهاره[٦]. وعند الشافعية خلاف إن تكرر منها النشوز هل له له ضربها؟ الذي رجحه النووي أنه إن ظهر نشوز وعظها، وإن تحقق النشوز بحيث لا يتكرر ولا يظهر إصرارها عليه وعظها وهجرها وفي الضرب خلاف، أما إن تكرر وأصرت عليه فلا خلاف بأن له الهجر والضرب[٧].

---

(١) الهيتمي، تحفة المحتاج في شرح المنهاج، (ج٩، ص١٨١).

(٢) ابن نجيم، البحر الرائق، (ج٥، ص٦٧). الكاساني، بدائع الصنائع، (ج٣، ص٦١٣).

(٣) الحطاب، مواهب الجليل، (ج٥، ص٢٦٢).

(٤) الشافعي، أحكام القرآن، (ج١، ص٢٠٨). الماوردي، قال: "هذا ما رجحه جمهور العراقيين"، الإقناع، (ج٢، ص٤٣٣).

(٥) البهوتي، منصور بن يونس، كشاف القناع، (ج٥، ص٢٥٦٦). وقال ابن مفلح في المبدع: "هذا ظاهر المذهب"، (ج٧، ص٢١٥).

(٦) ابن قدامة، المغني، (ج٧، ص٢٤٢). ابن قدامة، الكافي، (ج٣، ص١٣٨). ابن مفلح، المبدع، (ج٧، ص٢١٥).

(٧) النووي، روضة الطالبين، (ج٧، ص٣٦٩). الشربيني، مغني المحتاج، (ج٣، ص٢٦٠).

**الرأي الثاني:** روي عن الإمام الشافعي[(١)] والإمام أحمد جواز ضربها بأول مرة[(٢)]، فيجوز ضربها في ابتداء النشوز[(٣)].

المسألة الرابعة: سبب الاختلاف تفسيرهم للمراد بالخوف في قوله "تخافون":

فمن فسر الخوف بالعلم واليقين؛ قال: واللاتي تعلمون نشوزهن، وتوقنون نشوزهن، فاشترط تحقق النشوز ودوامه لتأديبها. لأن الأوامر التي بعد ذلك، إنما يوجبها وقوع النشوز لا توقعه[(٤)].

ومن فسر الخوف بالظن أو بضد الأمن؛ قال: واللاتي تظنون وتحذرون وتتوقعون نشوزهن، فأباح تأديبها بظهور النشوز، لأن الوعظ وما بعده إنما هو في دوام ما ظهر من مبادىء ما يتخوف[(٥)].

## أدلة الرأي الأول:

١. الخوف في قوله (وَاللَّاتِي تَخَافُونَ نُشُوزَهُنَّ فَعِظُوهُنَّ)، يعني حقيقة العلم واليقين، فهذه الأفعال على ترتيب الجرائم، فيبدأ بالأسهل فالأسهل، لأن المقصود زجرها في المستقبل، فإن خاف نشوزها، بأن ظهرت أماراته منها من المخاشنة وسوء الخلق وعظها، فإن أبدت النشوز هجرها، فإن أصرت على ذلك ضربها[(٦)].

٢. فالآية فيها إضمار واللاتي تخافون نشوزهن عظوهن، فإن أظهرن النشوز فاهجروهن، فإن أصررن فاضربوهن[(٧)].

---

(١) الشافعي، أحكام القرآن، (ج١، ص٢٠٨).

(٢) ابن قدامة، المغني، (ج٧، ص٣٢).

(٣) ابن الجوزي، زاد المسير، (ج٢، ص٧٥).

(٤) الألوسي، روح المعاني، (ج٥، ص٢٤). البغوي، التفسير، (ج١، ص٤٢٣).

(٥) ابن حيان، تفسير البحر المحيط، (ج٣، ص٢٥٠). النحاس، أحمد بن محمد، ١٩٨٨م، إعراب القرآن، ط(٣)، دار عالم الكتب، بيروت، تحقيق زهير غازي، (ج١، ص٤٥٣).

(٦) البغوي ، التفسير، (ج١، ص٤٢٣). الشوكاني، فتح القدير، (ج١، ص٤٦١).

(٧) القرطبي، أحكام القرآن، (ج٥، ص١٧٢).

٣. العقوبات تختلف باختلاف الجرائم، فما يستحق بالنشوز لا يستحق بخوفه، وما يستحق بتكرره لا يستحق بنشوز **مرة** واحدة[(١)].

٤. قوله فإن أطعنكم أي وافقنكم وانقدن إلى ما أو جب اللـه عليهن من طاعتكم، يدل على أنهن كن عاصيات بالنشوز، وأن النشوز منهن كان واقعا، فإذن ليس الأمر مرتبا على خوف النشوز، وإنما يدل على أنه مرتب على عصيانهن بالنشوز[(٢)].

## أدلة الرأي الثاني:

١. الخوف في قوله (وَاللَّاتِي تَخَافُونَ نُشُوزَهُنَّ) يعني الخشية ومجرد الظن، لا العلم اليقيني.

٢. ظاهر النظم القرآني يجوز للزوج أن يفعل جميع هذه الأمور عند مخافة النشوز، فإذا ظهر النشوز جاز له أن يجمع عليها بين الوعظ والهجران والضرب[(٣)].

٣. الأمور الثلاثة مرتبة على خوف النشوز، وإن لم يقع، وإلا لقيل نشزن.

٤. ولأنها صرحت بالمعصية فكان له ضربها كما لوأصرت[(٤)].

٥. ولأن عقوبات المعاصي لا تختلف بالتكرار وعدمه كالحدود[(٥)].

**الرأي المختار** الرأي الأول ، لما فيه من توافق مع مراعاة للنفس الإنسانية في التدرج بعلاجها بحيث يبدأ بالأسهل فالأسهل، للمحافظة على المودة والرحمة بين الزوجين، ولأنها قد تبدي عذرا في نشوزها لا يتعلق به، كضيق صدر من غيره فلا يجوز ضربها إلا إذا تحقق من نشوزها. قال الإمام محمد رشيد رضا: "لا جرم أن في تعبير القرآن

---

(١) الشيرازي، المهذب، (ج٢، ص٦٩).

(٢) ابن حيان، البحر المحيط، (ج٣، ص٢٥٠).

(٣) الشوكاني، فتح القدير، (ج١، ص٤٦١).

(٤) ابن قدامة، الكافي في فقه ابن حنبل،(ج٣،ص١٣٧)

(٥) الشافعي، أحكام القرآن، (ج١، ص٢٠٨).

- تخافون- حكمة لطيفة، وهي أن اللـه تعالى لما كان يحب أن تكون المعيشة بين الزوجين معيشة محبة ومودة وتراض والتئام، لم يشأ أن يسند النشوز إلى النساء إسنادا يدل على أن من شأنه أن يقع منهن فعلا، بل عبر عن ذلك بعبارة تومئ إلى أن من شأنه أن لا يقع؛ لأنه خروج عن الأصل الذي يقوم به نظام الفطرة وتطيب به المعيشة، ففي هذا التعبير تنبيه لطيف إلى مكانة المرأة وما هوالأولى في شأنها[١]. ولأن في اللجوء إلى الضرب مباشرة منافاة لمقاصد الشريعة في الحث على تركه وعدم استخدامه والتنفير منه، وهذا ما فهمه كبار الصحابة، كابن عباس وعلي رضي اللـه عنه ما، والتابعين كابن جبير وعطاء وهم أعلم الناس بالقرآن ومراد آياته لقرب عهدهم من نزوله.

## المسألة الخامسة: هل يشترط الترتيب بين مراحل علاج النشوز أم يباح الجمع بينها؟

هذه المسألة مرتبطة بسابقتها إلى حد التداخل، لكن رأيت أن أفردها بالبحث لما فيها من مزيد فهم للآية، فبعض العلماء فهم أن علاج النشوز على مراحل ثلاث، لا يجوز للزوج أن يبدأ بالضرب دون المرور بالوعظ أو الهجر، وبعضهم الآخر فهم جواز ابتداء الزوج بأي مرحلة دون مراعاة للترتيب، فله الخيار بالجمع أو عدم الترتيب، على ما سأبينه بالآتي:

**الرأي الأول**: ذهب الحنفية[٢]، والمالكية[٣]، وبعض الحنابلة[٤]، وكثير من المفسرين كالبيضاوي والثعالبي والقرطبي والنسفي[١]، إلى اشتراط مرور الزوج بمرحلتي الوعظ

---

(١) رضا، محمد رشيد، مجلة المنار، المجلد٣٢، (ج٥، ص٣٥٢).

(٢) الكاساني، بدائع الصنائع، (ج٢، ص٣٣٤). ابن نجيم، البحر الرائق، (ج٣، ص٢٣٦).

(٣) الدردير، الشرح الكبير، (ج٢، ص٣٤٢). ابن جزئ، القوانين الفقهية، (ج١، ص١٤٢). العبدري، التاج والإكليل، (ج٤، ص١٥).

(٤) البهوتي، كشاف القناع، (ج٥، ص٢٠٩).

والهجر، قبل أن يلجأ إلى ضرب الناشز، فإن عصت أول مرة وعظها بالرفق واللين وإن عادت كان له أن يهجرها فإن عادت كان له أن يضربها، فلا يجوز له الجمع بين هذه المراحل ولا بد من مراعاة الترتيب.

**الرأي الثاني:** ذهب الشافعية في القول المعتمد[٢]، والحنابلة[٣]، وبعض المفسرين كالبغوي[٤]؛ إلى جواز ضرب الزوجة دون مرور بمرحلتي الوعظ والهجر، سواء تكررت المعصية منها، أم لم تتكرر.

**الرأي الثالث:** قال بعض الشافعية[٥] بأن الآية تشتمل على مراتب هي:

**المرتبة الأولى:** مرتبة خوف النشوز أي عدم تحقق النشوز، وإنما ظهور أماراته، وهذه المرتبة يجوز فيها الوعظ دون الهجر والضرب.

**المرتبة الثانية:** مرتبة تحقق النشوز ووقوعه فعلا، لكن لا يتكرر، ولا يظهر إصرارها عليه، فيعظها ويهجرها وفي الضرب قولان الراجح منهما منعه من ضربها.

**المرتبة الثالثة:** أن يتكرر النشوز وتصر عليه، فله الهجر والضرب بلا خلاف[٦].

---

(١) ابن حيان، تفسير البحر المحيط، (ج٣، ص٢٥٠). القرطبي، الجامع لأحكام القرآن، (ج٥، ص١٧٢). البيضاوي، التفسير، (ج٢، ص١٨٥)، النسفي، التفسير، (ج١، ص٢٢٠).

(٢) الشافعي، الأم، (ج٥، ص١٩٤). الدمياطي، إعانة الطالبين، (ج٣، ص٣٧٦). النووي، روضة الطالبين، (ج٧، ص٣٦٩). الشيرازي، المهذب، (ج٢، ص٦٩). الشربيني، مغني المحتاج، (ج٣، ص٢٦٠).

(٣) ابن قدامة، الكافي، (ج٣، ص١٣٨). ابن مفلح المبدع، (ج٧، ص٢١٥). ابن قدامة، المغني، (ج٧، ص٢٤٢).

(٤) البغوي، التفسير، (ج١، ص٤٢٣). الشوكاني، فتح القدير، (ج١، ص٤٦١).

(٥) الغزالي، الوسيط، (ج٥، ص٣٠٥). قليوبي وعميرة، شهاب الدين أحمد بن أحمد بن سلامة، ١٩٩٨م، الحاشيتان على شرح جلال الدين المحلي على منهاج الطالبين، ط(١)، دار الفكر، بيروت، (ج٣، ص٣٠٦).

(٦) النووي، روضة الطالبين، (ج٥، ص٦٧٦). الرافعي، العزيز، (ج٨، ص٣٨٨). الرازي، التفسير الكبير، (ج١٠، ص٧٣).

## أدلة الرأي الأول:

**أولا:** الواو وردت للترتيب، إذ إنها داخلة على أجزاء مختلفة متفاوتة، واردة على سبيل التدرج من الضعيف إلى الأقوى فالأقوى.

**ثانيا:** فحوى الآية يدل على الترتيب، فإنه مهما حصل الغرض بالطريق الأخف، وجب الاكتفاء به، ولم يجز الإقدام على الطريق الأشد، إذ المقصود زوال مفسدة النشوز ولو بأخف طريق، يقول الفخر الرازي "فإن ظاهر اللفظ وإن دل على الجمع إلا أن فحوى الآية يدل على الترتيب "[١]، فالترتيب مستفاد من قرينة المقام وسوق الكلام للرفق في إصلاحهن وإدخالهن تحت الطاعة[٢].

**ثالثا:** دلت السنة النبوية على الترتيب في حديث عمروبن الأحوص عن النبي صلى اللـه عليه و سلم في حجة الوداع وفيه: "فإن فعلن فاهجروهن في المضاجع واضربوهن ضربا غير مبرح"[٣]. وعن أمير المؤمنين علي بن أبي طالب رضي اللـه تعالى عنه قال: يعظها بلسانه فإن انتهت فلا سبيل له عليها فإن أبت هجر مضجعها فإن أبت ضربها فإن لم تتعظ بالضرب بعث الحكمين[٤].

## أدلة الرأي الثاني:

**أولا:** عقوبات المعاصي لا تختلف في درجتها للمعصية الواحدة كالحدود، فالنشوز معصية تستوجب العقوبة دون اختلاف في درجة هذه العقوبة، فالعقوبة هي الضرب، وما تقدمه من العظة والهجر إنذار، والعقوبة تكون بالإقدام على الذنوب لا بمداومتها، ألا ترى أن سائر الحدود تجب بالإقدام على الذنوب لا بمداومتها، فكذلك ضرب النشوز

---

(١) الرازي، التفسير الكبير، (ج١٠، ص٧٣).

(٢) صديق خان، محمد حسن القنوجي، ١٩٨٥م، حسن الأسوة بما ثبت من اللـه ورسوله في النسوة، مؤسسة الرسالة، بيروت، تحقيق مصطفى الخن، (ج١، ص٨٨).

(٣) الترمذي، السنن، كتاب النكاح، باب ما جاء في حق المرأة على زوجها، ح رقم(١١٦٣)، (ج٣، ص٤٦٧)، وقال حديث حسن صحيح.

(٤) الثعالبي، الجواهر الحسان في تفسير القرآن، (ج١، ص٣٩٦).

مستحق على إبدائها للنشوز لا على ملازمتها له[1].

**ثانيا:** ظاهر اللفظ يدل على الجمع، فالواو جاءت لمطلق الجمع وليس للترتيب.

**ثالثا:** قاسوا الضرب على الهجر، فكما يشرع للزوج هجر زوجته الناشز من أول مرة، فكذلك يشرع له ضربها، وإن لم يتكرر منها النشوز.

**الرأي المختار:** الرأي الأول ، لقوة أدلتهم التي تنسجم مع روح الشريعة ومقاصدها في معالجة النفوس، إذ المراحل الثلاث على تفاوت واختلاف بحسب طبيعة المرأة، والذي ينسجم مع طبيعتها التدرج والترتيب في علاجها.

الفرع الثاني: التعريف بالوعظ والهجر

فيما يلي أبين مرحلتي الوعظ والهجر باعتبارهما سابقتي لمرحلة الضرب.

# المرحلة الأولى: الوعظ:

**الوعظ لغة:** النصح والتذكير بالخير فيما يرق له القلب، وآلته اللسان[2]، أما اصطلاحا فيتضمن:

تذكيرالزوجة بما أو جب الله للزوج عليها من حسن الأدب في إجمال العشرة، والوفاء بحقوق الصحبة ، والاعتراف بالدرجة التي له عليها[3]، وتخويفها من عقوبة الله

---

(١) الماوردي، الحاوي الكبير، (ج٩، ص٥٨٩).

(٢) ابن الجوزي، ١٤٠٤هـ عبد الرحمن بن علي بن محمد، زاد المسير في علم التفسير، المكتب الإسلامي، بيروت، الطبعة(الثالثة)، (ج٢، ص٧٥)، وانظر الرازي: مختار الصحاح،(ج١، ص٣٠٣)، وابن منظور، لسان العرب، (ج٧، ص٤٦٦)

(٣) القرطبي، أبوعبد الله محمد بن أحمد الأنصاري، الجامع لأحكام القرآن، دار الشعب، القاهرة، (ج٥، ص١٧٢). الشوكاني، محمد بن علي بن محمد، فتح القدير الجامع بين فني الرواية والدراية من علم التفسير، دار الفكر - بيروت، (ج١، ص٤٦١). الجصاص، أبوبكر أحمد بن علي الرازي، ١٤٠٥ هـ أحكام القرآن، دار إحياء التراث العربي، بيروت، تحقيق:

عز وجل إن استمرت على نشوزها، فيبين الزوج لها حكم الـلـه في طاعته ومعصيته، والترغيب في الطاعة وثوابها، والترهيب من المعصية وعقابها، وينبهها إلى أن النشوز يحرمها من بعض المتع المادية كسقوط النفقة[١]، لما له عليها من الفضل والإفضال[٢]. فإن انتهت فذلك المطلوب[٣]. والوعظ يكون بالقول، والنصح، والكلام الذي يلين القلوب القاسية، ويرغب الطبائع النافرة[٤].

وروي عن ابن عباس ومقاتل وعطاء وسعيد بن جبير والشعبي والضحاك أن "فعظوهن" تعني عظوهن بكتاب الـلـه - العظة باللسان -، ومجاهد قصر الوعظ فيما إذا نشزت المرأة عن فراش زوجها فإنه يقول لها اتقي الـلـه وارجعي إلى فراشك[٥]. وبعضهم

---

محمد الصادق قمحأوي، (ج٣، ص٤٩)=. =ابن العربي، أبوبكر محمد بن عبد الـلـه، أحكام القرآن، دار الفكر للطباعة والنشر، لبنان، تحقيق: محمد عبد القادر عطا، (ج١، ص٥٣٢). أبوحيان، محمد بن يوسف الأندلسي، ٢٠٠١م، تفسير البحر المحيط، دار الكتب العلمية، بيروت، الطبعة الأولى، تحقيق الشيخ عادل أحمد عبد الموجود، (ج٣، ص٢٥٠). الرازي، فخر الدين محمد بن عمر التميمي، ٢٠٠٠م، التفسير الكبير أو مفاتيح الغيب، ط(١)، دار الكتب العلمية، بيروت، (ج١٠، ص٧٣).

(١) ابن حزم، علي بن أحمد بن سعيد، المحلى بالآثار، دار الآفاق الجديدة، بيروت، تحقيق لجنة إحياء التراث العربي، لا يرى سقوط النفقة للناشز، (ج٩، ص١١٥).

(٢) البغوي، الحسين بن مسعود،معالم التنزيل، (ج١، ص٤٢٣). السمرقندي، نصر بن محمد بن أحمد أبوالليث، بحر العلوم، دار الفكر- بيروت، تحقيق د. محمود مطرجي، (ج١، ص٣٢٦). السعدي، عبد الرحمن بن ناصر، ٢٠٠٠م، تيسير الكريم الرحمن في تفسير كلام المنان، مؤسسة الرسالة، بيروت، تحقيق ابن عثيمين، (ج١، ص١٧٧). ابن كثير، أبوالفداء إسماعيل بن عمر، ١٤٠١هـ تفسير القرآن العظيم، دار الفكر - بيروت، (ج١، ص٤٩٣).

(٢) السعدي، تيسير الكريم الرحمن في تفسير كلام المنان، (ج١، ص١٧٧).

(٣) السعدي، تيسير الكريم الرحمن في تفسير كلام المنان، (ج١، ص١٧٧).

(٤) البغوي،الحسين بن مسعود،معالم التنزيل، (ج١، ص٤٢٣). النسفي،عبد الـلـه ،أحمد، مدارك التنزيل وحقائق التأويل، (ج١، ص٢٢٠). الألوسي، أبوالفضل شهاب الدين السيد محمود، روح المعاني في تفسير القرآن العظيم والسبع المثاني، دار إحياء التراث العربي، بيروت، (ج٥، ص٢٦،٢٥ ).

(٥) ابن أبي حاتم، عبد الرحمن محمد الرازي، تفسير القرآن العظيم، المكتبة العصرية، صيدا، تحقيق أسعد محمد الطيب، (ج٣، ص٩٤٢). الدمياطي: أبوبكر ابن السيد محمد شطا، إعانة الطالبين على حل ألفاظ فتح المعين لشرح قرة العين بمهمات الدين، دار الفكر، بيروت، (ج٣، ص٣٧٦).

قال يعظها متى ما ظهر له منها أمارات النشوز[١]. والوعظ يختلف باختلاف حال المرأة، فمنهن من يؤثر في نفسها التخويف من الـلـه عز وجل وعقابه على النشوز، ومنهن من يؤثر في نفسها التهديد والتحذير من سوء العاقبة في الدنيا كشماتة الأعداء، والمنع من بعض الرغائب كالثياب الحسنة والحلي، والرجل العاقل لا يخفى عليه الوعظ الذي يؤثر في قلب امرأته[٢].

ويشترط في الوعظ حتى يؤتي ثماره؛ ما يلي:

أن يكون الرجل قدوة حسنة لزوجته فيما يعظها فيه، فلا يجوز أن يأمرها بالكلمة الطيبة في محادثته والمعاشرة الحسنة في معاملته وترك المحرمات، وهويخالف ذلك كله، فيكلمها بالسيء من القول، ويأتي ما حرم الـلـه عز وجل أمامها قال تعالى: (كَبُرَ مَقْتًا عِنْدَ اللـه أَنْ تَقُولُوا مَا لَا تَفْعَلُونَ) [٣].

أن يكون وعظه لها برفق ولين وخفض جناح، حتى يجدي الوعظ وينفعها[٤]، لقوله تعالى: " ادْعُ إِلَى سَبِيلِ رَبِّكَ بِالْحِكْمَةِ وَالْمَوْعِظَةِ الْحَسَنَةِ "[٥].

أن يختار الوقت المناسب لوعظها، لكي يكون الوعظ والإرشاد مقبولا، ومراعاة طبيعتها، خاصة أن المرأة تحمل عاطفة غير مستقرة، تجعلها تغضب من التافه البسيط كما ترضى بالقليل اليسير، ويبين لها أن هدفه من وعظها مصلحتها ثم مصلحة الحياة الزوجية[٦].

---

(١) ابن كثير، أبوالفداء إسماعيل بن عمر الدمشقي، تفسير القرآن العظيم، دار الفكر، بيروت، (ج١، ص٤٩٣).

(٢) رضا، محمد رشيد، مجلة المنار، ١٩٣٢م، (ج٥، ص٣٥٢، المجلد٣٢)،

(٣) سورة الصف: آية ٣

(٤) علي، كوثر كامل، سموالتشريع الإسلامي في معالجة النشوز والشقاق بين الزوجين، دار الاعتصام، (ص٩٠).

(٥) سورة النحل: آية ١٢٥.

(٦) السيسي، محمود ناجي، دليل الزوج والزوجة في علاج النزاعات الزواجية، منشورات المكتب

أن يتدرج في وعظها من الأخف إلى الأقوى، وينوع في استخدام الأساليب معها، كأن يستخدم فيه أسلوب الغائب، أو يقص قصة ذات مغزى لها علاقة بالموضوع، فإن لم تفلح الطرق غير المباشرة، يستخدم الأساليب المباشرة بطريقة متدرجة كلفت النظر بأدب، ثم التهديد الصريح وغير ذلك[1]، فإن لم ينفعها الوعظ ينتقل إلى الهجر.

## المرحلة الثانية: الهجر، ويتضمن الفروع التالية:

### الفرع الأول: تعريف الهجر لغة واصطلاحا

**الهجر لغة** ضد الوصل[2]، وهو ما لا ينبغي من القول، ومجانبة الشيء، والحبل الذي يشد في حقو البعير ثم يشد في أحد رسغيه، فموارد هجر تدور على حرف واحد وهوالبعد عن الشيء[3]، قال ابن فارس: " الهاء والجيم والراء أصلان يدل أحدهما على قطعية وقطع، والآخر على شد شيء وربطه، والهجر الإفحاش في المنطق والهاجرات الفضائح"[4].

**أما اصطلاحا:** فإنه لا يخرج عن معناه اللغوي فهو بعد عن الوصل الذي ينبغي من الألفة، وجميل الصحبة بين الزوجين.

والهجر مختلف في كيفيته ومدته بين العلماء، على ما سأبينه بالآتي:

---

العلمي للكمبيوتر والنشر، الاسكندرية، (ص٦٣).

(١) العباسي، إياد محمد، ٢٠٠٢م، مضارة الزوجة بالشقاق والنزاع في ضوء الكتاب والسنة، رسالة ماجستير غير منشورة، جامعة القدس، (ص٣٥٠). وانظر: أبوشقة، عبد الحليم، تحرير المرأة في عصر الرسالة، (ج٥، ص٢٣٥).

(٢) الرازي: مختار الصحاح، (ج١،ص٢٨٨)

(٣) ابن العربي، أحكام القرآن، (ج١، ص٥٣٢).

(٤) ابن فارس، أحمد بن فارس بن زكريا، ١٩٩١م، معجم مقاييس اللغة، ط(١)، دار الجيل، بيروت، تحقيق عبد السلام هارون، (ج٦، ص٣٤-٣٥).

الفرع الثاني: أنواع الهجر:

**أولا: الهجر في الكلام**: أجاز الفقهاء هجر الرجل كلام زوجته الناشز، إلا أنهم اختلفوا في كيفيته هل يترك كلامها كلية، وهو قول عكرمة وابن جبير، أو يكلمها لكن بقول فيه غلظة وشدة، وهو قول سفيان، وقال الكلبي يسبها[1].

## واختلفوا في مدته إلى رأيين:

**الرأي الأول**: ذهب بعض الشافعية[2] إلى جواز هجر الرجل كلام زوجته الناشز أكثر من ثلاثة أيام، بشرط أن يكون القصد تأديبها، وردها عن نشوزها، مستدلين بهجر الرسول صلى الله عليه و سلم الثلاثة الذين خلفوا عن غزوة تبوك أكثر من ثلاثة أيام، وقال الشيخ الخضري: "دام هجر كلامهم خمسين يوما"[3].

**الرأي الثاني**: ذهب الحنفية[4] والمالكية[5] والحنابلة[6] وأكثر الشافعية إلى أن مدة الهجر في الكلام ثلاثة أيام فقط[7]، ولا يجوز الزيادة عليها حتى مع استمرار النشوز، مستدلين:

---

(١) الشوكاني، فتح القدير، (ج١، ص٤٦١). ابن العربي، أحكام القرآن، (ج١، ص٥٣٢). السمرقندي، تفسيرالقرآن الكريم المسمى بحر العلوم، (ج١، ص٣٢٦).

(٢) الشيخ البلقيني، انظر: النووي: روضة الطالبين وعمدة المفتين، ط(٢)، المكتب الإسلامي، بيروت، (ج٧، ص٣٦٧). الأنصاري، أبويحيى زكريا بن محمد بن أحمد، ١٤١٨هـ فتح الوهاب بشرح منهج الطلاب، ط(١)، دار الكتب العلمية، بيروت، (ج٢، ص١١٠).

(٣) الخضري، محمد، نور اليقين، (ص١٦٢).

(٤) الكاساني، بدائع الصنائع،(ج٣،ص٦١٣)

(٥) العبدري، أبوعبد الله محمد بن يوسف بن أبي القاسم، ١٣٨٩هـ التاج والإكليل لمختصر خليل، ط(٢)، دار الفكر، بيروت، (ج٤، ص١٥). الدردير، أبوالبركات أحمد، الشرح الكبير، دار الفكر، بيروت، تحقيق محمد عليش، (ج٢، ص٣٤٣).

(٦) ابن قدامة: أبومحمدعبد الله المقدسي، الكافي في فقه ابن حنبل، المكتب الاسلامي، بيروت، (ج٣، ص١٣٧)، ابن قدامة:المغني، (ج٧، ص٢٤٢).

(٧) النووي، روضة الطالبين، (ج٧، ص٣٦٧ ). انظر:الرازي، التفسير الكبير، (ج١٠، ص٧٣ ).

حديث أبي أيوب الأنصاري أن رسول اللـه صلى اللـه عليه و سلم قال: "لا يحل لرجل أن يهجر أخاه فوق ثلاث ليال"[1].

**وجه الدلالة:** نهي عن هجر المسلم لأخيه المسلم فوق ثلاث ليال، والنهي يفيد التحريم، فدل على حرمة هجر الزوج لزوجته في الكلام فوق ثلاث ليال.

الهجر إن لم يفد في ثلاثة أيام، فلن يفيد في أكثر من ذلك، وبالتالي لا بد من اللجوء إلى الهجر في المضجع لقوة تأثيره[2].

وترى الباحثة:

١. أن الهجر المنهي عنه هوما كان لسبب دنيوي، أما ما كان لسبب شرعي كارتكاب معصية النشوز فجائز أن يكون أكثر من ذلك، وقد قال ابن حجر تعقيبا على قصة الثلاثة الذين خلفوا: "وفيها ترك السلام على من أذنب وجواز هجره أكثر من ثلاث، أما النهي عن الهجر فوق الثلاث فمحمول على من لم يكن هجرانه شرعيا"[3]. وعليه فاستدلال الجمهور ليس في محله، فإن قصد هجر الزوجة في الكلام ردها عن المعصية وإصلاح دينها فلا تحريم إذ النشوز عذر شرعي[4].

٢. ثم إن من السلف من كان يهجر كلام زوجته أكثر من ثلاثة أيام، دون أن ينكر عليه ذلك أحد، أو يقل له أنه خالف سنة الرسول صلى اللـه عليه و سلم، فقد روي أن أنس بن مالك كان له امرأة في خلقها سوء، فكان يهجرها الأشهر والسنة فما يكلمها[5].

---

(١) البخاري، الصحيح، كتاب الأدب، باب الهجرة وقول النبي لا يحل لرجل أن يهجر أخاه فوق ثلاث، رقم(٥٧٢٧)، (ج٥، ص٢٢٥).

(٢) الشرقاوي، زينب، أحكام المعاشرة الزوجية، (ص٢٩٢).

(٣) ابن حجر، فتح الباري، (ج٨، ص١٢٤).

(٤) ابن مفلح، أبوعبد اللـه محمد المقدسي، ١٩٩٦م، الآداب الشرعية والمنح المرعية، ط(٢)، مؤسسة الرسالة، بيروت، تحقيق شعيب الأرناؤوط، (ج١، ص٢٥٨).

(٥) ابن مفلح، الآداب الشرعية، (ج١، ص٢٦١).

٣. القول بأن هجر الزوجة إن لم يفد في ثلاثة أيام فلن يفيد في أكثر، غير دقيق ولا يشكل قاعدة، فمن النساء من لا يؤثر فيها هجر ثلاثة أيام، لكن يؤثر فيها الهجر شهر أو أكثر.

٤. أن هجر الكلام يعني ترك الكلام معها دون سبها أو الإغلاظ لها بالقول، لما فيه من المحافظة على حسن الخلق الذي حث عليه الرسول في قوله: "خيركم خيركم لأهله"[1]، والذي ينسجم مع المقاصد العليا للإسلام، في حفاظه على المودة والرحمة بين الزوجين، ولأن الـلـه نهى عن الفحش في القول، فكيف يكون ذلك مع الزوجة التي هي للمؤانسة، وتترك مدته لتقدير الزوج بناء على حال زوجته والأصلح لها.

**ثانيا: الهجر في المضجع:**

## المسألة الأولى: أقوال العلماء في معنى الهجر في المضجع:

لفهم المراد به يحسن أن أعرف المراد بالمضجع لغة: المكان الذي يضطجع فيه على جنب، وأصل الاضطجاع الاستلقاء يقال ضجيع ضجوعا، واضطجع استلقى للنوم، وأضجعته أملته إلى الأرض[٢]، والمضاجع اسم موضع مفردها المضجع[٣]، وقيل هواسم جنس فيه معنى الجمع[٤]، وقد قرئت بالإفراد- المضجع والمضطجع- وبالجمع، قال ابن فارس:" الضاد والجيم والعين أصل واحد يدل على لصوق بالأرض على جنب، ويحمل على ذلك"[٥].

وبعض أهل التفسير قال أن المضاجع تعني المراقد، فالمقصود لا تجعلوهن تحت

(١) انظر تخريجه في ص٣٨.

(٢) ابن حيان، تفسير البحر المحيط، (ج٣، ص٢٥٠).

(٣) الأزهري، أبومنصور محمد بن أحمد، ٢٠٠١م، تهذيب اللغة، ط(١)، دار إحياء التراث العربي، بيروت، تحقيق محمد عوض، (ج١، ص٢١٧).

(٤) القرطبي، أحكام القرآن، (ج٥، ص١٧٢). ابن حيان، تفسير البحر المحيط، (ج٣، ص٢٥٠).

(٥) ابن فارس، (١٩٩١)،معجم مقاييس اللغة،ط(١)،دار الجيل، بيروت،(ج٣،ص٣٩٠)

اللحف أو الفرش، أوأنها تعني المبايت، فلا تناموا معهن في الحجر[1].

واختلف العلماء في كيفيته على عدة أقوال[2]، هي:

**الأول**: يجامعها ويكلمها بقول فيه غلظة، رواه سعيد بن جبير وابن أبي طلحة والعوفي عن ابن عباس وبه قال ابن جبير ومقاتل.

**الثاني**: أن يضاجعها (ينام معها)، ويوليها ظهره في فراشه، فيعرض عنها فلا يجامعها، وهو قول ابن عباس والضحاك.

**الثالث**: لا يجمعها وإياه فراش ولا وطء، فلا ينام معها في فراشها حتى ترجع إلى الذي يريد، فيعتزل فراشها مع جماعها، وهو قول إبراهيم والشعبي وقتادة والحسن البصري، ورواه ابن وهب وابن القاسم عن مالك[3].

**الرابع**: أن يربطها بالحبل في البيوت، وهو قول الطبري[4]، مستدلا بأن ليس لكلمة واهجروهن إلا أحد ثلاثة معان، فلا يصح أن يكون من الهجر الذي هوالهذيان فإن المرأة لا تداوى بذلك، ولا من الهجر الذي هو مستفحش من القول، لأن اللـه لا يأمر به، فليس له وجه إلا ما تقدم[5].

---

(١) البيضاوي، أنوار التنزيل وأسرار التأويل، (ج٢، ص١٨٥). أبوالسعود: محمد العمادي، تفسير القرآن المسمى إرشاد العقل السليم إلى مزايا القرآن الكريم، دار إحياء التراث العربي، بيروت، (ج٢، ص١٧٤).

(٢) ابن العربي، أبوبكر محمد، أحكام القرآن، دار الفكر، بيروت، تحقيق محمد عطا، (ج١، ص٥٣٥). الجصاص، أحكام القرآن، (ج٣، ص١٤٩).

(٣) الدردير، الشرح الكبير، (ج٢، ص٣٤٣). الشوكاني، فتح القدير، (ج١، ص٤٦١). الألوسي، روح المعاني، (ج٥، ص٢٤). تفسيرالنسفي، (ج١، ص٢٢٠).البيضاوي،أنوار التنزيل، (ج٢، ص١٨٥). ابن كثير، تفسير القرآن العظيم، (ج١، ص٤٩٣). تفسير أبي السعود، (ج٢، ص١٧٤).

(٤) الطبري، محمد بن جرير، ٢٠٠١م، جامع البيان عن تأو يل آي القرآن، ط(١)، دار الفكر، بيروت، (ج٤، ص٨٥-٨٦). تفسير البغوي، (ج١، ص٤٢٣). الجصاص، أحكام الجصاص، (ج٣، ص١٤٩).

(٥) قال ابن العربي ردا على استدلال الطبري: "يا لها هفوة من عالم بالقرآن والسنة، وإني لأعجبكم من ذلك إن الذي أجرأه على هذا التأويل، ولم يرد أن يصرح بأنه أخذه منه، هوحديث غريب رواه ابن وهب عن مالك أن أسماء بنت أبي بكر الصديق امرأة الزبير بن العوام، كانت تخرج حتى عوتب في

مناقشة الأقوال:

**القول بأن الهجر للفراش دون الجماع معترض عليه بما يلي:**

١. أنه يؤدي إلى فضح ما بين الرجل وزوجته، وربما يدفع الآخرين إلى التدخل، فيزيد الأمر سوءا والزوجة عنادا ونشوزا، لأن هجرها أمام الغرباء فيه إذلالا لها، واستثارة لكرامتها[١].

٢. ابتعاد الزوج عن فراش زوجته يفوت عليه إمكانية فض النزاع وإنهائه، لأن مضاجعته إياها على فراش واحد موليا ظهره لها يدفعها عن سؤاله عن سبب نفوره، وبواعث إعراضه، فيجيبها على سؤالها، ويبين لها أسباب غضبه، مما يتيح الفرصة لبحث المشكلة وفض النزاع والخلاف، وإحلال الوئام والوفاق محله[٢].

٣. ابتعاده عن فراشها، يفوت عليه إعطائها درسا قاسيا، خاصة أنها بكل زينتها وما فعلته من أساليب الافتتان والجمال عاجزة عن إثارته، فلا تملك إلا أن ترجع إلى أمره فلا تعصيه فترجع عن نشوزها[٣].

**القول بأن الهجر في المضجع يعني جماعها بقول فيه غلظة**، قول لا ينسجم مع ما أرشدت إليه السنة النبوية الشريفة من مقدمات يجب أن يحرص عليها كلا الزوجين،

---

ذلك، قال وعتب عليها وعلى ضرتها، فعقد شعر واحدة بالأخرى وضربهما ضربا شديدا، وكانت الضرة أحسن اتقاء، وكانت أسماء لا تتقي فكان الضرب بها أكثر، وآثر فشكته إلى أبيها أبي بكر، فقال لها: أي بنية؛ اصبري، فإن الزبير رجل صالح، ولعله أن يكون زوجك في الجنة، ولقد بلغني أن الرجل إذا ابتكر بالمرأة تزوجها في الجنة، فرأى الربط والعقد مع احتمال اللفظ من فعل الزبير فأقدم على هذا التفسير، وعجبا له مع تبحره في العلوم وفي لغة العرب كيف بعد عليه صواب القول وحاد عن سداد النظر... ولا يحتاج إلى هذا التكلف الذي ذكره العالم وهولا ينبغي لمثل السدي والكلبي فكيف أن يختاره الطبري". ابن العربي،أحكام القرآن، (ج١، ص٥٣٢).

(١) العباسي، إياد، مضارة الزوجة بالشقاق،ص٣٥٥وما بعدها

(٢) المرجع السابق.

(٣) المرجع السابق.

ليفضي الجماع إلى المؤانسة والمودة لا إلى النفرة والكراهية، ثم إن النبي صلى الـلـه عليه و سلم لما نهى عن ضربها قبل جماعها من حديث ابن زمعة[1]، في ضمنه نهي عن كل ما لا يليق بعملية الجماع فالخشونة والغلظة بالقول تزيد القلوب نفرة، والنفوس إعراضا، والزوجة نشوزا، ثم إن جماعها يزيد من ثقتها بنفسها، وغرورها بزينتها وجمالها، ويشعرها بأنها مرغوب فيها على كل حالة سواء كانت مطيعة أم عاصية، وهذا يقودها إلى التمادي بالنشوز.

**القول بأن الهجر ربط الزوجة الناشز بالحبل في البيت وإكراهها على الجماع،** قول أنكره العلماء واعتبروه هفوة من قائله، لأنه لا ينسجم مع وصايا النبي بالنساء وحسن معاشرتهن، ولأنه نهى عن ضربها قبل جماعها، فكيف يستقيم ربطها بالحبل وإكراهها على الجماع كأسلوب لمعالجة نشوزها، بل إن هذا يزيدها نشوزا ونفرة لما فيه من شبه بمعاملة الدواب.

## الراجح:

ترى الباحثة أن للزوج هجر زوجته بما يعتقد أنه يؤثر في زوجته فله ترك جماعها في حال غلبة شهوتها، دون أن يترك النوم معها على فراش واحد، إن كان يجدي معها، **وأسباب الترجيح هي:**

١. قوله: "في المضاجع" يدل على أن الهجر للزوجة، وليس للمضجع، فيكون المعنى اهجروهن أثناء وجودكم معهن في المضجع بعيدا عن الغرباء، ثم إنه لم يقل عن المضجع، وإنما في المضجع، دلالة على أنه لا يهجر مضجعها، وإنما كناية عن ترك جماعها[٢].

٢. ولأن هجره لها في حال غلبة شهوتها عقاب لها، أما لو هجرها مع حاجته إليها لأضر بنفسه، فلا يؤدبها بما يضر بنفسه ويبطل حقه[٣].

---

([1]) سيأتي تخريجه ،ص

(٢) النسفي، التفسير، (ج١، ص٢٢٠).

(٣) الكاساني، بدائع الصنائع، (ج٣، ص٦١٣).

٣. الهجر في المضجع أشد إفصاحا عن انصراف النفس، لأنه هجر مع قرب الدواعي وتيسرها<sup>(١)</sup>، فتشعر المرأة به واضحا ويكون أدعى لعلاجها.

٤. ولأن في هجر الرجل زوجته في المضجع، مراعاة من قبل الشارع لحال الأطفال ونفوسهم، فالهجر أمامهم يورث شرا وفسادا<sup>(٢)</sup>.

## المسألة الثانية: سبب الاختلاف هل حرف"في" يفيد الظرفية أم السببية، فيها رأيان:

**الأول:** أن في تفيد الظرفية أي اهجروهن في مواضع الاضطجاع، بمعنى اتركوا مضاجعتهن والنوم معهن<sup>(٣)</sup>، وكونها للظرفية أظهر، إذ تبين الهجر كأسلوب لعلاج النشوز.

**الثاني:** أنها بمعنى السبب، فيقدر محذوف تقديره واهجروهن لسبب المضاجع حتى يراجعنها<sup>(٤)</sup>، أي اهجروهن بسبب تخلفهن عن المضاجعة معكم<sup>(٥)</sup>، فهذا القول يدخل في معنى النشوز، فما معنى جعله هوالمراد بالعقاب<sup>(٦)</sup>، ثم إنه يبين أن الهجر نتيجة لتخلفهن عن المضاجعة، فهو معاملة بالمثل، ويقصر النشوز على هذه الصورة فقط، مع أن النشوز أعم، ورفضها للمضاجعة صورة من صور نشوزها.

---

(١) علي، كوثر كامل، سموالتشريع الإسلامي، (ص٩٢).

(٢) العباسي، إياد، مضارة الزوجة بالشقاق، (ص٣٥٧). قطب، سيد، ٢٠٠٤م، في ظلال القرآن، ط(٤)، دار الشروق، القاهرة، (ج٢، ص٦٥٤).

(٣) الألوسي، روح المعاني، (ج٥، ص٢٤).

(٤) الثعالبي، عبد الرحمن بن محمد بن مخلوف، الجواهر الحسان في تفسير القرآن، مؤسسة الأعلمي، بيروت، (ج١، ص٣٦٩).

(٥) ابن حيان، البحر المحيط، (ج٣، ص٢٥٠).

(٦) رضا، محمد، ١٩٧٣م، تفسير القرآن الحكيم الشهير بالمنار، ط(٢)، دار المعرفة، بيروت، (ج٥، ص٧٣).

المسألة الثالثة: اختلف العلماء في مدة الهجر في المضجع:

**أولا:** ذهب الحنفية[1] والشافعية[2] والحنابلة[3] إلى أن الزوج يهجر زوجته ما شاء حسب ما يراه مناسبا في ردها عن النشوز، لأن الهجر في القرآن مطلق فلا يقيد بغير دليل.

**ثانيا:** ذهب المالكية إلى أن الزوج له أن يهجر زوجته إلى شهر، مستدلين بفعله صلى الله عليه و سلم في هجره نساءه فلم يدخل عليهن شهرا[4]. وبعض المالكية زاد مدة الهجر إلى أربعة أشهر؛ لأنها مدة يسمح فيها بالهجر.

مناقشة رأي المالكية:

١. استدلالهم بهجره صلى الله عليه و سلم نساءه شهرا استدلال في غير محله، لأنه صلى الله عليه و سلم لم يهجرهن بسبب نشوزهن، وإنما لمجموع أسباب وقعت منهن وكانت سببا في اعتزالهن، فهو قياس مع الفارق لا يصح.

٢. تحديدهم مدة الهجر بأربعة أشهر بناء على ما بين الهجر في النشوز والهجر في الإيلاء من شبه فقياس مع الفارق، لأن هجر النشوز مباح، وهجر الإيلاء محرم، وهجر

---

(١) الكاساني، علاء الدين، ١٩٨٢م، بدائع الصنائع في ترتيب الشرائع، ط(٢)، دار الكتاب العربي، بيروت، (ج٣، ص٦١٣).
(٢) الشربيني، محمد الخطيب، مغني المحتاج إلى معرفة معاني ألفاظ المنهاج، دار الفكر، بيروت، (ج٤، ص٤٤٧).
(٣) ابن مفلح، أبوإسحاق إبراهيم بن محمد بن عبد الله الحنبلي، ١٤٠٠هـ المبدع في شرح المقنع، المكتب الإسلامي، بيروت، (ج٧، ص٢١٥). ابن ضويان، إبراهيم بن محمد بن سالم، ١٤٠٥هـ منار السبيل في شرح الدليل، ط(٢) مكتبة المعارف، الرياض، تحقيق عصام قلعجي، (ج٢، ص٢٠١). البهوتي، منصور بن يونس بن إدريس، ١٤٠٢هـ كشاف القناع عن متن الإقناع، دار الفكر، بيروت، تحقيق: هلال مصيلحي، (ج٧، ص٢٥٦٦).
(٤) ابن العربي، أحكام القرآن، (ج١، ص٥٣٢)، القرطبي، جامع لأحكام القرآن، (ج٥، ص١٧٢) وفيه: "وهذا الهجر غايته عند العلماء شهر كما فعل النبي صلى الله عليه و سلم حين أسر إلى حفصة فأفشته إلى عائشة وتظاهرتا عليه ولا يبلغ به الأربعة الأشهر التي ضرب الله أجلا عذرا للمولى".

النشوز تكون فيه الزوجة ظالمة، بخلاف هجر الإيلاء يكون الزوج ظالما والزوجة مظلومة، لذلك ضربت له مدة، حتى لا يتمادى الزوج في ظلمه بخلاف النشوز[١].

**الراجح:** قول الجمهور؛ لأن الهجر علاج يقدره الزوج بحسب ما يصلح حال زوجته، دون تقييده بمدة معينة، فالأولى تركه على إطلاقه، وفي هذا الإطلاق تأخير للعمل بالعلاج الثالث وهوالضرب، "ولذكره الهجر دون تفصيل حكمة بعيدة الغاية، إذ أعطى الرجل بعض الحرية في أن يتصرف بما يمليه عليه ظرفه وطبيعة زوجته[٢]، قال ابن حجر: "لا غاية له؛ لأنه لحاجة صلاحها، فمتى لم تصلح تهجر، وإن بلغ سنين، ومتى صلحت فلا هجر"[٣].

## المسألة الرابعة: الحكمة من الهجر:

الهجر في المضاجع لفتة نفسية عميقة لطبيعة المرأة، التي تعتز بجمالها وفتنتها وتغتر بهما، لأن أبلغ عقوبة هي العقوبة التي تمس الإنسان في غروره، وتشككه في صميم كيانه، والمرأة تعلم أنها ضعيفة إلى جانب الرجل، ولكنها لا تأسى لذلك ما علمت أنها غالبته بفتنتها، فلما يهجرها فإنه يبطل أمضى سلاح لها، ويعيدها إلى طاعته[٤]، ويغيظها[٥]، ففي الهجر أثرا ظاهرا في تأديب النساء[٦].

فالزوج إذا هجرها، فإن كانت محبة له يشق عليهاهجره، فتترك النشوز وترجع إلى الصلاح، وإن كانت مبغضة، وافقها ذلك الهجران، فتظهر السرور، فيتبين أن النشوز من

---

(١) العباسي، إياد، مضارة الزوجة بالشقاق،ص

(٢) المكتب العالمي للبحوث، ١٩٨٥م، الخلافات الزوجية في نظر الإسلام، دار مكتبة الحياة، بيروت، (ص٣٣).

(٣) ابن حجر الهيتمي، ١٩٩٩م، الزواجر عن اقتراف الكبائر، ط(٢)، المكتبة العصرية، بيروت، (ج٢، ص٧٥)، والباحثة ترى أن هجرها سنين فيه مضارة تتنافى مع مقصد الشريعة من الزواج وهوالمودة والرحمة، فإن لم تنصلح، جاز أن ينتقل لأسلوب تأديبي آخر.

(٤) العقاد، الفلسفة القرآنية، (ص٧٦-٧٧). قطب، في ظلال القرآن، (ج٢، ص٦٥٤).

(٥) السمرقندي، تفسير بحر العلوم، (ج١، ص٣٢٦).

(٦) الشربيني، محمد الخطيب، الإقناع، دار الفكر، بيروت، (ج٢، ص٤٣٢).

قبلها، ويكون ذلك دليلا على كمال نشوزها[1]. فالهجر يذكر المرأة بالمقدرة التي توجب للرجل الطاعة، وهي مقدرة العزم والإرادة والغلبة على الدوافع الحسية، فلا تشعر بالغضاضة من إطاعته.

## المسألة الخامسة: ضوابط الهجر:

أن يكون في البيت، لحديث حكيم بن معاوية قال: حدثني أبي عن جدي قال: قلت يا رسول الـلـه، نساؤنا ما نأتي منها أم ما ندع؟ قال: "حرثك أنى شئت، غير أن لا تقبح الوجه، ولا تضرب، وأطعمها إذا طعمت، واكسها إذا اكتسيت، ولا تهجرها إلا في بيتها، كيف وقد أفضى بعضكم إلى بعض، إلا بما حل عليها"[2]، قال ابن حجر: " قال المهلب أشار البخاري في ترجمة: "باب هجر النبي نساءه في غير بيوتهن":"كأنه أراد أن يستن الناس بما فعله النبي صلى الـلـه عليه و سلم من الهجر في غير البيوت رفقا بالنساء، لأن هجرهن مع الإقامة معهن في بيوتهن آلم لأنفسهن، وأوجع لقلوبهن، مما يقع من الإعراض في تلك الحال، ولما في الغيبة عن الأعين من التسلية عن الرجال، وليس ذلك بواجب لأن الـلـه قد أمر بهجرانهن في المضاجع، فضلا عن البيوت، وتعقبه ابن المنير: بأن البخاري لم يرد ما فهمه، وإنما أراد أن الهجران يجوز أن يكون في البيوت وفي غيرها، وأن الحصر الموجود في حديث معاوية بن حيدة غير معمول به، بل يجوز الهجر في غير البيوت كما فعل النبي صلى الـلـه عليه و سلم، والحق أن ذلك يختلف باختلاف الأحوال فربما كان الهجران في البيوت أشد من الهجران في غيرها وبالعكس، بل الغالب أن الهجران في غير البيوت آلم للنفوس، وخصوصا النساء لضعف نفوسهن"[3]، فالهجر يستخدمه المسلم على أنه دواء ينبغي مراعاة وقته ونوعه وكيفيته ومقداره، وإلا كان حظا لهوى النفس وانتصارا لها[4].

ويرجح بعض المعاصرين أن يكون الهجر للزوجة وهي على الفراش، بأن يوليها

(١) الرازي، التفسير الكبير، (ج١٠، ص٧٣). السمرقندي، بحر العلوم، (ج١، ص٣٢٦).
(٢) النسائي، السنن الكبرى، باب هجرة الرجل امرأته، ح رقم(٩١٦٠)، (ج٥، ص٣٧٠).
(٣) ابن حجر، فتح الباري، (ج٩، ص٣٠١).
(٤) سلمان، مشهور حسن، ١٩٨٩م، الهجر في الكتاب والسنة، ط(١)، دار ابن القيم، الدمام، (ص٢٢٢).

ظهره ولا يكلمها ولا يحدثها، معتبرا ترك بعض الأزواج لحجرة النوم، أو تركه للبيت كله لا يعد هجرا في المضجع، بل هجرا للمضجع نفسه، لأن هذا قد يثير شقة الخلاف والتحدي والعناد، وقد يذل الزوجة أو يفسد الأطفال، أما الهجر في المضجع فقد يثير الرغبة في العتاب مما يضيق شقة الخلاف[1]. ويقول الإمام محمد رضا: " الهجر ضرب من ضروب التأديب لمن تحب زوجها ويشق عليها هجره إياها، ولا يتحقق هذا بهجر المضجع نفسه وهوالفراش، ولا بهجر الحجرة التي يكون فيها الاضطجاع ؛ وإنما يتحقق بهجر في الفراش نفسه، وتعمد هجر الفراش أو الحجرة، زيادة في العقوبة لم يأذن بها اللـه تعالى، وربما يكون سببا لزيادة الجفوة، وفي الهجر في المضجع نفسه معنى لا يتحقق بهجر المضجع أو البيت الذي هو فيه؛ لأن الاجتماع في المضجع هو الذي يهيج شعور الزوجية، فتسكن نفس كل من الزوجين إلى الآخر، ويزول اضطرابهما الذي أثارته الحوادث قبل ذلك، فإذا هجر الرجل المرأة، وأعرض عنها في هذه الحالة، رجي أن يدعوها ذلك الشعور والسكون النفسي إلى سؤاله عن السبب، ويهبط بها من نشز المخالفة، إلى الموافقة"[2]، فإن لم تستجب الزوجة ينتقل الزوج إلى الطريق الأخير من طرق تأديبها، على ما سأبينه بالآتي.

## المسألة السادسة: آراء العلماء في ضرب الرجل للمرأة الناشز:

يمكن القول أن للعلماء آراء في حكم ضرب الرجل المرأة الناشز، ما بين إباحة ومنع، فالعلماء القدامى تكاد عبارتهم تجمع على أن للرجل ضرب المرأة الناشز، لكن ضمن قيود وضوابط، والناظر في كتبهم يجد حجم العناية بالمرأة فائقا، خاصة تفصيلاتهم لقضايا النشوز والشقاق بين الزوجين، أما العلماء المعاصرين فبعضهم يتابع السلف في إباحة ضرب المرأة الناشز، وبعضهم يمنع ذلك مستندا إلى أن قواعد الشرع العامة ومقاصده في مؤسسة الأسرة، تتنافى مع إباحة الضرب الذي فيه إهانة لكرامة المرأة!

---

(١) محمد، صلاح عبد الغني، ١٩٩٦م، وسائل الإسلام في المحافظة على الحياة الزوجية، (ج٣، ص٢٠-٢١). وانظر، الشعراوي، محمد متولي، ١٩٩١م، تفسير الشعراوي، ط(١)، مطابع الأخبار، القاهرة، (ج٤، ص٢٢٠١).

(٢) رضا، محمد رشيد، تفسير المنار، (ج٥، ص٧٢-٧٣) بتصرف.

وفيما يلي بيان كل رأي وأدلته:

**الرأي الأول:** يذهب جمهور الفقهاء إلى إباحة ضرب الرجل المرأة الناشز، وهذا لا يعني أن الإباحة هي الأولى بل نص بعضهم ان عدم الضرب والصبر على المرأة أولى، واستدلوا بما يلي:

١. قوله تعالى: (وَاللَّاتِي تَخَافُونَ نُشُوزَهُنَّ فَعِظُوهُنَّ وَاهْجُرُوهُنَّ فِي الْمَضَاجِعِ وَاضْرِبُوهُنَّ فَإِنْ أَطَعْنَكُمْ فَلَا تَبْغُوا عَلَيْهِنَّ سَبِيلًا) [١].

**وجه الدلالة:** بينت الآية أن الله تعالى أباح الضرب علاجا للزوجة الناشز، باعتباره واحدا من أساليب علاج النشوز.

٢. قوله تعالى: (وَخُذْ بِيَدِكَ ضِغْثًا فَاضْرِبْ بِهِ وَلَا تَحْنَثْ)[٢].

**وجه الدلالة:** تدل الآية أن للزوج ضرب امرأته تأديبا، إذ لولا ذلك لم يكن أيوب ليحلف أن يضربها، ولما أمره الله تعالى بضربها بعد حلفه[٣]. وهو وإن كان في شرع من قبلنا لكنه لا يخالف شرعنا.

٣. عن عمروبن الأحوص قال: "حدثني أبي أن رسول الله صلى الله عليه و سلم قال: استوصوا بالنساء خيرا فإنما هن عوان عندكم، ليس تملكون منهن شيئا غير ذلك، إلا أن يأتين بفاحشة مبينة[٤] فإن فعلن فاهجروهن في المضاجع، واضربوهن ضربا غير مبرح، فإن أطعنكم فلا تبغوا عليهن سبيلا، ألا إن لكم على نسائكم حقا ولنسائكم عليكم حق، فأما حقكم على نسائكم فلا يوطئن فرشكم من تكرهون، ولا يأذن في بيوتكم لمن

---

(١) سورة النساء، آية٣٤.

(٢) سورة ص، آية ٤٤.

(٣) الجصاص، أحكام القرآن، (ج٥، ص٢٦٠). قال القرطبي: "امرأة أيوب أخطأت فحلف ليضربها" أحكام القرآن، (ج١٥، ص٢١٣).

(٤) الفاحشة المبينة ليست الزنا، لأنه يستلزم حدا، قال ابن رشد:" كل فاحشة أتت في القرآن منعوتة بمبينة فهي من جهة النطق، وكل فاحشة أتت فيه مطلقة فهي الزنا" فالفاحشة المبينة أن تبذا عليه وتخالف أمره. ابن رشد، المقدمات الممهدات، (ج٢، ص١٠٣).

تكرهون، ألا وحقهن عليكم أن تحسنوا إليهم في كسوتهن وطعامهن"[١].

**وجه الدلالة**: أن النبي صلى الـلـه عليه و سلم أباح ضربهن للتأديب على نشوزهن، ومخالفتهن لأزواجهن، بقوله إلا أن يأتين بفاحشة مبينة[٢].

٤. عن الأشعث بن قيس عن عمر **رضي الـلـه عنه** مرفوعا للنبي صلى الـلـه عليه و سلم قال: "لا يسأل الرجل فيما ضرب امرأته"[٣].

**وجه الدلالة**: معناه رفع التحرج والتأثم إذا ضربها عن النشوز المنصوص عليه في سورة النساء، وفي ضمنه نهي عن سؤاله لم يضربها إذا راعى شروط الضرب وحدوده[٤]. ولأن فيه إبقاء للمودة[٥]، ولأنه قد يضربها لأجل الفراش فإن أخبر بذلك استحيا وإن أخبر بغيره كذب[٦].

مناقشة دلالة الحديث:

قال الشيخ محمد الغزالي: "وهذا الظاهر باطل، فالمتن المذكور مخالف لنصوص القرآن (وَلَهُنَّ مِثْلُ الَّذِي عَلَيْهِنَّ بِالْمَعْرُوفِ)[٧]، وقوله تعالى: (فَأَمْسِكُوهُنَّ بِمَعْرُوفٍ أَوْ سَرِّحُوهُنَّ بِمَعْرُوفٍ)[٨]، ومخالف لأحاديث أخرى كثيرة! وعدوان الرجل على المرأة

(١) الترمذي، السنن، كتاب النكاح، باب حق المرأة على زوجها، ح رقم(١١٦٣)، وقال حديث حسن صحيح، (ج٣، ص٤٦٧).

(٢) ابن العربي، أحكام القرآن، (ج١، ص٥٣٦)، ابن رشد، المقدمات الممهدات، (ج٢، ص١٠٣).

(٣) النسائي، السنن الكبرى، كتاب في عشرة النساء، باب ضرب الرجل زوجته، ح رقم(٩١٦٨)، (ج٥، ص٣٧٢). ورواه أبو داود، السنن، كتاب النكاح، باب في ضرب النساء، ح رقم(٢١٤٧)، (ج٢، ص٢٤٦).

(٤) القاري، مرقاة المفاتيح، (ج٦، ص٣٧٥ بتصرف).

(٥) البهوتي، كشاف القناع، (ج٥، ص٢١١).

(٦) ابن قدامة، المغني، (ج٧، ص٢٤٢).

(٧) سورة البقرة، الآية ٢٢٨.

(٨) سورة البقرة، الآية ٢٣١.

كعدوان المرأة على الرجل مرفوض عقلا ونقلا وعدلا، ولا أدري كيف قيل هذا الكلام، ونسب إلى رسول اللـه . . . ومن ثم فالحديث الذي رواه النسائي في ضرب النساء لا أصل له، مهما تمحلوا في تأويله"[1]، فهوضعيف من جهة سنده إذ فيه عبد الرحمن المسلي[2].

٥. وقد روي عن النبي صلى اللـه عليه و سلم أنه قال لرجل أوصاه: "ولا ترفع عصاك عن أهلك وأخفهم في اللـه"[3]. وفي رواية "لاتضع عصاك عن أهلك وأنصفهم من نفسك"[4] وفي أخرى"علق سوطك حيث يراه أهلك"[5].

**وجه الدلالة**: هذه الروايات تفيد حق الرجل في تأديب زوجته فيما يصلحها، وتستقيم معه حياتهما الزوجية. قال ابن عبد البر: "وفي هذا كله ما يوضح لك أن للرجل ضرب نسائه فيما يصلحهم وتصلح به حاله وحالهم معه، كما له أن يضرب امرأته عند امتناعها عليه، ونشوزها ضربا غير مبرح، وقيل إن معنى العصا في هذين الحديثين الإخافة والشدة بكل ما يتهيأ، ويمكن مما يجمل ويحسن من الأدب فيما يجب الأدب فيه، وفيه إباحة ضرب الرجل امرأته ضربا كثيرا لأنه قصد به قصد العيب له، والضرب القليل ليس بعيب لأن اللـه قد أباحه"[6].

---

(١) الغزالي، محمد، ١٩٩٠م، قضايا المرأة بين التقاليد الراكدة والوافدة، ط(١)، دار الشروق، القاهرة، (ص١٧٤-١٧٥).

(٢) الألباني، ضعيف الجامع الصغير، ح رقم (٦٢١٨)، (ص٨٩٨)، وقد ضعفه في موضع آخر (ص٩١٦).

(٣) الهيثمي، مجمع الزوائد، (ج٨، ص١٠٦)، وقال: "فيه عمروبن واقد ضعفه البخاري وجماعة".

(٤) ابن حنبل، المسند، مسند معاذ بن جبل، ح رقم(٢٢١٢٨)، (ج٥، ص٢٣٨)، وقال المنذري: "إسناد أحمد صحيح لوسلم من الانقطاع فإن عبد الرحمن بن حيز لم يسمع من معاذ". الترغيب والترهيب، (ج١، ص٢١٦).

(٥) عبد الرزاق، المصنف، ح رقم(٢٠١٢٣)، (ج١١، ص١٣٣)، وفيه أن العصا تعني اللسان بمعنى وعظهم.

(٦) ابن عبد البر، التمهيد، (ج١٩، ص١٦٩).

مناقشة دلالة الحديث:

فهم الشوكاني أن هذا في العيال لا في الزوجة، إذ ينبغي لمن كان له عيال أن يخوفهم ويحذرهم الوقوع فيما لا يليق[1]. وقال العيني: " هذه أحاديث أسانيدها واهية، وضرب المرأة لغير الهجر في المضجع لا يجوز بل حرام"[2].

**الرأي الثاني:** ذهب بعض المعاصرين إلى منع ضرب الرجل المرأة الناشز، وهؤلاء تختلف أدلتهم، فبعضهم يمنع بحجة أن الآية لا تتناسب مع عصر الحضارة والتقدم، الذي ينبغي إن تتساوى فيه المرأة مع الرجل بالحقوق، في حين يمنع آخرون على اعتبار أن الضرب وسيلة أسيء استخدامها،فتمنع كي لا تعود على مقصودها بالنقض، وأنها تتعارض مع مقاصد افسلام في إنشاء الأسرة على المودة والرحمة وفيما يلي أقوالهم:

١. يقول عبد الحميد أبوسليمان: "إن عامة معاني كلمة الضرب في السياق القرآني هي بمعنى العزل والمفارقة والإبعاد والدفع، فما هو المعنى المناسب لكلمة الضرب في سياق فض النزاع بين الزوجين، واستعادة روح المودة والتواصل؟ إذا أخذنا بالاعتبار طبيعة السياق وطبيعة الحال، والغاية من الترتيبات في الإصلاح والتوفيق، وإذا أخذنا قيم الإسلام في تكريم الإنسان، وحفظ كرامته وحقه في تقرير مصيره، وإذا أخذنا في الاعتبار طبيعة العلاقة الزوجية الاختيارية، وإمكان طرفي العلاقة الزوجية بإنهائها إذ لم يقتنعا بها، . . . أدركنا أن المعنى المقصود من الضرب لا يمكن أن يكون الإيلام والمهانة، وأن الأولى هو المعنى الأعم الذي انتظم عامة معاني كلمة الضرب في السياق القرآني، هوالبعد والترك والمفارقة، وذلك أن بعد الزوج عن الزوجة، وهجرها وهجر دارها كلية من طبيعة الترتيبات المطلوبة، لترشيد العلاقة الزوجية، ولأن ذلك هو خطوة أبعد من مجرد الهجر في المضجع، لأن مفارقة الزوج وترك منزل الزوجية، والبعد الكامل عنها، وعن

---

(١) الشوكاني، نيل الأو طار، (ج٦، ص٢٤٧).

(٢) العيني، محمود بن أحمد، عمدة القاري شرح صحيح البخاري، دار إحياء التراث العربي، بيروت، (ج٢٠، ص١٨٣).

دارها يضع المرأة، وبشكل مجسد محسوس أمام آثار التمرد والعصيان، والصراع مع الزوج وهوالفراق "الطلاق"، وهذه الخطوة المحسوسة الملموسة، تعطي المرأة الفرصة الكاملة، أن ترى وتحس وتتمعن في آثار نشوزها، ونتائج سلوكها وعصيانها، وهوالفراق"الطلاق" وهل ذلك ما تقصده بالفعل من سلوكها، وهل حسبت كامل آثاره ونتائجه، أم أنها نزوة جهالة وعناد عليها أن تعود عنها إلى رشدها، وتعيد زوجها إلى دارها قبل فوات الأوان"[١].

فهويرى أن الضرب" الإيلام والمهانة" الذي من صوره اللطم والصفع الجلد. . .، لا يمكن أن يكون وسيلة مقصودة لإرغام المرأة على المعاشرة، كما أن الضرب ليس وسيلة مناسبة لإشاعة روح المودة بين الزوجين، وليس وسيلة مناسبة لكسب ولاء أطراف العلاقات الحميمة وثقتها، بل إنه يضعف الروابط الأسرية، ويدفعها ويسرع بها إلى التفكك والانهيار[٢].

ثم يدلل على مذهبه بأن فهمه لمعنى الضرب - المفارقة الترك والاعتزال- تؤكده السنة النبوية الفعلية حين فارق **صلى الله عليه و سلم** بيوت زوجاته، حيث نشب بينه وبينهن الخلاف، ولم يتعظن وأصررن على عصيانهن وتمردهن، رغبة في شيء من رغد العيش فلجأ **صلى الله عليه و سلم** إلى المشربة[٣] شهرا كاملا، تاركا ومفارقا لزوجاته ومنازلهن، دون أن يتعرض لأي واحدة منهن بأي لون من ألوان الأذى الجسدي أو اللطم أو المهانة، فلو كان الضرب بمعنى الأذى الجسدي والنفسي أمرا إلهيا، ودواء ناجعا، لكان **صلى الله عليه و سلم** أول من يبادر إليه ويفعل ويطيع، ولكنه لم يضرب، ولم يأمر بالضرب، ولم يأذن ولم يسمح بالضرب[٤]، وهذا ما ينسجم وأهداف الإسلام العامة، ومقاصده في بناء الأسرة على المودة والرحمة والعفة

---

(١) أبوسليمان، عبد الحميد، ٢٠٠٢م، ضرب المرأة وسيلة لحل الخلافات الزوجية، مطبوعات المعهد العالمي للفكر الإسلامي، فرجينيا، (ص٢٦-٢٧).

(٢) المرجع السابق، بتصرف، (ص١٨، ٢١، ٢٢).

(٣) المشربة، الغرفة، العيني، عمدة القاري، (ج٢٠، ص١٩٠).

(٤) أبوسليمان، عبد الحميد، ضرب المرأة وسيلة لحل الخلافات الزوجية، بتصرف، (ص٢٨-٢٩).

والأمن، وينسجم مع طبيعة العلاقة الزوجية الكريمة، وطبيعة علاقة الكرامة الإنسانية، خاصة في هذا العصر وثقافته ومداركه وإمكانياته ومداخل نفوس شبابه[1].

**الاعتراض:** أن الهجر بمعنى البعد مختلف في كيفيته فمن العلماء من قال يهجر حجرتها وفراشها، ومنهم من قال يهجر بيتها، فتفسير الضرب بمعنى ترك البيت لا يستقيم، لأن ذلك يعني تكرار في النص القرآني، إذ لوكان الهجر والضرب بمعنى واحد لما كان لذكرهما فائدة، والأولى حمل الضرب على معناه الحقيقي المتبادر إلى الأذهان، ثم إن ابن الجوزي أرجع معاني الضرب في القرآن إلى ثلاثة أوجه، منها السير الذي يتضمن البعد، فمعاني الضرب في القرآن ليست محصورة على البعد والمفارقة، وأما الاستدلال بفعله **صلى الله عليه و سلم** فالحالة لم تكن حالة نشوز من زوجاته رضوان الله عليهن، وإنما ظن الصحابة أنه طلقهن عندما اعتزلهن شهرا[2]، فلو كانت حالة نشوز لعمل النبي **صلى الله عليه و سلم** بالنص القرآني من وعظ وهجر وضرب، نعم يجب المحافظة على مقاصد الإسلام من بناء الأسرة على المودة والرحمة؛ ولكن دون تكلف في التأويل رضي من رضي وسخط من سخط، وببيان هديه **صلى الله عليه و سلم** في التعامل مع زوجاته، وأن الضرب هو واحد من أنواع ثلاثة هو آخرها في الذكر كما هو آخرها في الالتجاء، وهو خاص بالمرأة الناشز لا الطائعة.

٢. ويؤيد الدكتور محمود السرطاوي والدكتورة رولا الحيت الفتيا بعدم الضرب، استنادا إلى الموازنة بين المقاصد الشرعية، وما تنبئ عنه قوانين الأحوال الشخصية في الدول العربية، حيث جعل الضرب سببا للإضرار، وهدم الأسرة، فلم يعد يحقق الغاية والمآل الذي شرع لأجله، وهوالإصلاح، إضافة إلى سوء تطبيق المباح حيث يمارس المكلفين الضرب المبرح[3]. ويقترب من هذا الرأي رأي الطاهر ابن عاشور حيث يقول:

---

(١) المرجع السابق، بتصرف، (ص١٣، و٣٠).

(٢) الأنيس، عبد السميع، ٢٠٠٢م، حادثة التحريم في إطار المعالجة النبوية لمشاكل الحياة الزوجية دراسة حديثية، مجلة الأحمدية، ع(١٠)، آذار، دار البحوث للدراسات الإسلامية، الإمارات العربية.

(٣) الحيت، رولا، قضايا المرأة بين الشريعة الإسلامية والمواثيق الدولية، رسالة دكتوراة غير منشورة قسم إيداع الرسائل الجامعية، الجامعة الأردنية، عمان، (ص١٧٢).

"يجوز لولاة الأمور إذا علموا أن الأزواج لا يحسنون وضع العقوبات الشرعية مواضعها، ولا الوقوف عند حدودها، أن يضربوا على أيديهم استعمال هذه العقوبة، ويعلنوا لهم أن من ضرب امرأته عوقب كيلا يتفاقم أمر الإضرار بين الأزواج لا سيما عند ضعف الوازع"[(١)].

**الاعتراض:** إن سوء تطبيق أي قانون في العالم ليس مبررا لوقف العمل به، والتشريع الإسلامي يناسب جميع الأمكنة والعصور، لكن يترك لكل من الزوجين وازعهما الديني، ومراقبتهما لله تعالى في العمل بالآية، "والذي ينبغي أن يقال هنا وهوالأهم في هذا الإطار: إن الزوجة المسلمة، يكون عندها من الوازع الديني ما يمنعها من الانزلاق إلى النشوز أصلا، ولو حدث ذلك نتيجة ظرف طارىء فسرعان ما تعود لرشدها، إن لم يكن لوحدها فمن الوسيلة العلاجية الأولى، وكذلك الزوج المسلم لن يظهر منه أي ضرب أو شتم، لأن الإسلام ينمي في نفسه كوابح توقفه عند الحد الذي ينبغي أن يقف عنده، فالإسلام هوصمام الأمان لكلا الزوجين يوقف كلا منهما عند حده، ويمنع كلا منهما من التطاول على صاحبه"[(٢)].

٣. ويقصر الشامي الضرب على نشوز المرأة إذا انحرفت أخلاقيا، فأتت بفاحشة عندئذ فقط تستحق الضرب، إذ يقول: "متى يباح للرجل ضرب امرأته، وأن ذلك لا يكون إلا في حالة واحدة، وهي شعور الزوج بوجود الانحراف الخلقي لدى زوجته،
أو ووجود مؤشرات عليه، وهذا ما يسجله الحديث الأول بقوله: "إلا أن يأتين بفاحشة مبينة"، ثم بين المقصود بهذه الفاحشة بقوله"فلا يوطئن فرشكم من تكرهون، ولا يأذن في بيوتكم لمن تكرهون".ويتبين أن الضرب الوارد ذكره في الآية الكريمة إنما يكون عند إدخال المرأة عليها من لا يريد الزوج دخوله، والذي دخوله محل ريبة ومظنة حصول الفاحشة عادة"[(٣)] ثم يقول: "ويمكن للزوج بعد الهجر أن يلجأ إلى التحكيم دون العمل بطريقة

---

(١) ابن عاشور، محمد الطاهر، تفسير التحرير والتنوير، دار سحنون، تونس، (ج٣، ص٤٤).

(٢) المرجع السابق، (ص١٦٠-١٦١).

(٣) الشامي، صالح أحمد، ٢٠٠٤م، نظرات في هموم المرأة المسلمة، ط(١)، المكتب الإسلامي، بيروت (ص٨٧).

الضرب"[1]، فعليه أن يجد لنفسه من الوسائل ما يوصله إلى غايته، وإذا ما غلب على ظنه أن الضرب هو الوسيلة المجدية، فعليه أن يتقيد ويراعي الضوابط التي وضعها الإسلام لذلك"[2]. فالضرب يتنافى مع الكرامة، فمنعه الإسلام، وجعله عند وقوعه وسيلة للتحرر والتخلص من إسار العبودية، ... فهل مثل هذا الدين الذي يجعل من ضرب الأمة أو العبد سببا لتحرره يأمر أو يسمح للزوج أن يضرب زوجته؟ وهل الزوجة أقل شأنا وأقل كرامة من الأمة؟"[3].

**الاعتراض:** هذا يتنافى مع تفسيرات العلماء للنشوز التي سبق وذكرتها، نعم وإن كان النشوز يعني في أحد معانيه انحرافها الخلقي، لكنه ليس المعنى الوحيد الذي تستحق عليه الضرب بعد وعظها وهجرها، فالضرب لا يتنافى مع الكرامة، لأن مقصوده الإصلاح والتأديب لا الإذلال. والنشوز حالة مرضية تستوجب العلاج حتى تعود منظومة الزواج إلى ما كانت عليه من حب ومودة، فالضرب الوارد في الآية يكون علاجا أخيرا، لحالة من حالات الشطط التي تسبق الطلاق؟"[4].

٤. وعن سر تفريق القرآن في التعامل مع نشوز المرأة ونشوز الرجل، يتساءل العودات وسامر إسلامبولي عنه وعن حكمة تفضيل الرجال على النساء في القوامة، وهل هي مرتبطة بظروف وزمان ومكان اقتضت مثل هذا التفضيل، دون أن يكون موقفا أبديا من المساواة بينهما معلقا متعجبا: "وحتى في مجال النشوز وهو موقف إنساني صرف لا تتساوى المرأة والرجل، فإذا نشزت النساء "فعظوهن واهجروهن في المضاجع واضربوهن"، أما إذا نشز الرجل "فلا جناح عليهما أن يصلحا بينهما صلحا والصلح

---

وانظر، الكيلاني، محمد أمين، ١٩٩٨م، إنصاف المرأة في الإسلام، ط(١)، مطابع الإيمان، (ص٥٩).

(١) الشامي، نظرات في هموم المرأة المسلمة، (ص٩٣).

(٢) المرجع السابق، (ص٨٧، ٩٠ بتصرف).

(٣) الشامي، نظرات في هموم المرأة المسلمة، (ص٨١).

(٤) افنيخر، حامد، ٢٠٠٤م، هموم المرأة المسلمة، ط(١)، دار المكتبي، دمشق، (ص٦١-٦٢).

خير"[1]. فيقول سامر إسلامبولي :"ليس المقصود بكلمة (واضربوهن) ما هو شائع بين عوام الناس من الضرب باليد أو العصا، إذ لوكان هذا المقصود، لجاز للمرأة أن تضرب زوجها من باب المعاملة بالمثل، اعتمادا على أن الشارع لم يفرق بين الذكر والأنثى، ولم يجعل أحدا منهما وصيا على الآخر لمجرد جنسه، فالأصل في العلاقة بينهما هي المساواة والعدل"[2].

**الاعتراض:** "أسلوب الوعظ يشترك فيه الرجل والمرأة على السواء، أما ما خص الله به الرجل من هجر في المضجع والضرب فهو لمصلحة المرأة أيضا، كما أنها في ظروف معينة تستطيع هي كذلك هجره والابتعاد عنه، وكذلك تسعى له بالضرب ممن يقدر على ذلك ويملكه. فلوأن امرأة هجرت زوجها، أو سعت في إصلاحه بالضرب، عندها تتحول رجولة الرجل إلى شيطان هائج يؤذي المرأة ويحطمها، وليس ذلك بعلاج يحفظ للمرأة كرامتها وحقوقها. إن الشريعة الإسلامية راعت خصائص كل طرف وإمكانياته وقدراته، فأعطت المرأة حق الضرب كما أعطته للرجل تماما، ولكن بواسطة شخص ينوب عنها، حتى لا تكون المرأة طرفا في المواجهة، فتتأذى دون أن تنال حقها وهذا الشخص هو القاضي الذي ينوب عن المرأة إن أساء الرجل، فله أن يذكر الرجال بواجباتهم بأساليب مختلفة، حتى بالتعزير الذي يكون أحيانا بالضرب إن لزم"[3]. ويقول الدكتور جرادات: "إن ضرب الزوجة له يتنافى مع قوامته، فأي احترام يبقى للزوج في نفس زوجة تضرب زوجها، وكيف ترضى بالعيش معه ؟ وهو أمر مستنكر من الزوج مع أنه يملكه[4]. فهوعقاب متكافئ ينزل بكل من الرجل والمرأة عند وجود هذا الشذوذ، واستعصائه على السبل العلاجية الأخرى، بقطع النظر عن الجهة التي تكلف بإنزال هذا العقاب به؟ فبين

---

(١) العودات، حسين، ١٩٩٦م، المرأة العربية في الدين والمجتمع، ط(١)، الأهالي للطباعة، دمشق، (ص٧٤).

(٢) إسلامبولي، سامر، (١٩٩٩م)، المرأة مفاهيم ينبغي إن تصحح، دار الأوائل، دمشق، ص(١٢٥).

(٣) أسد، محمد مرهف، ٢٠٠٤م، تأملات في المرأة بين الأصالة والمعاصرة، ط(١)، دار وحي القلم، بيروت، (ص١٥٨-١٥٩).

(٤) جرادات، صالح أحمد، ١٩٩٩م، حقوق المرأة في الإسلام دراسة مقارنة مع الواقع، ط(١)، مطبعة الروزنا، اربد، (ص ٨٧).

الرجل والمرأة مساواة دقيقة في التعرض لهذا العقاب عند حصول موجباته، ولكن الاختلاف في السبيل التي ينبغي أن تتخذ إلى هذه المساواة بينهما[١].

٥. يذهب الدكتور خليل أحمد خليل إلى معارضة عقوبة الضرب، فيهاجم الإسلام، ويرى أنه لعب دورا في الحالة المزرية والقهر الكبير الذي وصلت إليه المرأة العربية؛ حيث يقول: "ومن جهة ثانية كانت المرأة العربية تواجه على صعيد القيم والأفكار بركام كبير من المواقف المعادية، لا يزال معظمها حيا حتى أيامنا، ويكفينا هنا سرد هذه المقتطفات غير المنتخبة والمجتلبة من التراث والأحاديث والآداب الإسلامية الأولى، منها: شاورهن وخالفوهن. . . تعاهدوا نساءكم بالسب وعادوهن بالضرب . . .، مما لا شك فيه أن المرأة العربية مقهورة على صعيدي الأوضاع والمواقف، والفصل بين الإسلام والجماعة التي تمارسه ما هو إلا ملهاة أطفال، يعتقدون أنهم قادرون على تبرير كل شيء، حفاظا على هذا القهر النسائي العربي الكبير"[٢]. "ثم يقول: "هذه هي الصورة غير المشرقة، وغير المقبولة التي ما زال فقهاء في عصرنا يكررونها، لتكرار عبودية المرأة العربية، وقهرها في تراثها ومجتمعها ومستقبلها"[٣].

**الاعتراض:** الحق أن هؤلاء المتأففين من تشريع التأديب على هذا الوجه، يلبسون على الناس، ويلبسون الحق بالباطل، فلم يكن الضرب هوكل ما شرع الإسلام من علاج، ولا هو أول ما شرع الإسلام، وإنما هو واحد من أنواع ثلاثة هو آخرها في الذكر، كما هو آخرها في الالتجاء إليه[٤]، ثم إن "الوضعية التي يرسم القرآن المراحل لعلاجها هي: وضعية زوجة تمردت على منهج التعاون الإنساني، الذي لا بد منه مع زوجها،

---

(١) البوطي، محمد رمضان، ١٩٩٦م، المرأة بين طغيان النظام الغربي ولطائف التشريع الرباني، دار الفكر، سوريا، (ص١١٥-١١٦).

(٢) خليل، خليل أحمد، المرأة العربية وقضايا التغيير، دراسة في تاريخ القهر النسائي العربي الكبير، (ص٥٨-٦٠).

(٣) المرجع السابق، ص ٥٣

(٤) الشريف، محمود، ١٩٩١م، القرآن ودنيا المرأة، ط(١)، دار المعارف، القاهرة، (ص٩٦).

والذي لا يستقيم دون التناصح والطاعة المتبادلة، إذن فالصورة ليست زوجة مقهورة، تحت نيران الظلم والتعسف من زوجها فاندفعت إلى التمرد دفاعا عن كرامتها وحقها. وإنما وضعية زوجة أضافت إلى عسف تمردها، أن ركلت منهج الحوار والتناصح بقدمها، ثم ظلت تركله مع استمرار الزوج في الحوار، والوقوف عند حد التناصح، فهي وضعية زوجة ظلت متشبثة بتمردها، على مبدأ التعاون والتراضي، حتى بعد أن لجأ الزوج إلى الزخم العاطفي، واستعان بالتيار الغريزي، فواصلها زوجا ودودا في النهار، وانفصل عن مضجعها في الليل، هذه الوضعية التي انتهت إلى هذا الشكل هي التي أذن القرآن بمعالجتها بالضرب الخفيف غير المبرح، فهل ترى في هذا العلاج جرحا لكرامة المرأة، وهضما لإنسانيتها أم ترى فيه انتصارا لكرامتها وإنسانيتها، ووقوفا في وجه الشذوذ الأرعن الذي طغى على إنسانيتها؟ بخلاف وضعية المرأة في الغرب، حيث يتمثل الشذوذ في الشخص الضارب، وتتمثل الإنسانية المكلومة في المرأة التي تلاحق بالضرب والنكال؟ فالذي يعاقب في شخص المرأة في ديننا هو شذوذها المتمرد الذي تطاول أمده، ومن ثم فهوأنذر ما يكون في البيوتات الإسلامية، وأما الذي يعاقب في شخص المرأة في الغرب فهوإنسانيتها الوديعة، [1]. فالضرب جاء علاجا لحالة النشوز لا هواية يمارسها الرجل ضد زوجته[2]، فالذي قرر هذه الإجراءات هوالذي خلق وهوأعلم بمن خلق وكل جدال بعد قول العليم الخبير مهاترة وكل تمرد على اختيار الخالق وعدم تسليم به مفض إلى الخروج من مجال الإيمان كله[3]. فالله سبحانه وتعالى جعل من الضرب دواء، ومن الزوج طبيبا، ومن الزوجة الناشز مريضا، فهل في تقديم الدواء إعلاء من شأن الطبيب وهدر من كرامة المريض.؟!!؟[4]. فالضرب للضرب ممنوع، فهو وسيلة لا غاية، فإن كان للتشفي والانتقام والإيلام فهو ممنوع شرعا، ويأثم فاعله، أما إن كان لأجل الإصلاح، وقتل شيطان التمرد في الناشز فهوجائز، فالضرب أسلوب لإصلاح المرأة، لم يقصد منه الإيذاء

---

(١) البوطي، محمد رمضان، المرأة بين طغيان النظام الغربي، (ص١١٨).
(٢) افنيخر، حامد، ٢٠٠٤م، هموم المرأة المسلمة، ط(١)، دار المكتبي، دمشق، (ص٦١-٦٢).
(٣) قطب، سيد، في ظلال القرآن، (ج٢، ص٦٥٥)
(٤) المكتب العالمي للبحوث، (ص٣٦).

الحسي، ولا الإيلام البدني، فهو إجراء وقائي يهدف لحسم الخلاف، لا إلى إيجاد النفور، وإيغار الصدور بالعداوة والضغينة.

"وليس معنى إباحة الضرب إيجابه في كل حال، ومع كل امرأة، فالضرب يباح لأن بعض النساء يتأدبن به، ولا يتأدبن بغيره، -فالنشوز شذوذ ينحرف عن الجادة التي يفترض أن تنتظم الحياة الزوجية -[1]. فالاعتراض على إباحة الضرب بين العقوبات، لا يصح إلا على اعتبار واحد: هوأن الـلـه لم يخلق نساء قط يؤدبن بالضرب، ولا يجدي معهن في بعض الحالات غيره، ومن قال ذلك فهو ينسى أن الضرب عقوبة معترف بها في الجيوش والمدارس، وبين الجنود والتلاميذ، وهم أحق أن ترعى معهم دواعي الكرامة والنخوة، مع أن رؤساءهم يملكون من العقوبات المادية والأدبية، ومن وسائل الحرمان والمكافأة ما ليس يملكه الأزواج في نطاق البيوت المحدودة، فهذه الوسائل تستنفذ كل حيلة في الوسع للإبقاء على صلة الزواج واتقاء الفرقة بين الزوجين"[2]. فهذا التأديب له أثره في الإصلاح، ولكن إصلاح بعض النفوس وليس جميعها، وليس ينقص من قدر النساء مثل هذا التشريع، ذلك أن عقوبة المذنبين لا تنقص من قدر الأبرياء[3].

**الرأي الراجح:** ما تراه الباحثة رأي جمهور الفقهاء من إباحة ضرب الرجل للمرأة ضمن قيوده وضوابطه، التي سأبينها فيما يلي، والتي وضعوها للحد من تعسف الرجل، هذا وإن للمرأة متسع في رفع أمرها للقاضي للتفريق بسبب الضرر حتى وإن كان معنويا، "ولا ريب أن عدم الضرب والاغتفار والسماحة أشرف من ذلك، كما هوأخلاق رسول الـلـه صلى الـلـه عليه و سلم"[4] ، فالتخفيف يراعى في هذا الباب، ومن ثم قال الشافعي **رضي الـلـه عنه:** ترك الضرب بالكلية أفضل"[5] وقال ابن العربي:"قال عطاء لا يضربها، وإن أمرها ونهاها فلم تطعه

(١) البنا، جمال، (١٩٩٨)، المرأة المسلمة بين تحرير القرآن وتقييد الفقهاء، ط(١)، دار الفكر الإسلامي، القاهرة، (ص٥٠-٥١).

(٢) العقاد، عباس، الفلسفة القرآنية، مؤسسة دار الهلال، (ص٦٣) بتصرف.

(٣) القصير، فدى عبد الرزاق، ١٩٩٩م، المرأة المسلمة بين الشريعة الإسلامية والأضاليل الغربية، ط(١)، مؤسسة الريان، بيروت

(٤) الصنعاني، سبل السلام، (ج٣، ص١٦٥).

(٥) ابن حجر الهيتمي، الزواجر عن اقتراف الكبائر، (ج٢، ص٧٦).

ولكن يغضب عليها، قال القاضي هذا من فقه عطاء، فإنه من فهمه بالشريعة ووقوفه على مظان الاجتهاد علم أن الأمر بالضرب هاهنا أمر إباحة، ووقف على الكراهية من طريق أخرى في قول النبي صلى الله عليه و سلم في حديث عبد الله بن زمعة إني لأكره للرجل يضرب أمته عند غضبه ولعله أن يضاجعها من يومه،...فأباح وندب إلى الترك"[1].

فالضرب علاج مر، قد يستغني عنه الخير الحر؛ ويزول من البيوت إذا امتثل كل من النساء والرجال لأوامر الله تعالى في بيوتهم، وعلم الأزواج أن الحقوق تتبعها واجبات[2]، يغرمونها كما يغنمون طاعة زوجاتهم لهم، فالضرب أصبح على هذا النحو شبيها بالوسيلة المعطلة، حيث ينأى عنها خيار المسلمين سعيا إلى الكمال[3]، وابتغاء للثواب وتأسيا برسول الله صلى الله عليه و سلم.

## المسألة السابعة: ضوابط فعل الضرب:

لكي لا يشتط الرجل في تأديب زوجته، أقام الإسلام طريق التأديب وبينه بأن حدد الله تعالى الصنف الذي يباح تأديبه من النساء ووضع الرسول صلى الله عليه و سلم قيودا لهذا التأديب، واستنبط الفقهاء ضوابطا للضرب، معتمدة على الأصول العامة والمقاصد العليا للتشريع الإسلامي في إقامة الحياة الزوجية على أساس المودة، بحيث لا يظن الرجل أنه يستطيع أن يفعل ما يشاء، فتتعرض الحياة الزوجية للخطر، ويتخلف المقصد الذي شرعت له هذه الوسائل العلاجية التي تضمن استمرار وديمومة الحياة الزوجية، وفيما يلي هذه القيود والضوابط التي ترشد استعمال وسيلة الضرب بحيث تحقق الغاية التي شرعت لأجلها:

١.    أن يكون ضربا غير مبرح[4] أي غير شديد، ولا يبالغ فيه.

٢.    أن لا يؤثر فيها شيئا، ولا يظهر له أثر على البدن، بحيث لا يكسر فيها عضوا ولايهشم عظما، ولا يشين جارح[1]، ولا يعفن لحما[2].

---

(١) القرطبي، الجامع لأحكام القرآن، (ج١، ص٥٣٢).
(٢) رضا، محمد، تفسير المنار، (ج٥، ص٧٦) بتصرف.
(٣) كوثر علي، سمو التشريع الإسلامي، (ص٩٧).
(٤) البرح أي الشدة: غير مبرح أي غير شاق، البراح الظهور والبيان. وبرح الخفاء إذا ظهر، لسان العرب، ٢، (ص٤٠٩-٤١٠).

٣. أن يجتنب الوجه والمواضع المستحسنة كالرأس والمخوفة كالصدر والبطن، لأن المقصود التأديب لا التشويه والإتلاف[٣].

٤. ألا يكرر الضرب[٤]، إذ لو غلب على ظنه أن الضرب لا يفيدها، ويزيدها نشوزا فلا يضربها، لأن الوسيلة إن لم تحقق مقصودها لا تشرع، فالضرب وسيلة إلى إصلاح حالها والوسيلة لا تشرع عند ظن عدم ترتب المقصود عليها[٥]، فمقصودها الصلاح والأدب لا غير[٦]، والأولى للزوج العفو[٧]، إذ لا يخفى أن تحمل أذى النساء والصبر عليهن أفضل من ضربهن إلا لداع قوي[٨].

٥. أن يتولى تأديبها بنفسه، ولا يرفع الأمر للقاضي لأن فيه مشقة وعارا، وتنكيدا للاستمتاع بينهما فيما بعد، وتوحشيا للقلوب، ولأن القصد ردها إلى الطاعة[٩]، فإن كان الزوج يمنع من الهجر في غير البيت، حيث يخلو بزوجته، فإن الضرب من باب أولى أن يكون بينه وبينها إذ المقصود التأديب لا إذلال الزوجة، "مع عدم مباشرتها أو الانبساط"

---

(١) تفسير ابن كثير، (ج١، ص٤٩٣). الدردير، الشرح الكبير، (ج٢، ص٣٤٣).

(٢) ابن حزم، المحلى، (ج٩، ص ١١٥).

(٣) الشافعي، الأم، (ج٥، ص١٩٤). الشيرازي، المهذب، (ج٢، ص٧٠). الأنصاري، زكريا بن محمد بن أحمد، ١٤١٨هـ فتح الوهاب بشرح منهج الطلاب، ط(١)، دار الكتب العلمية، بيروت، (ج٢، ص١١٠). ابن قدامة، الكافي في فقه ابن حنبل، (ج٣، ص١٣٧). والحكمة من النهي عن ضرب الوجه أنه لطيف يجمع المحاسن وأكثر ما يقع الإدراك بأعضائه فيخشى تفويت منافعه عليها، ويخشى الضرر أو القتل خاصة في المواطن المخوفة. انظر، ابن حجر، فتح الباري، (ج٥، ص١٨٣).

(٤) قليوبي وعميرة، الحاشية، (ج٣، ص٣٠٦).

(٥) عليش، منح الجليل شرح مختصر خليل، دار الفكر، (ج٣، ص٥٤٦).

(٦) النووي، روضة الطالبين، ٧، ص٣٦٨، الشربيني، مغني المحتاج ٣، ص٢٦٠، العبدري، التاج والإكليل، (ج٤، ص١٦). الحطاب، مواهب الجليل، (ج٤، ص١٥). الكاساني، بدائع الصنائع، (ج٢، ص٣٣٤).

(٧) الأنصاري، فتح الوهاب، (ج٢، ص١١٠).

(٨) الواحدي، أبوالحسن علي بن أحمد، ١٤١٥هـ الوجيز في تفسير الكتاب العزيز، ط(١)، دار القلم، بيروت، تحقيق: صفوان عدنان، (ج١، ص٢٦٣).

(٩) الأنصاري، زكريا بن محمد بن أحمد، حاشية الجمل على المنهج، دار الفكر، بيروت، (ج٤، ص٢٩٠).

٨٩

إليها حتى لا يبطل فائدة التأديب"[1].

٦. آلته تكون بمنديل ملفوف أو بالسواك أو بيده[2]، وعند بعضهم جائز أن يكون بالعصا والسوط والقضيب اللين[3].

٧. يشترط أن يكون الزوج ملتزما بإعطاء زوجته حقوقها، غير مفرط بحقوقها، حتى يباح له استخدام حق التأديب، قال صاحب المطالب: "ويمنع من هذه الأشياء زوج علم بمنعه حقها حتى يوفيه، ويحسن عشرتها، لأنه يكون ظالما بطلبه حقه مع منعه حقها"[4].

## المسألة الثامنة: هل يضمن بالضرب إن أدى إلى قتلها أو إتلاف عضو؟

اختلف العلماء فيما إذا ضرب الرجل زوجته الناشز، وترتب على هذا الضرب قتلها أو إتلاف عضو لها أو إسقاط جنينها إن كانت حاملا، ما المسؤولية المترتبة على أفعاله تلك، هذا ما سأبينه بالتفصيل الآتي:

---

(١) الخادمي، بريقة محمودية، (ج٤، ص١٢).

(٢) البيروتي، محمد بن درويش بن محمد الحوت، ١٩٩٧م، أسنى المطالب في أحاديث مختلفة المراتب، ط(١)، دار الكتب العلمية، بيروت، تحقيق مصطفى عطا، (ج٣، ص٢٣٩). البيجرمي، سليمان بن عمر بن محمد، الحاشية على شرح منهج الطلاب (التجريد لنفع العبيد)، المكتبة الإسلامية، ديار بكر، تركيا، (ج٣، ص٤٧٧).

(٣) ابن حيان، البحر المحيط نسبه للرازي، (ج٣، ص٢٥٠). الرملي، نهاية المحتاج، (ج٦، ص٣٩١). وترى الباحثة - و الله أعلم - ألا تكون آلته العصا والسوط لأن باستخدامها يحدث الألم والإنكاء. وعند الشافعية لا يبلغ ضرب الحرة أربعين والأمة عشرين، انظر؛ الدمياطي، أبوبكر السيد محمد شطا، إعانة الطالبين، دار الفكر، بيروت، (ج٣، ص٣٧٧). وعند الحنابلة "حده يكون عشرة أسواط =فأقل"، انظر؛البهوتي، كشاف القناع، (ج٥، ص٢١٠). وترى الباحثة أن تحديده أقل من الأربعين وبأعلى من العشرين يشعر بقربه من الحدود وهو ليس كذلك، فمقصوده التأديب والإصلاح، وتحديده يزيد من نشوزها ولا يصلحها.

(٤)السيوطي، مصطفى الرحيباني، ١٩٦١م، مطالب أولي النهى في شرح غاية المنتهى، المكتب الإسلامي - دمشق، (ج٥، ص٢٨٧). ابن ضويان، منار السبيل، (ج٢، ص٢٠٢).

أولا: إن أدى ضربه إلى قتلها (وفاتها):

**الرأي الأول:** ذهب جمهور العلماء من الحنفية[1] والمالكية[2] والشافعية[3] إلى تضمينه إذا أدى ضربه لـلـهلاك[4]. وقد صرحوا بأنه إذا ضربها وجب عليه التعزير[5]، فالضرب مقيد بشرط السلامة، فإن أفضى إلى فساد فعليه الضمان[6]، ووجب الغرم[1]، لأنه تبين أنه إتلاف إصلاح، وعند المالكية إن ضربها

---

(١) الكاساني، بدائع الصنائع، (ج٢، ص٣٤٣). ابن نجيم، البحر الرائق، (ج٨، ص٣٠٢).قال السرخسي:" الزوج إذا عزر زوجته فماتت كان عليه ضمان الدية"، المبسوط(ج٩،ص٦٤) وقال الحصكفي:" من حد أو عزر فهلك فدمه هدر إلا امرأة عزرها زوجها... فماتت لأن تأديبه مباح فيتقيد بشرط السلامة... وبهذا ظهر أنه لا يجب على الزوج ضرب زوجته أصلا" " الدر المختار( ج٤،ص٧٨ ) وقال ابن الشحنة:" الزوج إذا عزر زوجته فماتت فإنه يوجب حرمان الميراث".لسان الحكام،(ج١،ص٣٨٧) بتصرف

(٢) الدردير، أبوالبركات، الشرح الكبير، دار الفكر، بيروت، تحقيق، محمد عليش، (ج٢، ص٣٤٣). ابن جزي محمد بن أحمد الكلبي الغرناطي، القوانين الفقهية، (ج١، ص١٤٢).قال الحطاب:" إذا أدى إلى الهلاك وجب الضمان.. من ضرب امرأته عمدا قضى عليه بما جرى من حق وهو يختلف باختلاف البلدان" مواهب الجليل،(ج١١،ص٦٦ وما بعدها) وفي لسان الحكام قال:" الزوج إذا عزر زوجته فماتت فإنه يوجب حرمان الميراث".

(٣) النووي، روضة الطالبين، (ج٧، ص٣٦٨). الرافعي، العزيز، (ج٨، ص٣٨٧). قال الشافعي:" إن= =خاف الرجل نشوز امرأته فضربها فماتت أو فقأ عينها خطأ ضمنت عاقلته نفسها وعينها" الأم (ج٦،ص٩٤)

وقال الماوردي:"فإن ضربها فماتت من الضرب نظر؛ فإن كان مثله قاتلا فهو قاتل عمد وعليه القود، وإن كان مثله يقتل ولا يقتل فهو خطأ شبه عمد فعليه الدية مغلظة تتحملها العاقلة، وعليه الكفارة في الحالين،إذ بان بإفضاء الضرب إلى القتل أنه كان غير مباح" الحاوي(ج٩،ص٥٩٩) بتصرف

(٤) القرطبي، الجامع لأحكام القرآن، (ج٥، ص١٧٢).

(٥) ابن نجيم، زين الدين، البحر الرائق شرح كنز الدقائق، ط(٢)، دار المعرفة، بيروت، (ج٥، ص٥٣). وعندهم ضابط " كل ضرب مأذون فيه فإن الضارب يضمنه إذا مات لتقييده بشرط السلامة".

(٦) الغزالي، أبوحامد محمد بن محمد، ١٤١٧هـ الوسيط في المذهب، ط(١)، دار السلام - القاهرة، تحقيق، أحمد محمود إبراهيم، (ج٥، ص٣٠٦).

ضربا مبرحا فلها التطليق عليه والقصاص لكونه معتديا[٢]. وعند الحنفية لوضربها فماتت يضمن، ولا يرثها لأنه ضربها لمنفعة نفسه، والإذن مقيد بشرط السلامة، فلما اتصل به الموت تبين أنه وقع قتلا[٣].

**الرأي الثاني:** ذهب الحنابلة إلى عدم الضمان على الزوج، لأنه ضرب مأذون فيه شرعا، والجواز ينافي الضمان[٤]، ولأن القود من أجل الحدود ولا تقام الحدود بالشبهات، فالزوجية شبهة تدرأ القصاص[٥].

**الرأي الراجح:** ترى الباحثة أن الرأي الأول أولى بالاعتبار لقوة أدلتهم، ولتضييق دائرة الضرب حتى لا يساء استخدامها، فتعود على مقصودها بالنقض.

(١) النووي، روضة الطالبين، (ج٧، ص٣٦٨). الرافعي، العزيز، (ج٨، ص٣٨٧).

(٢) الدردير، أبوالبركات، الشرح الكبير، دار الفكر، بيروت، تحقيق، محمد عليش، (ج٢، ص٣٤٣). ابن جزي محمد بن أحمد الكلبي الغرناطي، القوانين الفقهية، (ج١، ص١٤٢).وقال العبدري:" ولها التطليق بالضرر ولو لم تشهد البينة بتكرره، ابن سلمون إذا ثبت للمرأة أن زوجها يضربها وهي في عصمته فقيل لها أن تطلق نفسها كما تفعل إذا كان ذلك شرطا، وقيل ليس لها أن تطلق نفسهاحتى يشهد بتكرر الضرر"التاج والإكليل،(ج٥،ص٤٩٩) واعتبر الحطاب من الضرر الذي يحق لها التطليق به ضربها ضربا مؤلما،مواهب الجليل،(ج١١،ص٧٠).

(٣) الكاساني، بدائع الصنائع، (ج٢، ص٣٤٣). ابن نجيم، البحر الرائق، (ج٨، ص٣٠٢). الزيلعي، فخر الدين عثمان بن علي، ١٣١٣هـ تبيين الحقائق شرح كنز الدقائق، دار الكتب الإسلامي، القاهرة، (ج٥، ص١١٩)، يضمن لأنه ضربها لمنفعة نفسه ولا يرثها.

(٤) ابن مفلح، المبدع، (ج٧، ص٢١٥). ابن قدامة، المغني، (ج٧، ص٢٤٢). ابن نجيم، البحر الرائق، (ج٣، ص٢٣٦). الدردير، الشرح الكبير، (ج٢، ص٣٤٢). ابن جزي، القوانين الفقهية، (ج١، ص١٤٢).

(٥) ابن فرحون، تبصرة الحكام، (ج٢، ص١٨٠).

ثانيا: إن شجها أو أتلف لها عضوا ككسر سن أو فقء عين:

اتفق الفقهاء على منع التأديب بقصد الإتلاف، وعلى ترتب المسؤولية على ذلك، واختلفوا في حكم الهلاك من التأديب المعتاد[(١)]، هل يضمن الزوج أم لا؟

**الرأي الأول:** لا ضمان على الزوج إذا نشأ من تأديبه المعتاد تلف[(٢)]، لأن التلف تولد من فعل مأذون، والمتولد من الفعل المأذون لا يكون مضمونا، إذ لا يعد اعتداء فلا ضمان[(٣)]، إلا إن تعمد فقء العين أو كسر السن فيضمن، لأن فعله آل إلى ما لم يؤذن له فيه[(٤)].

**الرأي الثاني:** يضمن الزوج إن أفضى تأديبه المعتاد إلى الإتلاف[(٥)]، لأن تأديب الزوجة الذي تعين سبيلا سبيلا لمنع نشوزها، شرطه أن يكون غير مبرح، فإذا ترتب عليه الإتلاف، تبين أنه قد جاوز الفعل المأذون فيه، فيجب عليه الضمان[(٦)]، ولأنه غير واجب فشرط فيه سلامة العاقبة، فهو مخير بين العفو والضرب بل إن العفو مندوب إليه[(٧)].

---

(١) الموسوعة الفقهية الكويتية، ١٩٨٧م، مادة تأديب، إصدار وزارة الأوقاف والشؤون الإسلامية بدولة الكويت، ط(٢)، مطبعة ذات السلاسل، (ج١٠، ص٢٥ وما بعدها).

(٢) الموسوعة الفقهية الكويتية، (ج١٠، ص٢٥).

(٣) اطفيش، محمد بن يوسف، شرح النيل وشفاء العليل، مكتبة الإرشاد، (ج١٠، ص٥٣). قال الحموي: "الواجب لا يتقيد بوصف السلامة والمباح يتقيد به"، غمز عيون البصائر، (ج٣، ص٢٤٩).

(٤) ابن فرحون، إبراهيم بن علي، تبصرة الحكام، دار الكتب العلمية، بيروت، (ج٢، ص٢٣٢)، وفيه:" إذا أصاب إحداهن فقء عين، أو كسر سن أو شجة، لها عقل وضامن لذلك ولا قصاص في ذلك، إلا إن تعمد ضربها ما لم يتعمد فقء عينها".

(٥) ابن عابدين، رد المحتار، (ج٤، ص٨٠)، وقال: " الضمان في ضرب التأديب إن كان ضربا غير معتاد فإنه موجب للضمان مطلقا".

(٦) الموسوعة الفقهية، (ج١٠، ص٢٦).

(٧) ابن عابدين، رد المحتار على الدر المختار، (ج٦، ص٥٦٧)، قال في العناية: " الضرب مطلق لكونه رفع القيد فهو قابل للتعليق فيتقيد بوصف السلامة ولأن الفعل المطلق في اختيار فاعله إن شاء فعل وإن شاء لم يفعل فينبغي أن يتقيد بوصف السلامة لأنه لا ضرورة في ترك وصف السلامة". العناية

ولأنه ضربها لمصلحة نفسه فلما أفضى إلى الهلاك ضمن لأن الغنم بالغرم[1]، ثم إن المقصود منه التأديب لا الهلاك، والتأديب اسم لفعل يبقى المؤدب حيا بعده، فإذا سرى تبين أنه هلاك لا تأديب وهو غير مأذون في الهلاك، فالاستصلاح يكون مع بقاء النفس، فإذا صار متلفا لم يكن استصلاحا، فوجب أن يكون التلف به مضمونا[2]، ولأن تأديبها ممكن باللفظ، وعلى تقدير الظن بأنه لا يفيد إلا الضرب فهو اجتهاد فاكتفى به للإباحة دون سقوط الضمان[3]، وهذا ما تراه الباحثة.

## المسألة التاسعة: دعوى الضرب العمد:

إن ادعت امرأة على زوجها أنه ضربها عمدا ضربا فاحشا، وادعى الزوج أن ضربه للأدب بسبب النشوز، فمن يصدق في دعواه؟

**الرأي الأول:** القول قول الزوج، يصدق ما لم تعلم جراءته واستهتاره[4]، لأن إباحة ضربها للنشوز ولاية من الشرع للزوج، والولي يرجع إليه في مثل ذلك[5]، فالرجال قوامون على النساء[6] فهوموكل في زوجته إلى أمانته إذ إن الله تعالى ائتمن الرجال على النساء[7]، ولشدة احتياج الزوج إلى تأديب زوجته، فالقول قوله من باب رفع الشخص الضرر عن نفسه[8] ولولم يقبل قوله لاشتد ضرره وتعطل عرضه، لأن من شأن ذلك أن

---

بتصرف، (ج٥، ص٣٥٢).

(١) البيجرمي، سليمان بن محمد، الحاشية على شرح الخطيب، دا ر الفكر، (ج٣، ص٤٧٧).

(٢) الماوردي، الحاوي الكبير، (ج٢، ص١٠١١-١٠١٢ بتصرف)، تحقيق د إبراهيم صندقجي.

(٣) الشربيني، مغني المحتاج، دار الكتب العلمية، (ج٣، ص٤٨٠).

(٤) البهوتي،الروض المربع، (ج٦، ص٤٥٦).

(٥) قليوبي وعميرة، الحاشية، ٣، ص٣٠٨، الشربيني، مغني المحتاج، ٤، ص٤٢٨ قال وفيه احتمالان الراجح قوله.

(٦) الخرشي، شرح مختصر خليل، (ج٤، ص٨). عليش، منح الجليل، (ج٣، ص٥٤٦).

(٧) النفراوي، أحمد بن غنيم بن مهنا، الفواكه الدواني على رسالة أبي زيد القيرواني، دار الفكر، (ج٢، ص٢٤).

(٨) الدسوقي، الحاشية، (ج٢، ص٣٤٤).

يجرئها عليه فتخالفه[1]، ولأن الأصل عدم العداء[2]، فالعمد طارىء والأصل عدمه فيرجح استصحاب استصحاب الأصل وهوعدم العمدية، فالقول قوله، وقيل يصدق بيمينه.

**الرأي الثاني:** القول قول الزوجة[3] ، فتصدق ويعزره الحاكم،قال الخرشي:"ادعت العداء، وادعى الزوج الأدب، فالقول قولها"[4].

**الرأي المختار:**

أرى و الـلـه أعلم أن هذه المسألة يحكم بها القضاء بناء على القرآئن، ففي عصرنا الحاضر تعددت القرآئن وسهل التعرف على الصادق منهما فمثلا التقرير الطبي التي تقدمه الزوجة ضد زوجها مبينة فيه أثر الكدمات أو الضرب المبرح كاف في تصديقها، لذلك فالمسألة تترك للقضاء في ترجيح الصادق بحسب القرآئن المقدمة.

## المطلب الرابع: حكم ضرب الرجل لمن تحت ولايته من النساء

هل يمتد الحق التأديبي للرجل على من هن تحت ولايته من النساء؟

ليس في القرآن ولا في الأحاديث إشارة صريحة إلى امتداد قوامة الرجل وحقه التأديبي إلى سائر النساء في بيته من أخت أوبنت، لكن هناك أدلة يفهم منها بعض أحكام تأديب الرجل لمن هن تحت ولايته من النساء، فيمكن القول بأن الرجل يملك حق تاديب أخته او ابنته،من خلال الاعتماد على الأدلة التالية:

---

(١) الهيتمي، عمر بن علي الواداياشي، تحفة المحتاج إلى أدلة المنهاج، تحقيق عبد الـلـه بن سعاف،ط(١)، دار حراء، مكة المكرمة، (ج٦، ص٣٠).

(٢) الخرشي، شرح مختصر خليل، (ج٤، ص٨)، عليش، منح الجليل، (ج٣، ص٥٤٦).

(٣) الهيتمي، تحفة المحتاج، (ج٧، ص٤٥٧)، الدسوقي، الحاشية، دار إحياء التراث العربية، (ج٢، ص٣٤٤).

(٤) الخرشي، شرح مختصر خليل، (ج٤، ص٨)

١. قوله تعالى: (الرِّجَالُ قَوَّامُونَ عَلَى النِّسَاءِ بِمَا فَضَّلَ اللَّهُ بَعْضَهُمْ عَلَى بَعْضٍ وَبِمَا أَنْفَقُوا مِنْ أَمْوَالِهِمْ)[١].

**وجه الدلالة:** الآية تبين أن للرجال على النساء ولاية تأديبهن، والقيام عليهن بالتدبير والحفظ والصيانة[٢]. فالرجل أهل للقيام بتأديب من هن تحت ولايته من النساء، والأخذ على أيديهن فيما يجب عليهن لله تعالى[٣].

٢. قوله تعالى: (يَا أَيُّهَا الَّذِينَ آمَنُوا قُوا أَنْفُسَكُمْ وَأَهْلِيكُمْ نَارًا وَقُودُهَا النَّاسُ وَالْحِجَارَةُ)[٤].

**وجه الدلالة:** أن الله تعالى أمر بوقاية النفس والأهل من النار، والوقاية تكون بالحمل على طاعة الله تعالى، واجتناب ما نهى عنه من المعاصي، والأخت والبنت قطعا من الأهل اللواتي ينبغي تأديبهن بما يجنبهن النار[٥].

---

(١) سورة النساء، الآية ٣٤.

(٢) الجصاص، أحكام القرآن، (ج٢، ص٢٦٧). مع العلم بأن من العلماء من قصر الرجال في الآية على الأزواج، ومنهم أخذ بعموم اللفظ ليفيد عموم الرجال بما فيهم الأب والأخ.

(٣) الطبري، محمد بن جرير، ت٣١٠هـ جامع البيان عن تأو يل آي القرآن، دار الفكر، بيروت، ١٤٠٥هـ (ج٥، ص٥٧).

(٤) سورة التحريم، آية ٦.

(٥) قال الطبري: "يقيهم أن يأمرهم بطاعة الله وينهاهم عن معصيته، وأن يقوم عليهم بأمر الله يأمرهم به ويساعدهم عليه، فإذا رأيت لله معصية ردعتهم عنها وزجرتهم عنها"، جامع البيان، (ج٢٨، ص١٦٦). و"عن قتادة في قوله ( قُوا أَنْفُسَكُمْ وَأَهْلِيكُمْ نَارًا ) قال: مروهم بطاعة الله وانهوهم عن معصية الله، وقال علي بن أبي طالب: علموا أنفسكم وأهليكم الخير"، الصنعاني، عبد الرزاق بن الهمام، ت٢١١هـ تفسير القرآن، ط(١)، مكتبة الرشد، الرياض، تحقيق د مصطفى مسلم، (ج٣، ص٣٠٣). وعن ابن عباس قال:" أدبوا أهليكم"، السيوطي، الدر المنثور، (ج٨، ص٢٢٥). وقال ابن عبد البر:" واجب على كل مسلم أن يعلم أهله ما بهم الحاجة إليه من أمر دينهم، وينهاهم عما لا يحل لهم"، الاستذكار، (ج٣، ص٧٢).

٣. عن عبد اللـه بن عمر قال النبي صلى اللـه عليه و سلم: "كلكم راع، وكلكم مسؤول عن رعيته، فالإمام راع وهو مسؤول، والرجل راع على أهله وهو مسؤول، والمرأة راعية على بيت زوجها وهي مسؤولة، والعبد راع على مال سيده وهو مسؤول، ألا فكلكم راع وكلكم مسؤول"(١).

**وجه الدلالة:** الحديث يجعل للرجل على من هن في كنفه من النساء قوامة، فيكون له حق مراقبتهن والإشراف على سلوكهن، وتقويم ما قد يبدو منهن من انحراف وشذوذ، وتمرد وسوء خلق(٢).

٤. عن عمروبن شعيب عن أبيه عن جده قال قال رسول اللـه صلى اللـه عليه و سلم: "مروا أولادكم بالصلاة وهم أبناء سبع سنين، واضربوهم(٣) عليها وهم أبناء عشر، وفرقوا بينهم في المضاجع"(٤).

**وجه الدلالة:** الحديث يبين وجوب أمر الرجل أهله وأولاده المميزين وسائر من في رعيته بطاعة اللـه تعالى(٥). ويبيح الضرب كأسلوب للتأديب إن لم يجد الوعظ.

---

(١) البخاري، الصحيح، باب قوا أنفسكم وأهليكم نارا، ح رقم(٤٨٩٢)، (ج٥، ص١٩٨٨). ورواه في عدة أبواب، وروى الأزدي في الجامع عن ابن عمر قال:"إن اللـه سائل كل ذي رعية فيما استرعاه أقام أمر اللـه فيهم أم أضاعه، حتى إن الرجل ليسأل عن أهل بيته"، الأزدي، معمر بن راشد، الجامع، ط(٢)، المكتب الإسلامي، بيروت، منشور كملحق بكتاب المصنف للصنعاني، تحقيق حبيب الأعظمي، (ج١١، ص٣١٩).

(٢) دروزة، محمد عزة، ١٩٦٧م، المرأة في القرآن والسنة، ط(٢)، المكتبة العصرية، بيروت، (ص٢٦٦).

(٣) لعل هذا الحديث صريح في إباحة الضرب للتأديب، لكن يضبط الضرب بالقيود التي ذكرناها في مطلب ضوابط الضرب للزوجة الناشز إذ بعض تلك القيود ذكره العلماء كقيود عامة لفعل الضرب أيا كان المؤدب.

(٤) أبو داود، السنن، باب متى يؤمر الغلام بالصلاة، ح رقم(٤٩٥)، (ج١، ص١٣٣). قال شمس الحق آبادي: "ذكر المنذري تصحيح الترمذي وأقره وقال الحاكم صحيح على شرط مسلم"، وقال أولادكم يشمل الذكور والإناث، عون المعبود، (ج٢، ص١١٤).

(٥) النووي، رياض الصالحين، ٩، ص٩٥ قال المباركفوري: "إذا استحق الضرب وهوغير بالغ، فيدل على أنه يستحق بعد البلوغ من العقوبة ما هوأبلغ من الضرب" تحفة الأحوذي، (ج٢، ص٣٧٠).

٥. عن عبد الرحمن بن القاسم عن أبيه عن عائشة زوج النبي صلى اللـه عليه و سلم قالت: خرجنا مع رسول اللـه صلى اللـه عليه و سلم في بعض أسفاره، حتى إذا كنا بالبيداء أو بذات الجيش انقطع عقد لي فأقام رسول اللـه صلى اللـه عليه و سلم على التماسه، وأقام الناس معه، وليسوا على ماء، فأتى الناس إلى أبي بكر الصديق فقالوا: ألا ترى ما صنعت عائشة؟ أقامت برسول اللـه صلى اللـه عليه و سلم والناس وليسوا على ماء وليس معهم ماء، فجاء أبوبكر ورسول اللـه صلى اللـه عليه و سلم واضع رأسه على فخذي قد نام فقال: حبست رسول اللـه صلى اللـه عليه و سلم والناس وليسوا على ماء وليس معهم ماء، فقالت عائشة: فعاتبني أبوبكر وقال ما شاء اللـه أن يقول، وجعل يطعنني بيده في خاصرتي فلا يمنعني من التحرك إلا مكان رسول اللـه صلى اللـه عليه و سلم على فخذي، فقام رسول اللـه صلى اللـه عليه و سلم حين أصبح على غير ماء فأنزل اللـه آية التيمم فتيمموا، فقال أسيد بن الحضير: ما هي بأول بركتكم يا آل أبي بكر، قالت: فبعثنا البعير الذي كنت عليه فأصبنا العقد تحته[١] وفي رواية أخرى للبخاري "أقبل أبوبكر فلكزني لكزة شديدة . . . وقد أوجعني"[٢].

**وجه الدلالة:** في الحديث دلالة على تأديب الرجل ولده بالقول والفعل والضرب ونحوه، وفيه تأديب الرجل ابنته، وإن كانت كبيرة مزوجة خارجة عن بيته[٣].

٦. عن عمر بن الخطاب من حديث طويل: ". . . وكنا معشر قريش نغلب النساء، فلما قدمنا على الأنصار، إذا هم قوم تغلبهم نساؤهم، فطفق نساؤنا يأخذن من أدب نساء الأنصار، فصخبت[٤] على امرأتي فراجعتني فأنكرت أن تراجعني، قالت: ولم تنكر أن

---

(١) البخاري، الصحيح، كتاب التيمم قول اللـه تعالى، " فلم تجدوا ماء فتيمموا صعيدا طيبا فامسحوا بوجوهكم وأيديكم منه"، ح رقم(٣٢٧)، (ج١، ص١٢٧).

(٢) البخاري، الصحيح، باب من أدب أهله أو غيره دون السلطان،ح رقم(٦٤٥٣)، (ج٦، ص٢٥١١).

(٣) النووي، أبوزكريا يحيى بن شرف، شرح النووي على صحيح مسلم، ط(٢)، ١٣٩٢هـ دار إحياء التراث، بيروت، (ج٤، ص٥٩). قال ابن حجر، "وفيه تأديب الرجل ابنته ولوكانت مزوجة كبيرة خارجة عن بيته ويلحق بذلك تأديب من له تأديبه ولولم يأذن له الإمام". فتح الباري،
(ج١، ص٤٣٣). وقال في موضع آخر، " وفيه تأديب الرجل ابنته وقرابته بالقول لأجل إصلاحها لزوجها والتنقيب على أحوالهن"، (ج٩، ص٢١٩).

(٤) الصخب الصياح، و في رواية فصحت، العيني،عمدة القاري،(ج٢٠،ص١٧٩)

أراجعك فواللـه إن أزواج النبي صلى اللـه عليه و سلم ليراجعنه، وإن إحداهن لتهجره اليوم حتى الليل، فأفزعني ذلك وقلت لها قد خاب من فعل ذلك منهن ثم جمعت علي ثيابي فنزلت، فدخلت على حفصة فقلت لها أي حفصة أتغاضب إحداكن النبي صلى اللـه عليه و سلم اليوم حتى الليل؟ قالت: نعم، فقلت: قد خبت وخسرت أفتأمنين أن يغضب اللـه لغضب رسوله صلى اللـه عليه و سلم فتهلكي، لا تستكثري النبي صلى اللـه عليه و سلم ولا تراجعيه في شيء ولا تهجريه وسليني ما بدا لك"[1].

**وجه الدلالة:** أن عمر استنكر على ابنته مغاضبتها للرسول صلى اللـه عليه و سلم، ووعظها بأن لا تفعل مخافة أن يغضب اللـه تعالى ورسوله صلى اللـه عليه و سلم عليها فتهلك، وهذا دلالة على أن للأب وعظ ابنته بأي وسيلة تكفها عن المعاصي وتقومها.

٧. عن جابر بن عبد اللـه قال: دخل أبوبكر يستأذن على رسول اللـه صلى اللـه عليه و سلم فوجد الناس جلوسا ببابه لم يؤذن لأحد منهم، قال: فأذن لأبي بكر فدخل، ثم أقبل عمر فاستأذن فأذن له، فوجد النبي صلى اللـه عليه و سلم جالسا حوله نساؤه واجما ساكتا، قال: فقال: لأقولن شيئا أضحك النبي صلى اللـه عليه و سلم فقال: يا رسول اللـه لورأيت بنت خارجة سألتني النفقة فقمت إليها فوجأت[2] عنقها فضحك رسول اللـه صلى اللـه عليه و سلم وقال: هن حولي كما ترى يسألنني النفقة، فقام أبوبكر إلى عائشة يجأ عنقها، فقام عمر إلى حفصة يجأ عنقها، كلاهما يقول تسألن رسول اللـه صلى اللـه عليه و سلم ما ليس عنده! فقلن و اللـه لا نسأل رسول اللـه صلى اللـه عليه و سلم شيئا أبدا ليس عنده[3].

**وجه الدلالة:** فيه دلالة على أن للأب تأديب ابنته بحضرة زوجها إن غاضبته، بدليل أن أبا بكر وعمر ضربا ابنتيهما عندما غاضبن الرسول صلى اللـه عليه و سلم، ومغاضبته معصية تستوجب التأديب.

---

(١) البخاري، الصحيح، باب موعظة الرجل ابنته لحال زوجها، ح رقم(٤٨٩٥)، (ج٥ ص، ١٩٩١).

(٢) الوجأ، اللكز، ووجأه باليد والسكين وجأ، ضربه ووجأت عنقه وجأ، ضربته،ابن منظور، لسان العرب، (ج١، ص١٠٩).

(٣) مسلم، الصحيح، باب بيان أن تخيير امرأته لا يكون طلاقا إلا بالنيه، ح رقم (١٤٧٨)، (ج٢، ص١١٠٤). قال ابن حزم: "فيه عن أبي بكر وعمر **رضي اللـه عنه** ما من ضربهما ابنتيهما إذ سألتا النبي نفقة لا يجدها" المحلى، (ج١٠، ص٩٧).

٨. عن عائشة قالت دخل علي **رسول** الله صلى الله عليه و سلم وعندي جاريتان تغنيان بغناء بعاث[١]، فاضطجع على الفراش وحول وجهه، ودخل أبوبكر فانتهرني، وقال مزمارة الشيطان عند النبي صلى الله عليه و سلم فأقبل عليه رسول الله عليه السلام فقال دعهما، فلما غفل غمزتهما فخرجتا وكان يوم عيد"[٢].

**وجه الدلالة:** فيه جواز دخول الرجل على ابنته وهي عند زوجها إذا كان له بذلك عادة، وتأديب الأب بحضرة الزوج وإن تركه الزوج، إذ التأديب وظيفة الآباء[٣]، إذ لما انتهر أبوبكر عائشة علم استنكاره لما هي عليه من الأدب وأن ذلك لا يليق ببيت الرسول صلى الله عليه و سلم، فأدبها بما يكفها عن فعلها.

ترى الباحثة:

أن تأديب الأب لابنته جائز، ضمن ضوابط الشرع وقيوده، فمثلا يتدرج في تأديبها بالعظة أوالحرمان من بعض المتع، ولا يفضي تأديبه لها إلى ضرر عظيم.

أما توكيل الأخ بتأديب أخته، فإنه يفتح الباب لأصحاب النفوس المريضة من ظلم أخواتهم بدعوى التأديب، فيتطاول عليها بالضرب لمجرد الشك في سلوكها، أو لتفريغ شحنة الغضب من نفسه، فيصيبها بما لا يتدارك، لذلك أرى - و الله اعلم- أن سلطان الضرب يوكل للأم في حال غياب الأب، حرصا على الروابط الأسرية بين الأخوة، بحيث تكلل تلك الروابط بالمحبة والمودة بدلا من التسلط والقهر، علما بأن التأديب لا يكون بالضرب أولا، بل لا بد من الموعظة بالكلمة الرقيقة، ثم بالحرمان من بعض الملذات والمتع، أو بالمقاطعة العائلية لمن نبت بسلوكها عن الأدب، وغير ذلك من الوسائل التي لا يعدمها المربون في سبيل تقويم السلوك، وتعديل الانحراف إن وجد، وإن اضطر للضرب فهو ضرب الأدب والإصلاح والاستعطاف والاستمالة، لا ضرب الإهانة والإذلال

(١) بعاث بالضم يوم معروف من أيام العرب، كان فيه حرب بين الأوس والخزرج في الجاهلية،وقيل اسم حصن للأوس، العيني، عمدة القاري(ج٦،ص٢٦٩)، ابن منظور، لسان العرب، (ج٢،ص١١٧)

(٢) البخاري، صحيح، كتاب العيدين، باب الحراب والدرق يوم العيد، ح رقم( ٩٠٧)، (ج١، ص٣٢٣).

(٣) ابن حجر، فتح الباري، (ج٢، ص٤٣٣).

والانتقام والتعذيب، فإن تجاوز الضوابط والقيود التي وضعها العلماء فهو مسؤول وضامن لما أحدثه من الضرب المبرح، فالإفراط ومجاوزة الحد في أدبهن ممنوع والمداومة عليه مكروهة، وخير الأمور الجمع بين اللين والشدة على حسب الحال.

وعليه فالشريعة تتفق مع المواثيق الدولية في اعتبار ضرب النساء من العنف ضد المرأة، بل وتتفوق الشريعة بأن أوجدت ضمانات وقائية تحمي المرأة من الضرب كالحث على حسن المعاشرة والوعظ والهجر للناشز، وعلاجية إن حدث بأن أعطتها حق التطليق أو التضمين أو التعزير من قبل القاضي.

# المبحث الثاني
# ختان الإناث

وفيه مطالب

**المطلب الثاني:** أنواع ختان الإناث.

# تمهيد

يمارس ختان الإناث بشكل واسع في العديد من الدول، فهو ليس مقصورا على المسلمين،إذ يمارس في استراليا وغينيا وأثيوبيا، وبعض مناطق أمريكا الجنوبية وجنوب أوروبا[1]، وختان الإناث ليس وليد عصره فهو قديم قدم الشعوب التي تمارسه، ويحدث ختان الإناث في بعض البلدان مضاعفات قد تودي بحياة الأنثى، لذلك نشطت حملات حقوق الإنسان على مستوى العالم بمهاجمة الختان، معتبرة أنه جريمة تشويه لأعضاء الأنثى،وداعية إلى التخلص منه، في حين اعتبر أنصار الختان تدخل الأمم المتحدة بعادات الشعوب انسياق وراء الإمبريالية الأمريكية،أواستجابة لضغوطاتها من أجل سيطرة نمط معيشي واحد على جميع دول العالم[2]، وما بين المؤيدين والمعارضين لختان الإناث، تجيب الدراسة عن بعض التساؤلات التي تطرح بقوة عبر وسائل الإعلام معتبرة الإسلام هو المشجع والمحرض على ختان الإناث،فهل فعلا انتشار الختان في المجتمعات الإسلامية كمصر والسودان سببه الإسلام، هذا ما سأبينه فيما يلي:

المطلب الأول: ختان الإناث لغة واصطلاحا

الختان لغة:

مصدر ختن، وختن الولد يختنه قطع غرلته[3]، وأصل الختن القطع، والختان موضع القطع من الذكر والأنثى[4]، ويسمى ختان الأنثى خفضا، فالاختتان والختان اسم لفعل

---

(١) باشا: حسان شمسي، أسرار الختان تجلى في الطب الحديث، ص٨٩

(٢) ثيام: أوا، (١٩٩٨)، كفاح المرأة من أجل القضاء على عادة الختان،مجلة اليونسكو للعلوم الإجتماعية، العدد(١٥٧)،ص١٢٧ بتصرف.

(٣) الغرلة والغلفة، الجلدة التي تقطع، ابن القيم، تحفة المودود بأحكام المولود، تخريج محمد الحلاق، ط١، مكتبة بن تيمية، القاهرة، ١٩٩٩م، (ص١٦٤).

(٤) الأعرف أن الخفض للمرأة والختان للصبي فيقال للجارية خفضت وللغلام ختن، الخفض ختان الجارية، ابن منظور، لسان العرب، (ج٧، ص١٤٦). الفراهيدي، الخليل بن أحمد، العين، (ج٤، ص٢٣٨)، الفيروزآبادي، القاموس المحيط، (ج١، ص١٥٤٠). وقال الزبيدي، الخفض الانحطاط بعد العلو، تاج العروس، (ج٣٤، ص٤٧٩).

الخاتن واسم للمحل وهي الجلدة التي تبقى بعد القطع[1].

## أما اصطلاحا:

الختان: قطع بعض مخصوص من عضومخصوص[2].

وعند الشربيني: "قطع جزء من اللحمة الكائنة بأعلى الفرج "[3].

وعرفه العدوي بقوله: "الخفاض: إزالة ما بالفرج من الزيادة[4]، والزيادة الشيء الناتيء بين الشفرتين[5].

وعلى ذلك لا يخرج المعنى الاصطلاحي للختان عن معناه اللغوي[6].

---

(١) ابن القيم، ٧٥١هـ محمد بن أبي بكر الجوزية، ١٩٩٩م، تحفة المودود بأحكام المولود، ط(١)، مكتبة ابن تيمية، القاهرة، تحقيق محمد حسن حلاق، (ص١٦٤). الشوكاني، نيل الأو طار، (ج١، ص١٦٥)، ابن حجر، فتح الباري، (ج١٠، ص٣٤٠).

(٢) ابن حجر، فتح الباري، (ج١، ص٣٤٠).

(٣) الشربيني، مغني المحتاج، (ج٥، ص٥٤٠). ابن حجر الهيتمي، تحفة المحتاج، (ج٩، ص٢٠٠). النووي، المجموع، (ج١، ص٣٥٠). ابن تيمية، الفتاوى الكبرى، (ج١، ص٢٧٤). االمرداوي، الإنصاف، (ج١، ص١٢٥)، وفيه أن ختان الأنثى:" قطع جلدة تكون في أعلى فرجها فوق مدخل الذكر، كالنواة أو كعرف الديك".

(٤) النفراوي، الفواكه الدواني، (ج١، ص٣٩٥)، ترى الباحثة أن تعبير الزيادة، قوى حجة المعارضين للختان، إذ قالوا أن الله تعالى لم يخلق شيئا زائدا، لقوله تعالى:"ولقد خلقنا الإنسان في أحسن تقويم".

(٥) العدوي، الحاشية، (ج١، ص٥٩٦).

(٦) تختلف عبارات المعاصرين الذين تناولوا الخفاض بالبحث بين معرف للمصطلح بالطريقة والآثار المترتبة على هذه العملية من أضرار نفسية واجتماعية وصحية، فمثلا يستخدم بعضهم مصطلح "البتر التناسلي" أو التشويه الجنسي للإناث"، وبالمقابل نجد المؤيدين يستخدمون مصطلح "طهارة"، للدلالة على ختان الإناث. انظر، فرحات، محمد عبد الحميد، ٢٠٠٠م، دراسة مقارنة بين اتجاهات الأمهات المتعلمات وغير المتعلمات نحو ختان الإناث، رسالة ماجستير، دراسات الطفولة، جامعة عين شمس، مودعة في قسم الرسائل الجامعية، مكتبة الجامعة الأردنية، عمان، (ص٢٢-٢٥).

## المطلب الثاني: أنواع ختان الإناث (الخفاض)

لختان الإناث أربعة أنواع استحدثها العامة كل حسب ما يناسب عرفه وما توارثوه، فبعض القبائل الإفريقية تعمل بالنوع الرابع، وبعض القبائل التي تعيش في الحضر تعمل بالنوع الأول، فكيفية وطريقة ختان الإناث تختلف بحسب أعراف الناس التي توارثوها، بناء على ما يناسب بيئتهم التي يقطنوها.

**النوع الأول:** يتم فيه قطع الجلدة أو النواة فوق رأس البظر(١).

**النوع الثاني:** يتم فيه استئصال جزء من البظر وجزء من الشفرين الصغيرين.

**النوع الثالث:** يتم فيه استئصال كل البظر وكل الشفرين الصغيرين.

**النوع الرابع:** يتم فيه استئصال كل البظر وكل الشفرين الصغيرين وكل الشفرين الكبيرين(٢).

هذه الأنواع متفاوتة فيما بينها بالبتر، فالنوع الأول هوأقل أنواع الخفاض بترا، وهوالذي تكلم عنه الفقهاء في كتبهم وشراح رواية أشمي ولا تنهكي، أما الأنواع الأخرى فيتم فيها استئصال الأعضاء بحسب ما توارثوه وما يتناسب مع بيئاتهم، لذلك ترى الباحثة أن البحث سيتناول النوع الأول في بيان حكمه الشرعي، أما الأنواع الأخرى فظاهر أن الإسلام لا يرضاها لما فيها من تعذيب للأنثى، ولما فيها من اعتداء على الجسد لا يبرره إلا العرف، والعرف إذا تصادم مع ما قررته الشريعة في حق الإنسان في الحفاظ على جسده، لا يلتفت إليه.

---

(١) البظر، ما بين الفخذين من المرأة والجمع بظور، انظر، انظر: ابن منظور، لسان العرب، (ج٤، ص٧٠).

(٢) انظر، فرحات، محمد، دراسة مقارنة نحو ختان الإناث، (ص٢٧).

## المطلب الثالث: حكم ختان الإناث في الإسلام

للفقهاء القدامى في ختان الإناث قولان بين الوجوب والندب، ورأي معاصر يحظر ختان الإناث ويحرمه.

**القول الأول: يجب ختان المرأة، وتجبر إن أبت، وهو معتمد الشافعية[1] والراجح عند الحنابلة[2].**

**استدل القائلون بوجوب ختان المرأة بالقرآن الكريم والسنة والمعقول:**

قوله تعالى: (ثُمَّ أَوْحَيْنَا إِلَيْكَ أَنِ اتَّبِعْ مِلَّةَ إِبْرَاهِيمَ حَنِيفًا وَمَا كَانَ مِنَ الْمُشْرِكِينَ)[3].

**وجه الدلالة:** الآية صريحة في وجوب إتباع إبراهيم فيما فعله، وهذا يقضي إيجاب كل فعل فعله، والختان من ملة إبراهيم[4]، فيكون داخلا في عموم المأمور به، والأمر للوجوب ما لم تقوم قرينة تصرفه للإباحة، ولم توجد قرينة، فبقي على الوجوب وهو وإن كان خطاب للرسول صلى الـلـه عليه و سلم إلا أن أمته ذكورها وإناثها مخاطبة به، فثبت وجوب الختان على النساء.

اعترض على الاستدلال:

**المقصود بالملة:** الحنيفية وهي ملة التوحيد والإنابة إلى الـلـه تعالى وإخلاص الدين له،

---

(1) النووي، المجموع شرح المهذب، (ج1، ص349-350) وقال: "الختان واجب على الرجال والنساء عندنا". الشربيني، مغني المحتاج، (ج5، ص540). الأنصاري، أسنى المطالب شرح روض الطالب، (ج4، ص166). نقل الهيتمي قولا بأنه سنة للنساء، تحفة المحتاج، (ج9، ص200).

(2) الرحيباني السيوطي، مطالب أولي النهى، (ج1، ص92). البهوتي، كشاف القناع، (ج1، ص81) وقال:" ويجب ختان ذكر وأنثى".البهوتي، شرح منتهى الإرادات، (ج1، ص44). قال ابن تيمية جوابا لسؤال في المرأة: "هل تختن المرأة أم لا؟ نعم تختن، وختانها، أن تقطع أعلى الجلدة التي كعرف الديك" الفتاوى الكبرى، (ج1، ص274 بتصرف).

(3) سورة النحل، آية 123.

(4) ابن القيم، تحفة المودود، ص174.

بدليل أن الآية ختمت بنفي صفة الشرك عنه، فثبت أن الختان غير داخل فيها فلا يكون واجبا، ثم إن متابعة إبراهيم تفعل على الوجه الذي فعله، فإن كان فعله على سبيل الوجوب فإتباعه أن نفعله كذلك وإن كان فعله على سبيل الندب فإتباعه أن نفعله على وجه الندب، ولا يوجد دليل على أنه فعله وجوبا أو ندبا، لأن مجرد الفعل لا يدل على الوجوب أو الندب، بل دلالة الفعل على الندب أقوى إن لم يكن بيانا للواجب[1].

قوله تعالى: (وَإِذِ ابْتَلَى إِبْرَاهِيمَ رَبُّهُ بِكَلِمَاتٍ فَأَتَمَّهُنَّ)[2].

**وجه الدلالة:** أن الختان من الكلمات التي ابتلي بها إبراهيم، والابتلاء غالبا إنما يقع بما يكون واجبا، والمسلمون مأمورون بإتباع ملة إبراهيم فيكون الختان واجبا عليهم ذكورا وإناثا[3].

**اعترض على الاستدلال:** أن الكلمات التي ابتلي بها إبراهيم مختلف في تفسيرها، فبعضهم جعلها خمسا أو عشرا، وبعض المفسرين توقف لأنه لم يثبت بها شيء عن رسول الله صلى الله عليه و سلم، ثم على فرض صحتها فبعض هذه الكلمات ليس بواجب فيكون الختان غير واجب، فالاستدلال بفعل إبراهيم على الوجوب يتوقف على أنه كان عليه واجبا فإن ثبت ذلك استقام الاستدلال[4].

عن أبي هريرة رضي الله عنه قال قال رسول الله صلى الله عليه و سلم: "اختتن إبراهيم عليه السلام وهوبن ثمانين سنة بالقدوم"[5][6].

---

(١) ابن القيم، تحفة المودود، (ص١٧٨-١٧٩ بتصرف ).

(٢) سورة البقرة، آية١٢٤.

(٣) ابن القيم، تحفة المودود، (ص١٧٠ بتصرف).

(٤) ابن العربي، أحكام القرآن، (ج١، ص٥٥). الشوكاني، نيل الأوطار، (ج١، ص١٦٨).

(٥) القدوم قيل هي قرية في الشام فتكون اسم موضع، وقيل اسم آلة قدوم النجار وتنطق بالتخفيف والتشديد. أنظر، ابن الأثير، النهاية، (ج٤، ص٢٧). ابن منظور،لسان العرب، (ج١٢، ص٤٧٢).

(٦) صحيح البخاري، باب قول الله تعالى (واتخذ الله إبراهيم خليلا) وقوله (إن إبراهيم كان أمة قانتا=

**وجه الدلالة:** أن إبراهيم عليه الصلاة والسلام لا يفعل ذلك في مثل سنه إلا عن أمر من الـلـه تعالى[(١)]، والمسلمة مأمورة بالاقتداء بإبراهيم عليه الصلاة والسلام،فختان المرأة واجب.

حديث عثيم بن كليب عن ابيه عن جده أنه جاء إلى الرسول صلى الـلـه عليه و سلم فقال: أسلمت فقال النبي صلى الـلـه عليه و سلم: " ألق عنك شعر الكفر واختتن"[(٢)].

**وجه الدلالة:** أن قول الرسول صلى الـلـه عليه و سلم "اختتن" أمر والأمر للوجوب ما لم تصرفه قرينة للإباحة، فثبت أن الختان واجب على الذكر والأنثى، لأن خطاب الواحد يشمل غيره حتى يقوم دليل الخصوصية، ولم يقم دليل على الخصوصية فيبقى عاما في الذكر والأنثى.

**اعترض على هذا الدليل:** بأن في سنده إبراهيم بن يحيى وهو متفق على ضعفه بين أهل الحديث، وفيه انقطاع وعثيم وأبوه مجهولان[(٣)]، ثم إن حمله الندب في إلقاء الشعر لا يلزم منه حمله عليه في الآخر[(٤)]. فلم ينقل أن الرسول صلى الـلـه عليه و سلم أمر من أسلم معه من الإناث أن يختتن.

ما رواه الزهري قال: قال رسول الـلـه صلى الـلـه عليه و سلم: " من أسلم فليختتن وإن كان كبيرا"[(٥)].

---

=وقوله: (إن إبراهيم لأواه حليم)، ح رقم(٣١٧٨)، (ج، ٣ ص١٢٢٤)، ورواه في باب باب الختان بعد الكبر ونتف الإبط، ح رقم (٥٩٤٠)، (ج٥، ص٢٣٢٠). ورواه مسلم، باب من فضائل إبراهيم الخليل، (ج٤، ص١٨٣٩). قال البيهقي: "ابتلاه الـلـه عز وجل بالطهارة خمس في الرأس وخمس في الجسد في الرأس قص الشارب والمضمضة والاستنشاق والسواك وفرق الرأس، وفي الجسد تقليم الأظفار، وحلق العانة والختان، ونتف الإبط، وغسل مكان الغائط والبول بالماء، قال أصحابنا: والابتلاء إنما يقع في الغالب بما يكون واجبا". سنن البيهقي الكبرى، (ج٨، ص٣٢٤).

(١) الشوكاني، نيل الأوطار، (ج١، ص١٦٨).

(٢) أبو داود، السنن، باب في الرجل يسلم فيؤمر بالغسل، ح رقم(٣٥٦)، (ج١، ص٩٨).

(٣) الشوكاني، نيل الأو طار، (ج١، ص١٦٨).

(٤) ابن القيم، تحفة المودود، (ص١٧٥).

(٥) إبن حجر، تلخيص الحبير (ج٤، ص٨٢).

**وجه الدلالة:** خطاب النبي صلى الـله عليه و سلم للذكر والأنثى لا سيما بأن "من " من الألفاظ التي تفيد العموم إذا جاءت في سياق الشرط، فيكون الأمر بالاختتان عاما للذكر والأنثى[١]، وهو وإن كان مرسلا يصلح للإعتضاد[٢].

**اعترض على هذا الدليل:** أن هذا الحديث من مراسيل الزهري وهي لا تصلح للاحتجاج، إذ قال يحيى بن معين مراسيل الزهري ليست بشيء[٣].

**وأجيب عن هذا الاعتراض:** بأن مراسيل الزهري ليست على درجة واحدة في التضعيف فإن لم يحتج بها وحدها فيشد بعضها بعضا وتتقوى ببعضها، فمراسيله تصلح للاعتضاد خاصة أن الشافعي كان حسن الظن به[٤].

عن أبي هريرة عن النبي صلى الـله عليه و سلم قال:"إذا جلس بين شعبها الأربع ومس الختان الختان فقد وجب الغسل"[٥].

**وجه الدلالة:** أن الرسول صلى الـله عليه و سلم لما ذكر الختانان، كان هذا بيان أن النساء كن يختتن، إذ لو لم يكن يختتن لما جاز تسميته بذلك.

**اعترض على الاستدلال:** بأن هذا من باب تسمية الشيئين باسم الأشهر منهما،

---

(١) منصور، محمد، الأحكام الطبية المتعلقة بالنساء، (ص ١١٢).

(٢) ابن القيم، تحفة المودود، (ص١٧٥).

(٣) ابن القيم، تحفة المودود، (ص١٨٠).

(٤) ابن القيم، تحفة المودود، (ص١٨٥-١٨٦).

(٥) ابن خزيمة، الصحيح، باب ذكر إيجاب الغسل بماسة الختانين والتقائهما وإن لم يكن أمنى، ح رقم(٢٧٧)، (ج١ص١١٤) واللفظ له، وعند الإمام مسلم معناه، مسلم، الصحيح، شرح النووي على صحيح مسلم، باب الوضوء مما مست النار، (ج٤، ص٤٢ )، قال ابن حجر: "المراد بهذه التثنية ختان الرجل والمرأة والختن قطع جلدة الكمرة، وخفاض المرأة والخفض قطع جليدة في أعلى رجها تشبه عرف الديك بينها وبين مدخل الذكر جلدة رقيقة وإنما ثنيا بلفظ واحد تغليبا وله نظائر وقاعدته رد الأثقل إلى الأخف والأدنى إلى الأعلى". فتح الباري، (ج١، ص٣٩٥). وقال العيني: "ذكر هذا بناء على عادة العرب فإنهم يختنون النساء". عمدة القاري، (ج٢، ص٣٤٦). وهذا يدل على أن ختان الإناث كان معروفا.

أو باسم أحدهما على سبيل التغليب ورد الأخف إلى الأثقل، والأدنى إلى الأعلى[1].

عن عبد الله بن عمر مرفوعا: "يا نساء الأنصار اختضبن غمسا[2]، واختفضن ولا تنهكن، وإياكن وكفران النعم"[3].

**وجه الدلالة:** أن ابن عمر أرشد النساء إلى الخفاض وعدم المبالغة فيه، ولا يكون قوله إلا عن سماعه من الرسول صلى الله عليه و سلم

**اعترض على الاستدلال:** أن في إسناده أبي نعيم مندل بن علي وهو ضعيف، وفي إسناده خالد بن عمر القرشي وهوأضعف من مندل[4].

حدثنا موسى بن إسماعيل قال: حدثنا عبد الواحد قال حدثتنا عجوز من أهل الكوفة، جدة علي بن غراب قالت: حدثتني أم المهاجر[5] قالت: سبيت في جواري من الروم فعرض علينا عثمان الإسلام، فلم يسلم منا غيري وغير أخرى، فقال عثمان: اذهبوا فاخفضوهما وطهروهما[6].

**وجه الدلالة:** أن عثمان أمر بخفضهما، وأمره لا يكون عن رأي منه، وإنما لمعرفته بوجوبه، إذ الأمر لا يكون إلا في فعل واجب.

**اعترض على هذا الدليل:** بأن هذا الحديث لا يصح، لأن في سنده مجهول[7].

---

(١) ابن حجر، فتح الباري، (ج١، ص٣٩٥).

(٢) غمسا: غمست يديها خضابا مستويا من غير تصوير، ابن منظور، لسان العرب، (ج ٦،ص١٥٦)، أي بلا نقش وزخرفة.

(٣) الهيثمى، على بن أبي بكر،، مجمع الزوائد، (ج٥، ص١٧١).

(٤) الشوكاني، نيل الأو طار، (ج١، ص١٦٦). وآبادى، عون المعبود، (ج١٤، ص١٢٦).

(٥) أم مهاجر الرومية، أسلمت في زمن عثمان، وحكم عليها ابن حجر من جهة الإسناد بأنها مقبولة. انظر، ابن حجر، تقريب التهذيب، تحقيق محمد عوامة، ط١، دار الرشيد، ١٩٨٦م، (ج١،ص ٧٥٩).

(٦) البخاري، الأدب الفرد، باب خفض المرأة، ح رقم (١٢٤٥)، (ج١، ص٤٢٦). الألباني، سلسلة الأحاديث الصحيحة، (ج٢،ص٣٤٩)

(٧) أنظر، آبادى، شمس الحق، عون المعبود، (ج١٤، ص١٧٦).

أما من معقول فاستدلوا بما يلي:

١. يجوز كشف العورة للختان لغير ضرورة ولا دواء، وكشف العورة محرم، فلو لم يكن واجبا لما جاز، لأن الحرام لا يلتزم للمحافظة على المسنونات[١]، فكان الختان واجبا، وكما تكشف العورة لنظر الطبيب ومعالجته، جاز كشفها للخاتن، وإن جاز ترك المعالجة[٢].

**واعترض عليه:** بأنه لولم تكن مصلحة المختون أرجح من مفسدة كشف عورته للخاتن والنظر إليها ولمسها لم يجز ارتكاب ثلاث مفاسد عظيمة لأمر مندوب يجوز فعله وتركه، ثم إن المداواة من تمام الحياة وأسبابها، فلا بد منها، فلوكان الختان من المندوبات لكان بمنزلة كشف العورة لما لا تدعوالحاجة إليه، وهذا لا يجوز[٣].

٢. أن ولي الصبي يؤلمه بالختان ويعرضه للتلف والسراية، ويخرج من ماله أجرة الخاتن وثمن الدواء، ولا يضمن سرايته بالتلف ولولم يكن واجبا لما جاز ذلك[٤].

**واعترض عليه:** بأن هذا لا يدل على وجوبه، كما يؤلمه بضرب التأديب لمصلحته ويخرج من ماله أجرة المؤدب والمعلم، وكما يضحي عنه، وكل ذلك غير واجب[٥].

**ورد هذا الاعتراض:** بأنه لا ريب أن التعليم والتأديب حق واجب على الولي، فما أخرج ماله إلا فيما بدا له من صلاحه في دنياه وآخرته منه، فلوكان الختان مندوبا محضا لكان إخراجه بمنزلة الصدقة والتطوع، وهوليس كذلك[٦].

٣. لأن الختان قطع شيء من البدن في حق اللـه، فوجب أن يكون واجبا كالقطع في السرقة[٧].

---

(١) ابن القيم، تحفة المودود، (ص١٧٦).

(٢) ابن القيم، تحفة المودود، (ص١٨١).

(٣) ابن القيم، تحفة المودود، (ص١٨٦).

(٤) ابن القيم، تحفة المودود، (ص١٧٧).

(٥) ابن القيم، تحفة المودود، (ص١٨١).

(٦) ابن القيم، تحفة المودود، (ص١٨٦).

(٧) القرشي، محمد بن محمد بن أحمد، معالم القربة في طلب الحسبة، دار الفنون، كمبردج، ص١٦٤، ابن

**واعترض عليه:** بأن هذا من أضعف الأقيسة، فالختان إكرام للمختون، وقطع يد السارق عقوبة له، فأين باب العقوبات من أبواب الطهارات والتنظيف[1].

**ورد هذا الاعتراض:** لم يجعل ذلك أصلا في وجوب الختان، بل اعتبر وجوب أحدهما بوجوب الآخر، فإن أعضاء المسلم دمه وظهره حرام إلا من حد أو حق، وكلاهما يتعين إقامته ولا يجوز تعطيله[2].

٤. في الختان إدخال ألم عظيم على النفس، وهولا يشرع إلا في إحدى خصال ثلاث: لمصلحة أو عقوبة أو وجوب، وقد انتفى الأولان فثبت الثالث[3].

**القول الثاني: ختان الإناث يندب فعله ويستحب[4]، وهورأي الحنفية[5]، والمالكية[6]، وقول عند الحنابلة[1].**

---

القيم، تحفة المودود ص١٧٦

(١) ابن القيم، تحفة المودود، (ص١٨١).

(٢) ابن القيم، تحفة المودود، (ص١٨٦).

(٣) المرصفي، سعد، أحاديث الختان حجيتها وفقهها، (ص٢٣).

(٤) العدوي، علي الصعيدي، الحاشية، (ج١، ص٥٩٦). الدسوقي، محمد بن عرفة، الحاشية على الشرح الكبير، (ج٢، ص١٢٦) وقال:"وأما خفاض الأنثى فمندوب". الصاوي، أحمد أبوالعباس، الحاشية، (ج٢، ص١٥٣). قال الباجي: "قال مالك أحب للنساء الاختتان"، ابن الجارود،المنتقى من السنن المسندة شرح الموطأ، (ج٧، ص٢٣٣). وقال العبدري: "يفرق بين أهل المشرق وأهل المغرب فأهل المشرق يؤمرون به لوجود الفضلة عندهن من أصل الخلقة، وأهل المغرب لا يؤمرون به لعدمها عندهن". المدخل، (ج٣، ص٢٩٦). وقال الخرشي:" حكم الختان الاستحباب في النساء" و"الخفاض أمر تعبدي فيفعل ويتحصل بأدنى شيء". شرح مختصر خليل، (ج٣، ص٤٨).

(٥) ابن نجيم، البحر الرائق، (ج٨، ص٥٥٥). الحموي، أحمد بن محمد، غمز عيون البصائر، دار الكتب العلمية، بيروت، (ج٣، ص٣٨١). والحنفية يعبرون عن إباحته بقولهم أنه مكرمة للرجال في لذة الجماع وليس بسنة، الزيلعي، عثمان بن علي، تبيين الحقائق، (ج٦، ص٢٢٧) قال:" وختان المرأة ليس بسنة وإنما هو مكرمة للرجال لأنه ألذ في الجماع، وقيل سنة". ابن عابدين، محمد أمين، رد المحتار على الدر المختار، (ج٦، ص٧٥٢). في العناية قال:" ومن عادتهم ختان الأنثى".العناية شرح الهداية (ج١،ص٦٣)

(٦) النفراوي، الفواكه الدواني، (ج١، ص٣٩٥) وقال:" الخفاض المطلوب في النساء وهو إزالة ما بالفرج من الزيادة مكرمة أي خصلة مستحبة... وقيل هو سنة كختان الذكور".

**استدل القائلون بالندب من السنة الشريفة والمعقول:**

١. عن أبي هريرة **رضي اللـه عنه** عن النبي صلى اللـه عليه و سلم قال: "الفطرة خمس الختان والاستحداد[٢] ونتف الإبط وقص الشارب وتقليم الأظفار"[٣].

**وجه الدلالة:** أن المقصود بالفطرة السنة والختان من خصال الفطرة، فكان مندوبا فعله، إذ قرنه الرسول صلى اللـه عليه و سلم بالمسنونات دون الواجبات، فثبت أنه ليس واجب بدليل انتظامه مع خصال ليست بواجبة كالاستحداد وقص الشارب وتقليم الأظفار[٤]، فالخفاض قطع جزء من الجسد، فلم يكن واجبا قياسا على قص الأظفار وغيره من المسنونات.

**الاعتراض:** القول أن المراد بالفطرة السنة التي يجوز تركها فهذا اصطلاح حادث، لأن السنة ما سنه الرسول صلى اللـه عليه و سلم لأمته من واجب ومستحب، فالسنة هي الطريقة والشريعة والمنهاج وليس المراد منها مايقابلها في الحكم التكليفي من فرض وواجب، فالسنة في اصطلاح الشارع أعم من السنة في اصطلاح الأصوليين[٥]، ثم الفطرة مختلف في تفسيرها، فبعضهم قال المراد بها الدين وآخرون قالوا السنة، ومع الاحتمال يسقط الاستدلال بالحديث، ثم إن قولكم أن رسول اللـه صلى اللـه عليه و سلم قرنه بالمسنونات، مردود لأن دلالة الاقتران لا تقوى على معارضة أدلة الوجوب، فالخصال المذكورة منها ما هوواجب ومنها ما هومستحب[٦].

٢. عن ابن عباس عن النبي صلى اللـه عليه و سلم قال: "الختان سنة[٧] للرجال مكرمة[٨] للنساء[١]".

---

(١) ابن قدامة، المغني ج، (ج١ص، ٦٣) قال:" فأما الختان فواجب على الرجال، ومكرمة في حق النساء، وليس بواجب عليهن".

(٢) الاستحداد حلق العانة بالحديد،ابن منظور، لسان العرب، (ج٣، ص١٤٢).

(٣) البخاري، الصحيح، باب الختان بعد الكبر ونتف الإبط، ح رقم (٥٩٣٩)، (ج٥، ص٢٣٢٠). قال ابن القيم: "رأس فطرة البدن الختان"، تحفة المودود ص .

(٤) ابن القيم، تحفة المودود، (ص١٧٨).

(٥) الشوكاني، نيل الأو طار، (ج١، ص١٦٧). ابن القيم، تحفة المودود، (ص١٨٤)

(٦) ابن القيم، تحفة المودود، (ص١٨٤).

(٧) قال البيهقي، " قوله الختان سنة أراد به سنة النبي الموجبة" سنن البيهقي الكبرى، (ج٨، ص٣٢٤).

(٨) أي محل لكرمهن يعني بسببه يصرن كرائم عند أزواجهن، المطرزي، ناصر بن عبد السيد، المغرب

**وجه الدلالة:** الحديث نص على أن الختان في حق النساء مكرمة، وأقصى ما تدل عليه اللفظة إباحته لا وجوبه في حقها، فلما فرق بين الذكور والإناث، علمنا أنه في حقهن مباح.

**اعترض على هذا الدليل:** بأن هذا الحديث فيه تدليس وضعف[٢]، فهومن رواية الوليد بن أبي ثوبان، ثم إن لفظة مكرمة لا تعني إباحة الختان وجوبا أو ندبا، فهذا التوصيف لا يندرج تحت أقسام الحكم التكليفي، ولعلها من وضع الراوي خاصة إن هذه الرواية لا تصح نسبتها للرسول صلى الله عليه و سلم.

٣. عن الضحاك بن قيس قال: "كانت بالمدينة امرأة تخفض النساء يقال لها أم عطية فقال لها رسول الله صلى الله عليه و سلم اخفضي ولا تنهكي[٣] فإنه أنضر للوجه[٤] وأحظى[٥] عند

---

في ترتيب المعرب، (ج٢، ص٢١٦)، دار الكتاب العربي.

(١) البيهقي، السنن الكبرى، (ج٨، ص٣٢٤)، ح رقم(١٧٣٤٣)، قال: هذا إسناد ضعيف والمحفوظ= =موقوف. ورواه الطبراني في المعجم الكبير، ح رقم (١١٥٩٠)، (ج١١، ص٢٣٣). ورواه الإمام أحمد في **مسنده** من حديث أسامة الهذلي، ح رقم(٢٠٧٣٨)، (ج٥، ص٧٥). قال ابن الملقن: "وأسانيده ضعيفة وفي بعضها معه انقطاع، قال ابن عبد البر: يدور على الحجاج بن أرطاة وليس ممن يحتج به"، خلاصة البدر المنير، (ج٢ ص، ٣٢٨).

(٢) ابن القيم، تحفة المودود، (ص١٨٣).

(٣) بفتح المثناة فوق وسكون النون وكسر الهاء أي لا تبالغي في استقصاء محل الختان بالقطع بل أبقي بعض ذلك الموضع قال الزمخشري وأصل النهك المبالغة في العمل، المناوي، فيض القدير، (ج١، ص٢١٦). قال ابن منظور: "أي لا تبالغي في استقصاء الختان ولا في إسحات مخفض الجارية ولكن اخفضي طريفه والمنهوك ما ذهب ثلثاه وبقي ثلثه"،ابن منظور، لسان العرب، (ج١٠، ص٥٠٠). وقال في موضع آخر: "أي لا تأخذي من البظر كثيرا شبه القطع اليسير بإشمام الرائحة والنهك بالمبالغة فيه أي اقطعي بعض النواة ولا تستأصليها". لسان العرب، (ج١٢، ص٣٢٦). وكذا عند ابن الأثير، النهاية في غريب الحديث، (ج٢، ص٥٠٣)، وقيل لا تبالغي، غريب الحديث للخطابي، (ج٢ ص٣٦١).

(٤) في رواية أسرى للوجه والمقصود أي أصفى للونه وأبقى لنضارته، غريب الحديث للخطابي، (ج٢، ص٣٦١). وقال المناوي: "أكثر لمائه ودمه وأبهج لبريقه ولمعته". فيض القدير، (ج١، ص٢١٦).

(٥) قال المناوي: "يعني أحسن لجماعها عنده وأحب إليه وأشهى له، لأن الخافضة إذا استأصلت جلدة الختان ضعفت شهوة المرأة، فكرهت الجماع، فقلت حظوتها عند حليلها، كما أنها إذا تركتها بحالها، فلم تأخذ منها شيئا بقيت غلمتها، فقد لا تكتفي بجماع زوجها، فتقع في الزنا، فأخذ بعضها تعديل

الزوج"[1]، وفي رواية عن محمد بن حسان قال: عبد الوهاب الكوفي عن عبد الملك بن عمير عن أم عطية الأنصارية أن امرأة كانت تختن بالمدينة فقال لها النبي صلى الـلـه عليه و سلم: "لا تنهكي فإن ذلك أحظى للمرأة وأحب إلى البعل"[2]. وفي رواية عن أنس عن النبي صلى الـلـه عليه و سلم قال لأم عطية ختانة كانت بالمدينة "إذا حفضت فاشمي ولا تنهكي فإنه أسرى للوجه وأحظى عند الزوج"[3].

---

للشهوة والخلقة". فيض القدير، (ج١، ص٢١٦).

(١) الحاكم، المستدرك على الصحيحين، باب ذكر الضحاك بن قيس الأكبر، ح رقم (٦٢٣٦)، (ج٣، ص٦٠٣). ورواه البيهقي، السنن الكبرى، باب السلطان يكره على الاختتان أو الصبي وسيد المملوك يأمران به وما ورد في الختان، ح رقم(١٧٣٣٩)، (ج٨، ص٣٢٤)، وقال: "الضحاك بن قيس هذا ليس بالفهري".

(٢) أبو داود، السنن، باب ما جاء في الختان، ح رقم (٢٧١)، (ج٤ ص٣٦٨)، وقال، روي عن عبيد الـلـه بن عمروعن عبد الملك بمعناه وإسناده قال أبو داود ليس هوبالقوي وقد روي مرسلا، ومحمد بن حسان مجهول وهذا الحديث ضعيف". قال ابن الملقن: "لا بل معروف كذاب وضاع كما بينته في الأصل وهوحديث ضعيف". خلاصة البدر المنير، (ج٢، ص٣٢٨). قال المناوي: "وكيفما كان سنده ضعيف جدا، وممن جزم بضعفه الحافظ العراقي، وقال ابن حجر في موضع آخر له طريقان كلاهما ضعيف، وقال ابن المنذر ليس في الختان خبر يعول عليه ولا سنة تتبع". فيض القدير، (ج١، ص٢١٦). وذكر ابن حجر أسانيده ثم قال: "وظهر من مجموع ذلك أن عبد الملك بن عمير دلسه على أم عطية والواسطة بينهما وهوالضحاك بن قيس المذكور". الإصابة في تمييز الصحابة، (ج٣، ص٥٠٤). وانظر تهذيب التهذيب، (ج٩ ص٩٨). قال ابن القيم بعد القول في وقت الختان: "قال ابن المنذر: ليس في هذا الباب نهي يثبت وليس لوقوع الختان خبر يرجع إليه ولا سنة تستعمل". تحفة المودود، (ص١٩١).الرجل إذا لم يختتن فتلك الجلدة مدلاة على الكمرة فلا ينقى، والنساء أهون ولا خلاف في استحبابه للأنثى واختلف في وجوبه... والحكمة التي ذكرناه في الختان تعم الذكر والأنثى وإن كانت في الذكر أبين. ابن القيم، تحفة المودود، (ص٢٠٠). وكذا عند ابن قدامة، المغني، (ج١، ص٦٣).ورواه البيهقي، السنن الكبرى، باب السلطان يكره على الاختتان أو الصبي وسيد المملوك يأمران به وما ورد في الختان، ح رقم(١٧٣٣٧)، (ج٨ ، ص٣٢٤). والكمرة: رأس الذكر، والمكمور من الرجال الذي أصاب الخاتن طرف كمرته، لسان العرب، (ج٥، ص١٥١).

(٣) البيهقي، السنن الكبرى، باب السلطان يكره على الاختتان أو الصبي وسيد المملوك يأمران به وما ورد في الختان، ح رقم(١٧٣٤٠)، (ج٨، ص٣٢٤). قال الهيتمي: "إسناده حسن" مجمع الزوائد، (ج٥، ص١٧٢). وقال ابن أبي الدنيا: "حديث ضعيف، في إسناده زائدة بن أبي الرقاد وهومنكر الحديث، وله متابعات وشواهد كلها ضعيفة"، وقال أبو داود: "حديث ختان المرأة روي من أو جه كثيرة، وكلها ضعيفة معلولة مخدوشة لا يصح الاحتجاج بها، "وقال ابن أبي الدنيا: "والذي أجمع عليه المسلمون أن

**وجه الدلالة:** إرشاد الرسول صلى الله عليه و سلم للمرأة بالخفاض وعدم المبالغة فيه دليل على إباحته، وإلا لأنكر عليها عملها ولنهاها عنه، إذ تأخير الحكم عن وقت الحاجة لايصح، فلما لم ينكر عليها دل على إباحة ختان الإناث.

**الاعتراض:** حديث ختان المرأة روي من أو جه كثيرة، وكلها ضعيفة معلولة مخدوشة لا يصح الاحتجاج بها[١].

٤. حديث {الختان سنة يحارب على تركها}[٢].

**وجه الدلالة:** بين الحديث أن الختان في حق الذكر والأنثى سنة.

٥. عن أبي المليح أن ختانة بالمدينة ختنت جارية فماتت فقال لها عمر: ألا أبقيت كذا وجعل ديتها على عاقلتها[٣].

وجه الدلالة: لولم يكن الختان مباحا لما أرشدها عمر إلى عدم المبالغة، ولما أو جب الدية وإنما القصاص.

**أما من المعقول :**

القياس على جواز كي الصغير وربط قرحته، وثقب أذن البنات لمنفعة الزينة، فكذا يباح ختانها إن كان لمنفعتها[٤].

---

الختان للرجال". العيال، (ج٢، ص، ٧٧٩).

(١) آبادي،عون المعبود، (ج١٤، ص١٢٦).

(٢) الزيلعي، عثمان بن علي، تبيين الحقائق، (ج٦، ص٢٢٧). ابن نجيم، البحر الرائق، (ج٨، ص٥٥٥). ابن عابدين، محمد أمين، رد المحتار على الدر المختار، (ج٦، ص٧٥٢). هذا ليس حديث بل لعله قول لأحد الأئمة، لأني بحثت عنه في كتب الحديث وشروحها فلم أجده.

(٣) ابن أبي شيبة، المصنف، باب الطبيب والمداوي والخاتن، ح رقم (٦٠٠)، (ج٥، ص٤٢٠). وذكره ابن عبد البر، الاستذكار، (ج٨، ص٦٢). ورواه الحربي في غريب الحديث، (ج٢، ص٥٥٣).

(٤) ابن نجيم، البحر الرائق، (ج٨، ص٥٥٥).

إيصال الألم إلى الإنسان لا يجوز شرعا إلا لمصالح تعود إليه، وفي الختان مصلحة تعود إليها[1]. في كونه أحظى لها عند زوجها وأنضر لوجهها.

لم يقم دليل صحيح يدل على الوجوب والمتيقن السنية، والواجب الوقوف على المتيقن إلى أن يقوم ما يوجب الانتقال عنه[2].

ترك هذا الغشاء الذي يغلف البظر يجعله دائما غير نظيف، نتيجة لدخول الإفرازات المهبلية وجزء من البول وتراكمها فيه، فتتكون بيئة لنمو وتكاثر أنواع عديدة من البكتيريا والفطريات، التي تسبب الكثير من الأمراض البكتيرية والأمراض الفطرية لكل من الجهاز البولي والتناسلي للمرأة، ناهيك عن أن وجود بقايا البول فيه ينقص عنصر الطهارة للمرأة المسلمة[3].

ترك هذا الغشاء يؤدي إلى الشبق الجنسي والإكثار من العادة السرية، لكثرة احتكاك هذا الغشاء بالبظر[4].

ختان الإناث يندرج ضمن حق التأديب الذي يملكه الأب على أولاده بصفته صاحب الولاية عليهم.

ويرد على ذلك أن حق التأديب، ينحصر في توجيه السلوك وتعديله ولو بالضرب، لكن ليس من المعقول أن تحرم الصغيرة من عضو خلقه الـلـه تعالى لها بحجة التهذيب والتأديب[5].

---

(١) المرجع السابق، (ج٨، ص٥٥٥).

(٢) الشوكاني، نيل الأو طار، (ج١، ص١٦٧).

(٣) أبوساحلية،(٢٠٠٣)، مؤامرة الصمت،ط(١)، دار الأوائل، دمشق، (ص٤٤٣) وما بعدها بتصرف.

(٤) أبوساحلية، مؤامرة الصمت،(ص٤٤٤) وما بعدها بتصرف.

(٥) المرجع السابق، ص٣٢٦ بتصرف.

عصرنا فيه تزاحم وتلاحم بين الرجال والنساء، فلولم تقم الفتاة بالاختتان لتعرضت لمثيرات عديدة تؤدي بها إلى موجبات أخرى من الانحراف والفساد.

**رد على هذا:** بأن الانزلاق إلى ما لا ينبغي كثيرا ما يوجد في المختتنات كما يوجد في غيرهن، فالأمر يرجع إلى نشاط الغدد وضعفها وإلى الخلق والتربية[1].

ختان الإناث وسيلة لإضعاف لذة المرأة، وكبح جماحها لسدها عن طريق الرذيلة والسيطرة عليها، فهو وسيلة لتعديل شهوتها دون إلغاء لذتها الجنسية، يقول الشيخ محمد شلتوت: "إن تلك الزائدة من شأنها أن تحدث عند الممارسة مضايقة للأنثى أو للرجل الذي لم يألف الإحساس بها، ويشمئز منها، وختان الأنثى بهذا الاعتبار لا يزيد عما تقتضيه الراحة النفسية واستدامة العاطفة القلبية بين الرجل والمرأة من التزين والطيب والتطهير من الزوائد التي تقترب من هذا الحمى، فالتوجيه النبوي فيه تلطيف الميل الجنسي في المرأة والاتجاه إلى الاعتدال المحمود، فهو لضبط ميزان الحس الجنسي عند الفتاة، فأمرالشرع بخفض الجزء الذي يعلو مخرج البول، لضبط الاشتهاء والإبقاء على لذات النساء واستمتاعهن مع أزواجهن، ونهى عن إبادة مصدر الحس واستئصاله، وبذلك يكون الاعتدال، فلم يعدم المرأة مصدر الاستمتاع والاستجابة، ولم يبقها دون خفض فيدفعها إلى الاستهتار، وعدم القدرة على التحكم في نفسها عند الإثارة[2].

**الاعتراض:** من الصعب التعرف بدقة على أثر ختان الإناث على اللذة، فإذا كان الختان يعدل شهوتها، فقد أثبتت بعض الدراسات آثارا تضعف الشهوة عند المراة مما يعود على زواجها بالفشل.

---

(١) وقال الإمام القرضاوي، "من رأى أن ختان البنات أحفظ لبناته فليفعل، وأنا أؤيد هذا وخاصة في عصرنا الحاضر ومن تركه فلا جناح عليه لأنه ليس أكثر من مكرمة للنساء". القرضاوي، هدى الإسلام، فتاوى معاصرة، نقلا عن أبي ساحلية،مؤامرة الصمت، (ص٤٤٣). يضيف الشيخ حسن مناع، " فمن فعله لا إثم عليه ومن تركه فلا إثم عليه". أبوساحلية، مؤامرة الصمت، (ص٤٥٢).

(٢) الفتاوى الإسلامية من دار الإفتاء المصرية، المجلد التاسع، القاهرة، فتوى الشيخ جاد الحق علي جاد الحق، (ص٣١٩٩ وما بعدها).

**القول الثالث: ختان الإناث حرام، وهو قول عدد من العلماء والأطباء[1]، مستدلين بما يلي:**

١. ليس في ختان المرأة حكم شرعي قطعي الثبوت والدلالة يوجبه القرآن الكريم أو مستمد من السنة النبوية .

٢. أن الختان يضعفها جنسيا، مما يدفع زوجها لتعاطي الكحول والمخدرات، هروبا من فشل العلاقة الزوجية، لذا يجب تركه حفظا لصحة الرجل العقلية والبدنية[2]، وحفاظا على حياتها الزوجية.

**الاعتراض:** إن الأزواج الذين يتناولون المخدر والعقاقير، إنما يعتادون تناولها تلبية لنزعة خاصة عندهم في الجانب الجنسي، لا علاقة لها بكون الزوجة مختتنة أو غير مختتنة.

---

(١) البعض يرى أنها عادة قبلية ليست مطلوبة في الإسلام ولا مسنونة ولا هي مكرمة بل مكروه شرعا، لأنه لم يرد به نص في الشرع، ولأنه يحرم المرأة من الإحساس باللذة والمتعة". كنعان، محمد أحمد، أصول المعاشرة الزوجية، (ص٢٠٩). وكذا محمد العوا، الإسلاميون والمرأة، (ص٧١وما بعدها). والبعض الآخر يرى أن القول الفاصل في المسألة للأطباء والكلمة الفاصلة في مسألة ختان الإناث مردها إلى الأطباء، فإن قالوا في إجرائها ضرر تركناها لأنهم أهل الذكر في ذلك، وإن قالوا غير ذلك فعلى وزارة الصحة أن تتخذ كافة الإجراءات القانونية لإجراء هذه العملية بالنسبة للإناث بطريقة يتوفر فيها الستر والعفاف والكرامة الإنسانية التي تصون للفتاة أنوثتها السوية". طنطاوي، محمد سيد، فتوى نشرتها جريدة الأخبار في (ج ٢٨، ص١٠، ص١٩٩٤، ص٧) نقلا عن أبي ساحلية،مؤامرة الصمت، (ص٤٢٧)."فالقول بإباحة الخفاض هو المتبادر أما إذا ثبت طبيا أن المرأة تتأذى من وجود زائدة وتؤدي إلى منع ممارستها لحياتها الطبيعية فحينئذ يشرع دفع الضرر عنها بإزالتها لأن الضرر يزال". منصور، محمد خالد، الأحكام الطبية المتعلقة بالنساء في الفقه الإسلامي، (ص١١٥).

(٢) أبوساحلية، مؤامرة الصمت، (ص٤٢٣). وهذا يعارض مع ما ذهب إليه جاد الحق إذ قال: "لا يصح أن يترك ختان البنات إلى غير قول الشرع ولوكان طبيبا لأن الطب علم يتطور ورأيه في المسألة مختلف مضطرب". أبوساحلية، مؤامرة الصمت، (ص٤١١).

٣. حكم الشرع في المسألة يخضع لقاعدة شرعية عامة، وهي أن إيلام الحي لا يجوز شرعا إلا لمصالح تعود إليه، وتربوعلى الألم الذي يلحقه.

**الاعتراض:** هذا ليس موضع نزاع لأنه لا يجوز شرعا إيلام الحي إلا لمصلحة تربو على الألم، وللختان مصالح ذكرها العلماء، والألم الذي يحدثه النوع الأول وهو موضع البحث لا يذكر، لكن الاستدلال يصح ويثبت على الأنواع الأخرى.

٤. إن الغريزة الجنسية لا تتبع في قوتها أو ضعفها ختان الأنثى أو عدمه، وإنما تتبع البنية والغدد قوة وضعفا ونشاطا وخمولا، فلا يوجد ما يدعوإلى ختان الأنثى أو إلى تحتيمه لا شرعا ولا خلقا ولا طبا[١].

٥. أن معظم الدول الإسلامية الزاخرة بالفقهاء قد تركت ختان النساء، مما يدل على أنها عادة لا علاقة لها بالشرع.

**الاعتراض:** لا يصح هذا دليلا، لأن الختان ما دام يحقق مصلحة، يعمل به لمن شاء أن يأخذ بالمصلحة أما من تركها فلا حجة له على من أخذ بها.

٦. حث الإسلام على المحافظة على نظافة الجسم وسلامة جوارحه وعدم تعريضه للأذى، والخفاض ضرب من ضروب الأذى، فالعلم أثبت أن له خطرا على صحة المرأة، والدين يتفق مع الطب في محاربته، وإزالة العادات التي تضر بسلامة الإنسان وتحد من نشاطه وتقدمه، فهذه العادة دخيلة على الإسلام ولا تشكل في نظر الإسلام أهمية[٢].

**الاعتراض:** يبدو للباحثة أن التقارير والأبحاث الطبية غير كافية لبيان أضرار أو فوائد الختان، ولا بد من استقراء كامل للمختنات حتى يعلم فوائده أو أضراه، إذ إن غالب الأبحاث الطبية تجري استقراء ناقصا، وهذا لا يستقيم مع المنهج العلمي في إعطاء النتائج.

---

(١) أبوساحلية، مؤامرة الصمت، (ص٤٢٤).

(٢) أبوسبيب، حسن أحمد، فتوى ١٩٨٤، نقلا عن أبي ساحلية، (ص٤٥٦).

٧. الختان ضلالة مؤذية دسها علينا أحبار بني إسرائيل، وقد آن لنا أن نطهر ديننا وتقاليدنا من الأدران التي شابهما بها أحبار بني إسرائيل، وحري بنا أن نعفي أفلاذ أكبادنا من هذه الجراحة الهمجية التي سنها برابرة العصر الحجري من بني إسرائيل[١].

**الاعتراض:** هذا كلام خطير مؤداه إبطال ختان الذكور وتجريمه، جريا وراء اتفاقيات الأمم المتحدة وجمعيات حقوق الإنسان، التي تطالب بحقوق الإنسان في جسده، لذا يجب الحذر وعدم الخلط بين خفاض الإناث وختان الذكور، فالأمة مجمعة على الثاني ولا تجتمع على خطأ، وهذا مدخل للطعن في أحكام الإسلام بنسبتها لضلالات بني إسرائيل للتحلل منها.

٨. الخفاض إهانة للإسلام، والقرار فيه لعلماء الطب والنفس والاجتماع ولعامة الأزواج والزوجات فإن قرروا أن ترك الخفاض نهائيا هوالأصلح فالقول قولهم[٢].

٩. منع ختان الإناث يستند إلى قواعد عامة مثل؛ الضرر الأشد يدفع بالضرر الأخف، ومنع المفاسد أولى من جلب المنافع.

١٠. الرسول **صلى الله عليه و سلم** لم يجر هذه العملية لبناته[٣].

**الاعتراض:** يرد بأن البعثة كانت وبناته جاوزن البلوغ، وربما لم ينقل إلينا لكون العرب اعتادته، فلا يلزم من عدم النقل عدم الوقوع.

١١. ختان الإناث يتعارض مع ما هو مقرر في القرآن الكريم من آيات تقرر خلق الإنسان على أتم وأكمل صورة وأحسن هيئة ﴿لَقَدْ خَلَقْنَا الْإِنسَانَ فِي أَحْسَنِ تَقْوِيمٍ﴾[٤]، بل إن القرآن الكريم جعل من المعاصي بتر بعض الأعضاء، فهو مما توعد الشيطان أن يضل به

---

(١) ناصيف، عصام الدين حفني، ١٩٧١م، مقدمة لترجمة كتاب الختان ضلالة إسرائيلية مؤذية، دار مطابع الشعب، القاهرة.

(٢) خضر، محمود محمد، ١٩٩٧م، نقلا عن سامي أبوساحلية، (ص٤٩٩-٥٠١).

(٣) رضوان، زينب، ٢٠٠٤م، المرأة بين الموروث والتحديث، مطابع الهيئة المصرية العامة للكتاب، (ص٢٠٢)، وقالت: إن منعه فرض كفاية يؤديه كل قادر.

(٤) سورة التين، الآية ٣.

بني آدم، فختان الإناث تغيير لخلق اللـه تعالى[1].

**الاعتراض:** ليس في الخفاض إهانة للإسلام،وإذلال للإنسان، ولا تغيير لخلق اللـه تعالى،لأن ما يؤخذ فيه قليل لا يذكر، مقارنة بما وصلت إليه البشرية من تعد على خلقة الإنسان.

١٢. ختان الإناث يتعارض مع ما هو مقرر في حقوق الإنسان من أن لكل شخص حق طبيعي في سلامة جسده، فهو تعد على سلامة جسد شخص قاصر سليم دون رضاه ودون سبب طبي يبيحه. فالختان تعد على سلامة الجسد ينتقص من وظائفه الطبيعية، ويؤدي إلى مضاعفات صحية وفي بعض الأحيان إلى الموت، وله مضار نفسية وجنسية، وبذا يكون مخالفا للحق في سلامة الجسد والحياة[2]. ولم تأت آية واحدة تأمر بختان المرأة، ناهيك عن ذكره لا تصريحا ولا تلميحا[3].

١٣. ختان الإناث مخالف لنصوص دولية تدين التعسف والتعذيب، فالوثيقة العالمية لحقوق الإنسان تقول في مادة ٥: "لا يجوز إخضاع أحد للتعذيب ولا للمعاملة أو العقوبة القاسية أو اللاإنسانية أو الحط من كرامته، ويتعارض مع ما هو مقرر في حق الإنسان في المحافظة على عرضه، إذ يقوم الخاتن بملامسة أعضاء المختونة وهذا تعد واضح على العرض[4]، وقد اعتبرت لجنة حقوق الإنسان في قرارها رقم ١٩٩٦/٩٤ ختان المرأة عنفا واقعا عليها، وطالبت الدول بإدانة العنف ضد النساء، وعدم التذرع بالعادات والتقاليد.

**الاعتراض:** ما تقرره الأمم المتحدة ليس دليلا من أدلة التشريع الإسلامي.

١٤. ختان الإناث انتهاك لجسد الأنثى وليس عملية تجميلية، فنعته بهذا تضليل في المصطلح، فشتان ما بين العمليات التجميلية التي تقوم على إدخال فائدة وتحسين مظهر

---

(١) العوا، محمد، الإسلاميون والمرأة، (ص٦٨وما بعدها بتصرف).

(٢) أبوساحلية، مؤامرة الصمت، (ص٣٢١). والعوا، الإسلاميون والمرأة، (ص٧٢).

(٣) المرجع السابق، (ص١٠٣ بتصرف).

(٤) المرجع السابق، (ص٣٢٣-٣٢٤ بتصرف).

وبين بتر عضوخلقه اللـه تعالى[1].

**١٥.** ختان الإناث يؤدي إلى حدوث أضرار كثيرة منها ما هو صحي ومنها ما هو جنسي، وبعضها ذو طبيعة نفسية اجتماعية، وهذه الأضرار قد تحدث خلال العملية أو بعدها[2]. فختان الإناث يعد ضارا بالصحة، يجريه أشخاص غير مدربين طبيا وفي أو ضاع غير صحية وبأدوات تفتقر لأدنى مستوى من التعقيم. ومن **الأضرار الصحية لختان الإناث:**

١. **النزيف:** يؤدي ختان الإناث إلى نزيف دموي، تتراوح نسبته بين بسيط أو شديد يؤدي إلى الموت بناء على تحمل جسد الفتاة أو تجهيزات المنشأة التي تختن فيها، إن كانت في مستشفى أو غيره.

**الاعتراض:** الختان كأي جرح لا يحدث منه نزيف إلا في حالات منها؛ قيام جاهلين بهذه الجراحة (حلاقين ودايات)، إذ يستخدمون وسائل بدائية تؤدي ليس فقط إلى النزيف بل إلى مضاعفات عضوية أخرى، وإجراء الختان بطريقة خطأ أقرب إلى النهك منها إلى الإشمام، فيزال كل البظر مع الشفرين الصغيرين والكبيرين.

٢. **الصدمة العصبية:** هي رد فعل الجسم للألم والنزيف وأعراضها انخفاض شديد بضغط الدم وحرارة الجسم وإغماء، وقد يمكن إنعاش الفتاة بوسائل طبية وقد تتوفى.

٣. **الإضرار بالأعضاء المجاورة:** تقوم الفتاة عادة بحركات مقاومة بسبب الخوف والألم، تؤدي إلى عدم التركيز على العضوالذي يراد بتره، مما يسبب إلحاق جراح بالأعضاء المجاورة مثل مجرى البول والمهبل أو الشرج، وقد سجلت بعض الحالات كسر بعظم الترقوة أو الذراعين أو الفخذين عند الضغط العنيف على عظامها.

٤. **متاعب بولية:** تشعر الفتاة بألم شديد عندما يمس البول الحمضي الجرح، وقد يؤدي الخوف من الألم إلى احتباس البول، ويترتب على احتباس البول آلام شديدة أسفل

---

(١) المرجع السابق، (ص٣٢٦ بتصرف). يرى مؤيدو ختان الإناث أن يكيف على أنه عملية جراحية تجميلية مثل عملية ثقب الأذن ولا يحق للمجتمع إيقاف الأفراد عن إجراء العمليات التجميلية.

(٢) فرحات، محمد، دراسة مقارنة نحو ختان الإناث، (ص٢٩ وما بعدها).

البطن وتكاثر الميكروبات بالمثانة محدثا التهابات بها، ربما تتطور إلى الحالبين والكليتين.

٥. **تشويه العضو:** يلتئم جرح الختان بنسيج ليفي محدثا تشوها بالمكان، وقد تحدث ندب مؤلمة عند اللمس فتسبب ألما عند الجماع، وقد يشوه الشكل الخارجي نتيجة عدم إزالة أجزاء متساوية، أو نتيجة ترك زوائد تنمو وتتدلى بعد ذلك، وقد تحدث التصاقات مختلفة بالأنسجة وقروح مزمنة مكان الجرح، وقد يلتصق حدا جرح الشفرين محدثين انغلاقا للرحم يستدعي عملية جراحية.

٦. **تعطيل وظيفة الشفرين الصغيرين:** يؤدي قطع الشفرين إلى الحرمان من وظيفتهما في توجيه تيار البول بعيدا عن الجسم، كما يحرم الفتاة من حماية مدخل المهبل من غزوالجراثيم.

٧. **قد تمتد الالتهابات الموضعية مع نقص حماية المهبل إلى المسالك البولية**، مسببة العقم نتيجة لانسداد البوقين، أو مسببة عسر الطمث أو عسر عملية الوضع[١].

٨. **الشعور بنقصان الأنوثة إذ يظهر هذا الشعور بعد الزواج**، إذ تشعر المختتنة بالنقص الناشىء عن قطع أجزاء من الأعضاء ذات الدور المؤثر في الاستمتاع عند الجماع، فالبظر هو عضوالحس الجنسي للأنثى، وله أهمية كبيرة في الجماع والمعاشرة الزوجية، وإزالته أو إزالة جزء منه يؤدي إلى البرود الجنسي[٢].

٩. **إزالة الشفرين الكبيرين فيه تشويه لهذه المنطقة من الأنثى**، لذا الأفضل تركهما لأن لهما دور في حماية الجهاز التناسلي للأنثى.

١٠. **فقدان الثقة بالآخرين**، حيث تفقد البنت ثقتها بأقرب الناس إليها وهم الوالدين، إذ يرتبط الغدر والأذى الجسمي والنفسي بمن هم محل ثقة وحب عندها.

---

(١) أبوساحلية، مؤامرة الصمت، ص١٦٨-١٧٢.

(٢) هذا يتناقض مع ما قالته نور السيد من أن الجلدة التي كعرف الديك فوق البظر عبارة عن غشاء هرمي الشكل مشقوق من جانب واحد وهذا الغشاء ليس له أي تأثير على المعاشرة الزوجية ولذا فإن إزالته نهائيا لا تؤثر على الجماع، ولكن هذا الغشاء يغلف البظر، وهوالعضوالحساس المؤثر في اللقاء الجنسي.

ناهيك عما يرتابها من قلق ورعب نفسي قبل وبعد الخفاض[١].

**اعترض على ما تقدم:** أن النظريات الطبية في بيان أضرار ختان الإناث ليست مستقرة ولا ثابتة، فالآراء الطبية آراء فردية لا تستند على أساس علمي متفق عليه فلا يصح الاستناد إليها[٢]، فهم يعترفون بأنه لم يحصل اختبار للنساء المختتنات لإثبات الأضرار الطبية للختان، و الأضرار المثبتة هي بسبب من يقوم على هذه العملية، حيث لا تعهد لأطباء ذوي الاختصاص وإنما للقابلات والحلاقين، مما يؤدي إلى نتائج غير مأمونة العاقبة من التهابات ونزيف وغير ذلك[٣]. فما يقال بأن ختان الإناث عملية وحشية همجية فهذا إسراف في التعبير ومبالغة في التنفير، فالوحشية على حد زعمهم ليست في أصل الختان، وإنما نشأت من إيعازه إلى جاهلات يجرينه من غير دراية، بأبسط مبادىء التعقيم والجراحة، ومن تقصير أولياء الأمور في مراقبة هذا الجانب، لذلك يجب منع وتعزير من يتولى مثل هذه الأعمال ويزاولها دون تصريح طبي بذلك[٤].

## الترجيح

ترى الباحثة أن القول بإباحة ختان الإناث هو القول الأرجح، لأن فيه سعة ويسر، فمن رأى إن يختن ابنته لكونه أحفظ لها له ذلك ومن تركه فلا جناح عليه، ومن فعله عليه أن يكون ضمن الضوابط التي وضعها العلماء له بحيث لا يبالغ في الاستئصال، وإلا خرج عن إباحته إلى تحريمه، وهذا القول هو ما ذهب به الدكتور يوسف القرضاوي[٥]، مع التنويه أن إباحته جاءت لتعامل الناس به، فلم ير الإسلام بأسا في إقراره، لكن إن ثبت فعلا ضرره، فيجب التوقف عنه إذ لا ضرر ولا ضرار.

---

(١) فرحات، محمد، دراسة مقارنة نحو ختان الإناث، (ص٣٢-٣٣).

(٢) الفتاوى الإسلامية من دار الإفتاء المصرية، المجلد السادس، القاهرة، فتوى الشيخ علام نصار، (ص ١٩٨٥).

(٣) يتلمس أعداء الإسلام هذه الأخطاء للكيد للإسلام وإطلاق الألسنة للطعن فيه ونسب ما ليس منه له إذ قامت إذاعة CNN ببث فيلم يصور ختان طفلة تقوم به قابلة في حي من الأحياء المصرية.

(٤) أبوساحلية،مؤامرة الصمت، (ص٤٢٠).

(٥) سعداوي، عمرو عبد الكريم، ٢٠٠٦م، قضايا المرأة في فقه القرضاوي، ط(١)، دار قطر الندى، الجيزة، مصر، (ص١٦٦).

## المطلب الرابع: ضوابط ختان الإناث(الخفاض)

يمكن استنباط ضوابط الخفاض من كلام الفقهاء، حيث نصوا على الضوابط التالية:

عدم المبالغة في القطع بحيث لا يستأصل كله ولكن يؤخذ جزء يسير[(١)]، ويستحب أن لا تؤخذ الجلدة كلها[(٢)]. فالمباح قطع قدر النواة وهي أعلى عرف الديك، فإن بالغ في القطع خرج عن المباح، لأنه يخشى عليها من التلف أو السراية.

أن تكون حال المرأة تتحمل ذلك؛ فإن كانت بنيتها ضعيفة، يؤجل عند من يرى الوجوب ويسقط عند من يرى استحبابه، لأنه لا تعبد فيما يفضي إلى التلف، وإن بعض الواجبات يسقط بخوف الهلاك، فالمباح أولى وأحرى أن يسقط.

أن يقوم به المتخصص الماهر، فلوقام به من لا دراية له به فإنه يضمن خطأه لأنه لا يحل له مباشرة القطع، فإن قطع فقد فعل محرما غير مأذون فيه لقوله: "من تطبب ولم يعرف منه طب فهوضامن"[(٣)]، ويضمن كذا لوقطع بآلة يكثر ألمها، أو في وقت لا يصلح القطع فيه[(٤)]، لذلك على الدول التي تنتشر فيها هذه العادة، أن تأخذ على عاتقها توفير العيادات المتخصصة، والأطباء اللذين لهم الخبرة والدراية، وإلا يفعله من لا دراية له به، وعندئذ يصبح ضرره عظيم، لاحتمال حدوث النزيف أو الالتهابات، فبعض الدول منعته حتى من المستشفيات مما دفع الناس، لأن يجروه على أيدي غير متخصصين، فكان ضرره أعظم من فائدته.

---

(١) الخرشي، شرح مختصر خليل، (ج٣، ص٤٩). ابن حجر الهيتمي، تحفة المحتاج، (ج٩، ص٢٠٠). المرداوي، الإنصاف، (ج١، ص١٢٥).

(٢) ابن مفلح، الفروع، (ج١، ص١٣٣). المرداوي،الإنصاف، (ج١، ص١٢٥).

(٣) الحاكم، المستدرك على الصحيحين، كتاب الطب، ح رقم (٧٤٨٤) ج٤، ص٢٣٦، وقال حديث صحيح الإسناد ولم يخرجاه.

(٤) الموسوعة الفقهية الكويتية، (ص٣١ بتصرف).

المطلب الخامس: ختان الإناث والمواثيق الدولية

الإجراءات المتعلقة بختان الإناث في المؤتمرات الدولية الخاصة بالمرأة:

كان أول اهتمام للمشرع الدولي بختان الإناث في المؤتمر الدولي الذي عقدته عصبة الأمم عام ١٩٣١م في جنيف حول وضع الأطفال الأفارقة، إذ طالب ممثلون أوروبيون المؤتمر بدعوة حكومات الدول التي تمارس هذه العادة اعتبار من يشارك فيها مقترفا جرما.

وفي ١٩٥٨ دعا المجلس الاقتصادي والاجتماعي للأمم المتحدة منظمة الصحة العالمية بالقيام بدراسة حول استمرار تقاليد تخضع الفتيات لعمليات طقسية، والخطوات التي اتخذت أو يقصد اتخاذها لوضع حد لهذه الممارسات، إلا أن الجمعية العامة لمنظمة الصحة العالمية رفضت هذا الطلب، معتبرة أن تلك العمليات الطقسية ناتجة عن مبادىء اجتماعية وثقافية، ليس لمنظمة الصحة العالمية صلاحية لدراستها.

وفي عام ١٩٧٩م نظمت منظمة الصحة العالمية مؤتمرا في الخرطوم، حول الممارسات التقليدية المؤثرة على صحة النساء والأطفال من بينها عادة ختان الإناث، وطالب المؤتمر بتبني سياسات واضحة للقضاء على ختان الإناث، دون تفريق بين أنواعه.

وفي عام ١٩٨٢م أعلنت منظمة الصحة العالمية في لجنة حقوق الإنسان التابعة للأمم المتحدة بأنها تدعم توصيات مؤتمر الخرطوم، واعتبرت إجراء الختان من قبل أصحاب المهن الصحية بما في ذلك المستشفيات والمنشآت الطبية الخاصة،جريمة يعاقب عليها القانون.

وفي عام ١٩٩٠م دخلت اتفاقية الأمم المتحدة لحقوق الطفل حيز التنفيذ، فتبنت تعبير بتر الأعضاء الجنسية للإناث بدلا من الختان.

في عام ١٩٩٤ تضمن المؤتمر الدولي للسكان والتنمية الذي عقد بالقاهرة توصيات حول ختان الإناث، مطالبا باتخاذ الخطوات لإيقافه ودعم الجماعات التي تكافح ضده، وبين هذا المؤتمر أن من بين مظاهر العنف التي تتعرض لها المرأة ختانها الذي يعد خرقا

لحقوق المرأة الأساسية، وخطرا كبيرا على صحتها، يقصد منه كبح العلاقات الجنسية للنساء.

وفي عام ١٩٩٥م حث برنامج العمل الصادر عن المؤتمر الخاص بالمرأة المنعقد في بكين الحكومات والمنظمات الدولية وغير الحكومية لوضع خطة للقضاء على التمييز ضد المرأة، ومن ضمنه ختان الإناث، من خلال تثقيف العامة وسن قوانين تجرم ممارسته من قبل المهن الطبية.

وفي عام ٢٠٠٠م اتخذت الجمعية العامة قرارا بخصوص الممارسات التقليدية المؤثرة على صحة النساء والفتيات، معتبرة تلك الممارسات عنفا ضدهن، وانتهاكا لحقوقهن الأساسية، إذ يمكن اختصار موقف منظمة الأمم المتحدة من ختان الإناث بما يلي:

١. إدانة الختان بجميع أنواعه، واعتباره مخالفا للحق في سلامة الجسد والصحة الجسدية والنفسية، وتمييز وعنف ضد النساء.

٢. رفض إجرائه في الأوساط الطبية.

٣. المطالبة بوضع قوانين لمنع ختان الإناث، ومعاقبة موظفي الصحة الذين يمارسونه [١].

ويظهر تدرج المشرع الدولي في تجريم ختان الإناث في المراحل التالية [٢]:

المرحلة الأولى: الدعوة إلى منع ختان الإناث لأضراره:

إذ نص تقرير المؤتمر العالمي المنعقد في كوبنهاجن أنه "ينبغي منع ممارسة البتر التي تتبع بالنسبة إلى المرأة، فتصيب جسمها وصحتها بالضرر" [١].

---

(١) أبوساحلية، مؤامرة الصمت، (ص٢٩٩).

(٢) انظر، العبد الكريم، فؤاد بن عبد الكريم، ٢٠٠٥م، العدوان على المرأة في المؤتمرات الدولية، اصدارات مجلة البيان، الرياض، (ص٢٨٥وما بعدها).

**المرحلة الثانية: مخاطبة الحكومات باتخاذ الإجراءات المناسبة لمحاربة ختان الإناث ودعم الجهات المناهضة له:**

"تحث الحكومات على حظر بتر أجزاء من الأعضاء التناسلية للإناث حيثما وجدت هذه الممارسة، والعمل بنشاط على دعم جهود المنظمات غير الحكومية، والمجتمعات المحلية، والمؤسسات الدينية الرامية إلى القضاء على هذه الممارسات"[٢]، "من أجل ضمان المساواة وعدم التمييز أمام القانون، فإن من الإجراءات التي ينبغي اتخاذها من جانب الحكومات حظر الختان حيثما كان موجودا، وتقديم دعم قوي للجهود التي تبذل فيما بين المنظمات غير الحكومية ومنظمات المجتمع المحلي والمؤسسات الدينية للقضاء على هذه الممارسات"[٣].

"ينبغي أن تتخذ الحكومات إجراءات فعالة للقضاء على جميع أشكال الإكراه والتمييز في السياسات والممارسات، وينبغي اعتماد وفرض التدابير الكفيلة بالقضاء على حالات بتر أجزاء من الأعضاء التناسلية للإناث"[٤].

**المرحلة الثالثة: اعتباره تمييز وعنف ضد المرأة ينبغي محاربته**

"ينبغي التنفير الفعال من الممارسات الضارة، مثل بتر أجزاء من الأعضاء التناسلية للأنثى، واعتباره جزءا لا يتجزأ من برامج الرعاية الصحية الأولية، بما فيها برامج الرعاية الصحية الإنجابية"[٥].

" في عدد من البلدان أدت الممارسات الضارة، التي يقصد منها التحكم في الحياة

---

(١) تقرير المؤتمر العالمي لعقد الأمم المتحدة للمرأة، المساواة والتنمية والسلم ، كوبنهاجن١٩٨٠م، الفصل الأول ، الجزء الثاني، الفقرة ١٦٢، (ص٣٧).

(٢) تقرير المؤتمر الدولي للسكان والتنمية، القاهرة، ١٩٩٤م، الفصل الرابع، الفقرة ٤-٢٢، (ص٢٩).

(٣) تقرير المؤتمر العالمي الرابع المعني بالمرأة ، بكين ١٩٩٥م، الفصل الرابع، الفقرة (ح)، (ص١٢٥).

(٤) تقرير المؤتمر الدولي للسكان والتنمية، ص القاهرة، ١٩٩٤م الفصل الخامس، الفقرة (٥)،( ص٣٢).

(٥) تقرير المؤتمر الدولي للسكان والتنمية، ص القاهرة، ١٩٩٤م الفصل السابع، الفقرة (٦-٧)، (ص٤٤-٤٥).

الجنسية للمرأة، إلى حدوث قدر كبير من المعاناة، ومن بين هذه الممارسات بتر أجزاء من الأعضاء التناسلية للإناث، مما يشكل انتهاكا للحقوق الأساسية وخطرا كبيرا يستمر طوال العمر على صحة المرأة"(١).

"ثمة دليل على نطاق العالم على وجود تمييز وعنف ضد البنات يبدآن منذ أولى مراحل حياتهن، ويستمران بلا كابح طيلة حياتهن، ومن ذلك؛ تشويه الأعضاء التناسلية للإناث"(٢).

"يشمل العنف ضد المرأة من ضمن ما يشمل: أعمال العنف البدني والجنسي والنفسي التي تحدث في الأسرة ومن ذلك ختان الإناث"(٣).

**المرحلة الرابعة: وضع قوانين تعاقب مرتكبيه:**

"سن وإنفاذ قوانين لمواجهة مرتكبي ممارسات العنف ضد المرأة، ومنها ختان الإناث وتقديم دعم قوي للجهود التي تبذلها المنظمات غير الحكومية والمنظمات الأهلية من أجل القضاء على هذه الممارسات"(٤).

**المرحلة الخامسة: التعويل على نظام التعليم ونشر الثقافة التي تنفر منه، وتثقيف مؤسسة الأسرة خاصة الآباء والأمهات لإلغائه:**

"وضع سياسات وبرامج تعطي الأولوية لبرامج التعليم الرسمي وغير الرسمي التي من شأنها دعم البنات، وتمكينهن من اكتساب المعرفة، وتنمية تقدير الذات، والاضطلاع بالمسؤولية على حياتهن، وإيلاء اهتمام خاص للبرامج الرامية إلى تثقيف المرأة والرجل،

---

(١) تقرير المؤتمر الدولي للسكان والتنمية، ص القاهرة، ١٩٩٤م الفصل السابع، (الفقرة، ٧-٣٥)، (ص٥٢-٥٣).

(٢) تقرير المؤتمر العالمي الرابع المعني بالمرأة ، ص بكين ١٩٩٥م، الفصل الثاني، (الفقرة ٣٩، ص٢١).

(٣) تقرير المؤتمر العالمي الرابع المعني بالمرأة ، ص بكين ١٩٩٥م، الفصل الرابع، (الفقرة أ، ص٦٤).

(٤) تقرير المؤتمر العالمي الرابع المعني بالمرأة ، ص بكين ١٩٩٥م، الفصل الرابع، (الفقرة (ط)، ص٦٨).

وبخاصة الآباء والأمهات بشأن أهمية صحة وسلامة البنت بدنيا وعقليا، بما في ذلك إزالة التمييز ضد البنات مثل تشويه الأعضاء التناسلية للأنثى"[١].

## بين الشريعة الإسلامية والمواثيق الدولية:

تتحدث المواثيق الدولية عن كل أنواع الختان فتحظرها وتجرمها، وتعزو انتشار الظاهرة للعادات والأديان، فتدعو لمحاربة العادات والقيم والأديان، التي تجعل من الجسد عرضة للانتهاك على حد زعمهم، أما الشريعة الإسلامية فإنها تتفق مع المواثيق في تحريم الأنواع الثلاثة التي فيها انتهاك واضح لجسد الأنثى، بينما تقر النوع الأول إن لم يثبت ضرره، فإن ثبت فإنها تتفق مع المواثيق في تجريم كل صور وأنواع ختان الأنثى، مما يلح بضرورة عمل أبحاث اجتماعية وطبية[٢]، نزيهة تتسم بالموضوعية، ودون الوقوع تحت تأثير جمعيات حقوق الإنسان، أو ضغط بعض المؤسسات المعادية للقيم الحضارية المتنوعة، لإعطاء معلومات تتوافق مع مرادهم، فالآراء الوقتية التي تلقى تلبية لنزعة خاصة، أو استرضاء لجهة معينة، أو مجاراة لها، لا اعتبار لها في ميزان الشرع، وإنما الاعتبار إذا ثبت فعليا أن في ختان الأنثى ضررا صحيا أو فسادا خلقيا، فعندئذ وجب منعه دفعا للضرر والفساد.

---

(١) تقرير المؤتمر العالمي الرابع المعني بالمرأة ببكين، ١٩٩٥م، الفصل الرابع، (الفقرة د، ص ١٤٦).

(٢) ختان الإناث يبحث فيه العالم الشرعي لبيان حكمه في الشرع ويبحث فيه العالم بوظائف الأعضاء ليبين وظيفة هذا العضوالذي يقع عليه الخفاض، ويبحث فيه العالم الاجتماعي ليبين آثار الخفاض الاجتماعية أهي آثار حسنة أم سيئة، انظر، مجلة الأزهر، المجلد٢٤، سنة ١٩٥٢، نقلا عن أبي ساحلية.

المبحث الثالث

# اغتصاب النساء

وفيه مطالب

# تمهيد

تعتبر جريمة الاغتصاب من أشد جرائم العنف ضد المرأة، بل وتعتبر من الجرائم المتضمنة لتحديات تطال المجتمع بكافة عناصره القانونية والاجتماعية والاقتصادية، فآثارها المدمرة لا تقتصر على المغتصبة بل تمتد لتشمل المجتمع كافة[1]، وتشير التقارير إلى ازدياد هذه الجريمة في العالم، فمعدل الاغتصاب في الولايات المتحدة يبلغ ١٫٣ امرأة في الدقيقة الواحدة، و٦٠% من المغتصبات لا تتجاوز أعمارهن الثامنة عشرة[2]، وتتعدد الأسباب وراء انتشار هذه الجريمة بين العوامل الفكرية والإعلامية والاجتماعية والاقتصادية، فمثلا المذاهب الفكرية المعاصرة كالرأسمالية والشيوعية تشجع الإباحية وتمجدها،ودعاوى تحرير المرأة وتبرجها والاختلاط عوامل أدت إلى ازدياد وتصاعد الجريمة بشهادة الغرب.

ولما كان الاغتصاب جريمة فظيعة، تقطع ما بين فاعليها وما بين الإنسانية من وشائج وارتباطات، وهو دليل على فساد الفطرة الإنسانية، وانحرافها بل وانتكاسها للحيوانية، فترد الإنسان مسخا حيوانيا، كل همه إرواء جوعة الدم واللحم في لحظة عابرة، لا مقيم وزنا للقيم أو الدين أو حتى الأعراف، فليس وراء لذة المغتصب بناء للحياة وإعمار للأرض، بل وراءها إهلاك للنسل والحرث، لذا شدد الإسلام في عقوبة الاغتصاب بوصفه نكسه حيوانية، تذهب بكل معاني الإنسانية، وتطيح بكل الأهداف المتوخاة من خلافة الإنسان في الأرض، إذ هو جريمة خطيرة ينبغي التصدي لها بكل قوة وحزم، صيانة للأعراض من التهجم، وحماية لأصحابها من الآلام الفظيعة التي تصب عليهم، فالله تعالى عليم حكيم يعلم البواعث والنوايا والغايات والأهداف، ويعلم مداخل

---

(١) يؤكد ذلك ابن خلدون بقوله:" العدوان على الناس في أموالهم وحرمهم ودمائهم وأسرارهم وأعراضهم... يفضي إلى الخلل والفساد دفعة واحدة وتنتقض الدولة بما ينشا عنه من الهرج المفضي إلى الانتفاض".المقدمة ص ٢٩٠

(٢) انظر للإطلاع على الإحصائيات، القاطرجي: نهى، الاغتصاب دراسة تاريخية، ص١٤١ وما بعدها.

القلوب ومسارب النفوس، وهو حكيم بعلاجها وتدبير أمرها[1]، ووضع ما يصلحها ويصلح لها.

مع الأخذ بعين الاعتبار أن الإسلام لا يحارب دوافع الفطرة ولا يستقذرها، وإنما ينظمها ويطهرها ويرقيها، حتى تصبح المحور الذي يدور عليه الكثير من الآداب النفسية والاجتماعية، فيرفعها عن مستوى الانتكاس الحيواني، الذي لا يفرق بين جسد وجسد، وفي هذا دفع لكل الأضرار الاجتماعية التي تنشأ عن هذه الجريمة البشعة -كاختلاط الأنساب، وإثارة الأحقاد، وتهديد البيوت الآمنة المطمئنة- ودفع لكل الأضرار النفسية والجسدية عن الأفراد، فالإسلام حينما نظم الميول الجنسية لم يكن يهدف إلى كبتها أو قتلها أو محاربتها، لأنه يعلم أن هذه الميول ركبها الله في كيان البشر، ولا حيلة لهم في دفعها[2]، لذا شرع الزواج سبيلا لتفريغ هذه الميول، وأقام مؤسسة الزواج على أساس متين، من المشاعر الراقية، المحفوفة بالمودة والرحمة، التي تربط بين الجنسين لإنشاء الذرية، والحفاظ على الجيل الإنساني، وسلامة نسب أفراده، والحفاظ على نظافة المجتمع[3]. وفيما يلي مطالب متعلقة بالاغتصاب تكشف صلاحية الإسلام وقدرته على وقاية المجتمع من الجرائم الجنسية وعلاجها إن وجدت.

## المطلب الأول: تعريف الاغتصاب لغة واصطلاحا

### الفرع الأول: الاغتصاب لغة

مصدر غصب، والغصب أخذ الشيء ظلما، غصب الشيء يغصبه غصبا واغتصبه فهو غاصب، وغصبه على الشيء قهره، وغصبه منه، والاغتصاب مثله، والشيء غصب ومغصوب، والغصب أخذ مال الغير ظلما وعدوانا، وغصبها نفسها واقعها كرها

---

(١) قطب، سيد، في ظلال القرآن، (ج٤، ص٢٤٩٠ وما بعدها بتصرف).

(٢) قطب، سيد، في ظلال القرآن، (ج٤، ص٢٤٨٩ بتصرف).

(٣) قطب، سيد، في ظلال القرآن، (ج٤ص٢٤٨٩بتصرف).

فاستعاره للجماع[١]، ويبنى للمفعول فيقال اغتصبت المرأة نفسها، وربما قيل على نفسها، يضمن الفعل معنى غلبت، والشيء مغصوب وغصب تسمية بالمصدر ويتعدى إلى مفعولين[٢]، ويقال عسف المرأة غصبها نفسها واعتدى عليها[٣].

الفرع الثاني: الاغتصاب اصطلاحا

عبر الفقهاء عن الاغتصاب بالإكراه على الزنا[٤]، فلوأن رجلا أكره امرأة أجنبية على الزنا فأراد جماعها قهرا عنها، فهومغتصب معتد، والمرأة مغتصبة لا حد عليها[٥].

وعرفته كتب القانون بأنه: ارتكاب جريمة الزنا مع امرأة دون رضاها[٦]، أو أنه: "اتصال

---

(١) ابن منظور، لسان العرب (ج١، ص٦٤٨). الزبيدي،تاج العروس، (ج٣، ص٤٨٤). ابن الأثير،النهاية، (ج٤، ص٣٧٠).

(٢) الفيومي، المصباح المنير في غريب الشرح الكبير، (ص٤٩٩).

(٣) الزيات، أحمد وآخرون،المعجم الوسيط ج٢، ص٦٠٠، الزمخشري،أساس البلاغة، (ج١، ص٤٢٠).

(٤) الزنا: وطء الرجل المرأة في القبل في غير الملك أو شبهة الملك. انظر: الكاساني، بدائع الصنائع، (ج٧، ص٣٣).

(٥) تظهر عناية الشريعة بالمرأة المغتصبة ورفع العنف عنها، بأن جعلت الحد على من اغتصبها وأسقطت عنها الحد،فالمغتصبة ليست مؤاخذة لأنها مكرهة و الـلـه تعالى يقول، "إلا من أكره وقلبه مطمئن بالإيمان" ويقول، "فإن الـلـه من بعد إكراههن غفور رحيم" ورسول الـلـه يقول، "إن الـلـه تجاوز عن أمتي الخطأ والنسيان وما استكرهوا عليه" وعبارة الفقهاء تجمع على أن لا حد عليها، انظر، القرطبي، الجامع لأحكام القرآن، (ج١٠، ص١٨٦). البخاري:عبد العزيز بن أحمد، كشف الأسرار، (ج٤،ص٥٦٧). الكاساني، بدائع الصنائع، (ج٧، ص١٨١). الشافعي، الأم، (ج٨، ص٣٦٨). الجصاص، أحكام القرآن، (ج٣، ص٣٨٣)، وقال: "أما المكرهة فلا تحد في قولهم جميعا".

(٦) الجندي، محمد الشحات، جريمة اغتصاب الإناث، (ص٤٥ بتصرف). تختلف علة تجريم الاغتصاب شرعا مع القانون؛ إذ إنها شرعا لحماية العرض للفرد وللمجتمع، أما قانونا فهي لحماية الحرية الجنسية للمرأة، فلو تم برضاهما لا يعتبر جريمة قانونا، وعرف بأنه: "إيلاج ذكر لعضوه التناسلي في فرج أنثى إيلاجا غير مشروع ورغما عن إرادتها" انظر أبوحجيلة، علي، ٢٠٠٢م، الحماية الجزائية للعرض في القانون والشريعة، ط(١)، دار وائل، عمان،(ص٥٥-٥٦)، وهذا يعني أن الرجل لا يكون زوجا أما إذا حصل الوقاع على الزوجة من زوجها فلا تقوم الجريمة، حتى وإن كان بدون

رجل بامرأة اتصالا جنسيا كاملا دون رضا صحيح منها"[١]. فالاغتصاب له مدلول اجتماعي مرتبط بالعرض، وهو في العرف والعادة مقصود به الاعتداء على العرض[٢]، فهذه التعريفات القانونية تشترط عدم رضاها مما يعني أنها لو رضيت لا تعتبر الجريمة اغتصاب، وتكون ممارسة لحريتها الجنسية، وهذا فرق بين الشريعة والقانون، إذ تجريم الاغتصاب للشريعة لكونه اعتداء على العرض، فهو حق لـلـه تعالى والمجتمع، أما القانون فهو حق خالص للمرأة، فليس تجريم الاغتصاب قانونا حماية للعرض، وإنما حماية لحرية المرأة الجنسية.

أما عن العلاقة بين المعنيين الاصطلاحي واللغوي للاغتصاب، فبينهما خصوص وعموم، فالغصب لغة أعم منه شرعا[٣]، إذ هو لغة أخذ الشيء ظلما، واصطلاحا اعتداء على فرج المرأة كرها.

## المطلب الثاني: حكم الاغتصاب في الشريعة الإسلامية

حرم الإسلام الاتصال بين الرجل والمرأة خارج إطار الزواج، وشدد على من يتصل بامرأة بغير علاقة زواج، فشرع الحدود التي تقي المجتمع أخطار الاتصال غير المشروع، ولما كان الاغتصاب ضربا من ضروب الإكراه على الزنا، والزنا حرام بل من المحرمات الظاهرة المعلومة من الدين بالضرورة، والاغتصاب أشد حرمة من الزنا لكونه تعد على الفروج بالإكراه، والأدلة على تحريمه كثيرة أذكر منها لا على سبيل الحصر ما يلي:

---

رضاها، لأن عقد الزواج يتضمن طاعة الزوج، والمبادرة إلى فراشه كلما دعاها،ويذهب جانب من القانون الوضعي إلى أن وطء الزوج لزوجته بغير رضاها يعتبر جريمة، ولو كانا يعيشان معا، إذا تم الوطء رغما عنها في ظروف غير طبيعية، بأن كان يشكل خطرا على صحتها، أو صحة الجنين الذي تحمله، أو كان الوقاع يؤدي إلى زيادة مرضها الذي تعاني منه، أو فيما إذا كان الزوج مصابا بأحد الأمراض المعدية، كالزهري أو السيلان، لأن مصلحة وسلامة جسد الزوجة، لا تبرر لزوجها مواقعتها رغما عنها، انظر، أبوحجيلة، الحماية الجزائية للعرض، (ص٧٥-٧٦)، وأبو الوفا: أبو الوفا محمد،(٢٠٠٠)،العنف داخل الأسرة بين الوقاية والتجريم والعقاب في الفقه الإسلامي والقانون الجنائي،دار الجامعة الجديدة، الاسكندرية،ص٦٨-٦٩

(١) نجم، محمد صبحي، ١٩٩٩م، الجرائم الواقعة على الأشخاص، ط(٢)، دار الثقافة، عمان، (ص١٨٥).

(٢) أبوحجيلة، علي، ٢٠٠٢م، الحماية الجزائية للعرض في القانون والشريعة، (ص٥٤).

(٣) الخرشي، شرح مختصر خليل، (ج٦، ص١٣٠).

١. قوله تعالى: ﴿وَلَا تُكْرِهُوا فَتَيَاتِكُمْ عَلَى الْبِغَاءِ إِنْ أَرَدْنَ تَحَصُّنًا لِتَبْتَغُوا عَرَضَ الْحَيَاةِ الدُّنْيَا وَمَنْ يُكْرِهُّنَّ فَإِنَّ اللَّهَ مِنْ بَعْدِ إِكْرَاهِهِنَّ غَفُورٌ رَحِيمٌ﴾ (١).

**وجه الدلالة:** الآية تدل بعمومها على منع الإكراه على الزنا، فحرمت الآية إكراه السيد أمته على الزنا فمن باب أولى تحريم إكراه الحرة على الزنا، وهي وإن كانت في البغاء خاصة، لكن مقصودها عام وهوالحفاظ على الأعراض وصيانتها.

٢. قوله تعالى: ﴿وَالَّذِينَ يَرْمُونَ الْمُحْصَنَاتِ ثُمَّ لَمْ يَأْتُوا بِأَرْبَعَةِ شُهَدَاءَ فَاجْلِدُوهُمْ ثَمَانِينَ جَلْدَةً وَلَا تَقْبَلُوا لَهُمْ شَهَادَةً أَبَدًا وَأُولَئِكَ هُمُ الْفَاسِقُونَ﴾ (٢).

**وجه الدلالة:** لما شرع حد القذف صيانة للأعراض من التعدي، كان ذلك دليلا على حرمة الاعتداء على العرض بالفعل، إذ لما حرم الاعتداء بالقول كان الفعل أشد في التحريم من باب الأولى.

٣. قوله تعالى: ﴿يَا أَيُّهَا النَّبِيُّ قُلْ لِأَزْوَاجِكَ وَبَنَاتِكَ وَنِسَاءِ الْمُؤْمِنِينَ يُدْنِينَ عَلَيْهِنَّ مِنْ جَلَابِيبِهِنَّ ذَلِكَ أَدْنَى أَنْ يُعْرَفْنَ فَلَا يُؤْذَيْنَ وَكَانَ اللَّهُ غَفُورًا رَحِيمًا﴾ (٣).

**وجه الدلالة:** لما شرع الله تعالى الجلباب سترا للمرأة وتكريما لها ورفعة عن مواطن الإيذاء، علم أن حفظ كرامة المرأة مقصود للشارع، بما في ذلك تحريم كل ما يؤدي إلى انتقاص هذه الكرامة، والاغتصاب ليس مساس بكرامتها فقط، بل اعتداء على إنسانيتها، وتعد على شرفها الذي يعتبر أغلى شيء تملكه.

٤. قوله تعالى: ﴿إِنَّ الَّذِينَ يُحِبُّونَ أَنْ تَشِيعَ الْفَاحِشَةُ فِي الَّذِينَ آمَنُوا لَهُمْ عَذَابٌ أَلِيمٌ

(١) سورة النور، الآية ٣٣.

(٢) سورة النور، الآية ٤.

(٣) سورة الأحزاب، الآية ٥٩.

فِي الدُّنْيَا وَالْآخِرَةِ وَاللَّهُ يَعْلَمُ وَأَنْتُمْ لَا تَعْلَمُونَ)[١].

**وجه الدلالة:** توعد الله تعالى الذين يسعون في نشر الفاحشة وشيوعها بعذاب أليم، والعذاب لا يترتب إلا على محرم محظور، والاغتصاب ليس فقط إشاعة للفاحشة بين المؤمنين بل هدم للقيم والأخلاق في المجتمع، فالآية تفيد بعمومها لا بخصوص سببها تحريم الاغتصاب.

٥. قوله تعالى: (وَقُلْ لِلْمُؤْمِنَاتِ يَغْضُضْنَ مِنْ أَبْصَارِهِنَّ وَيَحْفَظْنَ فُرُوجَهُنَّ)[٢].

**وجه الدلالة:** الآية أمرت بحفظ الفروج وصونها عن كل اعتداء، والاغتصاب تعد على الفروج وعبث بها، فحرم حفظا للفروج وتعظيما لها.

٦. وقوله تعالى: (وَالَّذِينَ هُمْ لِفُرُوجِهِمْ حَافِظُونَ إِلَّا عَلَى أَزْوَاجِهِمْ أَوْ مَا مَلَكَتْ أَيْمَانُهُمْ فَإِنَّهُمْ غَيْرُ مَلُومِينَ فَمَنِ ابْتَغَى وَرَاءَ ذَلِكَ فَأُولَئِكَ هُمُ الْعَادُونَ)[٣].

**وجه الدلالة:** بين الله تعالى أن سبيل حفظ الفرج للرجل يكون بالزواج وملك اليمين، وما عداهما من سبل تعتبر تعد على شرع الله تعالى، فكان الاغتصاب تعد على حقوق الله تعالى وحقوق العباد.

٧. قوله تعالى: (الزَّانِيَةُ وَالزَّانِي فَاجْلِدُوا كُلَّ وَاحِدٍ مِنْهُمَا مِئَةَ جَلْدَةٍ)[٤].

**وجه الدلالة:** أن في تشريع حد الزنا حماية للأعراض، وحفاظا على الأفراد والمجتمعات، ومعلوم من الدين بالضرورة حرمة الزنا، والمغتصب زان فوجب إقامة الحد

---

(١) سورة النور، الآية ١٩.

(٢) سورة النور، الآية ٣١.

(٣) سورة المؤمنون، الآيات ٥-٧.

(٤) سورة النور، الآية ٢.

عليه، وهو مغتصب بالإكراه فمن باب أولى إقامة الحد عليه[1].

٨. قوله صلى الله عليه و سلم: "كل المسلم على المسلم حرام، دمه وماله وعرضه"[2].

**وجه الدلالة:** بين الحديث حرمة التعدي على الدماء والأموال والفروج بين المسلمين رجالا وإناثا، فحرمة عرض المرأة المسلمة كحرمة عرض أخيها المسلم مصونة عن العبث.

٩. عن حجاج عن عبد الجبار بن وائل عن أبيه قال: " استكرهت امرأة على عهد النبي **صلى الله عليه و سلم** فدرأ عنها الحد" زاد غيره "وأقامه على الذي أصابها"[3].

**وجه الدلالة:** أن النبي صلى الله عليه و سلم أقام الحد على المغتصب، والحدود لا تقام إلا عند انتهاك المحرمات، فثبت أن الاغتصاب حرام.

١٠. قال الليث حدثني نافع أن صفية بنت أبي عبيد أخبرته أن عبدا من رقيق الإمارة وقع على وليدة من الخمس فاستكرهها حتى اقتضها[4]، فجلده عمر الحد ونفاه، ولم يجلد الوليدة من أجل أنه استكرهها[5].

**وجه الدلالة:** أن عمر رضي الله عنه أقام الحد على المغتصب، والحدود لا تقام إلا عند انتهاك المحرمات، فثبت أن الاغتصاب حرام.

---

(١) من العلماء من يرى أن حد الحرابة الواجب تطبيقه على المغتصب .

(٢) مسلم، الصحيح، باب تحريم ظلم المسلم وخذله واحتقاره ودمه وعرضه وماله، ح رقم(٢٥٦٤)، (ج٤ص١٩٨٦).

(٣) البيهقي، السنن الكبرى، باب من زنى بامرأة مستكرهة ح رقم(١٦٨٢٣)، (ج٨، ص٢٣٥)، وقال: هذا الإسناد ضعيف من وجهين، أحدهما أن الحجاج لم يسمع من عبد الجبار والآخر أن عبد الجبار لم يسمع من أبيه.

(٤) مأخوذ من القضة وهي عذرة البكر، ابن حجر، فتح الباري، (ج١٢، ص٣٢٢).وفي رواية افتضها

(٥) البخاري، الصحيح، باب إذا استكرهت المرأة على الزنا فلا حد عليها لقوله تعالى: "ومن يكرههن فإن الله من بعد إكراههن غفور رحيم"،(ج٦، ص٢٥٤٨).

ثم إن قاعدة الأصل في الأبضاع التحريم[1]، تفيد ألا يباح عرض المرأة إلا وفق أصوله الشرعية.

## التكييف الشرعي لجريمة الاغتصاب

يختلف العلماء في عقوبة المغتصب، هل يقام عليه حد الزنا أم حد الحرابة؟، وذلك وفقا لتكييف جريمة الاغتصاب هل هي زنا أم حرابة؟ إلى رأيين:

**الرأي الأول**: يرى أغلب الفقهاء أن الاغتصاب زنا بالإكراه فوجب تطبيق حد الزنا، لما في الزنا والاغتصاب من اعتداء على الفروج، وهتك للأعراض، ويقتصر العقاب على الزاني (المغتصب) وحده، فإذا كان متزوجا أقيم عليه حد الرجم، وإذا كان غير متزوج جلد مائة جلدة ونفي.

**الرأي الثاني**: يرى بعض العلماء[2] أن تلحق هذه الجريمة بالحرابة، وهو قرار هيئة كبار العلماء بالسعودية، إذ الواجب تطبيق حد الحرابة على المغتصب، فالحرابة تنطبق على كل من أخذ المال أو غيره، والمغتصب غلب على الفروج بالإخافة، فهومحارب أقبح ممن خرج لقطع السبيل، فجريمة الاغتصاب محاربة واعتداء على النساء جنسيا، والاغتصاب ضرب من ضروب جريمة الحرابة، إذ إنه استيلاء على فرج المغتصبة بالقوة، وهو مصادرة للاستقلال الجنسي لها[3]، لذا فهو يقع في نطاق آية الحرابة الواردة في قوله تعالى: (إِنَّمَا جَزَاءُ الَّذِينَ يُحَارِبُونَ اللهَ وَرَسُولَهُ وَيَسْعَوْنَ فِي الْأَرْضِ فَسَادًا أَنْ يُقَتَّلُوا أَوْ يُصَلَّبُوا أَوْ تُقَطَّعَ أَيْدِيهِمْ وَأَرْجُلُهُمْ مِنْ خِلَافٍ أَوْ يُنْفَوْا مِنَ الْأَرْضِ ذَٰلِكَ لَهُمْ خِزْيٌ فِي الدُّنْيَا وَلَهُمْ فِي الْآخِرَةِ عَذَابٌ عَظِيمٌ إِلَّا الَّذِينَ تَابُوا مِنْ قَبْلِ أَنْ

---

(1) السيوطي، عبد الرحمن بن أبي بكر، الأشباه والنظائر، دار الكتب العلمية، بيروت، ط(1)، (ج1، ص61).

(2) ابن العربي، أحكام القرآن، (ج2ص95).

(3) قريشي، آصفة، 2002م، بحث شرف المرأة، من كتاب دعونا نتكلم، ط(1)، دار الفكر المعاصر، دمشق، (ص198).

تَقْدِرُوا عَلَيْهِمْ فَاعْلَمُوا أَنَّ اللـه غَفُورٌ رَحِيمٌ)[1].

قال القاضي ابن العربي رحمه اللـه تعالى: "ولقد كنت أيام تولية القضاء قد رفع إلي قوم خرجوا محاربين إلى رفقة فأخذوا منهم امرأة مغالبة على نفسها من زوجها، ومن جملة المسلمين معه فيها فاحتملوها ثم جد فيهم الطلب، فأخذوا وجيء بهم فسألت من كان ابتلاني اللـه به من المفتين فقالوا: ليسوا محاربين لأن الحرابة إنما تكون في الأموال لا في الفروج، فقلت لهم: "إنا لـلـه وإنا إليه راجعون" ألم تعلموا أن الحرابة في الفروج أفحش منها في الأموال، وأن الناس كلهم ليرضون أن تذهب أموالهم وتحرب من بين أيديهم ولا يحرب المرء من زوجته وبنته، ولو كان فوق ما قال اللـه عقوبة لكانت لمن يسلب الفروج"[2].

وهذا الرأي يستدل بالفروق التالية بين الاغتصاب والزنا لتدعيم رأيه؛منها:

١- في الاغتصاب لا يشترط وجود أربعة شهود "لأن من يخطفون الإناث لأجل اغتصابهن إنما يفعلون ذلك من أجل ألا يراهم أحد وهم يرتكبون جرائمهم، وبالتالي يكون من غير المعقول أن نطالب الإناث بتقديم أربعة شهود يؤيدون اتهامهن للمغتصبين"[3]، إذ يصعب معها إيجاد الشهود إلا ما ندر، إلا إذا أخذت بعين الاعتبار شهادة القائمين بالجرم بعضهم على بعض[4]، بعكس جريمة الزنا يشترط الشهود لإثباتها.

٢- اختلاف الظروف بين الزنا والاغتصاب، ففي حين أن الزنا يكون بالتراضي وبالتدبير، يأتي الاغتصاب على غفلة وإكراها.

٣- كذلك فإن الزنا غالبا ما يتكرر بين الرجل والمرأة مما يتيح للآخرين الفرصة

---

(١) سورة المائدة، الآيتان ٣٣-٣٤.

(٢) ابن العربي، أحكام القرآن، (ج٢، ص٩٥)

(٣) المجدوب، أحمد، ١٩٩٥م، اغتصاب الإناث في المجتمعات القديمة والمعاصرة، ط(٢)، الدار المصرية اللبنانية، (ص١٠٧).

(٤) المرجع السابق، (ص١٠٧).

للملاحظة ورصد تحركات الزناة، وبخاصة في المجتمعات المتوسطة الحجم والصغيرة حيث تسود علاقة الوجه لوجه، يضاف إلى ذلك أن الزنا غالبا ما يحدث إما في بيت المرأة أو في بيت الرجل، وحتى لو حدث في مكان ثالث فإنه لن يعدم من يلاحظ تردد الطرفين على هذا المكان[1]، بخلاف الاغتصاب الذي يحدث بأماكن نائية، بعيدة عن نظر الناس، نعم بين الزنا والاغتصاب تشابه إذ كلاهما اعتداء على الفروج، إلا أن الاغتصاب أشد لأن المغتصب يخضع المغتصبة له بقوة السلاح والتهديد فهو أقرب إلى المحارب من كونه زان.

## الترجيح:

والذي تراه الباحثة أن الاغتصاب به شبه بالزنا من حيث أنه اعتداء على الفروج، وبه شبه بالحرابة من حيث الإكراه باستخدام القوة، لذا فإن اغتصبها دون إشهار سلاح فهو زان نقيم عليه حد الزنا، وإن اغتصبها تحت تهديد السلاح فهو محارب نقيم عليه حد الحرابة،والعمل في ذلك بما يحكم به القضاء، و الـلـه أعلم.

## المطلب الثالث: الآثار المترتبة على الاغتصاب

نظم الـلـه تعالى قواعد السلوك بين الرجل والمرأة، لعلمه أن كل جنس قد خلق للآخر، وأن كل منهما ينجذب إلى الآخر، فنبه على ضوابط يجب إتباعها، والسير على هديها، وأرشد إلى أن الإخلال بها، يورث شرا على الأفراد والمجتمع[2]، ولما بعد المسلمين عن منهج الـلـه تعالى ورضوا بالمناهج الوضعية، تحكم بلادهم في شؤون حياتهم، وتأثروا بالقوانين الأجنبية المستوردة، ومبادئها الهدامة، القائمة على الإباحية، والحرية الشخصية في مجال العلاقات الجنسية، نتج عن ذلك أن انتشرت الفوضى في العلاقات الجنسية،

---

(١) المرجع السابق، (ص١٠٧).

(٢) الجندي، محمد الشحات، جريمة اغتصاب الإناث، (ص١٩). من أبرز أسباب انتشار الاغتصاب الإعلام الهدام الذي يعرض ليل نهار صورا تذكي الشهوة وتثيرها عند الشباب، من خلال الأفلام التي تعرض العري الفاضح والملابس التي تبرز مفاتن الأنثى، ثم الارتفاع المعيشي والغلاء سبب في عزوف الشباب عن الزواج، الذي يعتبر المنفذ الصحيح لتفريغ الشهوة، والبطالة وانتشار تعاطي الكحول والمخدرات، ناهيك عن الاختلاط وما يتبعه من نظرات مسمومة مسعورة متلصة، تنتهي كما قيل في القول الشائع، نظرة فابتسامة فموعد فلقاء فالفاحشة". انظر: الجندي، جريمة اغتصاب الإناث، (ص١٩-٢٠). المجدوب، اغتصاب الإناث، (ص١٥٧ وما بعدها).

وتفشت الرذيلة، وشاعت الأمراض التي لا دواء لها[1]، وانحط مستوى الأخلاق والآداب العامة، حتى ترك الأفراد لهوى شهواتهم، وغرائزهم البهيمية التي لا حدود ولا قيود عليها إلا ما ندر[2]. وبسبب عدم جدوى العقوبة المقررة لجرائم الاغتصاب، في القوانين الوضعية[3]، تتزايد هذه الجرائم مما يستدعي إعادة النظر في العقوبات المقررة لهذه الجرائم والميل نحوتشديدها، بما ينسجم مع القانون الإلهي الذي شرعه اللـه تعالى لخير وسعادة البشرية.

ومع تظافر أسباب الانحلال الخلقي، ونقص الوازع الديني في النفوس، تتزايد جريمة الاغتصاب، الأمر الذي يؤدي لترتب آثارا وخيمة على المغتصبة وعائلتها والمجتمع على حد سواء، فمن بين هذه الآثار - على سبيل الذكر لا الحصر- ما يلي:

١. يعد الاغتصاب انتهاكا للسلامة الجسدية ولكرامة وشرف الضحية واعتداء خطيرا يصيب حريتها الجنسية والعامة، ويعتبر الاغتصاب في جميع دول العالم جريمة خطيرة جدا، لما ينجم عنه من أذى جسدي ونفسي مستمرين للمغتصبة، إضافةإلى أنها غالبا ما تعاقب اجتماعيا، عن هذه الجريمة المرتكبة في حقها رغما عنها[4].

---

(١) انظر، القضاة، عبد الحميد، ٢٠٠٦م، الأمراض الجنسية عقوبة إلهية، ط(٢)، إصدارات جمعية العفاف الخيرية، عمان، (ص١٠ وما بعدها).

(٢) نجم، محمد، الجرائم الواقعة على الأشخاص، _ص١٨١).

(٣) العقوبة المقررة في القانون الأشغال الشاقة مع الحبس مدة زمنية بحسب عمر المجني عليها، وقد يغرم مبلغ من المال، فمثلا في قانون العقوبات الأردني في المادة ١/٢٩٢ نص: "من واقع أنثى غير زوجة بغير رضاها سواء بالإكراه أو بالتهديد أو بالحيلة أو بالخداع عوقب بالأشغال الشاقة المؤقتة" إذا كان عمرها ثمانية عشرة سنة فما فوق اما ما دون فتختلف المدة بحسب عمرها وقد تصل إلى الإعدام نادرا. انظر: أبوحجيلة، الحماية الجزائية للعرض، (ص١١٢وما بعدها)، مع لفت النظر إلى أن

المادة ١/٣٠٨من قانون العقوبات الأردني تبيح للمغتصب الزواج من المغتصبة وعندئذ تخفف عنه العقوبة وكأن القانون يعلم المغتصب التحايل ويكافئه على جريمته. انظر: فوزي، محمود، ٢٠٠٠م، دماء المغتصبات، ط(١)، دار نهضة مصر للنشر، القاهرة، ويبين كيف ناهض المختصون المادة ٢٩١ من قانون العقوبات المصري التي تشجع على ذلك وعملوا على إلغائها، (ص٩٣ وما بعدها).

(٤) القاطرجي، نهى، ٢٠٠٣م، الاغتصاب دراسة تاريخية نفسية اجتماعية، ط(١)، دار مجد (المؤسسة

٢. تصاب المغتصبات غالبا بصدمة عاطفية ونفسية عميقة، تدخلها في حالة طويلة من الهستيريا والسوداوية والكوابيس الليلية، ناهيك عن الخوف وفقدان الثقة بالنفس.

٣. تفقد المغتصبة ثقتها بالرجال عامة؛ لخوفها من أن تتعرض للأذى مرة أخرى، مما يقلل فرص الزواج المتاحة أمامها، أو قد يؤدي إلى المساس باستقرار علاقتها الزوجية إن كانت متزوجة.

٤. ظهور عوارض الاكتئاب، مثل عدم الرغبة في الحياة، وعدم القدرة على التغلب على المشكلات، بجانب الإحساس بالذنب لخوفها من نظرات الناس اللوامة، مما يقودها للانتحار.

٥. وكذلك الإحساس بالنفور من الجنس، بسبب تذكر تفاصيل جريمة الاغتصاب، وما عانته من إحساس بالذل والمهانة[١].

٦. أما على الصعيد الاجتماعي، فتتفاقم المأساة؛ حيث نظرة اللوم التي يوجهها المجتمع إلى المرأة المغتصبة؛ بل اتهامها بالمشاركة أو التشجيع على الجريمة، ومرارة الحمل القسري وما ينتج عنه من ولادات غير شرعية، تساهم في تجارة الأطفال، إذ استغلت بعض الجهات ذلك، إضافة إلى انتشار الاجهاض والانتحار والقتل والبغاء والطلاق وانتشار الأمراض، وتدمير الأسر، ولكل حالة من هذه الحالات دورها التدميري في المجتمع[٢].

## المطلب الرابع: الحقوق المترتبة للمغتصبة

أوجب الإسلام للمغتصبة حقوقا تأخذها ممن اغتصبها، كحق المهر، وحق أرش البكارة ، وحق الدية في حال حصول إيلاج أو قتل، وفي هذا استرداد لكرامتها الإنسانية

الجامعية للدراسات والنشر)، بيروت، (ص٣٤٩) ما بعدها بتصرف.

(١) القاطرجي، نهى، ٢٠٠٣م، الاغتصاب دراسة تاريخية نفسية اجتماعية، ط(١)، دار مجد (المؤسسة الجامعية للدراسات والنشر)، بيروت، (ص٣٤٩) ما بعدها بتصرف.

(٢) القاطرجي، نهى، الاغتصاب دراسة تاريخية نفسية اجتماعية، (ص٣٦٩).

من جهة، وفيه تعويض لها عن الأذى الذي لحق بها من جهة أخرى، ومن هذه الحقوق ما هو متفق عليه بين الفقهاء، ومنها ما هو مختلف عليه، على ما سأبينه فيما يلي:

الفرع الأول: حق المهر

اختلف الفقهاء في وجوب المهر للمغتصبة البكر إلى قولين: الأول يوجب لها مهر مثلها، والثاني لا يوجب لها مهر مثلها، **وسبب اختلافهم في وجوب المهر أو عدمه**[١]: تكييفهم للمهر هل هو عوض عن منفعة البضع أو نحلة من الزوج؟

فمن قال أنه عوض عن البضع أوجبه[٢]، إذ إن المغتصب انتفع بالبضع فوجب تغريمه مع الحد.

ومن قال أنه نحلة خص الله تعالى بها الأزواج لم يوجبه، لأن المهر من خصائص النكاح لفظا ومعنى فلا يضاف إلى الاغتصاب[٣]، وفيما يلي التفصيل:

**القول الأول:** يجب لها مهر مثلها، وهو قول مالك[٤]، والشافعي[٥]، وأحمد[٦]،

---

(١) ابن رشد، بداية المجتهد ونهاية المقتصد، (ج٤، ص٢٨٠).

(٢) حتى أن بعض العلماء ذكر أن " من غصب حرة فزنى بها مرات متعددة يتعدد عليه مهرها بتعدد الزنا بها"، انظر، الشنقيطي،محمد الأمين بن المختار،(ت ١٣٩٣هـ)، أضواء البيان،دار الفكر، بيروت، سنة الطباعة (١٩٩٥)، (ج٥، ص١٠٣).

(٣) ابن القيم، زاد المعاد، (ج٥، ص٧٧٥).

(٤) العبدري: التاج والإكليل، (ج٥، ص٢٩٢). "قال مالك في الغصب: إن الحد والصداق يجتمعان على الرجل". انظر،مالك بن أنس، المدونة الكبرى، (ج١٦، ص٢٤٢). ابن جزي، القوانين الفقهية، (ج١، ص٢١٩).

(٥) الشافعي، الأم، (ج٣، ص٢٥٨). الشيرازي، المهذب، (ج٢، ص٦٢). النووي، روضة الطالبين، (ج٩، ص٣٠٢)، وقال ميارة: " فإنه يجب عليه صداق مثلها بكرا كانت أو ثيبا"، انظر: شرح ميارة، (ج٢، ص٢٦١).

(٦) البهوتي، كشاف القناع، (ج٦، ص٩٩). ابن قدامة، المغني، (ج٧، ص٢٠٩)، وقال:"إتلاف العذرة مستحق بعقد النكاح فإذا أتلفه أجنبي وجب المهر كمنفعة البضع".

وروي عن عطاء والزهري وإسحاق وأبي ثور[١]، مستدلين:

١. حديث الرسول صلى اللـه عليه و سلم "فلها المهر بما استحل من فرجها"[٢].

**وجه الدلالة:** الاستحلال يعني الفعل في غير موضع الحل، والمغتصب مستحل لفرجها بالتعدي والإكراه، فلها المهر بنص الحديث.

٢. أنه ظلمها بإتلاف ما يتقوم -البكارة-، فلزم الضمان، كما لوأتلف عليها مالها[٣].

٣. ولأنه زنى بها بآلة نفسه، فضمانه عليه، فكل ما لا يتصور تحصيله بآلة الغير فضمانه على المكره[٤].

٤. ولأنه استوفى ما يجب بدله كرها فوجب عليه بدله، كإتلاف المال وأكل طعام الغير[٥].

٥. والحد والصداق حقان مختلفان؛ أحدهما لـله تعالى والثاني للمخلوق فجاز أن يجتمعا[٦]، فالحد عقوبة لحاجة الجماعة ومصلحتها، والمهر لحاجة المغتصبة

---

(١) الزرقاني، شرح الزرقاني على الموطأ، (ج٦، ص١٥). القرطبي، الجامع لأحكام القرآن، (ج١٠، ص١٨٦).

(٢) الترمذي، السنن، كتاب النكاح، باب ما جاء لا نكاح إلا بولي، ح رقم(١١٠٢)، (ج ٣، ص٤٠٨). ورواه الحاكم في المستدرك على الصحيحين باب ذكر ابنة بصرة بن أبي بصرة، ح رقم(٦٥١٥)، (ج٣، ص٦٨٥).

(٣) الشيرازي، أبوإسحاق إبراهيم بن علي(٤٦٧ت)، المعونة في الجدل، ط(١)، نشر جمعية إحياء التراث الإسلامي، الكويت، تحقيق علي عبد العزيز، (ج١، ص١٠٥).

(٤) الكاساني، بدائع الصنائع، (ج٧، ص١٨١).

(٥) ابن قدامة، المغني، (ج٧، ص٢٠٩).

(٦) مالك بن أنس،المدونة الكبرى، (ج٥، ص٢٦٩).

ومصلحتها، وحق الله تعالى لا يسقط حق الآدمي، فهما حقان وجبا لله تعالى ورسوله صلى الله عليه و سلم[1] وللمجتمع.

٦. ولأن منافع الأبضاع تجبر بالعقود الصحيحة والفاسدة[2]، فمن باب أولى أن تجبر بالتعدي، ثم إن الشارع جعل لكل نقص جبرا حتى لا تذهب الجناية هدرا.

٧. كما أن دفع المال من قبل المجرم قد يكون رادعا لكثير من المجرمين، لما يتضمنه دفع المال من حسرة وتأسف عليه، وقد أكد الله سبحانه وتعالى على حب الإنسان للمال فقال الله تعالى: (وَتُحِبُّونَ الْمَالَ حُبًّا جَمًّا)[3][4].

٨. ولقضاء عبد الملك بن مروان في المستكره[5]، ولا يكون قضاؤه عن رأي منه إلا عن علم ومشاورة.

**القول الثاني**: إذا أقيم الحد على الذي زنى بها بطل المهر، وروي عن الثوري وابن شبرمة والشعبي[6] والحنفية[7] وبعض المالكية[8]، مستدلين:

---

(١) الزرقاني، شرح الموطأ، (ج٦، ص١٥).

(٢) القرافي، الذخيرة، (ج٨، ص٢٩٠)، قال: "ومنافع الأبضاع تجبر بالعقود الصحيحة والفاسدة ولا تجبر في اليد العادية". والذي تراه الباحثة أن تجبر باليد العادية صيانة لها وتعظيما.

(٣) سورة الفجر، الآية ٢٠.

(٤) القاطرجي، نهى، ٢٠٠٣م، جريمة الاغتصاب في ضوء الشريعة والقانون الوضعي، ط(١)، دار مجد، بيروت، (ص٢٨١).

(٥) الزرقاني، شرح الزرقاني على الموطأ، (ج٦، ص١٥). الشافعي، الأم، (ج٣، ص٢٥٨). وقال: "أن مروان رجل قد أدرك عامة أصحاب النبي وكان له علم ومشاورة وقضى بهذا في المدينة ولم يخالفه= أحد". وقال الحطاب أن رواية الموطأ أصح من رواية الشافعي فالصحيح عبد الملك بن مروان لا مروان بن الحكم. انظر، الحطاب، معرفة الآثار والسنن، (ج٦، ص٣٤٣).

(٦) الجصاص: مختصر اختلاف العلماء، (ج٣، ص٢٨٩).

(٧) المرغيناني، الهداية شرح البداية، (ج٤، ص١٧٩). الزيلعي، تبيين الحقائق، (ج٣، ص١٨٦). ابن نجيم، البحر الرائق، (ج٥، ص٢٠)، وقال: "والوطء الحرام في دار الإسلام يوجب المهر إذا انتفى الحد".

(٨) القرطبي، الجامع لأحكام القرآن، (ج١٠، ص١٨٦).

١. حديث الحجاج بن أرطاة عن عبد الجبار بن وائل بن حجر عن أبيه: " قال استكرهت امرأة على عهد رسول اللـه صلى اللـه عليه و سلم، فدرأ عنها رسول اللـه صلى اللـه عليه و سلم الحد، وأقامه على الذي أصابها ولم يذكر أنه جعل لها مهرا"(١).

**وجه الدلالة:** الحديث بين أنه إذا أقيم الحد سقط المهر، لأنه لو وجب المهر لبينه صلى اللـه عليه و سلم إذ تأخير الحاجة عن معرض البيان لا يصح، فلما لم يوجب المهر علمنا بعدمه مع الحد.

٢. الواجب بالزنا الحد، فلا يجوز الزيادة على ذلك بالرأي، ثم لو كان بضعها يتقوم على الزاني لم يسقط ذلك برضاها، ألا ترى أنه لما كان يتقوم بشبهة العقد لم يسقط برضاها بأن طاوعته، والدليل عليه أنه لو زنى بأمة وهي مطاوعة لم يجب المهر، وتقوم بضعها لحق المولى فلا يسقط برضاها، ولكن إنما لم يجب لأن البضع لا يقوم بالمال بالزنا المحض وإنما يتقوم بالعقد أو بشبهته(٢).

٣. لا يجتمع الحد والمهر معا(٣)، لأن الحد عقوبة والمهر غرامة فلا تجتمع عقوبتان.

## الترجيح

والذي ترجحه الباحثة - و اللـه أعلم - القول الأول؛ لأنه يوجب لها المهر، وفي هذا تعظيم وحفظ للفروج، وردع للمجرمين إذا ما علموا أنهم سيغرمون مهرها(٤).

(١) قال أبوعيسى: " هذا حديث غريب وليس إسناده بمتصل وقد روي هذا الحديث من غير هذا الوجه قال: سمعت محمدا يقول: عبد الجبار بن وائل بن حجر لم يسمع من أبيه ولا أدركه، يقال إنه ولد بعد موت أبيه بأشهر، والعمل على هذا عند أهل العلم من أصحاب النبي وغيرهم أن ليس على المستكرهة حد". سنن الترمذي، باب ما جاء في المرأة إذا استكرهت على الزنا، ح رقم( ١٤٥٣)، (ج٤، ص٥٥).

(٢) الزيلعي، تبيين الحقائق، (ج٣، ص١٨٦).

(٣) الكاساني، بدائع الصنائع، (ج٧، ص٣١٩)، وقال في موضع آخر: "الزنا لا يخلوعن إحدى الغرامتين فوجب الحد دون المهر". بدائع الصنائع، (ج٧، ص١٨٠). حتى أن الحنفية يوجبون على المكره على الزنا المهر. انظر: الفتاوى الهندية، (ج٥، ص٤٨).

(٤) القرطبي، الجامع لأحكام القرآن، (ج١٠، ص١٨٦). وفي الموسوعة الفقهية ج٣١: " فمن اغتصب امرأة وزنى بها فعليه حد الزنا وغرامة صداق منها".

## المسألة الأولى: هل يجتمع مع المهر أرش البكارة[1]؟

اختلف العلماء في أرش بكارة المغتصبة، هل يجتمع مع المهر أم لا، بالتفصيل التالي:

**القول الأول:** لا يجب أرش البكارة وإنما يكفي مهر المثل، وهذا مذهب المالكية[2]، والحنابلة[3]، وقول عند الشافعية[4]. مستدلين بالمعقول:

١. إزالة البكارة من لواحق الوطء إذ لا يمكن الوطء بدونها، فتندرج في المهر[5].

٢. ولأن القصد من الوطء الاستمتاع، وإزالة البكارة تحصل ضمن الاستمتاع، فتندرج في المهر[6]،وهويشمل كل وطء بعقد أو بغيره.

٣. بأن هذا وطء ضمن بالمهر فلم يجب معه أرش البكارة كسائر الوطء، فيدخل الأرش في مهر المثل، ومهر البكر يزيد عن مهر الثيب غالبا لأجل صفة البكارة، فكانت الزيادة في مهر البكر مقابل ما ذهب من البكارة فلا يجب عوضها مرة أخرى، إذ إنها أخذت مهر ثيب وأرش البكارة، وهما معا مهر المثل بالنسبة للبكر، فلا ينبغي إعطاؤها أرش البكارة مرة أخرى، لأنه دخل في مهر المثل للأبكار، قال ابن قدامة: "ولنا على أنه لا يجب الأرش، أنه وطء ضمن بالمهر، فلم يجب معه أرش كسائر الوطء، يحققه أن المهر بدل المنفعة المستوفاة بالوطء، وبدل المتلف لا يختلف بكونه في عقد فاسد وكونه تمحض

---

(١) أرش البكارة، وهوما بين قيمتها بكرا وثيبا، انظر: الحنبلي: ابن عباس البعلي،القواعد والفوائد الأصولية، (ج١، ص٣٠٣).

(٢) الخرشي:شرح مختصر خليل، (ج٨، ص٤١). الدردير، الشرح الكبير، (ج٤، ص٢٧٨).

(٣) المرداوي، الإنصاف، (ج٨، ص٣٠٨). ابن قدامة، المغني، (ج٧، ص٢٠٩).

(٤) الغزالي، الوسيط، (ج٦، ص٣٥٣)، وقال: "وقيل إذا أو جبنا مهر مثل البكر فقد قضينا حق البكارة". النووي، روضة الطالبين، (ج٩، ص٣٠٤). الشربيني، مغني المحتاج، (ج٤، ص٧٤). النووي، المجموع، (ج٤، ص١٧٣).

(٥) الدردير: الشرح الكبير، (ج٤، ص٢٧٨).

(٦) الشربيني، مغني المحتاج، (ج٤، ص٧٤).

عدوانا، ولأن الأرش يدخل في المهر لكون الواجب لها مهر المثل، ومهر البكر يزيد على مهر الثيب ببكارتها، فكانت الزيادة في المهر مقابلة لما أتلف من البكارة فلا يجب عوضها مرة ثانية، يحققه أنه إذا أخذ أرش البكارة مرة لم يجز أخذه مرة أخرى، فتصير كأنها معدومة فلا يجب لها إلا مهر ثيب، ومهر الثيب مع أرش البكارة هومهر مثل البكر فلا تجوز الزيادة عليه"(١).

**القول الثاني:** يجب أرش البكارة لمن اغتصبت مع مهر مثلها، وهومذهب الشافعية(٢)، والحنفية(٣)، ورواية عند الحنابلة(٤). مستدلين بالمعقول:

١. أن البكر تختلف عن الثيب فلذا يجب أرش البكارة لها، والمغتصب أزال بكارتها، فوجب تضمينه، ولا يندرج الأرش في المهر، لأن المهر وجب لإستيفاء منفعة البضع- الوطء- والأرش وجب لإزالة وتفويت البكارة، وهما أمران مختلفان مستقلان فلا يتداخلا(٥). فالمهر يجب للاستمتاع والأرش للإتلاف فلا يتداخلا(٦).

---

(١) ابن قدامة، المغني، (ج٧، ص٢٠٩).

(٢) الغزالي، الوسيط، (ج٦، ص٣٥٣)، وقال: "ولوانتزع بكرا على كره لزمه مهر المثل وأرش البكارة وقيل إذا أوجبنا مهر مثل بكر فقد قضينا حق البكارة". النووي، روضة الطالبين، (ج٩، ص٣٠٤). الشربيني، مغني المحتاج، (ج٤، ص٧٤). النووي، المجموع، (ج٤، ص١٧٣)، وقال في السراج الوهاج، (ج١ص٥٠١): "أو مكرهة فمهر مثل ثيبا وأرش البكارة زائدا عليه وقيل يلزمه مهر بكر ولا أرش".

(٣) لم أجد قول للحنفية صريح في المسألة إلا في مسألة الإفضاء يوجبون ثلث الدية والمهر إن استمسك البول، ويمكن قياس مسألتنا على هذه المسألة عندهم لتشابهما. الزيلعي، تبيين الحقائق، (ج٣، ص١٨٧).

(٤) المرداوي، الإنصاف، (ج٨، ص٣٠٨). ابن قدامة، المغني، (ج٧، ص٢٠٩).

(٥) الشربيني، مغني المحتاج، (ج٤، ص٧٥)، حيث قال: " فمهر مثل ثيبا يلزمه وأرش البكارة زائدة عليه، فلا يندرج في المهر، لأن المهر يجب لاستيفاء منفعة البضع، والأرش يجب لإزالة تلك الجلدة، وهما جهتان مختلفتان، وقيل يلزمه مهر بكر ولا أرش لأن القصد من هذا الفعل الاستمتاع،وإزالة تلك الجلدة تحصل ضمن الاستمتاع، وعلى الأول لو أفضاها دخل أرش البكارة في الدية ،لأنهما وجبا للإتلاف فيدخل الأقل في الأكثر، بخلاف المهر لاختلاف الجهة فإن المهر للتمتع والأرش لإزالة الجلدة ". النووي، المجموع، (ج٤، ص١٧٣).

٢. أن المغتصبة تتضرر بتفويت بكارتها نفسيا وجسديا واجتماعيا، فلزم مراعاتها، وإلزام الغاصب بدفع أرش بكارتها ومهرها، وفي هذا ردع لمن تسول لهم أنفسهم بالتعدي على الفروج، وتضييق لباب الغصب وتعظيم واحترام للفروج حتى لا تستباح بلا مقابل، فالبضع أغلى ما تملكه المرأة، فإذا اعتدي عليه وجب ضمانه.

٣. ثم لو كان الأرش يدخل في المهر، لكان الأرش إنما هوتفاوت ما بين مهرها بكرا وثيبا، وليس كذلك بل هوتفاوت ما بين القيمتين[١].

## الترجيح

ترى الباحثة ترجيح القول الثاني، خاصة إذا ما علمنا أن الوازع الديني قل في النفوس، وأن العقوبات الوضعية لا تجدي في كثير من المجرمين، فوجب التشديد عليهم من نواحي المال، لأن المال على النفس عزيز، تضن به النفس إذا ما علمت أنها ستعاقب على جرمها به، وهذا يدفعها إلى عدم اقتراف الجرائم، وفي هذا تضييق لباب الغصب والتعدي على الفروج[٢].

## المسألة الثانية: هل للمغتصبة الثيب مهر أو أرش بكارة؟

ذهب جمهور الفقهاء[٣] إلى وجوب المهر للمغتصبة الثيب،نظرا إلى وجود الاغتصاب

(١) النووي، روضة الطالبين، (ج٩، ص٣٠٤)، إذ قال: "فوجهان أصحهما وهوالمنصوص أنه يجب مهر مثلها ثيبا وأرش البكارة والثاني يجب مهر مثلها بكرا لأن الدية والأرش تجبان للإتلاف فدخل أقلهما في أكثرهما بخلاف المهر فإنه يجب للإستمتاع فلا يدخل في بدل الإتلاف"

(١) البعلي الحنبلي، القواعد والفوائد الأصولية، (ج١، ص٣٠٣).ولعل هذا في الإماء لا الحرائر.

(٢) ذهب العبيدي إلى ترجيح القول الأول لأنه أيسر في التقدير فيكون أسهل في العمل، وهو بهذا تعارض مع كلامه في (ص٤٤٢) عندما رجح وجوب الأرش لمغتصب الأمة لسيدها فكيف أوجب الأرش للأمة مع قيمتها حفظا لحق سيدها ولم يوجبه للحرة مع مهرها. العبيدي، حسين بن عبد الله، ٢٠٠٤م، الأرش وأحكامه، منشورات جامعة الإمام محمد بن سعود، الرياض، (ص٥٠١).

(٣) ميارة، محمد بن أحمد، شرح ميارة المسمى الإتقان والإحكام بشرح تحفة الأحكام، (ج٢، ص٢٦١)، "أن من غصب امرأة أو أكرهها على الزنا وزنى بها مكرهة فإنه يجب عليه صداق مثلها بكرا كانت=

لا إلى صفة الموطوؤة، فوطء الثيب والبكر سواء في لزوم الحد فكذا في المهر، وتخلف البكارة لا يجيز الاعتداء عليها، فالمقصود حفظ الأعراض على أصحابها، وفي الاغتصاب حصل تعد على العرض، وهوحقها، وحقوق الآدميين مبنية على المشاحة، والشدة والمضايقة، فوجب تغريمه مهرها، إذ إن البضع أغلى ما تملكه المرأة، فإذا استبيح لزم تعويضها عنه[1].

والذي تراه الباحثة إيجاب المهر المغتصبة الثيب، مع تغريم المغتصب مبلغا من المال أيضا، وهذا ما يتوافق في عصر تراجعت فيه القيم الأخلاقية، وأصبح الهوى والشهوة، دافع لكثير من الجرائم.

الفرع الثاني: حق الدية:

قد يتصل الاغتصاب أحيانا بقتل المغتصبة، وذلك محاولة من المجرم لإخفاء جريمته، وفي بعض الأحيان يصادف أن المغتصبة تكون مريضة أو ضعيفة البنية، أو تصاب بصدمة عصبية، فلا تتحمل الاغتصاب، فتموت أثناءه، ويفاجئ المغتصب بذلك لأنه لم ينو قتلها، وفي أحيان أخر يتلف المغتصب أعضاء للمغتصبة، وفيما يلي بيان حكم كل حالة من هذه الحالات:

---

=او ثيبا". قال مالك: " في الرجل يغتصب المرأة بكرا كانت أو ثيبا أنها إن كانت حرة فعليه صداق مثلها". موطأ مالك، (ج٢، ص٧٣٤). وكذا في القوانين الفقهية لابن جزي، (ج١، ص٢٠٩): "فمن اغتصب امرأة وزنى بها فعليه حد الزنى وإن كانت حرة فعليه صداق مثلها وإن كانت أمة فعليه ما نقص من ثمنها بكرا كانت أو ثيبا"، وعن الإمام أحمد رواية مرجوحة في عدم إيجاب مهر للمغتصبة الثيب، قال ابن قدامة: "ويجب للمكرهة على الزنا وعن أحمد رواية أخرى أنه لا مهر لها إن كانت ثيبا". المغني، (ج٧، ص٢٠٩). قال ابن حجر: "وليس في الأمة الثيب في قضاء الأئمة غرم بضم المعجمة أي غرامة".:فتح الباري، (ج١٢، ص٣٢٢).

(١) العبيدي، حسين بن عبد اللـه، الأرش وأحكامه، (ص٢٥٣ بتصرف).

## المسألة الأولى: حكم إذا اغتصبها ثم قتلها عمدا؟ **كما إذا زنى بها ثم حز رقبتها:**

ذهب الفقهاء[١] إلى لزوم الحد والدية لأنها ماتت بسبب تعديه[٢]، ولأنه جنى جنايتين فيوفر على كل واحدة منهما حكمها[٣]، الحد بالزنا والدية بالقتل، ولكن هل يحد للزنا ثم يقتل بها؟ قولان[٤]:

**القول الأول:** يرى أن الحدود لا تتداخل، فيحد للزنا ثم يقتل قصاصا، لأن الحد وضمان النفس، حقان مختلفان وجبا بسببين مختلفين، أحدهما بالزنا، والآخر بإتلاف النفس، فيوفر على كل واحدة منهما حكمها[٥]. فالحد ضمان الوطء والقتل والدية ضمان الدم فهما بمقابلة الآدمية، حيث أو جبوا الدية على الجاني وليس على العاقلة، ويكون أرش الجناية من ماله، تغليظا عليه. أما إذا كان شبه عمد فتصبح الدية على العاقلة، ذلك لأن في شبة العمد انتفى القصاص لكونه معذورا فيه، فيقتضي أن تواسيه العاقلة فيه[٦].

---

(١) قال الزيلعي: "ولوزنى بحرة فقتلها به يجب الحد مع الدية بالإجماع"، تبيين الحقائق، (ج٣، ص١٨٦). وقال ابن عابدين: "ولوغصب أمة فزنى بها فماتت من ذلك أو غصب حرة ثيبا فزنى بها فماتت من ذلك قال أبوحنيفة: عليه الحد في الوجهين مع دية الحرة وقيمة الأمة"، الحاشية، (ج٤، ص٣٠). قال السيواسي: "لوزنى بحرة فقتلها يحد اتفاقا ويجب عليه الدية"، شرح فتح القدير، (ج٥، ص٢٧٥)، وقال النووي، "لوزنى بحرة فقتلها به يجب الحد عليه اتفاقا". المجموع، (ج٩، ص٣٥٤).وفي نهاية المحتاج:" ويتعين السيف جزما فيما لا مثل له كما لو جامع صغيرة في قبلها فقتلها".

(٢) ابن قدامة:الكافي، (ج٤، ص٦١).

(٣) النووي:المجموع (ج٩، ص٣٥٤).

(٤) انظر في تداخل الحدود، منصور، محمد خالد، ١٩٩٨م، التداخل وأثره في الأحكام الشرعية، ط(١)، دار النفائس، عمان.

(٥) الزيلعي، تبيين الحقائق، (ج٣، ص١٨٦).

(٦) الزيلعي، تبيين الحقائق، (ج٣، ص١٨٦) عند القائلين بالقتل شبه العمد.

**القول الثاني:** يرى أن الحدود تتداخل، فإذا اجتمع حدان لـلـه تعالى فيهما القتل، أحاط القتل بذلك، والحدود إنما وضعت للزجر، فلا تأثير بإقامة حد الزنا عليه ثم قتله، بل يكتفى بالقتل لأنه أعظم العقوبات[1]، فيكتفى بقتله دون إقامة حد الزنا عليه، وتجب عليه الدية في ماله.

والباحثة ترى: أن يقام عليه حد الزنا أولا ثم يقتل بها، تغليظا عليه وردعا لمن تسول له نفسه بالاعتداء على الفروج، وفي هذا تعظيم للأعراض والفروج.

## المسألة الثانية: حكم ما إذا غصبها فحملت وماتت من الولادة؟

يحد للزنا ولا قصاص عليه لانقطاع الزمن بين السبب والنتيجة، لكن هل يضمن ما ترتب على زناه من وفاتها أثناء الولادة[2]، قولان:

**القول الأول:** لا يضمن الدية **لأن** الولادة غير مضافة شرعا لعدم النسب[3]، فلا

---

(١) منصور، محمد خالد، ١٩٩٨م، التداخل وأثره في الأحكام الشرعية، ط(١)، دار النفائس، عمان، (ص٣٣٨ وما بعدها بتصرف).

(٢) بعض المغتصبات يكن صغيرات السن فإذا ما حملن يخشى وفاتهن بسبب الولادة، لذلك أجاز القانون الإجهاض لأسباب أخلاقية فيما لو كانت المغتصبة طفلة أو مريضة لا تقوى على احتمال الحمل أو الولادة، انظر، أبو الروس، أحمد، ١٩٩٧م، جرائم الإجهاض والاعتداء على العرض والشرف، المكتب الجامعي الحديث، الاسكندرية، (ص٢٤).

(٣) "بخلاف الحرة يعني لو أخذها مكرهة فزنى بها فردها حاملا فولدت وماتت لا يضمن الغاصب ديتها لأن الحرة لا تكون مضمونة بالغصب ليبقى ضمان الغصب بعد فساد الرد" مجمع الأنهر، ابن مفلح،المبدع، (ج٨، ص٣٤٢)، وقال: "ولوزنى بامرأة مكرهة فماتت بالولادة حرة كانت أو أمة ففيها قولان مشهوران أصحهما لا ضمان لأن الولادة غير مضافة شرعا لعدم النسب، والثاني يجب لأنه مولد من فعله".قال النووي:" ولو زنى بامرأة مكرهة فماتت بالولادة حرة كانت أو أمة ففيها قولان مشهوران أصحهما لا ضمان لأن الولادة غير مضافة شرعا لعدم النسب والثاني يجب لأنه مولد من فعله ولو ماتت زوجته في الطلق من حملها منه لم يجب الضمان بلا خلاف لتولده من مستحق وحيث أوجبنا ضمان الحرة فهو الدية على عاقلة الواطىء".المجموع

يقتل بها لأنها ماتت بسبب آخر غير العدوان[1]، فيحتمل أنها ماتت لعارض آخر لا من الولادة التي سببها وطؤه، فهي ماتت ليس من وطئه بل بالولادة الناشئة عن الحبل[2].

**القول الثاني:** يضمن الدية لأنها ماتت بسبب تعديه[3].فالوطء هو السبب في هلاكها، وهو كخطأ تحمله العاقلة إن ثبت ببينة لأنه لا يقتل غالبا[4]. وما تراه الباحثة أن تضمن الدية في ماله تغليظا عليه، ولأن موتها اتصل بسبب من فعله.

## المسألة الثالثة: حكم ما إذا اغتصبها ففوت منفعة الأعضاء التناسلية؟

يعبر الفقهاء بالإفضاء عن تفويت منفعة الأعضاء التناسلية للمرأة، فما المقصود به لغة واصطلاحا وما حكمه؟

**الإفضاء لغة:** يعني الجماع والمباشرة، يقال أفضى إلى المرأة غشيها، وقال بعضهم إذا خلا بها، وامرأة مفضاة مجموعة المسلكين، وأفضى المرأة فهي مفضاة إذا جامعها فجعل مسلكيها مسلكا واحدا، وأفضى الرجل إلى امرأته باشرها وجامعها[5]. وأصله من الفضاء وهي البرية الواسعة[6].

---

(١) قال القرافي: "لأنه لوغصب حرة فزنى بها وهوغير محصن فحملت فماتت لا يقتل بها لأنه سبب آخر ماتت به غير العدوان"، الذخيرة، (ج٩، ص١٨٢).

(٢ ) انظر:الجمل شرح المنهج

(٣) قال ابن قدامة: "إن زنى بامرأة مكرهة فأحبلها فماتت من الولادة ضمنها لأنها ماتت بسبب تعديه"، الكافي، (ج٤، ص٦١).

(٤) الرحيباني السيوطي، مطالب أولي النهى، (ج٦، ص٧٨)، قال: "وإن أكرهها على الزنا فحملت وماتت في الولادة فحكمه كخطأ تحمله عاقلة إن ثبت ببينة؛ لأنه لا يقتل غالبا أما إن ثبت باعترافه فتكون الدية عليه في ماله".

(٥) ابن منظور، لسان العرب، (ج١٥، ص١٥٧).

(٦) الشربيني، مغني المحتاج ج، (ج٤ ص، ٧٤).

**واصطلاحا:** رفع ما بين حاجز مدخل ذكر ودبر فيصير سبيل جماعها وغائطها واحدا إذ به تفوت المنفعة بالكلية. وقيل الإفضاء رفع ما بين مدخل ذ كر ومخرج بول، فيصير سبيل جماعها وبولها واحدا[١]؛ لأن ما بين القبل والدبر قوي لا يرفعه الذكر، وبينهما عظم لا يتأتى كسره إلا بحديدة ونحوها، فلا يحمل الإفضاء عليه[٢]. ويعبر به عن اختلاط المسلكين[٣].

**حكم الإفضاء:** فرق العلماء بين استطلاق السبيلين أو استمساكهما في وجوب الدية، على التفصيل الآتي:

إن كان السبيلين يستطلقا ولا يستمسكا ضمن دية المرأة كاملة[٤]، لأنه فوت جنس

(١) الغمراوي الزهراوي: السراج الوهاج، (ج١، ص٥٠١). الغزالي، الوسيط، (ج٦، ص٣٥٣)، إذ قال: "إذا أفضى ثيبا كان أو بكرا عليه ديتها، ومعنى هذا أن يتحد مسلك الجماع والغائط أو مسلك الجماع والبول ولا يندرج المهر تحتها لاختلاف مأخذهما". قال ابن عابدين: "مكرهة أو لا تطيق تلزم ديتها اتفاقا بالموت والإفضاء" الحاشية، (ج٦ص٥٧٥).

(٢) الشربيني، مغني المحتاج، (ج٤، ص٧٤)، وقال: "و تجب الدية في إبطال قوة حبل من المرأة لفوات النسل فيكمل فيه ديتها لانقطاع النسل... في إفضائها دية لفوات منفعة الجماع أو اختلالها وعلله الماوردي بأنه يقطع التناسل لأن النطفة لا تستقر في محل العلوق لامتزاجها في البول فأشبه قطع الذكر".

(٣) النووي، المجموع، (ج٩، ص٣٥٤).

(٤) ابن نجيم، البحر الرائق، (ج٥،ص٢٠)، قال: "ضمن الدية ولا يضمن المهر عند أبي حنيفة وأبي يوسف لأن الدية ضمان كل العضو، والمهر ضمان جزء منه، وضمان الجزء يدخل في ضمان الكل، إذا كانا في عضو واحد وقال محمد يضمن المهر" بما استباح من فرجها، لأن الدية والمهر وجبا لسببن مختلفين فلا يتداخلا، قال الشربيني: "أو مكرهة (فمهر مثل ثيبا) يلزمه (وأرش البكارة) زائدة عليه فلا يندرج في المهر؛ لأن المهر يجب لاستيفاء منفعة البضع، والأرش يجب لإزالة تلك الجلدة، وهما جهتان مختلفتان (وقيل) يلزمه (مهر بكر) ولا أرش؛ لأن القصد من هذا الفعل الاستمتاع إزالة تلك الجلدة تحصل ضمن الاستمتاع، وعلى الأول لو أفضاها دخل أرش البكارة في الدية؛ لأنهما وجبا للإتلاف، فيدخل الأقل في الأكثر، بخلاف المهر لاختلاف الجهة فإن المهر للتمتع والأرش لإزالة الجلدة"، مغني المحتاج، (ج٤ص٧٤).

المنفعة على الكمال[١]، ولأن التمتع يختل بكل منهما، ولأن كلا منهما يمنع إمساك الخارج من أحد السبيلين[٢].

وإن كانا يستمسكا ضمن ثلث الدية لأن جنايته جائفة[٣]، وفي الجائفة ثلث الدية.

ويمكن بالقياس على هذه المسألة القول بتضمين المغتصب تكاليف العلاج إن تسبب للمغتصبة بأمراض جنسية فإن كان أصابها بالإيدز مثلا فعليه أن يتحمل نفقات العلاج إضافة لما يحكم به القضاء، أو تسبب لها بإعطاب الرحم أو أعضائها التناسلية، مما قد يفقدها الزواج أو الأمومة، وعندئذ يترك تقدير هذه الأضرار للقضاء يحكم بما يناسب كل حالة، خاصة إن كثير من الأمراض الجنسية لا يظهر أثرها بعد الاغتصاب مباشرة.

## المسألة الرابعة: إذا غصبها ففوت منفعة عضو فيها:

كما لو زنا بها فأذهب عينها أو أذهب بصرها، يجب عليه الدية[٤] مع الحد، كما لو تحامل عليها فكسر رجلها[٥]، **أو** كسر فخذها أو جرحها، ضمن الدية في ماله وحده؛ لأنه شبه عمد عند الحنفية[٦]؛ ولأنه ولأنه تعدى عليها فوجبت الدية في ماله تغليظا عليه، ولا تواسيه بها العاقلة، والباحثة ترى أن يقتص منه تعزيرا وتغليظا عليه.

(١) الزيلعي، تبيين الحقائق، (ج٣، ص١٨٦)، حاشية ابن عابدين، (ج٦، ص٥٧٥). ابن نجيم، البحر الرائق، (ج٥، ص٢١).

(٢) الأنصاري، زكريا بن محمد،فتح الوهاب، (ج٢، ص٢٤٦). الغزالي، الوسيط، (ج٦، ص٣٥٣). والنووي في روضة الطالبين فرق بين حكم الإفضاء خفة وغلظة، (ج٩، ص٣٠٣). الحطاب، مواهب الجليل، (ج٦ ص٢٦٣) قال: "في الإفضاء لزوم الدية".

(٣) الزيلعي، تبيين الحقائق، (ج٣، ص١٨٦).

(٤) النووي، المجموع، (ج٩، ص٣٥٤). السرخسي، المبسوط، (ج٩، ص٦)

(٥) النووي، روضة الطالبين، (ج٩ص٣٠٤)، وقال: " كما لو تحامل على الموطوءة فكسر رجلها لا يدخل المهر في دية الرجل".

(٦) ابن نجيم، البحر الرائق، (ج٥، ص٢٠). قال الزيلعي: "لو كسر فخذ امرأة في الزنا أو جرحها ضمن الدية في ماله وحد لأنه شبه العمد وفي شبه العمد تجب الدية في ماله"، تبيين الحقائق، (ج٣، ص١٨٧).

الفرع الثالث: حق المغتصبة البكر في رتق[1] غشاء البكارة[2]:

رتق البكارة من الأمور المستجدة التي لم يتناولها الفقهاء قديما بالبحث، وقد اعتمد المعاصرون على النظر في روح الشريعة ومقاصدها، وقواعدها العامة، والموازنة بين المصالح والمفاسد، المترتبة على عملية الرتق لبيان حكم الشرع فيها، وما يهمنا هو حكم رتق غشاء البكارة للمغتصبة البكر:

**رتق البكارة:** إصلاحها وإعادتها إلى وضعها السابق قبل التمزق، أو إلى وضع قريب منه وهوعمل الأطباء المتخصين[3].

**اختلف العلماء في حكم رتق غشاء البكارة للمغتصبة البكر إلى قولين[4]:**

---

(١) الرتق ضد الفتق وهو إلحام الفتق وإصلاحه، يقال رتقه يرتقه رتقا فارتتق أي التأم، ابن منظور، لسان العرب،(ج١٠،ص١١٤)

(٢) يعرف غشاء البكارة طبيا بأنه: "العضو الذي يحد المهبل من أسفله وعند انفتاحه في الدهليز، ويتكون من طبقتين (ظهارة وبطانة)، وهما نسيج خلوي قشري ظهاري يضم بين دفتيه نسيجا ليفيا مرنا مع أوعية دموية دقيقة وأعصاب ونهايات عصبية"، انظر: الجابري، جلال محمود، الطب الشرعي والسموم، (ص١٧١)، وطحان، عبد الكريم، ١٩٧١م، جريمة الاغتصاب، رسالة جامعية لنيل درجة الدكتوراة في الطب جامعة دمشق، قسم الرسائل الجامعية، مكتبة الجامعة الأردنية، (ص٥٠). وعرفه البعض بأنه: طبقة من الخلايا ليست لها أوعية دموية وليست بها طبقة أساسية مولدة، وهو بالتالي لا يحدث فيه التئام إذا شق. بدوي، احمد محمد، جرائم العرض، (ص٢٦٠).

(٣) ياسين، محمد نعيم، ١٩٩٦م، أبحاث فقهية في قضايا طبية معاصرة، ط(١)، دار النفائس، عمان، (ص٢٢٧).وعن كيفية رتق البكارة: هناك نوعان من العمليات الجراحية التي تجري لرتق البكارة الأولى: إرجاع مؤقت للعذرية يسمى "كشكشة الغشاء"، حيث يقوم الطبيب الذي يجري الرتق بعمل كشكشة لبقايا الغشاء المقطوع بإبرة، وهذه العملية عمرها يوم أو يومان على الأكثر، حيث أن الطبيب يقوم بها إذا كان الزواج في اليوم التالي لإجراء الجراحة، والثانية: وهي العملية الدائمة وتسمى "رفي الغشاء" أو "ترقيع الغشاء"، وتتم بأخذ جزءا من أنسجة المهبل الخلفي ويفكك ويشرح ليعاد ترقيعه، ووضعه مكان غشاء البكارة ثم يحاك بالغرز انظر؛بدوي، أحمد محمد، جرائم العرض، (ص٢٦٢-٢٦٣ بتصرف).

**القول الأول:** يرى جواز رتق بكارة المغتصبة البكر، وممن قال بهذا الدكتور محمد نعيم ياسين وتوفيق الواعي والشيخ محمد مختار السلامي[1]، مستندين إلى المصالح التالية:

مصلحة الستر على الفتاة المغتصبة التي برتق بكارتها تجنب الفضيحة والمؤاخذة الاجتماعية، ويترتب على تحقيق الستر حماية الأسرة التي ستتكون في المستقبل من بعض عوامل الانهيار، خاصة إذا ما تزوجت الفتاة مستقبلا وعلم زوجها فإن ذلك سيضعف الأسرة وإيجاد الأسرة المتماسكة مقصد من مقاصد الشريعة[2].

الوقاية من سوء الظن، إذ بقيام الطبيب برتق بكارتها إشاعة حسن الظن بين الناس، وهو مقصد شرعي معتبر في قوله تعالى: ﴿يَا أَيُّهَا الَّذِينَ آمَنُوا اجْتَنِبُوا كَثِيرًا مِنَ الظَّنِّ إِنَّ بَعْضَ الظَّنِّ إِثْمٌ﴾[3]، إذ لوترك دون رتق لشاع بين الناس سوء الظن وأدى إلى ظلم كثير من البريئات[4].

تحقيق المساواة بين الرجل والمرأة: وذلك أن الرجل إذا ارتكب فاحشة لا يثار ضده شك لعدم ترتب أي أثر مادي عليه، بعكس المرأة البكر التي تؤاخذ اجتماعيا وعرفا عند زوال بكارتها، ولا شك أن في رتقها تحقيق للعدالة بين الناس التي هي مقصد شرعي[5].

---

(١) انظر للاستزادة في ذلك:
- ياسين، محمد نعيم، ١٩٩٦م، أبحاث فقهية في قضايا طبية معاصرة، ط(١)، دار النفائس، عمان.
- منصور، محمد خالد، ١٩٩٤م، الأحكام الطبية المتعلقة بالنساء في الفقه الإسلامي، (ص١٣٥-١٤٨).
- الزيني، محمود محمد عبد العزيز، ١٩٩٣م، مسؤولية الأطباء عن العمليات التعويضية والتجميلية والتق العذري، مؤسسة الثقافة الجامعية، الإسكندرية، (ص٢٣٩-٢٤١).

(٢) ياسين، محمد نعيم، ١٩٩٦م، أبحاث فقهية في قضايا طبية معاصرة، ط(١)، دار النفائس، عمان. منصور، محمد خالد، ١٩٩٤م، الأحكام الطبية المتعلقة بالنساء في الفقه الإسلامي، (ص١٣٥-١٤٨).

(٣) ياسين، محمد، أبحاث فقهية، (ص٢٢٩ بتصرف)

(٤) سورة الحجرات، الآية ١٢.

(٥) المرجع السابق، (ص٢٣٠ بتصرف).

(٦) المرجع السابق، (ص٢٣١ بتصرف).

في عملية رتق البكارة أثر تربوي خاص بالمغتصبة، وعام يعود على المجتمع؛ إذ برتق بكارة المغتصبة تثبيت لها على العفاف، الذي كانت عليه قبل اغتصابها، وإزالة أثر يحاسب عليه المجتمع أشد الحساب، أما لو ولم ترتق ولم يكن إيمانها بالله تعالى راسخا، ربما تندفع إلى الرذيلة وارتكاب الفواحش، خاصة أنها لا تخشى من زوال العلامة التي ترضي المجتمع، وتقنعه بعفتها واستقامتها، بعد أن فقدتها بسبب لا يد لها فيه، وتقريع المجتمع سيجعلها ترفض الزواج وتختار الرذيلة، وفي هذا ضياعها وتوظيفها وسيلة إفساد في المجتمع، مع أن استصلاحها كان ممكنا برتقها، وإعادة الثقة لها بنفسها وبمجتمعها الذي تنتمي له.

أما الأثر التربوي العام فبيانه أن المعصية إذا أخفيت، انحصر ضررها في نطاق ضيق جدا، أما إذا شاعت بين الناس، وتناقلتها الأخبار، فإن أثرها السيئ يزداد، وتتناقص هيبة الناس من الإقدام عليها، مما يجرئهم على الإتيان بمثلها، وضرب الحصار على المعاصي التي لم تثبت بأسلوب شرعي أو قضائي مقصد شرعي[(١)].

وإذا كان المجتمع قد قصر في حقها، ولم يؤمنها في نفسها وعرضها، فقد وجب عليه جبر خواطرها، وشفائها من كل أحزانها وآلامها، بإصدار تشريع يلزم ذوى الاختصاص والشأن بإعادة عذريتها إليها بعملية جراحية[(٢)].

**القول الثاني:** يرى عدم جواز رتق بكارة المغتصبة، وممن قال بهذا الدكتور محمد مختار الشنقيطي، والشيخ عز الدين التميمي، والدكتور محمد منصور[(٣)]، ويكفي إصدار شهادة طبية تثبت أنها اغتصبت رغما عنها، مستندين إلى المفاسد التي تنتج عن عملية الرتق، والتي يمكن إجمالها بالآتي:

٢. الغش والخداع: لمن يريد الزواج بهذه المغتصبة في المستقبل، إذ لوعلم بزوال عذريتها لما أقدم على الزواج منها، فرتق بكارتها تدليس عليه، يثبت له حق فسخ النكاح بعد علمه[(٤)].

---

(١) المرجع السابق، (ص٢٣٣-٢٤٣ بتصرف).

(٢) واصل، نصر فريد عن موقع الشبكة الإسلامية.

(٣) منصور، محمد خالد، ١٩٩٤م، الأحكام الطبية المتعلقة بالنساء في الفقه الإسلامي، (ص١٣٥-١٤٨).

(٤) ياسين، محمد، أبحاث فقهية، ص٢٣٦بتصرف، انظر، بدوي، أحمد محمد، جرائم العرض، (ص٢٦٣).

٣. تشجيع الفاحشة: إذ بسبب رتق بكارة المغتصبة يزال كثير من التهيب والشعور بالمسؤولية الذي ينتاب عادة أية فتاة تحدثها نفسها بارتكاب الفاحشة، لأن الفتاة إذا ما علمت أن فعلتها ستترك آثارا في جسدها يرتب عليها المجتمع عقوبات قاسية أحجمت عن الفاحشة، لكنها إذا ما علمت أن بإمكانها التخلص من آثار جريمتها شجعها ذلك على ارتكاب الفاحشة، وهذا يتنافى مع روح الشريعة في محاربتها للفواحش(١).

٤. في رتق البكارة للمغتصبة كشف عورتها المغلظة من قبل من يجري لها العملية، ولا يجوز النظر ولمس العورة لغير الزوج، إذ لا يحل كشف العورة المغلظة إلا لضرورة أو حاجة ولا ضرورة في رتق البكارة للمغتصبة(٢).

٥. رتق البكارة يؤدي إلى اختلاط الأنساب، فقد تكون حامل ثم تتزوج بعد رتق بكارتها، فتلحق المولود بغير أبيه(٣).

**الرأي المختار:**

إن رتق بكارة المغتصبة يحقق المصالح التي ذكرت سابقا، إذ إنها أحق بالنظر والاعتبار من المفاسد التي ذكرت سابقا، فالمغتصبة معذورة عند الله تعالى، لأنها وقعت ضحية لمجرم لم يتق الله تعالى فيها، قال تعالى: (وَمَنْ يُكْرِهْهُنَّ فَإِنَّ اللهَ مِنْ بَعْدِ إِكْرَاهِهِنَّ غَفُورٌ رَحِيمٌ)(٤)، مع القول بضرورة إخبار زوجها إن أرادت الزواج، ويمكن أن يجاب على المفاسد بما يلي:

ليس في رتق البكارة غش أو تدليس على الزوج، لأن الغش إنما هوإخفاء عيب أو نقص في المحل بحيث يبدو أمام طالبه خاليا منه، فإذا كانت المغتصبة قد زالت بكارتها

---

(١) ياسين، محمد، أبحاث فقهية، (ص٢٣٦ بتصرف).

(٢) المرجع السابق، (ص٢٣٦-٢٣٧ بتصرف)

(٣) الحصان، صالح،أحكام الاتصال الجنسي،ص١٨٢

(٤ ) سورة النور، الآية ٢٣.

رغما عنها ليس في إصلاحها عيب؛ لأن زوال بكارتها عيب طفيف في الجسد لا يد لها فيه ولا يعد معصية لـلـه تعالى، فإذا رتق عاد إلى وضعه الطبيعي وهذا إظهار للحقيقة لا إخفاء لها، ومنجاة للفتاة من اتهام لم تقع فيه، وتخليص لها من مفاسد معنوية كثيرة تفوق ما يترتب على تمزق بكارتها[١].

إصلاح بكارة المغتصبة لا يعتبر تشجيع على الفاحشة لأنها ضحية للفاحشة، ولم تقع فيها أصلا، ولم تعص ربها بما وقع عليها من مجرم لم يتقه تعالى بها، بل إصلاح بكارتها يساعد على حمايتها من الرذيلة[٢].

أما مفسدة كشف العورة فقد أجاز الفقهاء كشفها، إذا ترتب على الكشف مصلحة راجحة أو دفع مفسدة أعظم من مفسدته، وفي رتق بكارة المغتصبة مصلحة لها وللمجتمع[٣].

ثم لا يكفي في الستر على المغتصبة أن يحرر لها شهادة طبية، تثبت أنها تعرضت للاغتصاب دون إصلاح بكارتها، لعدم فاعلية هذا الإجراء في الواقع، وعدم كفايته في إقناع زوج المستقبل ببراءة زوجته، وعدم إقناع المتسامعين بذلك من الناس، فإن شيطان الشك في قضايا العرض أقوى من أن يدفع بمثل هذا[٤].

---

(١) ياسين، محمد، أبحاث فقهية، (ص ٢٤٠بتصرف).

(٢) المرجع السابق، (ص٢٤٢ بتصرف).

(٣) المرجع السابق، (ص٢٤٣ بتصرف).

(٤) المرجع السابق، (ص٢٤٢ بتصرف)، والقانون الوضعي لا يعتبر إزالة البكارة اغتصاب إن تمت بغير ذكر الرجل؛ فيجب أن يتم الإيلاج أو الجماع بصورة طبيعية وذلك بإتيان الأنثى من الأمام فإذا تمت المجامعة من غير المكان الطبيعي أو تم إزالة بكارة المجني عليها بغير العضو التناسلي للرجل فلا تقوم جريمة الاغتصاب، إذ يجب الالتقاء الطبيعي للأعضاء التناسلية. فكل فعل لا يتضمن إيلاج العضو التناسلي للذكر في فرج المرأة لا يعتبر اغتصابا، وإن كان قد تضمن الفعل أو التصرف وضع شيء آخر حتى لوترتب على ذلك الفعل إزالة غشاء البكارة، إذ يعتبر ذلك جريمة فحشاء "هتك عرض". انظر، أبوحجيلة، الحماية الجزائية للعرض، (ص٥٩-٦٥ بتصرف).

الفرع الرابع: حكم إجهاض الحمل[1] إن ترتب من الاغتصاب:

تتولد من جريمة الاغتصاب آثارا خطيرة تؤدي إلى تدمير المجتمع بكل قيمه ومبادئه، ومن أبرز نتائج الاغتصاب الحمل الناتج عنه، ما حكمه وما حكم الشرع في إجهاضه؟

دعا الإسلام إلى المحافظة على الجنين مطلقا، فرخصت الشريعة للمرأة الحامل الفطر في رمضان إن خافت من الصوم على جنينها، ودعت إلى تأخير الحد على الزانية حتى تضع ويبلغ الفطام[2]، فليس من الحق إزهاق نفس لا ذنب لها لمجرد أنها أتت من سفاح رضيت به، أما في المغتصبة المستكرهة فالأمر يختلف إذ من العلماء من أجازلها الإجهاض قبل أربعين يوما، أما بعد مائة وعشرين يوما ففيه رأيان:

**الرأي الأول:** يرى جواز إباحة إجهاض حمل المغتصبة، بعد مائة وعشرين يوما[3]، وممن قال بهذا مجمع البحوث الإسلامية بمصر[4] مستدلين بما يلي:

---

(١) تناول العلماء حكم الإجهاض في كثير من تآليفهم مفرقين بين مرحلتي قبل وبعد نفخ الروح ومستندين على حجج تدعم آرائهم وفي المسألة تفصيل ينظر في المراجع التي تناولت الموضوع منها:

- الدمرداش، فرج زهران، (٢٠٠٢) تنظيم النسل بين الحل والحرمة، دار المعرفة الأزهرية، الاسكندرية ص ١٨١-٣٠٨
- الربابعة، حسين محمد، (٢٠٠٦)، تحديد النسل وتنظيمه بين العلم والدين، ط(١)، دار قنديل، عمان، ص١١٤-١٣٤
- حرز الـلـه، محمود ومها أبوياسين، (١٩٩٩)، علم الأمراض والطب الشرعي، دار زهران، عمان، ص٣٨٣-٤١٠

(٢) الخطيب، أم كلثوم، قضية تحديد النسل، (ص١٣٣).

(٣) أما تفريغ ما في أحشائها من نطفة ملوثة للذئب البشرى فنرى ألا مانع من ذلك شرعا بناء على ما أجازه بعض الفقهاء، وأقره مجمع البحوث الإسلامية قبل أن يمضى على الحمل مائة وعشرون يوما ، وإذا أجاز ذلك في الحمل الحلال فهو في الحرام أولى، أما إذا مضى على الحمل مائة وعشرون يوما فإنه لا يحل إسقاط الجنين بحال؛ لأنه فى هذه الحالة يكون نفسا ذات روح يجب المحافظة عليها بالإجماع، والإعتداء عليها لا يجوز بأى حال من الأحوال إلا إذا كان فى استمرار وجوده خطر حقيقى على حياة الجنين لأن حياة الجنين قبل ولادته محتملة وحياة الأم متيقنة، واليقين يقدم على الاحتمال والشك، طبقا للقواعد الشرعية، و الـلـه سبحانه وتعالى أعلم.فتوى الدكتور عبد الفتاح إدريس، عن موقع Islamonline.neرضي الـلـه عنه www. فتوى بتاريخ ٢٠٠٦/٨/٣

(٤) أصدر المجمع فتوى بوجوب إجهاض المغتصبة لاقت ترحيبا من بعض الجهات، ومعارضة من العلماء.

١. أن عدم السماح بإجهاض المغتصبة، يؤدي إلى التسبب للمرأة والجنين بالضرر، وذلك لأن المغتصبة تضطر إلى حمل ولد من رجل تسبب لها بالأذى، والمعتدي في هذه الطريقة يكون قد انتصر على المرأة مرتين؛ الأولى عند اغتصابها، والثانية عندما جعل نطفته في رحمها كدليل مؤبد على جريمته، ثم تحميلها أعباء الأمومة.

٢. أما الضرر الذي يقع على الولد فيكمن في اضطراره لمواجهة الناس والمجتمع كلقيط لا أسرة له ولا أب يرعاه[١].

٣. في إباحة الإجهاض حفاظ على عرضها وعلى أسرتها، والحد من انتشار فضيحتها اجتماعيا[٢]، خاصة إذا غلب على الظن أنها ستقتل إن تبين اغتصابها، فحفاظا على حياتها تجهض[٣].

**الرأي الثاني:** يرى عدم جواز إباحة إجهاض حمل المغتصبة بعد مائة وعشرين يوما، وممن قال بهذا الدكتور محمد الزغول، والدكتور محمد رأفت عثمان، ومحمد طنطاوي، والدكتور عبد الفتاح إدريس،وغيرهم ،مستدلين بما يلي:

١. قوله تعالى: ﴿وَلَا تَزِرُ وَازِرَةٌ وِزْرَ أُخْرَىٰ﴾[٤].

**وجه الدلالة:** تدل الآية على أن لا تتحمل نفس عن نفس إثمها، والجنين لا ذنب له بما حصل للمغتصبة ولم يتسبب لها في ألم الاغتصاب فلا يتحمل وزر من ألقى نطفته فيها، فيكون محرما إجهاضه لأنه لا يد ولا وزر له بما جرى.

---

(١) القاطرجي، الاغتصاب دراسة اجتماعية تاريخية، (ص٣٧٤).

(٢) مبارك، جميل محمد، نظرية الضرورة الشرعية، (ص٤٢٩ بتصرف).

(٣) جمعية العلوم الطبية الإسلامية، ١٩٩٥م، قضايا طبية معاصرة في ضوء الشريعة الإسلامية، ط(١)، دار البشير، عمان، (ج١، ص٢٩٨ وما بعدها).وانظر؛ البوطي: مسألة تحديد النسل، ص١٠٠-١١٢

(٤) سورة الزمر، الآية ٧.

٢.  حديث الغامدية الذي رواه الإمام مسلم في صحيحه عن عبد الـلـه بن بريدة عن أبيه قال: "فجاءت الغامدية فقالت: "يا رسول الـلـه إني قد زنيت فطهرني، وإنه ردها، فلما كان الغد، قالت: يا رسول الـلـه لم تردني! لعلك أن تردني كما رددت ماعزا، فوالـلـه إني لحبلى، قال: أما لا، فاذهبي حتى تلدي، فلما ولدت أتته بالصبي في خرقة، قالت: هذا قد ولدته، قال: اذهبي فأرضعيه حتى تفطميه، فلما فطمته أتته بالصبي في يده كسرة خبز، فقالت: هذا يا نبي الـلـه قد فطمته، وقد أكل الطعام، فدفع الصبي إلى رجل من المسلمين، ثم أمر بها فحفر لها إلى صدرها، وأمر الناس فرجموها، فيقبل خالد بن الوليد بحجر، فرمى رأسها، فتنضح الدم على وجه خالد فسبها، فسمع نبي الـلـه **صلى الـلـه عليه و سلم** سبه إياها، فقال: مهلا يا خالد فوالذي نفسي بيده لقد تابت توبة لوتابها صاحب مكس[١] لغفر له، ثم أمر بها فصلى عليها ودفنت "[٢].

**وجه الدلالة:** هذا دليل على مدى اهتمام الشارع بذلك الجنين، حيث أخر النبي **صلى الـلـه عليه و سلم** إقامة الحد على أمه حفاظا على حياته، ولم يكتف بأن يرى الوليد النور بل رد أمه مرة أخرى لترضعه، ليتمتع كغيره من الأطفال بحقه في الرضاع، وليكون أقوى على الحياة، ثم إنه عهد به إلى رجل من الأنصار وهذا يدل على وجوب رعايته.

٣.  إعمالا لقاعدة سد الذرائع يحرم الإجهاض من الاغتصاب، خشية التشجيع على ارتكاب الفاحشة لمن اغتصبت، خاصة إذا لم تعالج نفسيا قد يدفعها ذلك إلى عدم المبالاة بما حصل لها، وتستسهل الفاحشة إذا ما علمت أن الحمل لن يفضحها لأنها بسهولة تتخلص منه[٣].

٤.  الاغتصاب لا يشكل حالة من حالات الضرورة،التي تبيح الإجهاض، ولا يعتد شرعا بما يقال إن الجنين محكوم عليه بالعذاب النفسي وربما الجسدي، إذا ما ولد ووجد

---

(١) المكس الجباية والماكس العشار، ابن منظور، لسان العرب،ج٦ص٢٢٠ صاحب مكس، أي آخذ الضريبة

(٢) صحيح مسلم، كتاب الحدود، باب من اعترف على نفسه بالزنا، (ج٣ ص١٣٢٣)، ح رقم ١٦٩٥

(٣) الخطيب، أم كلثوم يحيى مصطفى، ١٩٨٢م، قضية تحديد النسل في الشريعة الإسلامية، ط(٢)، الدار السعودية، جدة، (ص١٧٠-١٧٢).

نفسه فاقد الملجأ والحنان بدون أب أو بدون أسرة[1]، لأن له مكانته في الإسلام ورعايته[2].

**الترجيح:**

ترى الباحثة أن حمل المغتصبة محترم إذا تجاوز مائة وعشرين يوما، لقوة أدلة الفريق الثاني، وكرامة للنفس البشرية،إذ إن حياة الجنين محترمة كحياة أمه، أما قبل ذلك فعند المغتصبة مدة تستطيع أن تجهض للأسباب التي ذكرها أصحاب الرأي الأول، فإن تجاوزحملها مدة مائة وعشرون فلا تعذر في إجهاضها لأنها قصرت ولم تعمل بالرخصة التي أباحت لها الإجهاض[3]، مع القول بأنها تتمتع بسائر الأحكام التي تتعلق بالحامل من نكاح صحيح عندما تحيق بها الضرورة الملجئة إلى الإجهاض[4]، و الـلـه أعلم.

الفرع الخامس: دفاع المرأة عن نفسها واجب شرعي:

إذا راود الرجل المرأة عن نفسها، ثم حاول إكراهها على الزنى، فدافعت عن نفسها ولم يكن من يدفعه عنها فقتلته، فإنها لا تقاد به ولا دية عليها، لأنه معتد وقتله يكون

---

(١) ارفيس، باحمد، مراحل الحمل والتصرفات الطبية الحديثة في الجنين بين الشريعة الإسلامية والطب المعاصر، د، ت، (ص٤٥٠ وما بعدها)، والمحمدي، علي محمد، ٢٠٠٥م، بحوث فقهية في مسائل طبية معاصرة، ط(١)، دار البشائر، بيروت، (ص٢١٨)، جمعية العلوم الطبية الإسلامية، قضايا طبية معاصرة في ضوء الشريعة الإسلامية، (ج١، ص٣٠٠)

(٢) القاطرجي، نهى، الاغتصاب دراسة تاريخية، إذ قالت: أن الشيخ ابن باز رحمه الـلـه تعالى قال أن- =المرأة المغتصبة لا يجوز لها أن تطرح ما في بطنها إذا جاوز الحمل أربعين يوما رحميا، والدكتور عبد الجليل شلبي، اعتبر أن الفتيات اللاتي يتعرضن للاعتداء لا إثم عليهن في ذلك، والحمل الذي ينشا مخلوق له حق الحياة ولا يلحق بأبيه ولكنه ابن أمه ولا يجوز قتله، ونقلت عن الدكتور يوسف القرضاوي قوله: إذا كان إجهاض الحمل الناشىء من نكاح صحيح محرما في الحالة العادية فإنه من باب أولى أن يكون أشد تحريما في حالة نشوئه من طريق غير مشروع كالاغتصاب أو السفاح لأن الشارع يحرم كل الفواحش ويسد كل الطرق التي تؤدي إليها(ص٣٧٢-٣٧٦).

(٣) البوطي: مسألة تحديد السل، ص٦١ بتصرف.

(٤) البوطي: مسألة تحديد النسل، ص ٩٩

بحق، فإذا كان الاعتداء على المال يسوغ القتل دفاعا عنه فأولى في الحفاظ من المال العرض[1]، لذا يكون دفاع المرأة عن نفسها واجبا؛ لأنه منع من التمكين من المحرم، ولا يحل لها أن تتركه يتمكن من اغتصابها لأن ذلك حرام، وإن قتلته فهي منعته من المحرم، فتكون مأجورة لا مؤاخذة، فإن دافعته ولم يندفع وعدمت كل وسيلة فهي مكرهة رفع اللـه تعالى عنها المؤاخذة والمأثم[2]، ودفاعها عن نفسها مهم لاعتماد كثير من الناس على الادعاء بالقوة والهيمنة، بينما هم أخوف وأجبن من أن يقوموا بأي عمل مهما كان، وهذا الأمر غالبا ما تؤكده الدراسات النفسية الحديثة، التي تشير إلى أنه في بعض حالات الاغتصاب، قد تستطيع المرأة المغتصبة النجاة بنفسها إذا أبدت قليلا من الشجاعة وقاومت المعتدي، وفي بعض الأحيان قد يكفي الكلام والتهويل لجعل المجرم يعدل عن جريمته ويلوذ بالفرار[3].

## المطلب الخامس: اغتصاب النساء والمواثيق الدولية

تتحدث المواثيق الدولية عن الاغتصاب، بوصفه مصادرة للحرية الجنسية للمرأة وتعد عليها، إذ يشكل الاغتصاب انتهاكا صارخا لعدد من المواد التي نصت عليها المواثيق

(1) أبوزهرة، محمد، العقوبة، دار الفكر العربي، القاهرة، (ص٣٣٩-٣٤٠ بتصرف).

(2) المرجع السابق، (ص٣٤١)، ويقول: أن الفقهاء متفقون على أن قتل المرأة من يحاول الاعتداء عليها بالزنا واجب لأنها إن سكتت مع القدرة على دفعه مكنته من نفسها فشاركته في إثم الفاحشة وذلك حرام بالاتفاق فالسكوت الذي يؤدي إليه حرام لا محالة ودفع الحرام واجب، بخلاف القتل دفاعا عن النفس فإنه ليس بواجب، وانظر،الزحيلي، وهبة، ١٩٩٧م، نظرية الضرورة الشرعية، ط(٤)، دار الفكر، دمشق، (ص١٣٩-١٤٠)، وهناك رأي غريب عند ابن العربي والقرطبي، "إذا أكره الرجل على إسلام أهله لما لا يحل أسلمها، ولم يقتل نفسه دونها، ولا احتمل إذاية في تخليصها" محتجين بما وقع لإبراهيم عليه السلام لما أسلم سارة للطاغية فنجاها اللـه منه. مبارك، جميل محمد، ١٩٨٨م، نظرية الضرورة الشرعية حدودها وضوابطها، ط(١)، دار الوفاء، القاهرة، (ص١١٠- ١١٢بتصرف)، وقال: فيه نظر؛ لأنه شرع من قبلنا وعلى القول بحجيته فهو يتعارض مع أحاديث الدفاع عن العرض، ثم إن إبراهيم كان موقنا بحماية اللـه تعالى لأهله من الطاغية أو أنه لم يدافع لأنه رأى أنه لا قبل له بالطاغية.

(3) القاطرجي، جريمة الاغتصاب، (ص١٤٨).

الدولية لحقوق الإنسان، ففي الإعلان العالمي لحقوق الإنسان يتعارض الاغتصاب والعنف الجنسي مع حق المرأة في الحرية والسلامة الشخصية، كما يتعارض مع حقها في عدم الخضوع للتعذيب، أو أي شكل من أشكال المعاملة القاسية أو اللاإنسانية[1]، إذ غالبا ما يتم الاغتصاب بممارسة المجرم لشتى أساليب الإكراه والعنف حتى تذعن له المغتصبة، ويتعارض الاغتصاب مع عدد من نصوص العهد الدولي الخاص بالحقوق المدنية والسياسية، إضافة لعدم جواز تعريض فرد لمعاملة تمس شرفه الشخصي أو سمعته.

وبما أن الاغتصاب وغيره من أشكال العنف الجنسي غالبا ما يوجه للمرأة، فإنه يشكل انتهاكا لاتفاقية القضاء على جميع أشكال التمييز ضد المرأة لعام ١٩٧٩م، التي نصت في مادتها السادسة على ضرورة اتخاذ جميع التدابير اللازمة لمكافحة جميع أشكال الاتجار بالمرأة، ودعارتها التي غالبا ما تكون برضاها، فمن باب أولى مكافحة الاغتصاب الذي يكون بالاعتداء على جسدها.

وعليه فتتفق المواثيق الدولية مع الشريعة الإسلامية بتجريم الاغتصاب، مع اختلافهما في سبب تجريمه والعقوبة المقررة على المغتصب.

---

(١) يذكر الاغتصاب في اتفاقيات جنيف لعام ١٩٤٩م، كإحدى الانتهاكات الجسيمة في الفقرات الثلاث المتعلقة بالتعذيب،والأضرار الخطيرة بالسلامة البدنية، أو الصحية أو المعاملة اللاإنسانية.

## المبحث الرابع

# التجارة بجنس النساء

وفيه مطالب

**المطلب الأول:** تعريف البغاء لغة واصطلاحا.
**المطلب الثاني:** الألفاظ ذات الصلة.
**المطلب الثالث:** حكم البغاء في الإسلام.
**المطلب الرابع:** حكم قتل الإناث على خلفية الشرف.
**المطلب الخامس:** التدابير الوقائية والعلاجية للبغاء في الإسلام.
**المطلب السادس:** البغاء والمواثيق الدولية.

# تمهيد

تعتبر جريمة الاتجار بجنس المرأة متمثلة ببغائها،من أخطر الجرائم التي تستغل بها المرأة بل ومن أبرز قضايا العنف ضدها،وتعتبر ثالث أكبرمصدر دخل للجريمة المنظمة بعد المخدرات والميسر، إذ يبلغ حجم تجارة المومسات إحدى عشر مليار دولار،فهي تجارة رائجة تفوق الميزانية العامة لكثير من الدول، وهي تجارة منظمة لها وسائلها بدءا من الكتب والمجلات وأشرطة الفيديو والقنوات الفضائية والإنترنت التي تعتبر من أكثر الوسائل ترويجا لهذه الجريمة[1]، والناظر في أحوال العالم اليوم، يجد البغاء يزداد انتشارا وحماية يوما بعد يوم، يقول: بول بيورو: "إن احتراف البغاء قد أصبح في زماننا نظاما محكم التركيب، ويعمل فيه أرباب القلم وناشرو الكتب، والمحاضرون والأطباء والقابلات والسياح التجاريون، ويستعمل له كل جديد من فنون النشر والعرض والإعلان"[2]، ويؤكد تقرير حديث لمنظمة الهجرة الدولية أنه يجري سنويا بيع نصف مليون امرأة إلى شبكات الدعارة في العالم، وأعمارهن تتراوح بين الثامنة عشرة والخامسة والعشرين، والكثير منهن يقعن في فخ الاستدراج، الذي يجري عادة عن طريق نشر إعلانات مكثفة في مختلف الصحف، عن الحاجة إلى مربيات أو نادلات في المطاعم أو مغنيات، أو راقصات أو عارضات أزياء بعروض مغرية،وبعد وصول الفتيات إلى أماكن العمل، تصادر جوازات سفرهن ويحتجزن لعدة أسابيع، يتعرضن خلالها للإهانات والتعذيب، ثم يجبرن على ممارسة الجنس مع كثير من الرجال إلى أن يروضن تماما، ثم يبيعهن القوادون إلى عصابات مختلفة،ولم يقتصر استغلال جسد المرأة في البغاء بل إنها تستخدم لترويج البضائع ودائما أبدا ترى صورة امرأة فاتنة للإعلان عن أي شيء حتى ولو لم يكن له أي علاقة بالمرأة، وانتشار هذه الجريمة له آثاره المدمرة ليس فقط على المرأة وإنما على المجتمع كافة.

---

(١) القدهي، مشعل، الإباحية وتبعاتها،ص٢٤ وما بعدها

(٢) البار، محمد علي، ١٩٨٧م، الإيدز وباء العصر، ط(١)، دار المنارة، جدة، (ص٤٦)، نقلا عت النمر، عوامل ضعف النسل، (ص١٨٦).

## المطلب الأول: تعريف البغاء لغة واصطلاحا:

البغاء لغة: بكسر الباء الزنى والفجور[١]، وأصل البغاء الطلب، غير أنه أكثر ما يستعمل في الفساد[٢]، فالبغاء قصد الفساد، ويقال البغايا من بغت المرأة تبغي بغاء إذا فجرت[٣]، والبغي يستوي في لفظه المذكر والمؤنث، وقيل وزنه فعول لأن أصله بغوى أبدلت الواو ياء ثم كسرت الغين لأجل الياء التي بعدها[٤]، وقيل إنه مختص بزنا النساء فلا يقال للرجل إذا زنا أنه بغى[٥]، ويقال بغت المرأة إذا طلبت غير زوجها[٦]، وبغت المرأة إذا أتت الفاحشة[٧].

**اصطلاحا:** يعبر الفقهاء عن البغاء بالزنا[٨]، إلا أن البغاء يختلف عن الزنا بأنه مقابل أجر مادي، وعادة ما تمارس البغي الزنا مع عدد من الناس، فهوأشبه بالمهنة لها، وفي كتب القانون وردت تعريفات متعددة للبغاء ؛ أذكر منها:

"ممارسة الأنثى لأفعال من شأنها إرضاء شهوات غيرها مباشرة وبدون تمييز"[٩]، فهواتصال المرأة الجنسي على وجه غير مشروع مقابل أجر، "أو منح الخدمات الجنسية مقابل أجر أو مكافأة مادية"[١٠]، وعليه لا يخرج المعنى اللغوي للبغاء عن معناه الاصطلاحي.

---

(١) ابن منظور، لسان العرب، (ج١٤، ص٧٨).

(٢) المباركفوري،تحفة الأحوذي، (ج٤، ص٢٣٨).

(٣) القرطبي، الجامع لأحكام القرآن، (ج٢، ص٢٣٢).

(٤) ابن حجر،فتح الباري، (ج٩ ص٤٩٤)

(٥) الشوكاني، فتح القدير، (ج٤، ص٢٩).

(٦) القرطبي، الجامع لأحكام القرآن، (ج٨، ص٣٢٦).

(٧) القرطبي، الجامع لأحكام القرآن، (ج١٥، ص١٧٢).

(٨) الناظر في كتب التراث الإسلامي، يجد أن البغاء مقصور في عرفهم على الإماء، فلا يتحدثون عن بغاء الحرائر، والبغاء هو الزنا المنظم أو المقنن، فإذ اشتهرت المرأة بالبغاء أصبح ديدنها وعادتها، وبالتالي قد تحترفه مهنة لها، وهذا هو الفارق عن الزنا، فالزنا ليس منظم أو يمارس باعتياد مقابل أجر، على خلاف البغاء، والبغاء علنا أما الزنا سرا،انظر:ابن عاشور، التحرير والتنوير، (ج٩، ص٤٨١).

(٩) الحنبلي، مازن، جرائم البغاء، المكتبة القانونية، (ص١٣).

(١٠) غبارى، محمد سلامة، ٢٠٠٦م، الدفاع الاجتماعي في مواجهة الجريمة، ط(١)، دار الوفاء، الإسكندرية، (ص٢٥)، فالبغاء يحدث إما تلبية لحاجة اقتصادية للمرأة أو لحاجة جنسية وعندئذ تشترك مع الرجل في هذه الحاجة، لكن أغلب البغايا تكون دوافعهن مالية بحتة.

## المطلب الثاني: الألفاظ ذات الصلة:

**يشترك البغاء مع ألفاظ تستعمل للدلالة عليه؛ منها:**

١. **الدعارة:** تعني الفسق والفساد، فيقال دعر الرجل دعارة ودعرا فجر ومجر، وفيه دعارة مشددة الراء ودعرة أي سوء خلق(١)، ورجل دعارة خائن يعيب أصحابه، ودعر الرجل دعرا إذا كان يسرق ويزني ويؤذي الناس، والدعار المفسد، والدعر الفساد(٢).

٢. **العهر:** عهر عهورا أي فجر وفسق وزنى، فالعاهر مشترك بين الذكر والأنثى، ويميز بينهما بالهاء للأنثى، وعدمها للرجل، فحقه أن يكون صريحا فيهما، أو كناية فيهما بأن يراد به الفاجر(٣).

٣. **الفجور:** الانبعاث في المعاصي والزنى، وقيل رجل فاجر أي كذب وزنى، وكفر ومال عن الحق(٤)، والفجور الركوب إلى ما لا يحل، ويقال مال من حق إلى باطل، والفاجر المائل والساقط عن الطريق، ويقال للمرأة يا فجار يريد يا فاجرة(٥).

فهذه الألفاظ تدور حول معنى البغاء، وكثيرا ما تستعمل به، إذ إن البغاء ميل عن الفطرة الجنسية التي جعل اللـه السبيل لتصريفها الزواج، وتصريفها فيما لا يحل،فالبغاء فساد وإفساد، مما جعل العقول تقبحه قبل تحريم الشرع له(٦).

---

(١) الفيروزآبادي،القاموس المحيط، (ج١، ص٥٠٢).

(٢) ابن منظور، لسان العرب (ج٤، ص٢٨٦).

(٣) الشرواني، عبد الحميد، حواشي الشرواني على تحفة المحتاج بشرح المنهاج، (ج٨، ص٢٠٤).

(٤) الفيروزآبادي، القاموس المحيط (ج١، ص٥٨٤).

(٥) ابن منظور، لسان العرب، (ج٥، ص٤٧).

(٦) في مبايعة النساء للرسول صلى اللـه عليه و سلما يفهم أن نساء الجاهلية الحرائر كن يرون الزنا قبيحا، بدليل قول هند بنت عتبة للرسول صلى اللـه عليه و سلم، أو تزني الحرة؟!

## المطلب الثالث: حكم البغاء في الإسلام

حرم الإسلام البغاء لما فيه من تجن على حق الله تعالى وحق الإنسانية، فهو يؤول إلى إفساد الفراش واختلاط الأنساب، ناهيك عن ما يسببه من انتشار للأمراض الفتاكة التي لا يعرف لها دواء، والأدلة على تحريمه هي أدلة تحريم الزنا، إذ إن تحريم الزنا معلوم من الدين بالضرورة، فيكفي أن أذكر منها:

١. عن عروة بن الزبير أن عائشة زوج النبي صلى الله عليه و سلم أخبرته: " أن النكاح في الجاهلية كان على أربعة أنحاء فنكاح منها نكاح الناس اليوم، يخطب الرجل إلى الرجل وليته أو ابنته فيصدقها ثم ينكحها، ونكاح آخر كان الرجل يقول لامرأته إذا طهرت من طمثها أرسلي إلى فلان فاستبضعي منه، ويعتزلها زوجها ولا يمسها أبدا حتى يتبين حملها من ذلك الرجل الذي تستبضع منه، فإذا تبين حملها أصابها زوجها إذا أحب، وإنما يفعل ذلك رغبة في نجابة الولد، فكان هذا النكاح نكاح الاستبضاع، ونكاح آخر يجتمع الرهط ما دون العشرة فيدخلون على المرأة كلهم يصيبها، فإذا حملت ووضعت ومر عليها ليال بعد أن تضع حملها أرسلت إليهم، فلم يستطع رجل منهم أن يمتنع حتى يجتمعوا عندها، تقول لهم قد عرفتم الذي كان من أمركم، وقد ولدت فهو ابنك يا فلان، تسمي من أحبت باسمه فيلحق به ولدها لا يستطيع أن يمتنع منه الرجل، ونكاح الرابع يجتمع الناس الكثير فيدخلون على المرأة لا تمتنع ممن جاءها، وهن البغايا كن ينصبن على أبوابهن رايات تكون علما، فمن أرادهن دخل عليهن، فإذا حملت إحداهن ووضعت حملها، جمعوا لها، ودعوا لها القافة، ثم ألحقوا ولدها بالذي يرون فالتاط به ودعي ابنه لا يمتنع من ذلك، فلما بعث محمد صلى الله عليه و سلم بالحق هدم نكاح الجاهلية كله إلا نكاح الناس اليوم"[١].

**وجه الدلالة:** يدل الحديث دلالة واضحة على تحريم الإسلام للبغاء وإبطاله له، والحديث يشير إلى نوعين من البغاء كان منتشرا: الأول: يكون باجتماع الرهط ما دون

(١) صحيح البخاري، باب من قال لا نكاح إلا بولي لقول الله تعالى، ﴿فَلَا تَعْضُلُوهُنَّ﴾ فدخل فيه الثيب وكذلك البكر، وقال: ﴿وَلَا تَنْكِحُوا الْمُشْرِكَاتِ حَتَّى يُؤْمِنَّ﴾، وقال: ﴿وَلَأَمَةٌ مُؤْمِنَةٌ خَيْرٌ مِنْ مُشْرِكَةٍ﴾، ح رقم(٤٨٣٤)، (ج٥، ص ١٩٧٠).

العشرة، فيدخلون على المرأة كلهم يصيبها، والثاني: يجتمع الناس الكثير، فيدخلون على المرأة، لا تمتنع ممن جاءها، وهن البغايا كن ينصبن على أبوابهن رايات تكون علما، فمن أرادهن دخل عليهن، ولعل الفارق بينهما أن الأول غير معلنة عن نفسها، أما الثاني فهي مشتهرة به تدعو له ومتخذته مهنة.

٢. عن جابر قال: "كانت مسيكة لبعض الأنصار فقالت: إن سيدي يكرهني على البغاء، فنزلت (وَلَا تُكْرِهُوا فَتَيَاتِكُمْ[١] عَلَى الْبِغَاءِ)"[٢][٣].

**وجه الدلالة:** أن الآية صريحة في تحريم البغاء، وإن جاءت في الإماء إلا أن حكمها يعم النساء الحرائر من باب أولى، لقبح البغاء وضرره، ولمخالفته مقصد الشارع في حماية الأعراض وصونها.

٣. عن ابن مسعود رضي الله عنه"أن رسول الله صلى الله عليه و سلم نهاهم عن ثمن الكلب ومهر البغي وحلوان الكاهن"[٤].

**وجه الدلالة:** الحديث يبين حرمة مهر البغي وهوالغاية من البغاء، والبغاء وسيلته فيأخذ حكم غايته في التحريم، ومهر البغي هوما تأخذه الزانية على الزنى سماه مهرا مجازا[٥]، وهومجمع على تحريمه[٦]، إذ لا خلاف بين علماء المسلمين في أن مهر البغي حرام[٧].

---

(١)الفتيات: بفتح الفاء والتاء جمع فتاة والمراد بها الأمة وكذا الخادم ولوكانت حرة .ابن حجر، فتح الباري، (ج١٢، ص٣١٩). لسان العرب، (ج١٥، ص١٤٧).

(٢) سورة النور، الآية ٣٣.

(٣) المستدرك على الصحيحين، باب تفسير سورة النور، وقال: "حديث صحيح على شرط مسلم ولم يخرجاه"، ح رقم (٣٥٠٢)، (ج٢، ص٤٣٢).

(٤) صحيح البخاري، باب كسب البغي والإماء، ح رقم(٢١٦٢)، (ج٢، ص٧٩٧).

(٥) المباركفوري، تحفة الأحوذي شرح جامع الترمذي، (ج٤، ص٤١٣).

(٦) ابن عبد البر، التمهيد، (ج٨، ص٣٩٨).

(٧) ابن عبد البر، الاستذكار، (ج٦، ص٤٢٨).

٤. عن ابن عباس قال:قال رسول الـلـه صلى عليه وسلم: "لا مساعاة في الإسلام"[(١)].

**وجه الدلالة:** الحديث ينهى عن مساعاة الزانية، ويبين أنها حرام، ويقال ساعت الأمة إذا فجرت، وساعاها فلان إذا فجر بها مفاعلة من السعي، كأن كلا منهما يسعى لصاحبه في حصول غرضه، فلما كانوا يجعلون المساعاة في الإماء دون الحرائر، لأنهن كن يسعين لمواليهن، فيكسبن لهم بضرائب كانت عليهن، أبطلها الإسلام وحرمها[٢]، فلا تجوز إجارة الإماء للزنا لأنها إجارة على المعصية[٣]، فإذا لم يجز بغاء الأمة فمن باب أولى الحرة.

٥. عن عثمان بن عفان: "لا تكلفوا الأمة غير ذات الصنعة، الكسب فإنكم متى كلفتموها ذلك كسبت بفرجها" أي زنت فتدخلوا في آية ﴿وَلَا تُكْرِهُوا فَتَيَاتِكُمْ عَلَى الْبِغَاءِ﴾[(٤)(٥)].

**وجه الدلالة:** يدل كلام عثمان على النهي عن كسب الأمة، خشية أن تكون كسبته بفرجها، وهونفس دلالة حديث النهي عن مهر البغي،"قيل المراد بكسب الأمة جميع كسبها، وهو من باب سد الذرائع، لأنها لا تؤمن إذا ألزمت بالكسب، أن تكسب بفرجها، فالمعنى أن لا يجعل عليها خراج معلوم تؤديه كل يوم"[(٦)] ، وقيل كأنه نبه على أن الممنوع كسب الأمة بالفجور، لا بالصنائع الجائزة[(٧)].

---

(١) أبو داود، السنن، باب في ادعاء ولد الزنا، ح رقم(٢٢٦٤)، (ج٢، ص٢٧٩). وأخرجه الحاكم، المستدرك على الصحيحين، كتاب الفرائض، ح رقم(٧٩٩٢)، وقال حديث صحيح على شرط الشيخين ولم يخرجاه، (ج٤، ص٣٨٠).

(٢) آبادي، عون المعبود، (ج٦، ص٢٥١-٢٥٢).

(٣) الكاساني، بدائع الصنائع، (ج٤، ص١٩٠).

(٤) سورة النور، الآية ٣٣.

(٥) الزرقاني، شرح الزرقاني، (ج٤، ص٥٠٨).

(٦) ابن حجر، فتح الباري، (ج٤، ص٤٢٧ ).

(٧) ابن حجر، فتح الباري، (ج٤، ص٤٦٠-٤٦١)، وقال: "بين البغي والإماء خصوص وعموم وجهي فقد تكون البغي أمة وقد تكون حرة والبغي بفتح الموحدة وكسر المعجمة وتشديد الياء بوزن فعيل بمعنى فاعلة أو مفعولة وهي الزانية".

## المطلب الرابع: حكم قتل الإناث على خلفية الشرف[1]:

تأخذ قضية قتل الإناث على خلفية الشرف أهمية وعناية، ليس فقط على الصعيد المحلي للدول بل والعالمي،إذ تعتبر من أبرز قضايا العنف الموجه للمرأة،ففي كثير من الأحيان تكون المرأة ضحية لمؤامرة تودي بحياتها بحجة أنها ارتكبت الفاحشة، علما بأن أكثر القتلة لا يلتزمون بالشرع و لكنهم يتمسحون به ليبرروا جريمتهم، والدليل على ذلك أن أغلب القضايا عند التأمل بها لا تعدو أن تكون عقوبة المرأة فيها التعزير وليس القتل، والمتتبع لمثل هذه القضايا فقط في المجتمع الأردني يكاد لا يصدق كيف يبالغ الرجل في حماية الشرف وهو أبعد ما يكون عنه،ففي حين يسوغ لنفسه أن يتبع هواه، يحرم على أخته أو ابنته أن تنظر من النافذة، فكيف إذا سمع أنها وقفت مع رجل، ومثل هذه القضايا تسوق إعلاميا وتكون مادة دسمة لكثير من حلقات التلفاز أو الصحافة للطعن في الشرع الذي يعتبر المسؤول الأوحد عنها أولا وآخرا، لذلك سأبحث عن حكم الشريعة في الفروع التالية:

الفرع الأول : حكم قتل المرأة في حال تلبسها بالزنا:

بحث الفقهاء هذه المسألة تحت عناوين مختلفة، فبحثها البعض تحت عنوان دفع الصائل، وبحثها البعض تحت باب اللعان، وبحثها بعضهم تحت باب التعزير، أو تحت عنوان الرجل يجد رجلا مع امرأته فيقتله أو يقتلها، وإلى غير ذلك من هذه العناوين التي

---

(١) اعتنى الباحثون بهذه المسألة فتناولوها بالبحث لانتشارها في مجتمعنا الأردني، واعتمدت على دراسة الباحث، دراغمة، عبد الرحيم محمود، ٢٠٠٧م، جرائم الشرف في الشريعة الإسلامية مقارنة بقانون العقوبات الأردني، أطروحة لنيل الدكتوراة في القضاء الشرعي، قسم الرسائل الجامعية، مكتبة الجامعة الأردنية، عمان، وانظر للاستزادة،المجالي: عبد الحميد،(٢٠٠٠)،القتل لحماية الشرف ودفع العار في الشريعة الإسلامية والقانون الأردني،مجلة مؤتة للبحوث والدراسات، المجلد الخامس عشر، العدد الأول.مع التنبيه إلى أن كثير من الباحثين يعترض على مسمى جرائم الشرف ويعتبرها تسمية غير صحيحة إذ فيها تلبيس الحق بالباطل.

تم فيها بحث هذه المسألة، وفيما يلي التفصيل:

**أولا:** اتفق الفقهاء[1] في حال وجود البينة، على أن من وجد مع زوجته أو إحدى

---

(١) فيما يلي نصوص تبين اتفاق الفقهاء على سقوط القصاص فيمن يقتل زوجته إن أحضر بينة:

**أولا:** عند الحنفية، قال الزيلعي في تبيين الحقائق، (ج٣، ص٢٠٨): " إذا وجد رجلا مع امرأته، أو مع محرم له أو مع جاريته جاز له القتل، وهذا يدل على أن الضرب تعزيرا يملكه الإنسان "، وفي موضع آخر: أن الأصل في كل شخص إذا رأى مسلما يزني أن يحل له قتله". انظر، البحر الرائق، (ج٥، ص٤٥). وجاء في حاشية ابن عابدين، (ج٤، ص٦٣-٦٤): "رجل رأى رجلا مع امرأة يزني بها أو يقبلها، أو يضمها إلى نفسه، وهي مطاوعة فقتله، أو قتلها لا ضمان عليه... ولورأى رجلا مع إمرأة في مفازة خالية، أو رآه مع محارمه هكذا، ولم ير منه الزنا ودواعيه، قال بعض المشايخ حل قتلهما، وقال بعضهم: لا يحل حتى يرى منه العمل أي الزنا ودواعية".

**ثانيا:** عند المالكية، قال الدسوقي في الحاشية، (ج٤، ص٢٣٩): "و قاتل زان أحصن فإنه يقتل به إلا أن يقول وجدته مع زوجتي وثبت ذلك بأربعة ويرونه كالمرود في المكحلة فقتله فإنه لا يقتل بذلك الزاني كان محصنا أو بكرا لعذره بالغيرة التي صيرته كالمجنون، قال ابن فرحون في تبصرته: وعلى قاتله الدية في ماله إن كان بكرا عند ابن القاسم في المدونة، وقال ابن عبد الحكم: إنه هدر مطلقا أي لا شيء فيه ولو بكرا، فإن لم يكن إلا مجرد قوله وجدته مع زوجتي قتل به، إلا أن يأتي بلطخ أي شاهد واحد أو لفيف من الناس يشهدون برؤية المرود في المكحلة فلا يقتل به لدرئه بالشبهة".

**ثالثا:** عند الشافعية، قال الماوردي في الإقناع، (ج٢، ص٥٤٤): "ويجب الدفع عن بضع؛ لأنه لا سبيل إلى إباحته، وسواء بضع أهله، أو غيرهم، ومثل البضع مقدماته كالقبلة والمفاخذة والمعانقة... فإن قتله، أي المصول عليه الصائل دفعا، فلا ضمان بقصاص ولا دية، ولا كفارة، ولا قيمة، ولا إثم، لأنه مأمور بدفعه "وكذا قال الشربيني في مغني المحتاج (ج٤، ص١٩٥).والغمراوي في السراج الوهاج، (ج١، ص٥٣٦).والدمياطي في إعانة الطالبين، (ج٤، ص١٧١-١٧٢).

**رابعا:** عند الحنابلة: "وإن وجد رجلا يزني بامرأته، فقتلها، فلا قصاص عليه، ولا دية، إلا أن تكون المرأة مكرهة، فعليه القصاص هذا إذا كانت بينة، أو صدقة الوالي، وإلا فعليه الضمان في الظاهر؛ لأن الأصل العصمة، والبينة شاهدان"،البهوتي ، كشاف القناع، (ج٦، ص١٥٦).ابن مفلح في المبدع، (ج٨، ص٢٧٧).الرحيباني في مطالب أولي النهى، (ج٦، ص٢٦٢). وعن ابن تيمية أنه سئل عن رجل وجد عند امرأته رجلا أجنبيا فقتلها، فأجاب بقوله: "إن كان وجدهما يفعلان الفاحشة، وقتلهما فلا شئ عليه في الباطن في أظهر قولي العلماء، وهو أظهر القولين في مذهب أحمد... ومن العلماء من قال يسقط القود عنه إذا كان الزاني محصنا، سواء كان القاتل هو زوج المرأة، أو غيره، كما يقول طائفة من أصحاب الشافعي وأحمد"مجموع الفتاوى، (ج٣٤، ص١٦٨-١٦٩).

محارمه رجلا، يزني بها فقتلهما، أو قتلها أو قتل الزاني، فإنه لا قصاص عليه.

**ثانيا:** اختلف الفقهاء في حال عدم وجود البينة، إذا وجد رجل مع زوجته رجلا، يزني بها فقتلها، أو قتلهما، فهل يقتص من القاتل أم لا ؟ إلى قولين في المسألة:

**القول الأول:** قال جمهور الفقهاء من المالكية(١)، والشافعية(٢)، والراجح عند الحنابلة(٣)، أن من وجد مع امرأته، أو إحدى محارمه رجلا وهما متلبسين بجريمة الزنا، فقتلهما، فإنه يقتص منه، مالم يأت بالبينة(٤)، أو يصدقه ولي المقتول في ادعائه، واستدلوا بما يلي:

١. روى سعيد بن المسيب: "أن رجلا من أهل الشام يقول له ابن خيبري وجد رجلا مع امرأته فقتلهما، فرفع ذلك إلى معاوية، فأشكل عليه القضاء في ذلك، فكتب إلى أبي موسى الأشعري، أن سل عليا في ذلك فسأل أبوموسى عليا فقال: إن هذا الشئ ما هو بأرضنا، عزمت عليك لتخبرني، فأخبره فقال علي: إن لم يجئ بأربعة شهداء فليدفعوه برمته"(٥).

**وجه الدلالة:** أن الإمام علي اشترط أربعة شهداء، لسقوط القصاص عن القاتل، احتياطا لدم المقتول، فوجب إثبات البينة على كل من يدعي أنه قتلهما في حال التلبس بالزنا.

---

(١) الدسوقي، الحاشية، (ج٤، ص٢٣٩).

(٢) الشافعي، الأم، (ج٦، ص٣٠). الشربيني، مغني المحتاج، (ج٤، ص١٩٧). النووي، روضة الطالبين (ج١٠، ص١٩٠). الغمراوي، السراج الوهاج على متن المنهاج، (ج١، ص٥٣٦).

(٣) البهوتي، كشاف القناع، (ج٦، ص١٥٦).ابن مفلح، المبدع، (ج٨، ص٢٧٧). ابن القيم، زاد المعاد (ج٥، ص٤٠٥).

(٤) ورد في عدد البينة روايتان، إحداهما، شاهدان، لأن البينة على الوجود لا على الزنا، والأخرى لا يقبل إلا أربعة شهداء، والصحيح أن البينة متى قامت بذلك، أو أقر به الولي سقط القصاص محصنا كان أو غيره،ابن القيم، زاد المعاد،ص٣٦٣.

(٥) ابن أبي شيبة، المصنف، باب الرجل يجد مع امرأته رجلا فيقتله، رقم(٢٧٨٧٩)، (ج٥، ص٤٤٩).

٢. عن أبي هريرة رضي الله عنه: "قال سعد بن عبادة: يا رسول الله، لو وجدت مع أهلي رجلا لم أمسه حتى آتي بأربعة شهداء؟ قال رسول الله صلى الله عليه و سلم: نعم، قال: كلا، والذي بعثك بالحق، إن كنت لأعالجه بالسيف قبل ذلك، قال رسول الله صلى الله عليه و سلم: "اسمعوا إلى ما يقول سيدكم، إنه لغيور، وأنا أغير منه، و الله أغير مني"(١).

**وجه الدلالة:** أن الرسول صلى الله عليه و سلم لم يجز لسعد بن عبادة رضي الله عنه قتل الزاني بزوجته إلا بالبينة.

٣. عن ابن عباس رضي الله عنه: "أن هلال بن أميه قذف امرأته عند النبي صلى الله عليه و سلم بشريك بن سمحاء، فقال النبي صلى الله عليه و سلم : "البينة أو حد في ظهرك، فقال: يا رسول الله إذا رأى أحدنا على امرأته رجلا ينطلق يلتمس البينة، فجعل يقول النبي صلى الله عليه و سلم: البينة، وإلا حد في ظهرك"(٢).

**وجه الدلالة:** أن الرسول صلى الله عليه و سلم، أوجب على هلال إحضار البينة، لما قذف زوجته بالزنا، وإلا فإنه سيجلده حد القذف، مما يعني أنه لا يجوز له قتلها وأن بينهما اللعان فقط، فإذا قتلها اقتص منه.

٤. قال رسول الله صلى الله عليه و سلم: "لا يحل دم امرئ مسلم يشهد أن لا إله إلا الله وأني رسول الله، إلا بإحدى ثلاث: النفس بالنفس، والثيب الزاني، والتارك لدينه المفارق للجماعه"(٣).

**وجه الدلالة:** أن الإسلام عصم النفس البشرية، وحرم قتلها والاعتداء عليها، إلا بما حدده الشرع مع وجود البينة، فوجبت البينة على من يدعي قتلهما متلبسين بالزنا.

---

(١) مسلم، الصحيح، كتاب اللعان، ح رقم(١٤٩٨)، (ج٢، ص١١٣٥).
(٢) البخاري، الصحيح، باب إذا ادعى أو قذف وله أن يلتمس البينة وينطلق لطلب البينة، ح رقم (٢٥٢٦)، (ج٢، ص٩٤٩).
(٣) سبق تخريجه.

**القول الثاني:** يرى سقوط القصاص على من قتل زوجته، أو أحد محارمه أثناء تلبسهما بالزنا، وإن لم توجد، وهو قول الحنفية[١]، وبعض المالكية[٢]، وابن تيمية[٣]، مستدلين بالأدلة التالية:

١. ما روي عن رسول الله **صلى الله عليه و سلم** أنه قال: "من رأى منكم منكرا فليغيره بيده، فإن لم يستطع فبلسانه، فإن لم يستطع فبقلبه، وذلك أضعف الإيمان"[٤].

**وجه الدلالة:** يدل الحديث على جواز تغيير المنكر باليد، فقتلهما من باب تغيير المنكر.

**الاعتراض:** إن تغيير المنكر يكون بشكل تدريجي وعلى مراحل كما ورد في الحديث، فهل يعني تغيير المنكر إباحة القتل دون البينة، أو بمجرد الشبهة، فهذا الدليل لا يصلح للاستدلال به.

٢. عن المغيرة بن شعبة قال: قال سعد بن عبادة: لورأيت رجلا مع امرأتي لضربته بالسيف غير مصفح[٥] عنه، فبلغ ذلك رسول الله **صلى الله عليه و سلم**، فقال: ( أتعجبون من غيرة سعد، فوالله؛ لأنا أغير منه، و الله أغير مني، من أجل غيرة الله حرم الفواحش ما ظهر منها وما بطن، ولا شخص أغير من الله، ولا شخص أحب إليه العذر من الله من أجل ذلك بعث الله المرسلين مبشرين ومنذرين")[٦].

---

(١) الزيلعي، تبيين الحقائق، (ج٣، ص٢٠٨). ابن عابدين، الحاشية، (ج٤، ص٦٣-٦٤). ابن نجيم، البحر الرائق، (ج٥، ص٤٥).

(٢) الدسوقي، الحاشية، (ج٤، ص٢٣٩).

(٣) ابن تيمية، مجموع فتاوى ابن تيمية (ج٣٤، ص١٦٨)، ابن القيم، زاد المعاد (ج٥، ص٤٠٦-٤٠٧)

(٤) مسلم، الصحيح، كتاب الإيمان، باب كون النهي عن المنكر من الإيمان وأن الإيمان يزيد وينقص، ح رقم(٤٩)، (ج١، ص٦٩).

(٥) مصفح بكسر الفاء أي غير ضارب بصفح السيف وهو جانبه بل أضربه بحده،

(٦) مسلم، الصحيح، كتاب اللعان، ح رقم(١٤٩٩)، (ج٢، ص١١٣٦).

**وجه الدلالة:** في الحديث إقرار النبي **صلى اللـه عليه و سلم** لسعد على قتل من اعتدى على أهله بدافع الغيرة، وعدم إيجاب القصاص عليه.

٣. حديث سعد بن عبادة حيث قال: "يا رسول اللـه لو وجدت مع أهلي رجلا لم أمسه حتى آتي بأربعة شهداء؟ قال رسول اللـه **صلى اللـه عليه و سلم:** (نعم) قال: كلا والذي بعثك بالحق، إن كنت لأعالجه بالسيف قبل ذلك، قال رسول **صلى اللـه عليه و سلم:** "اسمعوا إلى ما يقول سيدكم إنه لغيور، وأنا أغير منه، و اللـه أغير مني" .

**وجه الدلالة:** بين الحديث أن القاتل لا قصاص عليه، بدليل أن الرسول**صلى اللـه عليه و سلم** أقر سعدا على ذلك وأثنى على غيرته، ولو كان عليه قصاص لقال: لوقتلته قتلت به، فالرسول **صلى اللـه عليه و سلم** لم ينكر على سعد ذلك، ولم ينهه عن قتله.

**الاعتراض:** هذا الاستدلال لا يمكن الاعتماد عليه، إذ قال العلماء: "الحديث دال على وجوب القود، فيمن قتل رجلا وجده مع امرأته، لأن اللـه عزوجل، وإن كان أغير من عباده، فإنه أوجب الشهود في الحدود، فلا يجوز لأحد أن يتعدى حدود اللـه، ولا يسقط دما بدعوى"[(١)].

ثم إن الحديث يحتمل معنيين كما قال ابن القيم: "الأول: أن إقراره **صلى اللـه عليه و سلم** وسكوته على ما حلف عليه سعد، أنه جائز فيما بينه وبين اللـه، ونهيه عن قتله في ظاهر الشرع، ولا يناقض أول الحديث آخره، الثاني: أن الرسول **صلى اللـه عليه و سلم** قال ذلك كالمنكر على سعد، فقال: "ألا تسمعون إلى ما يقول سيدكم "يعني أنه نهاه عن قتله، وهويقول: بلى والذي أكرمك بالحق، ثم أخبر عن الحامل له على هذه المخالفة، وهي شدة غيرته، ثم قال: "أنا أغير منه، و اللـه أغير مني"، وقد شرع سبحانه وتعالى إقامة الشهداء الأربعة مع شدة غيرته سبحانه، فهي مقرونة بحكمة ومصلحة، ورحمة وإحسان، فاللـه سبحانه مع شدة غيرته أعلم بمصالح

---

(١) العيني، بدر الدين أبي محمد بن أحمد، ت ٨٥٥، عمدة القارى شرح صحيح البخاري، ط١، عدد المجلدات (٢٥)، طبعه وصححه عبد اللـه محمود عمر، دار الكتب العلمية، بيروت، ٢٠٠١م، (ج٢٤، ص٢٢) تحت باب من رأى مع امرأته رجلا فقتله.

عباده، وما شرعه لهم من إقامة الشهود الأربعة دون المبادرة إلى القتل، وأنا أغير من سعد وقد نهيته عن قتله، وقد يريد الرسول **صلى الله عليه و سلم** كلا الأمرين، وهوالأليق بكلامه، وسياق القصة[١].

٤. عن سعيد بن زيد قال: سمعت رسول الله **صلى الله عليه و سلم** يقول: "من قتل دون ماله فهو شهيد، ومن قتل دون دينه فهو شهيد، ومن قتل دون دمه فهو شهيد، ومن قتل دون أهله فهو شهيد"[٢].

**وجه الدلالة:** أن الرسول**صلى الله عليه و سلم**، أجاز للإنسان أن يدافع عن دينه ونفسه وأهله، وإن قتل في سبيل ذلك فهوشهيد، فإذا أجيز للإنسان أن يدافع عن أهله، ويتضمن ذلك دفاعه عن عرضه ولو بالقتال، فلم يجب عليه القصاص، لأن الإذن في الدفاع ينافي الضمان[٣].

**الاعتراض:** يتحدث الحديث عن دفع الصائل، على النفس والمال والأهل وقد اشترط العلماء أن يكون الدفع بالتدريج، فيبدأ بالدفع من الأسهل إلى الذي يليه، فإذا تمت مجاوزة حدود الدفاع الشرعي، فإن المعتدي يكون ضامنا بسبب تعديه في دفاعه[٤].

٥. ما ورد عن أبي هريرة **رضي الله عنه:** عن النبي **صلى الله عليه و سلم** قال: "من اطلع في بيت قوم بغير إذنهم فقد حل لهم أن يفقؤا عينه"[٥].

**وجه الدلالة:** يدل الحديث على جواز ضرب عين الناظر إلى محارم أهل البيت، بمجرد النظر فقط، فكيف فيمن يكون متلبسا يزني بامرأته أو أحدى محارمه، فمن باب أولى أن يهدر دمه، ولا يقتص من قاتله[٦].

---

(١) ابن القيم، زاد المعاد (ج٥، ص٤٠٧- ٤٠٨).

(٢) الترمذي، السنن، كتاب الديات، باب ما جاء فيمن قتل دون ماله فهوشهيد، ح رقم(١٤٢١)، (ج٤، ص٣٠)، قال عنه حديث حسن صحيح.

(٣) دراغمة، جرائم الشرف، (ص٩٦).

(٤) دراغمة، جرائم الشرف، (ص٩٨).

(٥) مسلم، الصحيح، باب تحريم النظر في بيت غيره، ح رقم(٢١٥٨)، (ج٣، ص١٦٩٩).

**الاعتراض:** الحديث يتحدث عن إيذائه، ولم يرد ما يدل على قتله، بل على صاحب البيت رده بالتدريج[1].

٦. ما روى عن عمر بن الخطاب: "أنه كان يوما يتغدى إذ جاء رجل يعدو وفي يده سيف ملطخ بالدم، ووراءه قوم يعدون خلفه، فجاء حتى جلس مع عمر، فجاءه الآخرون فقالوا: يا أمير المؤمنين، إن هذا قتل صاحبنا، فقال له عمر ما تقول ؟ فقال: يا أمير المؤمنين إني ضربت بين فخذي امرأتي، فإن كان بينهما أحد فقد قتلته، فقال عمر: ما تقولون ؟ قالوا: يا أمير المؤمنين إنه ضرب بالسيف موقع في وسط الرجل وفخذي المرأة، فأخذ عمر سيفه، فهزه ثم دفعه إليه وقال: إن عادوا فعد"[2].

**وجه الدلالة:** أن عمر **رضي الله عنه**، لم يقتص من القاتل الذي قتل الرجل الذي زنى بزوجته، بقوله إن عادوا فعد، ثم إنه لم يفرق بين المحصن وغير المحصن.

**الاعتراض:** عمر **رضي الله عنه** أسقط القصاص بسبب إقرار واعتراف أولياء المقتول[3]، بما قاله الرجل، ثم إن هذا الأثر مضطرب: فقد قال العلماء: "أن الأخبار الواردة عن عمر **رضي الله عنه** جاءت في ذلك مختلفة، وعامة أسانيدها منقطعة"[4].

وعلى فرض عدم وجود اختلاف في الروايات عن سيدنا عمر **رضي الله عنه**، فإن الأثر الوارد عن سيدنا عمر لا يتعارض مع إيجاب وجود البينة، لأن عمر **رضي الله عنه** أسقط القصاص لوجود

---

(١) دراغمة، جرائم الشرف، (ص٩٦).

(٢) دراغمة، جرائم الشرف، (ص٩٨).

(٣) الألباني، محمد ناصر الدين، ١٩٨٥م، إرواء الغليل في تخريج أحاديث منار السبيل، ط٢، عدد المجلدات (٩)، بيروت، دمشق، المكتب الإسلامي، (ج٧، ص٢٧٤). ابن ضويان، ابراهيم بن محمد بن سليم، ١٩٨٥م، منار السبيل في شرح الدليل، ط٢، عدد المجلدات (٢)، الرياض، مكتبة المعارف (٢، ص٢٩٠).

(٤) ابن القيم، زاد المعاد (ج٥، ص٤٠٤).

(٥) الكاندهلوي، محمد زكريا بن محمد بن يحي، ت ١٣٢٣هـ أو جز المسالك إلى موطأ مالك، ط١، عدد المجلدات (١٦)، تحقبق أيمن صالح شعبان، دار الكتب العلمية، بيروت، ١٩٩٩م، (ج١٢، ص١٢).

الإقرار، والإقرار أحد وسائل الإثبات، فإن عدم الإقرار يصار إلى البينة وهذا ما أكده ابن القيم من أن مؤدى حكم سيدنا عمر بن الخطاب وسيدنا علي **رضي الله عنه** عنهما واحد، فلا اختلاف بينهما، فسيدنا عمر **رضي الله عنه** أسقط عنه القود، لما اعترف الولي بأنه كان مع امرأته، فكان حكم سيدنا عمر نتيجة إقرار واعتراف أولياء القتيل، وأما حكم سيدنا علي **رضي الله عنه**، فقد طلب أربعة شهداء، حتى لا يقتص من القاتل، فإذا لا تعارض بين حكم عمر وعلي، ذلك أن كلا من الإقرار والبينة يعتبران من وسائل الإثبات، وبناء على هذا فلا تعارض في حكمهما، وهذا يؤيده قول ابن القيم رحمه الله تعالى: "وأنت إذا تأملت حكميهما لم تجد بينهما اختلافا"(١).

٧. عن أبي هريرة **رضي الله عنه**: "جاء رجل إلى رسول الله **صلى الله عليه و سلم** فقال: يارسول الله: أرأيت إن جاء رجل يريد أخذ مالي، قال:فلا تعطه مالك، قال: أرأيت إن قاتلني ؟ قال:قاتله، قال أرأيت إن قتلني، قال:فأنت شهيد، قال: أرأيت إن قتلته قال: هو في النار"(٢).

**ووجه الدلاله:** الحديث يدل على جواز دفع الصائل عن النفس أو المال أو الحريم بأي وسيلة ولو بالقتل، إذ لما سأله عن القتيل قال هو في النار ولم يرتب على القاتل مسؤولية بل عده شهيدا مما يعني أن دم الصائل هدر.

**الاعتراض:** يكون هذا بعد الإنذار، والمناشدة، فإن لم يستجب للإنذار، والمناشدة يجوز دفعه بالقتل أو غيره(٣).

**الترجيح:** ترى الباحثة أن الرأي القائل بوجوب البينة لإثبات التلبس بالزنا هو الراجح، وذلك للأمور التالية:

**أولا:** لا يجوز ابتداء الدفع بالقتل، لئلا تعم الفوضى، وينشر القتل والظلم، وتسفك

(١) ابن القيم، زاد المعاد، (ج٥، ص٤٠٤).
(٢) مسلم، الصحيح، باب الدليل على أن من قصد أخذ مال غيره بغير حق كان القاصد مهدر الدم في حقه، ح رقم(٤٩)، (ج١، ص١٢٤).
(٣) دراغمة، جرائم الشرف، (ص٩٧).

الدماء[1]، خاصة في عصرنا الحاضر الذي خربت فيه الذمم.

**ثانيا:** تشريع اللـه تعالى لآيات اللعان في قوله تعالى: ﴿وَالَّذِينَ يَرْمُونَ الْمُحْصَنَاتِ ثُمَّ لَمْ يَأْتُوا بِأَرْبَعَةِ شُهَدَاءَ فَاجْلِدُوهُمْ ثَمَانِينَ جَلْدَةً وَلَا تَقْبَلُوا لَهُمْ شَهَادَةً أَبَدًا وَأُولَئِكَ هُمُ الْفَاسِقُونَ (4)إِلَّا الَّذِينَ تَابُوا مِنْ بَعْدِ ذَلِكَ وَأَصْلَحُوا فَإِنَّ اللَّه غَفُورٌ رَحِيمٌ (5) وَالَّذِينَ يَرْمُونَ أَزْوَاجَهُمْ وَلَمْ يَكُنْ لَهُمْ شُهَدَاءُ إِلَّا أَنْفُسُهُمْ فَشَهَادَةُ أَحَدِهِمْ أَرْبَعُ شَهَادَاتٍ بِاللَّه إِنَّهُ لَمِنَ الصَّادِقِينَ (6) وَالْخَامِسَةُ أَنَّ لَعْنَةَ اللَّه عَلَيْهِ إِنْ كَانَ مِنَ الْكَاذِبِينَ (7) وَيَدْرَأُ عَنْهَا الْعَذَابَ أَنْ تَشْهَدَ أَرْبَعَ شَهَادَاتٍ بِاللَّه إِنَّهُ لَمِنَ الْكَاذِبِينَ (8) وَالْخَامِسَةَ أَنَّ غَضَبَ اللَّه عَلَيْهَا إِنْ كَانَ مِنَ الصَّادِقِينَ (9) وَلَوْلَا فَضْلُ اللَّه عَلَيْكُمْ وَرَحْمَتُهُ وَأَنَّ اللَّه تَوَّابٌ حَكِيمٌ﴾[2].

دليل على أنه لا يحل لأحد إن وجد زوجته أو إحدى محارمه مع رجل يزني بهما أن يقتلهما، فاللـه تعالى ربى النفس العربية الغيورة شديدة الانفعال، المتحمسة التي لا تفكر طويلا قبل الاندفاع، لتقف محجوزة بحاجز القرآن، فيغلبها على مشاعرها، ويغلبها على ما توارثته، ويكبح غليان دمه وشعوره، واندفاع أعصابه، فلاحكم إلا لـله، في ذات الأنفس وفي شؤون الحياة، لذا جاءت أحكام اللعان بالفرج للأزواج حالة عدم توفر البينة[3].

**وهل هذا القتل قتل حد أم قتل دفع؟**

فمن قال قتل دفع، قال يستوي فيه البكر والثيب، فإذا قتلهما فلا قصاص عليه، لأنه من قبيل تغيير المنكر.

---

(١) دراغمة، جرائم الشرف، (ص١٠٠).

(٢) سورة النور، الآيات ٤-١٠.

(٣) انظر قطب، سيد قطب، ١٩٧١م، في ظلال القرآن الكريم، ط٧، عدد المجلدات (٨)، بيروت، دار إحياء التراث العربي، (ج٤،ص٢٤٩٤).

ومن قال قتل حد، فرق بين البكر والثيب[1]، إذ إن في البكر الجلد وفي الثيب الرجم، فإن كان قد تجاوز فيتحمل تعديه في مجاوزة العقوبة وافتياته على حق السلطان في تطبيق الحدود.

---

([1]) الناظر في كتب الفقه يجد أن من الفقهاء من فرق بين قتل الرجل والمرأة، فالمرأة يفرق فيها بين البكر والثيب فتقتل إن كانت ثيبا وتجلد إن كانت بكرا، أما الرجل فيقتل في الحالين على الأظهر إذ السنة لم تفرق في إباحته بين البكر والثيب لتغليظ حكمه في حق المستوفي، ولأنه لما جاز قتله دفعا جاز أن يقتل حدا تغليظا.الماوردي،الحاوي(ج ،ص )، و كذا فرقوا إن كان المقتول بكرا، فقال الشافعي:" وجد الرجل مع امرأته رجلا فادعى أنه ينال منها ما يوجب الحد وهما ثيبان معا فقتلهما أو أحدهما لم يصدق وكان عليه القود أيهما قتل إلا أن يشاء أولياؤه أخذ الدية أو العفو...ولو أقروا بما يوجب الحد وكان المقتول بكرا بدعوى اوليائه إخوته أو ابنه فادعى القاتل أنه ثيب فالقول قول أوليائه وعلى القاتل القود لانه ليس عليه البكر قتل في الزنا فإن جاء ببينة أنه كان ثيبا سقط عنه العقل والقود...ولو أن رجلا وجد مع امرأته رجلا ينال منها ما يحد به الزاني فقتلهما، والرجل ثيب والمرأة غير ثيب فلا شئ في الرجل، وعليه القود في المرأة، ولو كان الرجل غير ثيب والمرأة ثيبا كان عليه في الرجل القود، ولا شئ عليه في المرأة".الأم (ج٦،ص٣١-٣٢)، وقال الأنصاري:" ويجب دفع الزاني عن المرأة ولو أجنبية وهذا علم من وجوب الدفع عن الحرم فإن اندفع بغير القتل فقتله... اقتص منه لا في قتل زان محصن فلا يقتص منه... وإن لم يندفع بغير القتل وأفضى الدفع إلى القتل وطولب القاتل بالقصاص كفاه شاهدان يشهدان أنه قتله دفعا عن المرأة فإن لم يكن له شهود حلف الورثة أي ورثة القتيل على نفي العلم بما قاله القاتل واقتصوا منه... وإن قال القاتل زنى وهو محصن فقتلته اشترط في ثبوت الزنا أربعة كما جاء في خبر مسلم وإلا أي وإن لم يكن له شهود أربعة حلف الأولياء أي ورثة القتيل على نفي العلم بما قاله القائل واقتصوا منه... فإن ادعى الورثة مع إقرارهم بجماعه بكارته فالقول قولهم وعلى القاتل البينة بالإحصان".أسنى المطالب شرح روض الطالب ١٦٨/٤

وعند المالكية:" قال ابن حبيب: إذا كان المقتول محصنا، فالذى ينجى قاتله من القتل أن يقيم أربعة شهداء أنه فعل بامرأته، وأما إن كان المقتول غير محصن فعلى قاتله القود، وإن أتى بأربعة شهداء، وذكر ابن مزين عن ابن القاسم أن ذلك فى البكر والثيب سواء يترك قاتله إذا قامت له البينة بالرؤية،وقال أصبغ عن ابن القاسم وأشهب: أستحب الدية فى البكر فى مال القاتل، وهو قول أصبغ وقال المغيرة: لا قود فيه ولا دية"ابن الجارود، المنتقى شرح الموطأ،(ج٤، ص٢٦).

الفرع الثاني: حكم قتل المرأة في حال عدم تلبسها بالزنا:

لما تبين أنه لا يجوز قتل المرأة حال التلبس بالزنا إلا بإثبات ذلك بالبينة، كان ذلك أولى في حال عدم تلبسها، فلا يجوز الاعتداء من قبل الأزواج على زوجاتهم لمجرد الشبهة والتهمة والإشاعات الكاذبة التي تثيرها البغضاء والأحقاد، والواجب على الزوج إن شك في زوجته أن يلاعنها بأيمان اللعان الواردة في سورة النور، إذ في تشريع اللعان من العدالة والحماية ما يكفي لأن يقبر الجريمة في مهدها إن وجدت ، ويبقى الأمر معلقا لا يستطيع أحد أن يجزم بخيانة الزوجة أو بكذب الزوج، وفي هذا قطع للألسنة وصيانة للأعراض من السوء، وحماية للأنفس من القتل، إذ لولاه لأريقت دماء البرئيات، وأزهقت أرواحهن ظلما، لمجرد الشك والريبة[1]،وكذا إن شك في إحدى محارمه لا يجوز أن يقتلها لما في ذلك حماية للأنفس ودفع للظلم عنها، فكم من البريئات قتلن ظلما، لمجرد الشك والشبهة أو الخبر الكاذب، لذلك شرع الإسلام إثبات الزنا بأربعة شهود تضييقا على من تسول له نفسه أن يقع في أعراض العفيفات، وأخذ بالإقرار كدليل على الزنا إن صدر من الزانية، ولم يلتفت لبعض القرائن كظهور الحمل على البكر لاحتمال أن تكون أكرهت، أو ذهاب غشاء البكارة، لاحتمال أن يكون مطاطي أو رقيق ذهب بغير جماع كوثبة، أو مرض[2].

---

(١) دراغمة، جرائم الشرف، (ص١٣١ وما بعدها بتصرف)، والدليل على ذلك ما أو رده الفقهاء في درء حد الزنا على من وطء بشبهة، حيث جاء في كتبهم،قال المرغيناني في الهداية شرح البداية، (ج٢، ص١٠٢): "ومن وطئ أجنبية فيما دون الفرج يعزر لأنه منكر ليس فيه شيء مقدر ومن أتى امرأة في الموضع المكروه أو عمل عمل قوم لوط فلا حد عليه عند أبي حنيفة"الحصيني، كفاية الأخيار، (ج١، ص٤٧٧)، "ومن وطئ دون الفرج عزر ولا يحد ولا يبلغ بالتعزير أدنى الحدود"،الماوردي، الإقناع ، (ج٢، ص٥٢٥)، "التعزير مشروع في كل معصية لا حد فيها ولا كفارة سواء أكانت حقا لله تعالى أم لآدمي وسواء أكانت من مقدمات ما فيه حد كمباشرة أجنبية في غير الفرج".

(٢) دراغمة، جرائم الشرف، (ص١٣٦-١٣٧ بتصرف)، وذكر اختلاف الفقهاء في إثبات الزنا بالقرائن، فالحنفية والمالكية يعتبرونها لإثبات الزنا فحمل البكر قرينة على زناها، إن لم تصرخ أو تستغيث، والشافعية والحنابلة لا يثبتون الزنا بالقرائن.

الفرع الثالث: قتل الزوجة لزوجها أثناء تلبسه بجريمة الزنا:

ماذا لووجدت الزوجة زوجها متلبسا بجريمة الزنا ؟ هل تعامل الزوجة معاملة الزوج؟ وتعتبر في حالة الاستفزاز، وفقدان الشعور، أم لا؟

ذهب الأستاذ عبد القادر عودة إلى أن الزوجة لا تعذر في إيذاء زوجها فقال: "وأما الزوجة فحكمها مع الزوج، حكم الولد مع أبويه، لقوله **صلى الله عليه و سلم**: "لوكنت آمرا أحدا أن يسجد لأحد لأمرت النساء أن يسجدن لأزواجهن لما جعل الله لهم عليهن من حق"[١]. وهذا يقتضي منع المرأة من إيذاء الزوج، كما أنه ليس للولد أن يعنف والده، أو يهددهما، أو يضربهما"[٢].

ولما لم تعطي الشريعة المرأة حق تعزير زوجها لم تجز قتلها له،بل جعلت المستوفي للتعزير هو الإمام،لأن التعزير لوجعل لعامة الناس لأدى لتواثب السفهاء للأذية، وكثرة الهرج والفتن[٣]، وللأسباب التالية[٤]:

١. العار الذي يلحق بزنا المرأة أكثر منه بزنا الرجل، إذ لا يعاب الرجل على فعلته كما تعاب المرأة، فما يلحقها من الذل والمهانة، يلحق أهلها، كذلك فإن شرف المرأة إذا دنس فإنه سيترتب عليه أضرار كثيرة ،أما الرجل فالأمر مختلف كل الاختلاف، إذ لا يعير الرجل بزناه، ولا يلحقه أي سوء بفعل زوجها، والعكس صحيح أن الزوج يتأثر بفعل زوجته، وفي ذلك يقول القرطبي: "لأن الزنا في النساء أعر، وهو لأجل الحبل أضر... فإن العار بالنساء ألحق، إذ موضوعهن الحجب والصيانة"[٥]، لهذه الأسباب فإن المرأة لا يمكن مساواتها بالزوج في المسألة.

(١) الحاكم، المستدرك على الصحيحين، كتاب النكاح، ح رقم(٢٧٦٣)، (ج٢، ص٢٠٤)، وقال هذا حديث صحيح الإسناد ولم يخرجاه.

(٢) عودة، التشريع الجنائي، (ج١، ص٥٠٩ ).

(٣) القرافي، الذخيرة، (ج١٢، ص١٩٩).

(٤) دراغمة، جرائم الشرف، ص١٠٨

(٥) القرطبي، الجامع لأحكام علوم القرآن، (ج١٢، ص١٦٠).

٢. أن زنا المرأة يترتب عليه اختلاط الأنساب، ومن هنا كان للرجل قتل زوجته إذا رآها متلبسة بالزنا، أما الرجل فإنه إذا زنى لا يترتب على فعله هذا اختلاط النسب بالنسبة لزوجته، حيث أن الإسلام يحافظ على سلامة الأنساب ونقائها وصفائها وعدم اختلاطها، إذ يترتب عليه أحكام شرعية كثيرة منها: النسب، والميراث لأن خشية اختلاط الأنساب أغلظ في نظر الشارع من غيرها.

٣. لاحتمال أن تكون هذه المرأة التي كانت مع زوجها، زوجته الثانية أو الثالثة أو رابعة، وهي لا تعلم، أو كانت زوجته بزواج عرفي، حيث أن وجود الشبهة في ذلك لم يعطها الحق في قتل زوجها في حالة زناه بامرأة أخرى.

الترجيح: والذي تراه الباحثة أن الزوجة تستفيد من العذر المخفف كالزوج، وعليها الإتيان بالبينة، لأن آيات سورة النور لم تفرق بين زنا الرجل وزنا المرأة، فأوجبت الحد عليهما مما يعني أن مسؤوليتهما واحدة تجاه زناهما[(١)]، وزنا الرجل فيه من الأضرار ما في زنا المرأة ، فكم من رجل أدخل على أسرته الأمراض الجنسية التي لا دواء لها بسبب زناه! وهذا ما ذهب إليه قانون العقوبات الأردني في مادته(٣٤٠ )[(٢)].

---

(١) نعم تكلم المفسرون عن لطائف تقديم الزانية على الزاني في سورة النور لكن ذلك لا يعني أنهما يختلفان في العقوبة.

(٢) تنص المادة ٢/٣٤٠ من قانون العقوبات الأردني على أنه: (يستفيد من العذر ذاته الزوجة التي فوجئت بزوجها حال تلبسه بجريمة الزنا، أو في فراش غير مشروع، في مسكن الزوجية فقتلته في الحال، أو قتلت من يزني بها، أو قتلتهما معا، أو اعتدت عليه، أو عليهما اعتداء أفضى إلى موت، أو جرح أو إيذاء أو عاهة دائمة ). وترجع العلة في التخفيف من العقوبة في المادة ٣٤٠ عقوبات أردني حالة الانفعال النفسية التي يثيرها الوضع في نفس الزوج المخدوع، أو الزوجة المخدوعة أو القريب المثلوم، بحيث يندفع أي منهم إلى القتل، أو الاعتداء تحت تأثير ثورة الغضب الشديد وفقد ضبط الأعصاب، ولم يترك القانون الأمر دون ضوابط وشروط حتى يستفيد الزوج، أو الزوجة من العذر، الأمر الذي أغفلته منظمات حقوق الإنسان عندما ادعت أن في هذه المادة تشجيع للرجل على قتل المرأة، وخطر كبير على حياتها! فطالبت بإلغائها وقد تم لها ذلك على الرغم من المعارضة الشديدة لهذا الإلغاء. انظر، دراغمة، جرائم الشرف، (ص١٠٩-١١٨).

## المطلب الخامس: التدابير الوقائية والعلاجية للبغاء في الإسلام:

تعتبر الشريعة الإسلامية من أكثر الشرائع اهتماما بتنظيم الصلات الجنسية، وشرعت الزواج تلبية لرغبات ودواعي الفطرة الجنسية، إذ هدفت من خلاله إلى إقامة أواصر المودة والرحمة بين الزوجين في مؤسسة الأسرة، إيذانا بخلق مجتمع قوي متماسك، فكان موقف الشريعة الإسلامية حاسما بتجريم وتأثيم كل صور العلاقات الجنسية غير المشروعة، تطهيرا للفرد في ذاته وللمجتمع، وإرساءا للقيم والفضائل الإنسانية، التي هي جوهر إنسانية الإنسان وحرصا على الأخلاق العامة(١)، لذلك جعلت حماية العرض والمحافظة عليه مقصدا من مقاصدها، حتى كان من يموت مدافعا عن عرضه شهيدا " من قتل دون أهله فهو شهيد"(٢)، بل إن الدفاع عن العرض واجب إذ لا تحل إباحته، وينبغي للمسلم أن يدفع كل من أراد مس أهله بسوء، ولولم يندفع إلا بقتل جاز قتله.

ثم إن الشريعة الإسلامية شرعت طرقا وقائية، تساعد المسلم في الحفاظ على العرض، فحرمت الاختلاط والتبرج، وأشاعت الطهر والعفاف بين أفراد المجتمع، وحرصت على تربية ضمائرهم بها، وتجنيبهم أسباب الإغراء والغواية، ورفعت المقاييس الأخلاقية للحياة، بدفع المؤثرات التي تهيج الميول الحيوانية، وترهق أعصاب المتطهرين وهم يقاومون عوامل الإغراء والغواية، فمنهج الإسلام لا يقوم على العقوبة فقط، وإنما على توفير أسباب الحياة النظيفة، بالطرق الوقائية يليها الطرق العلاجية التي تعاقب كل من يعتدي على المحرمات أو يمسها بشائبة سوء(٣).

ومحاربة البغاء لا تكون إلا بإغلاق مقدماته لا بعلاج آثاره، فمن العجيب أن الدول المتحضرة تتجه إلى علاج الآثار دون إغلاق الأسباب، فمثلا من ضمن ما يعلم للجنود

---

(١) أبوحجيلة، علي، ٢٠٠٣م، الحماية الجزائية للعرض في القانون الوضعي والشريعة الإسلامية، ط(١)، دار وائل، عمان، (ص٣١).

(٢) الترمذي، السنن، باب ما جاء فيمن قتل دون ماله فهوشهيد، ح رقم(١٤٢١)، وقال حديث حسن صحيح، (ج٤، ص٣٠).

(٣) قطب، سيد، ٢٠٠٤م، في ظلال القرآن، ط(٣٤)، دار الشروق، القاهرة، (ج٤، ص٢٤٨٩ بتصرف).

الفرنسيون من أمورهم العسكرية، اتخاذ تدابير وقائية ضد أمراض الزنا، وأخرى لمنع الحمل بسبب انتشار الزنا بينهم، بل إن الأعجب أن تنص الاتفاقيات الدولية على ممارسة الجنس الآمن حتى لوكان بطريق غير مشروع، ثم تحرم استغلال جسد المرأة ومن ضمنه البغاء! والذي ينبغي أن تتخذه تدابيرا وقائية ناجعة، تعمل على حماية الفرد والمجتمع، من دنس هذه الفاحشة، وما يميز الشريعة الإسلامية التي غنيت بالتدابير النافعة لمكافحة البغاء، والتي تحد من انتشاره، فمن ذلك ما يلي:

١. التربية الإيمانية للفرد، بغرس الخوف من الله تعالى ومراقبته في السر والعلن، وتعميق الإيمان باليوم الآخر، إذ إنها تشكل حصانة وصمام أمان يقي من الوقوع في البغاء، لذلك حث الإسلام على الصوم لمن لا يستطيع تحمل تكاليف الزواج.

٢. تهيئة البيئة النظيفة التي تشجع على العفة والطهارة، بسد الدوافع التي تدفع له، "فالإسلام يأخذ الطريق على أسبابه الدافعة إليه، توقيا للوقوع فيه، فيحرم الاختلاط في غير ضرورة، ويحرم الخلوة بالأجنبية والنظر إليها ومصافحتها، وينهى عن التبرج بالزينة واللباس الفاضح والتعطر[١]، والخضوع بالقول، ويحث على التيسير في المهور وينهى عن المغالاة فيها، وينفي الخوف من العيلة والفقر، ويحض على مساعدة من يبتغون الزواج ليحصنوا أنفسهم[٢]، ويوجب الاستئذان قبل دخول البيوت، ويحارب كل ما يثير الشهوة

---

(١) نهى عن خروج المرأة متعطرة متطيبة سدا لذريعة الزنا، وحرم التبرج لأنه بكل أشكاله وصوره ذريعة للزنا فإذا أغلق باب التبرج انحصرت كثير من الجرائم، بل إن البعض يذهب إلى " تقرير عقوبات للنساء المتبرجات في الطرق المتجولات في الأزقة والشوارع لأن تبرجها شباك صائد يحرض الشباب للتهافت عليهن، فكما يعاقب الشباب على التعرض تعاقب المتبرجة على التحريض"، زكرى، أنطون، تحريم البغاء، (ص٦٥).

(٢) قطب، في ظلال القرآن، (ج٤، ص٢٢٩٤) بل إن من التدابير الوقائية ما ذكره البهوتي: " وسكنى المرأة بين الرجال، وسكنى الرجال بين النساء، يمنع منه لحق الله تعالى، ومنع عمر بن الخطاب **رضي الله عنه** العزب أن يسكن بين المتأهلين، والمتأهل أن يسكن بين العزاب دفعا للمفسدة"،البهوتي، كشاف القناع، (ج٦، ص١٢٨).

بين الجنسين، فيمنع التمثيليات الهابطة، والأغاني الماجنة والصور المثيرة المليئة بالنساء العاريات، في وسائل الإعلام المختلفة، ودور اللـهو والمواخير[1]، إشاعة للطهر والعفاف في المجتمع، وإغلاقا للسبل القذرة في تصريف الشهوة، وتطهيرا للبيئة الإسلامية، من التردي والانحلال.

٣. الحث على الزواج: والترغيب فيه ومساعدة من يريده، فهوالطريق المشروع لتفريغ وتصريف الشهوة الجنسية، والحفاظ على النسل، إذ جاء الأمر والحث على الزواج، في معرض النهي عن البغاء، لما بينهما من علاقة ورابطة، فكلما اتجه الشباب إلى الزواج، انحصر البغاء وتلاشى[2]، قال تعالى: (وَأَنْكِحُوا الْأَيَامَى مِنْكُمْ وَالصَّالِحِينَ مِنْ عِبَادِكُمْ وَإِمَائِكُمْ إِنْ يَكُونُوا فُقَرَاءَ يُغْنِهِمُ اللـه مِنْ فَضْلِهِ وَاللـه وَاسِعٌ عَلِيمٌ ( 32 ) وَلْيَسْتَعْفِفِ الَّذِينَ لَا يَجِدُونَ نِكَاحًا حَتَّى يُغْنِيَهُمُ اللـه مِنْ فَضْلِهِ وَالَّذِينَ يَبْتَغُونَ الْكِتَابَ مِمَّا مَلَكَتْ أَيْمَانُكُمْ فَكَاتِبُوهُمْ إِنْ عَلِمْتُمْ فِيهِمْ خَيْرًا وَآتُوهُمْ مِنْ مَالِ اللـه الَّذِي آتَاكُمْ وَلَا تُكْرِهُوا فَتَيَاتِكُمْ عَلَى الْبِغَاءِ إِنْ أَرَدْنَ تَحَصُّنًا لِتَبْتَغُوا عَرَضَ الْحَيَاةِ الدُّنْيَا وَمَنْ يُكْرِهْهُنَّ فَإِنَّ اللـه مِنْ بَعْدِ إِكْرَاهِهِنَّ غَفُورٌ رَحِيمٌ)[3].

---

(١) يذهب البعض إلى أن من أسباب انتشار البغاء جو "الإثارة الجنسية" السائد في الإعلام والإعلان، فليست الممارسات الجنسية المحرمة إلا انعكاس له، إذ تقول الدكتورة "سليا ديشيم" أستاذة علم الأبحاث الاجتماعية بنيويورك: " إذا انغمس الجيل الناشئ في الجنس مبكرا فسبب ذلك راجع لتعرضه الدائم للإثارات الجنسية من حوله في المجتمع والذي يسد عليه المنافذ، ولن أفاجأ إذا ما سمعت بازدياد كبير في نسبة الأمراض الجنسية والمواليد غير الشرعيين، فذلك نتيجة طبيعية لما يجري في المجتمع الآن"، نقلا عن الأمين، إحسان، ٢٠٠١م، المرأة أزمة الهوية وتحديات المستقبل، ط(١)، دار الهادي، بيروت،(ص٦٢ بتصرف).

(٢) ويذهب أنطون زكرى إلى ضرورة: "سن قانون يعاقب من يعزف عن الزواج إذ تجاوز خمسا وعشرين مع استطاعته العيش بدرج أمثاله اقتداء ببعض الحكومات التي فرضت ضرائب على العزاب، وعلى الحكومة تسهيلا للزواج الحث على تيسير المهور وعدم المغالاة فيها". زكرى، تحريم البغاء، (ص٦٦).

(٣) سورة النور، الآية ٣٢، ٣٣.

٤. التثقيف المستمر بأضرار البغاء الصحية[١]، وأخطاره على الأفراد والمجتمعات[٢]، وذلك عن طريق المنابر والإعلام، وإصدار النشرات بالتعاون مع وزارة الصحة، لتعريف الناس بالأمراض التي يسببها[٣]، وتذكيرهم بالعقوبة الدنيوية والأخروية التي جعلها الـلـه تعالى عليه[٤]، فمن ما روى البخاري في صحيحه بإسناده أن الرسول **صلى الـلـه عليه و سلم** جاءه جبريل وميكائيل، قال: (فانطلقا؛ فأتيا على مثل التنور، أعلاه ضيق وأسفله واسع، فيه لغط وأصوات، قال: فاطلعنا فيه، فإذا فيه رجال ونساء عراه، فإذا هم يأتيهم لهب من أسفل منهم، فإذا أتاهم ذلك الـلـهب ضوضوا - صاحوا من شدة حره-. فقلت من هؤلاء يا

---

(١) تشير التقارير إلى وجود مليوني امرأة على مستوى العالم تجبر على العمل في سوق الدعارة من غير اللواتي يعملن في ذلك طواعية، وبعضهن يتعاطى الزنا مع خمسة وثلاثين شخصا يوميا أي إن عشرات الملايين من الناس على وشك الإصابة بالأمراض الجنسية، الأمين، إحسان، المرأة أزمة الهوية، (ص٦٣ بتصرف).

(٢) ينتج عن البغاء أضرار اجتماعية تؤثر على الأسر والعلاقات فيها، كشيوع الحقد والكراهية بدل المودة والرحمة فيه وكثرة الطلاق، وكثرة أولاد الزنا، وما يتبعة من تردي أخلاقي واندثار للقيم والأخلاق الفاضلة بين أفراد المجتمع إذ يصبح الشاب همه الأوحد إشباع شهوته دون نظر مع من ومتى وفي أين، فيدفعه إلى التعدي على الحرمات، فينتشر زنا المحارم وما يجره من ويلات كالقتل، ناهيك عن الأمراض التي ترهق الأمة اجتماعيا واقتصاديا، إذ تكلفها مبالغ طائلة لعلاجها إن وجد، وتفقدها أحد أهم عناصر حيويتها وقوتها وهم شبابها، فيسرع الموت إليهم، ناهيك عن ضمور وفتور قواهم بسبب المرض. انظر، العمري، محمود، ١٩٩٢م، التدابير الشرعية للعناية بالجنين، رسالة ماجستير في الفقه والتشريع، مكتبة الجامعة الأردنية، قسم الرسائل الجامعية، (ص٦٣ وما بعدها بتصرف). وانظر في مساوئ البغاء، الغفار، عبد الرسول، المرأة المعاصرة، دار الزهراء، بيروت، (ص١١٢ وما بعدها).

(٣) يؤدي البغاء إلى نقص في المواليد وازدياد في الوفيات، ذلكم أن البغي التي أقامت نفسها وعاء لكل والغ تلجئها مذلة المهنة عند إحساسها بالحمل إلى وسائل الإجهاض فتقتل الجنين وهولا ذنب له وتعرض نفسها للمخاطر الجسدية وتشويه شبيبتها لتجعل رحمها عقيما كي لا يعوقها عن استدرار المال من فجورها، زكرى، تحريم البغاء، (ص٦٠ بتصرف).

(٤) النمر، عوامل ضعف النسل والتدابير الشرعية لمواجهتها، (ص٢٠١ بتصرف).

جبريل؟ قال هؤلاء الزناة والزواني"[1].

٥. المعالجة النفسية: وذلك باستتابة البغي، وتعليمها بعض المهارات النافعة ، وتعبئة فراغها بما يعود عليها وعلى المجتمع بالنفع، ووضعها تحت المراقبة لملاحظة حسن سيرتها، أو تسليمها لأماكن إصلاحية حكومية أشبه بفروع السجون التأديبية، وفيها تباشر بعض الأشغال الصناعية، وتتعلم ما يكفل اقتياتها بالطريق المشروع، وهذا يلجئهن إلى صدق التوبة، واتخاذ المهن الشريفة، المساعدة للرزق[٢].

٦. تطبيق العقوبات الإسلامية من حدود وتعازير على البغايا ومعاونيهن[٣]، إذ فيها زجر لهن، وردع لغيرهن، ووقاية للمجتمع من انتشاره، إذ يقول الماوردي: "فجعل الله من زواجر الحدود ما يردع ذا الجهالة، حذرا من ألم العقوبة، وخيفة من نكال الفضيحة"[٤]. وقد قال ابن عبد البر: "أن البغي لوأعلنت ببغيها حدت"[٥] حماية لحق المجتمع.

## المطلب السادس: البغاء والمواثيق الدولية:

حرمت المواثيق الدولية البغاء، فجاء في المادة السادسة من اتفاقية سيداو: "تتخذ الدول الأطراف جميع التدابير المناسبة بما في ذلك التشريع لمكافحة جميع أشكال الاتجار بالمرأة واستغلال دعارة المرأة".

---

(١) البخاري: الصحيح، باب تعبير الرؤيا بعد صلاة الصبح، ح رقم(٦٦٤٠)، (ج٦،ص٢٥٨٤). والضوضاة أصوات الناس ولغطهم، والمعنى رفعوا أصواتهم مختلطة، فتح الباري، (ج١٢،ص٤٤٢)

(٢) زكرى، أنطون، ١٩٩٦م، تحريم البغاء عند قدماء المصريين، (ص٦٤بتصرف).

(٣) قال البهوتي، "والقوادة التي تفسد النساء والرجال أقل ما يجب عليها الضرب البليغ، وينبغي شهرة ذلك بحيث يستفيض في النساء والرجال، لتجتنب، وإذا أركبت القوادة دابة وضمت عليها ثيابها، ليأمن كشف عورتها، ونودي عليها هذا جزاء من يفعل كذا وكذا، أي يفسد النساء والرجال، كان من أعظم المصالح، ليشتهر ذلك ويظهر، ولولي الأمر كصاحب الشرطة أن يعرف ضررها، إما بحبسها أو بنقلها عن الجيران أو غير ذلك". كشاف القناع، (ج٦، ص١٢٧).

(٤) الماوردي، الأحكام السلطانية، (ص٢١١).

(٥) ابن عبد البر،الاستذكار، (ج٥ ص٤٧١).

والناظر للاتفاقية يرى التناقض الصريح بين موادها، ففي حين يحرم استغلال المرأة بالبغاء يباح لها ممارسة الجنس الآمن مع من تشاء، وهوما دعت إليه في مؤتمر القاهرة ١٩٩٤م من تشجيع السلوك الإنجابي والجنسي المسؤول والسليم صحيا، وتوفير الخدمات الملائمة والمشورة المناسبة للمراهقين خاصة ما يتعلق بالحمل غير المرغوب فيه، والإجهاض المأمون والأمراض المنقولة بالاتصال الجنسي[١]، فالمادة السادسة في سيداو تتعارض مع المادة الحادية عشر في تقرير الحق للمرأة في حرية اختيار المهنة والعمل، فيحق لها أن تختار مهنة الدعارة بحرية، لكن الممنوع أن تستغل من قبل جماعات لممارسة الدعارة، إذ لها كامل الحرية الجنسية دون إكراه من أحد[٢].

مما يظهر تفوق الشريعة الإسلامية في حفظ المرأة وكرامتها وتحريم كافة أشكال الاتجار بجسدها.

---

(١) تقرير المؤتمر الدولي للسكان والتنمية، ص القاهرة، ١٩٩٤م، الفصل السابع الفقرة، (ج٧، ص٤٤ص ٥٥).

(٢) ١٩٨٨م، المرأة ماذا بعد السقوط، ط(٢)، مكتبة المنار الاسلامية، حولي، (ص١٤١)، ويذكرفيه: "للمرأة في الغرب حق ممارسة البغاء والحكومات تشجع على ذلك، ويعتبر مصدر للدخل، إذ إنه يوجد في وزارة الخارجية الأمريكية دائرة تفعل ذلك تحت شعار"الترفيه عن كبار الدبلوماسيين الأجانب"، وفيها أيضا ملف سري يحتوي على أسماء وعناوين أكثر من عشرين فتاة رائعة الجمال جرى اختيارهن بدقة للقيام بالترفيه عن كبار الزائرين السياسيين كل حسب حاجته وذوقه وشذوذه الجنسي يطلق عليهن "فريق الحب".

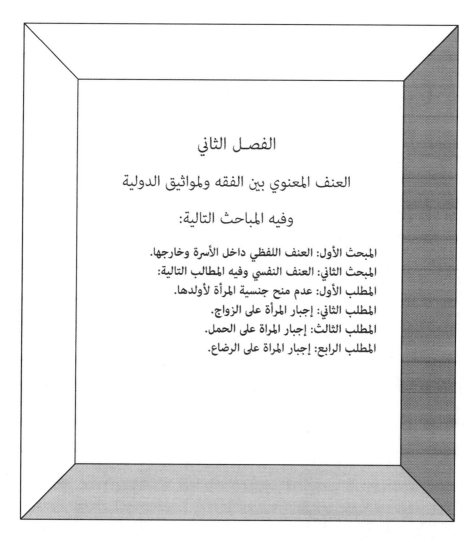

# الفصـل الثاني

## العنف المعنوي بين الفقه ولمواثيق الدولية

### وفيه المباحث التالية:

**المبحث الأول: العنف اللفظي داخل الأسرة وخارجها.**
**المبحث الثاني: العنف النفسي وفيه المطالب التالية:**
**المطلب الأول: عدم منح جنسية المرأة لأولادها.**
**المطلب الثاني: إجبار المرأة على الزواج.**
**المطلب الثالث: إجبار المراة على الحمل.**
**المطلب الرابع: إجبار المراة على الرضاع.**

المبحث الأول

## العنف اللفظي داخل الأسرة وخارجها

وفيه مطالب:

المطلب الأول: العنف اللفظي داخل الأسرة.

المطلب الثاني: العنف اللفظي خارج الأسرة.

# المبحث الأول: العنف اللفظي داخل الأسرة وخارجها

يشمل العنف اللفظي الوسائل اللفظية، التي تهدف للحط من قيمة المرأة بإشعارها أنها سيئة، ويكون بسبها، أو شتمها أو لعنها[١]، أو الصراخ عليها، أو تلقيبها بأسماء حقيرة، أو نعتها بألفاظ بذيئة، أو السخرية منها أمام الآخرين، وإبداء عدم الاحترام والتقدير لها[٢]، أو تعييرها بصفة فيها، أو تعييرها بأهلها، أو التعرض لها بالمساومة أو التحرش بها، مما يزعزع ثقتها بنفسها، ويجعلها تشعر بأنها غير مرغوب بها، إذ يعد من أشد أنواع العنف خطرا على الصحة النفسية للمرأة، رغم أنه لا يترك آثارا مادية، ويعتبر هداما بشكل كبير لأنه لا يقتصر أثره على المرأة، بل يمتد إلى أفراد الأسرة التي تنتمي إليها، أو تعيش بها، كأبنائها أو أهلها[٣].

---

(١) الشتم في اللغة، السب، والاسم الشتيمة، واللعن في اللغة: الطرد والإبعاد على سبيل السخط، وذلك من الله في الآخرة عقوبة، وفي الدنيا انقطاع من قبول رحمته وتوفيقه، ومن الإنسان دعاء على غيره. والذم في اللغة خلاف المدح، يقال ذممته أذمه ذما خلاف مدحته، فهوذميم ومذموم، أي غير محمود، وفي الاصطلاح، إلحاق الأذى بالغير، كأن يقذفه أو يسبه أو يعيره بحرفته إلى غير ذلك من الأمور التي يترتب عليها الحد كالقذف، أو التعزير.

(٢) العواودة، أمل، العنف ضد الزوجة، (ص١٤). من المخجل أن القانون لا يعاقب على العنف اللفظي لصعوبة قياسه وضبطه، بخلاف الشريعة الإسلامية التي شرعت من العقوبات التعزيرية ما يكفي لسد الذرائع أمام أهل الفجور، لردعهم وأخذ الطريق عليهم قبل اقترافهم للعنف اللفظي بحق المرأة.

(٣) بنات، سهيلة، العنف ضد المرأة، (ص٢٣). وانظر، الفايز، عبد الكريم، العنف ضد المرأة وأثره على الإساءة للطفل، (ص٢١). أشارت الدراسات الاجتماعية إلى أن نتائج العنف ضد المرأة لا تقف عند حدود الزوجة، بل تتعداها ليكون تأثيرها على شخصية الأطفال في المستقبل، بل إنه ينعكس على المجتمع في الخارج أثناء سلوكهم مع الآخرين. انظر، العواودة، أمل، العنف ضد الزوجة، (ص١٠).

## المطلب الأول: العنف اللفظي داخل الأسرة:

أحاط الإسلام مؤسسة الأسرة بمجموعة من القواعد الثابتة والحلول العملية، التي تكفل تماسكها، وترفع كل خلاف يقع بين أفرادها، ويهدد حياتهم بالتفكك، فبناها على أسس من المودة والرحمة، قال تعالى: (وَمِنْ آيَاتِهِ أَنْ خَلَقَ لَكُمْ مِنْ أَنْفُسِكُمْ أَزْوَاجًا لِتَسْكُنُوا إِلَيْهَا وَجَعَلَ بَيْنَكُمْ مَوَدَّةً وَرَحْمَةً)[١]، لتبقى الأسرة محضنا صالحا للذرية، فتربيهم على القيم والمثل الإسلامية .

وجعل علاقة الزوجين ببعضهما، سكن وراحة، فشبه كل لصاحبه باللباس الذي يقيه ويستره، قال تعالى: (هُنَّ لِبَاسٌ لَكُمْ وَأَنْتُمْ لِبَاسٌ لَهُنَّ)[٢].

إذ لا تتحقق سعادة الأسرة واستقرارها، ولا ينعم أفرادها بالمودة والرحمة، إلا بالتحلي بالأخلاق الكريمة، والفضائل الحميدة، التي حث الله تعالى عليها في التشريع الإسلامي، فوجه كلا الزوجين إلى أن يختارا بعضهما على أساس الخلق والدين، لقوله **صلى الله عليه و سلم**: "إذا جاءكم من ترضون دينه وخلقه فأنكحوه"[٣]، ولقوله: " تنكح المرأة على دينها ومالها وجمالها، فعليك بذات الدين تربت يداك"[٤]، فالزواج لا يقتصر على إشباع الفطرة وتلبية الرغائب المادية، بل له وظائف نفسية وروحية واجتماعية، لذا لا بد من الاختيار الحسن الذي يضمن تحقيق الأهداف المرجوة من الأسرة.

ورغبت الشريعة الإسلامية بالرفق[٥]، ونهت عن كل ما يؤدي إلى اضطراب الأسرة[٦]،

---

(١) سورة الروم، الآية ٢١.

(٢) سورة البقرة، الآية ١٨٧.

(٣) الترمذي، السنن، كتاب النكاح، باب إذا جاءكم من ترضون دينه فزوجوه، ح رقم(١٠٨٥)، (ج٣، ص٣٩٤)، وقال حديث حسن غريب.

(٤) الترمذي، السنن، كتاب النكاح، باب ما جاء أن المرأة تنكح على ثلاث خصال، ح رقم(١٠٨٦)، (ج٣، ص٣٩٦)، وقال حسن صحيح.

(٥) الرفق بكسر الراء وسكون الفاء، هو لين الجانب بالقول والفعل والأخذ بالأسهل وهوضد العنف،

فمن الأحاديث التي تحث على الرفق؛ قوله صلى اللـه عليه و سلم: " من يحرم الرفق يحرم الخير"[١]، وقوله صلى اللـه عليه و سلم: "إن اللـه رفيق يحب الرفق ويعطي على الرفق مالا يعطي على ما العنف وما لا يعطي على ما سواه"[٢]، وفي رواية: "إن اللـه رفيق يحب الرفق ويرضى به ويعين عليه ما لا يعين على العنف"[٣]، وقوله صلى اللـه عليه و سلم: "إن الرفق لا يكون في شيء إلا زانه ولا ينزع من شيء إلا شانه"[٤]، وعنه صلى اللـه عليه و سلم: "اللـهم من ولي من أمر أمتي شيئا فشق عليهم فاشقق عليه، ومن ولي من أمر أمتي شيئا فرفق بهم فارفق به"[٥]، وقوله صلى اللـه عليه و سلم: "إن اللـه عز وجل ليعطي على الرفق ما لا

---

وقيل وهوالمداراة مع الرفقاء ولين الجانب واللطف في أخذ الأمر بأحسن الوجوه وأيسرها، ومن جملة الرفق شرعية التجاوز والإغضاء، إذ العبد لا بد له من زلة وتقصير، ولا معصوم إلا من عصمه اللـه تعالى. انظر، الشاطبي، الاعتصام، (ج١، ص٢١٥).

(١) سأتناول أدلة العموم منسحبة على العنف ضد المرأة سواء أما أو زوجة أو أختا أو بنتا، وإن كان هناك أدلة خاصة في الزوجة.

(٢) مسلم، الصحيح، كتاب البر والصلة والآداب، باب فضل الرفق، ح رقم(٢٥٩٢)، (ج٤، ص٢٠٠٣). والمقصود أن نصيب الرجل من الخير، على قدر نصيبه من الرفق، وحرمانه منه على قدر حرمانه منه. المباركفوري، تحفة الأحوذي، (ج٦، ص١٣٠).

(٣) مسلم، الصحيح، كتاب البر والصلة والآداب، باب فضل الرفق، ح رقم(٢٥٩٣)، (ج٤، ص٢٠٠٣). وفي الحديث تنبيه على وطاءة الأخلاق، وحسن المعاملة، وكمال المجاملة، وفيه إيذان بأن الرفق أنجح الأسباب، وأنفعها وأيسرها، ويعطي عليه في الدنيا من الثناء الجميل، ونيل المطالب، وتسهيل المقاصد، ويعطي في الآخرة من الثواب الجزيل مالا يعطي على العنف، شرح الزرقاني، (ج٤، ص٥٠٤).

(٤) ابن أبي شيبة، المصنف، كتاب الأدب، باب ما ذكر في الرفق والتؤدة، ح رقم (٢٥٣١٠)، (ج٥، ص٢٠٩)، والمعنى أن يتأتى معه من الأمور ما لا يتأتى مع ضده، وقيل المراد يثيب عليه ما لا يثيب على غيره، والأول أوجه.

(٥) مسلم، الصحيح، كتاب البر والصلة والآداب، باب فضل الرفق، ح رقم(٢٥٩٤)، (ج٤، ص٢٠٠٤)، وقوله: "في شيء" فيه مبالغة أي لو قدر أن يكون الفحش أو الحياء في جماد لزانه أو شانه فكيف بالإنسان، وزينه أي كمله، وشانه أي عيبه ونقصه، عون المعبود، (ج١٣، ص١١٢).

(٦) مسلم، الصحيح، كتاب الإمارة، باب فضيلة الإمام العادل، والحث على الرفق بالرعية، ح رقم(١٨٢٨)،(ج٢، ص١٤٥٨)

يعطي على الخرق، وإذا أحب الله عبدا أعطاه الرفق، ما من أهل بيت يحرمون الرفق إلا قد حرموا الخير كله"[١]، فهذه الأحاديث بمجموعها تحث على العفو والرفق[٢] بالناس فمن باب أولى الزوجة، "قال الله تعالى: (وَالْكَاظِمِينَ الْغَيْظَ وَالْعَافِينَ عَنِ النَّاسِ وَاللَّهُ يُحِبُّ الْمُحْسِنِينَ)[٣]، وقال تعالى: (خُذِ الْعَفْوَ وَأْمُرْ بِالْعُرْفِ وَأَعْرِضْ عَنِ الْجَاهِلِينَ)[٤]، وقال تعالى: (وَلَا تَسْتَوِي الْحَسَنَةُ وَلَا السَّيِّئَةُ ادْفَعْ بِالَّتِي هِيَ أَحْسَنُ فَإِذَا الَّذِي بَيْنَكَ وَبَيْنَهُ عَدَاوَةٌ كَأَنَّهُ وَلِيٌّ حَمِيمٌ (34) وَمَا يُلَقَّاهَا إِلَّا الَّذِينَ صَبَرُوا وَمَا يُلَقَّاهَا إِلَّا ذُو حَظٍّ عَظِيمٍ)[٥]، وقال تعالى: (وَلَمَنْ صَبَرَ وَغَفَرَ إِنَّ ذَلِكَ لَمِنْ عَزْمِ الْأُمُورِ)[٦][٧]، فإذا كان المسلم مطالبا بالعفو والمغفرة مع الخلق كلهم فأولى الخلق الخلق ببره وعفوه المرأة التي هي أمه وزوجته وأخته وابنته.

---

(١) الطبراني، المعجم الكبير، ح رقم(٢٢٧٤)، (ج٢، ص٣٠٦). وفي الحديث فضل الرفق والحث على التخلق به، وذم العنف، إذ بالرفق تنال المطالب الدنيوية والأخروية وبفواته تفوتان. والمراد إذا أراد بأحد خيرا رزقه ما يستعين به مدة حياته، ووفقه في الأمور، ولينه في تصرفه مع الناس، وألهمه القناعة والمداراة، التي هي رأس العقل وملاك الأمر، وإذا أراد به سوءا ابتلاه ضد ذلك، المناوي، فيض القدير، (ج١، ص٢٦٣). وعن أنس: إذا أراد الله بأهل بيت خيرا، نفعهم في الدين، ووقر صغيرهم كبيرهم، ورزقهم الرفق في معيشتهم، والقصد في نفقاتهم، وبصرهم عيوبهم، فيتوبوا منها، واذا أراد بهم غير ذلك تركهم هملا. العجلوني، كشف الخفاء، (ج١، ص٢٦٨).

(٢) لما كانت الطباع إلى العنف والحدة أميل، كانت الحاجة إلى ترغيبهم في جانب الرفق أكثر، فلذلك كثر ثناء الشرع على جانب الرفق دون العنف، لأنه محمود ومفيد في أكثر الأحوال وأغلب الأمور، فإن النجاح معه في الأكثر. الغزالي: إحياء علوم الدين،(ج٣،ص١٨٦).

(٣) سورة آل عمران، الآية ١٣٤.

(٤) سورة الأعراف، الآية ١٩٩.

(٥) سورة فصلت، الآيات ٣٤، ٣٥.

(٦) سورة الشورى، الآية ٤٣.

(٧) النووي، رياض الصالحين، (ج١، ص١٣٦).

وفيما يلي بيان حكم الشريعة الإسلامية في العنف اللفظي داخل الأسرة وخارجها، من خلال الاستدلال بأدلة ، تتفق مع روح الشريعة، وقواعدها العامة، وأصولها الكلية التي تحث على التحلي بالأخلاق الكريمة، لحفظ الفرد والجماعة سعداء يرفق بعضهم ببعض، لتحقيق صورة المجتمع المتواد المتراحم المتكافل.

**حكم شتم المرأة وتعييرها بالإسلام:**

حرم الإسلام إيذاء المرأة بسبها أو شتمها أو تعييرها، والأدلة على ذلك كثيرة أذكر منها؛ ما يلي:

١. قال تعالى: ﴿وَعَاشِرُوهُنَّ بِالْمَعْرُوفِ فَإِنْ كَرِهْتُمُوهُنَّ فَعَسَى أَنْ تَكْرَهُوا شَيْئًا وَيَجْعَلَ اللهُ فِيهِ خَيْرًا كَثِيرًا﴾[١]. وقوله تعالى: ﴿وَلَهُنَّ مِثْلُ الَّذِي عَلَيْهِنَّ بِالْمَعْرُوفِ وَلِلرِّجَالِ عَلَيْهِنَّ دَرَجَةٌ﴾ [٢].

**وجه الدلالة:** أمر الله تعالى بحسن معاشرة المرأة بالمعروف، ومن حسن المعاشرة ألا يسبها، أو يشتمها، فلا يتعقب أخطاءها ليوبخها ويعنفها، وإنما يبسط لها النصيحة، امتثالا لقوله **صلى الله عليه و سلم**: "الدين النصيحة"[٣]، فاستخدام السب والشتم والتعيير في تغيير المرأة، يتنافى مع المعاشرة بالحسنى، قال ابن كثير: "أي: طيبوا أقوالكم لهن، وحسنوا أفعالكم وهيئاتكم حسب قدرتكم كما تحب ذلك منها، فافعل أنت بها مثله"[٤].

---

(١) سورة النساء، الاية ١٩.

(٢) سورة البقرة، الآية ٢٢٨.

(٣) البخاري، الصحيح، باب قول النبي **صلى الله عليه و سلم** الدين النصيحة لله ولرسوله ولأئمة المسلمين وعامتهم، ح رقم(٤٠)، (ج١، ص٣٠).

(٤) ابن كثير، تفسير القرآن العظيم، ج١،ص٤٦٧

٢. قال تعالى: (وَلَا تُمْسِكُوهُنَّ ضِرَارًا لِتَعْتَدُوا وَمَنْ يَفْعَلْ ذَلِكَ فَقَدْ ظَلَمَ نَفْسَهُ)[١]، وقال صلى الله عليه و سلم: "لا ضرر ولا ضرار"[٢].

وجه الدلالة: حرم الله جل وعلا إبقاء الزوجة في العصمة بقصد إذايتها ومضارتها، وسمى ذلك اعتداء وظلما، فلما حرم مضارة المرأة في حال النزاع والشقاق فمن باب أولى تحريم مضارتها في كل حال، ومعلوم أن السب والشتم مضارة لها فيحرم.

٣. قوله تعالى: (وَالَّذِينَ يُؤْذُونَ الْمُؤْمِنِينَ وَالْمُؤْمِنَاتِ بِغَيْرِ مَا اكْتَسَبُوا فَقَدِ احْتَمَلُوا بُهْتَانًا وَإِثْمًا مُبِينًا)[٣].

وجه الدلالة: توعد الله تعالى كل من يؤذي المرأة بالإثم الذي يستوجب العذاب الأليم، فإيذاء المؤمنين والمؤمنات حرام، بل هو من الكبائر، سواء إيذاؤهما بالأقوال القبيحة، كالشتم والسب، أو التكذيب الفاحش المختلق، أو التعيير بحسب مذموم، أو حرفة مذمومة، أو بشيء يثقل على كل واحد منهما إذا سمعه.


١. قوله تعالى: (يَا أَيُّهَا الَّذِينَ آمَنُوا لَا يَسْخَرْ قَوْمٌ مِنْ قَوْمٍ عَسَى أَنْ يَكُونُوا خَيْرًا مِنْهُمْ وَلَا نِسَاءٌ مِنْ نِسَاءٍ عَسَى أَنْ يَكُنَّ خَيْرًا مِنْهُنَّ وَلَا تَلْمِزُوا أَنْفُسَكُمْ وَلَا تَنَابَزُوا بِالْأَلْقَابِ)[٤].

وجه الدلالة: حرم الله سبحانه وتعالى أن يسخر رجل من رجل، أو امرأة من امرأة، أو رجل من امرأة، ونهى عن اللمز وهوالعيب سواء أكان باليد، أو بالعين أو باللسان أو بالإشارة، ونهى عن التنابز بالألقاب التي تغضب من لقب بها، والنهي يفيد

---

(١) سورة البقرة، الآية ٢٣١.
(٢) الحاكم، المستدرك على الصحيحين، ح رقم(٢٣٤٥)، ج٢، ص٦٦ وقال صحيح الإسناد على شرط مسلم. وهوجزء من حديث.
(٣) سورة الأحزاب، الآية ٥٨.
(٤) سورة الحجرات، الآية ١١.

تحريم كل صور إيذاء المرأة، وعلى الرجل أن يتوب إلى اللـه تعالى من السخرية بالمرأة، لأن البذاءة ليست من أخلاق المؤمنين، ثم تعييرها، لا يليق أن يفعله مع سائر الناس، فكيف بمن هي أقرب الناس إليه، وأولى الناس بإحسانه واحترامه، فليس من مكارم الأخلاق أن يسخر الرجل من المرأة أو يسبها.

٢. عن أبي سعيد الخدري أن النبي **صلى اللـه عليه و سلم** قال: "من ضار ضاره اللـه، ومن شاق شق اللـه عليه"[١].

**وجه الدلالة:** في الحديث تحذير عن أذى المسلم بأي شيء، فمن أدخل على مسلم مضرة في ماله، أو نفسه أو عرضه بغير حق ضاره اللـه تعالى، وجزاه من جنس عمله، فأدخل عليه المضرة، ومن نازع مسلما ظلما وتعديا أنزل اللـه تعالى عليه المشقة جزاء وفاقا، فمشاقاة المرأة وإدخال الحزن على قلبها وأذيتها يتفق مع عموم الحديث في التنفير منه وترتب الإثم عليه.

٣. عن أبي هريرة قال :قال رسول اللـه صلى اللـه عليه و سلم: "لا تحاسدوا ولا تناجشوا ولا تباغضوا ولا تدابروا، ولا يبع بعضكم على بيع بعض، وكونوا عباد اللـه إخوانا، المسلم أخوالمسلم، لا يظلمه ولا يخذله ولا يحقره، التقوى ها هنا ويشير إلى صدره ثلاث مرات، بحسب امرئ من الشر أن يحقر أخاه المسلم، كل المسلم على المسلم حرام دمه وماله وعرضه"[٢].

**وجه الدلالة:** يدل الحديث على تعظيم حرمة المسلم بوصفه مسلما، فيحرم تحقيره، فكيف بتحقير المرأة التي خصها اللـه تعالى بمزيد عناية من حسن العشرة بالمعروف، والإحسان إليها، وما خلقه فيها من ضعف يغلب جانب الرفق بها، فيحرم سب المرأة ولعنها أو تحقيرها.

---

(١) الحاكم، المستدرك على الصحيحين، ح رقم(٢٣٤٥)، (ج٢، ص٦٦)، وقال صحيح الإسناد على شرط مسلم.

(٢) مسلم، الصحيح، باب تحريم ظلم المسلم وخذله واحتقاره ودمه وماله وعرضه، ح رقم(٢٥٦٤)، (ج٤، ص١٩٦٨).

٤. عن حكيم بن معاوية القشيري عن أبيه قال: قلت: يا رسول الـلـه ما حق زوجة أحدنا عليه؟ قال: "أن تطعمها إذا طعمت، وتكسوها إذا اكتسيت أو اكتسبت، ولا تضرب الوجه، ولا تقبح، ولا تهجر إلا في البيت، "[١].

**وجه الدلالة:** إن حق التأديب شرع لتقويم المرأة، وليس للتشفي منها، أو إهانتها، وحق التأديب قيد بعدم تقبيحها باللسان، فيحرم أن يقل لها قبحك الـلـه ونحوذلك مما يعد سبا أو شتما.

٥. عن عبد الـلـه بن مسعود **رضي الـلـه عنه** قال رسول الـلـه صلى الـلـه عليه و سلم : "ليس المؤمن بالطعان ولا اللعان ولا الفاحش ولا البذيء"[٢]، وعن أبي الدرداء عن النبي صلى الـلـه عليه و سلم قال: "إن أثقل ما وضع في ميزان المؤمن يوم القيامة، خلق حسن، وإن الـلـه يبغض الفاحش البذيء"[٣].

**وجه الدلالة:** تظافرت الأدلة على تحريم الإسلام للبذاء والفحش، فأخلاق المسلم تتعالى عن الفحش والبذاءة مع كل الخلق، وأولى الخلق بحسن خلق الرجل المرأة التي هي أمه وزوجته، وأخته وابنته.

٦. عن زيد بن أسلم، قال: كان عبد الملك بن مروان يرسل إلى أم الدرداء، فتبييت عند نسائه، ويسائلها عن الشيء، قال: فقام ليلة، فدعا خادمة، فأبطأت عليه، فلعنها، فقالت: لا تلعن، فإن أبا الدرداء حدثني أنه سمع رسول الـلـه **صلى الـلـه عليه و سلم**، يقول: إن اللعانين لا يكونون يوم القيامة شفعاء ولا شهداء"[٤].

---

(١) الحاكم، المستدرك على الصحيحين، كتاب النكاح، ح رقم( ٢٧٦٤)، وقال هذا حديث صحيح الإسناد لم يخرجاه، (ج٢، ص٢٠٤).

(٢) الحاكم، المستدرك على الصحيحين، ح رقم(٢٩)، (ج١، ص٥٧)، وقال صحيح على شرط الشيخين.

(٣) ابن حبان الصحيح، ذكر وصف المتفحش الذي يبغضه الـلـه تعالى، ح رقم(٥٦٩٥)، ج١٢، ص٥٠٧

(٤) ابن حيان، الصحيح، ذكر الزجر عن أن يلعن المرء أخاه المسلم دون أن يأتي بمعصية تستوجب منه إياها، ح رقم(٥٧٤٦)، (ج١٣، ص٥٦).

**وجه الدلالة:** حرم الحديث على المسلم لعنه للخلق، وفي هذا حث للمسلم على التخلق بالخلق الحسن في معاملته للمرأة، فلا يلعنها ولا يشتمها.

٧. عن عبد الله بن مسعود **رضي الله عنه** قال: قال رسول الله **صلى الله عليه و سلم**" سباب المسلم فسوق، وقتاله كفر"[١].

**وجه الدلالة:** سب المسلم لأخيه معصية بل كبيرة. قال النووي: "يحرم سب المسلم من غير سبب شرعي يجوز ذلك"[٢]؛ ويشتد الأمر إذا كان المسبوب له حق خاص على الساب كالأم والزوجة والأخت والبنت، فسب الرجل للمرأة ولعنها، واتهامها بسوء عشرته، وتعييرها وذكر أهلها بسوء، محرم عليه، والواجب على الرجل أن يعاشر المرأة في المعروف، فالسب والشتم والإساءة لا يزيد العلاقة إلا بلاء وسوءا، وزيادة البغض، فينبغي للرجل ألا يسرع في إساءته للمرأة إذا أساءت، وأن يكون حكيما معها، موفيا لها بحقوقها، متغاضيا عن زلاتها وأخطائها، بل عليه أن يستعمل ما أرشده الله إليه، في قوله تعالى: ﴿وَاللَّاتِي تَخَافُونَ نُشُوزَهُنَّ فَعِظُوهُنَّ وَاهْجُرُوهُنَّ فِي الْمَضَاجِعِ وَاضْرِبُوهُنَّ فَإِنْ أَطَعْنَكُمْ فَلَا تَبْغُوا عَلَيْهِنَّ سَبِيلًا إِنَّ اللَّهَ كَانَ عَلِيًّا كَبِيرًا﴾[٣]، متخلقا بأخلاق الرسول صلى الله عليه و سلم: "خيركم خيركم لأهله[٤]، وأنا خيركم لأهلي"[٥]، مسترشدا بهديه صلى الله عليه و سلم:

---

(١) البخاري، الصحيح، باب ما ينهى من السباب واللعن، ح رقم(٥٦٩٧)، (ج٥، ص٢٢٤٧). وعن أنس رضي عنه قال: "خدمت رسول الله **صلى الله عليه و سلم** عشر سنين، لا و الله ما سبني سبة قط، ولا قال لي أف قط، ولا قال لي لشيء فعلته، لم فعلته؟ ولا لشيء لم أفعله، ألا فعلته؟" عبد الرزاق، المصنف، باب ضرب النساء والخدم، ح رقم(١٧٩٤٦)، (ج٩، ص٤٤٣).

(٢) ابن حجر، فتح الباري، (ج٢، ص٨٤٤٥).

(٣) سورة النساء، الآية ٣٤.

(٤) الأهل يخص الزوجة والأولاد،وقد يطلق على جميع الأقارب، المناوي ،فيض القدير (ج٣،ص٤٩٦)

(٥) ابن حبان، الصحيح، باب ذكر الزجر عن ضرب النساء إذ خير الناس خيرهم لأهله، ح رقم (٤١٨٦)، (ج٩، ص٤٩١).

"استوصوا بالنساء خيرا"[١].

على الرجل أن يتق الـلـه في نفسه ومن هم تحت ولايته كأمه أو زوجته أو أخته أو بناته، لأنه مأمور شرعا بتربيتهم على الأخلاق الطيبة، التي ينبغي أن يتحلى بها، فالقوامة مسؤولية عظيمة ملقاة على عاتق الرجل، بما يصلح من شؤون رعيته، واستخدام القوامة بالإساءة مناف لمراد الشارع، ومقصده في إرساء الأسرة على قواعد المحبة والألفة،، وينبغي أن يعلم الرجل أنه يرتكب إثما ويقارف ذنبا إذا سب أو شتم المرأة، والواجب عليه المسارعة إلى التوبة والإنابة إلى الـلـه تعالى والاعتذار عما فرط منه في حق من هي تحت ولايته سواء أمه أو زوجته، أو أخته أو ابنته.

## المطلب الثاني: العنف اللفظي خارج الأسرة:

من نتائج انتشار الإباحية في المجتمعات[٢]، والتحلل من الأخلاق[٣]، واختلاط المرأة بالرجل، أن ظهر العنف اللفظي بينهما، متمثلا في المعاكسات والتحرشات والمساومات، ومحاولات التغرير للنيل من عفتها وطهرها[٤]، والإسلام يهدف إلى حفظ المجتمع بحفظ

---

(١) الترمذي، السنن، كتاب النكاح، باب حق المرأة على زوجها، ح رقم(١١٦٣)،(ج٣، ص٤٦٧) وقال حديث حسن صحيح.

(٢) يرى البعض أن انتشار الإباحية سبب في زيادة العنف ضد المرأة، بشتى صوره وأشكاله، فمثلا كثرة جرائم التحرش التي تنتهي بالاغتصاب من أبرز الدوافع لها، انتشار الإباحية في العمل، وفي الشارع، بل حتى البيوت عن طريق الإعلام، "وجد عالم النفس إدوار دونرستين، بأن الذين يخوضون في الدعارة والإباحية غالبا ما يؤثر في سلوكهم، من زيادة العنف، وعدم الاكتراث لمصائب الآخرين، وتقبل لجرائم الاغتصاب" انظر: القدهي، مشعل، الإباحية وتبعاتها، (ص٥٧). وفي (ص٥٩) تقول لجنة أبحاث أن: "الإباحية العنيفة لها تأثير مباشر في انتشار عمليات العنف الجنسي غير الاجتماعي".

(٣) من نتائج أبحاث كانت تعالج تأثير المواد الإباحية على الجرائم الجنسية، أن بلغت نسبة الانحطاط الخلقي في الغرب هي ٢٨% حسب معاييرهم، وتشمل التعري والتجسس على أعراض الآخرين بالكاميرات الخفية، والاحتكاك الجسماني في الأماكن المزدحمة، القدهي، الإباحية وتبعاتها، (ص٥٦).

(٤) يتساءل البعض عن الهدف من وراء نشر صورا للنساء فاتنة ومغرية، في كل مكان وبسبب ودون

أفراده من كل ما يؤول إلى الفساد، لذا حرم كل ما يتنافى مع حفظ أعراض المؤمنات والمؤمنين، فشرع من الوسائل الوقائية والعلاجية التي تدفع عن المرأة العنف اللفظي الذي تتعرض له خارج منزلها سواء في العمل أو الشارع[1]، ومن الأدلة في ذلك -على سبيل الذكر لا الحصر- ما يلي:

٤. قوله تعالى: ﴿يَا أَيُّهَا النَّبِيُّ قُلْ لِأَزْوَاجِكَ وَبَنَاتِكَ وَنِسَاءِ الْمُؤْمِنِينَ يُدْنِينَ عَلَيْهِنَّ مِنْ جَلَابِيبِهِنَّ ذَلِكَ أَدْنَى أَنْ يُعْرَفْنَ فَلَا يُؤْذَيْنَ وَكَانَ اللَّهُ غَفُورًا رَحِيمًا﴾[2][3].

**وجه الدلالة:** يخاطب الله تعالى رسوله **صلى الله عليه و سلم**، أن يأمر نساءه وبناته والمؤمنات أن يدنين عليهن من جلابيبهن؛ لئلا يعرض لهن فاسق، ولا يتحرش بهن، فإذا كان زيهن حسنا لم يطمع فيهن المنافقون، ولا يتعرضوا لهن، قال أبوحيان: " أي ذلك أو لى أن يعرفن لتسترهن بالعفة، فلا يتعرض لهن، ولا يلقين بما يكرهن، لأن المرأة إذا كانت في غاية التستر والانضمام، لم يقدم عليها الفاسق، فلا يتعرض إليها الشباب الدعار من أهل الفجور، وأهل الريبة، بخلاف المتبرجة فإنها مطموع فيها، استخفافا بها بالأقوال التي

---

سبب؟ هل هو دفع الرجال إلى تحقير زوجاتهم؟ أم هو محاولة تصوير النساء أمام الشباب كأدوات لهو بدلا من أخوات وشريكات يستحقن الاحترام والتقدير، أم هومحاولة زرع الأسى في قلوب النساء بوضع معايير للجمال أمامهن، لن يتمكن من إدراكها مهما أنفقن من أموال؟ أم هوغسل لعقل المرأة لإقناعها بأن قيمتها تكمن في قدرتها على فتن الرجل وإغرائه؟ القدهي، الإباحية وتبعاتها، (ص١٦٧).

(١) انظر التدابير العلاجية والوقائية للحد من البغاء والاغتصاب، والأدلة على تحريم الإسلام للبغاء والاغتصاب أدلة على تحريم العنف اللفظي المتمثل في التحرش بالمرأة، في ثنايا الرسالة.

(٢) سورة الأحزاب، الآية ٥٩.

(٣) ذكر الطبري في سبب نزولها أنه، "كان بالمدينة رجال من المنافقين، إذا مرت بهم امرأة سيئة الهيئة والزي، حسبوا أنها مزنية، وأنها من بغيتهم، فكانوا يؤذون المؤمنات بالرفث، ولا يعلمون الحرة من الأمة، فأمر الله الحرائرأن يتجلبن فيعلم أنهن حرائر فلا يعرض لهن فاسق بأذى من قول ولا ريبة". الطبري، (ج١٩، ص٢١٦)، وليس المراد منه أن تعرض الفساق للإماء جائز بل هوحرام.

تخجلها، فتتأذى من ذلك، وربما تسب الذي يؤذيها، فيحصل أذى من الجانبين، فهذا من سد الذريعة"[١].

٥. قوله تعالى: ﴿فَلَا تَخْضَعْنَ بِالْقَوْلِ فَيَطْمَعَ الَّذِي فِي قَلْبِهِ مَرَضٌ وَقُلْنَ قَوْلًا مَعْرُوفًا (32)وَقَرْنَ فِي بُيُوتِكُنَّ وَلَا تَبَرَّجْنَ تَبَرُّجَ الْجَاهِلِيَّةِ الْأُولَى﴾[٢].

**وجه دلالة:** أمر الـلـه تعالى المرأة بعدم الخضوع في القول بتليين العبارة أو ترقيق صوتها، وعدم تبرجها بالزي واللباس، فإذا كان هذا الحكم في خير العصور، والمؤمنون في قوة إيمانهم وعزته، وحسن أخلاقهم، فكيف بهذا الزمان الذي ضعف فيه الإيمان وقل التمسك بالدين، فعلى المرأة الإقلال من مخالطة الرجال الأجانب، وقلة التحدث معهم إلا في حاجة ضرورية مع عدم الخضوع واللين في القول، صيانة لها وحماية، وسدا لذريعة التعرض لها بما لا يرضيها، من قول أو مساومة أو تحرش.

٦. قوله تعالى: ﴿وَالَّذِينَ يُؤْذُونَ الْمُؤْمِنِينَ وَالْمُؤْمِنَاتِ بِغَيْرِ مَا اكْتَسَبُوا فَقَدِ احْتَمَلُوا بُهْتَانًا وَإِثْمًا مُبِينًا﴾[٣].

**وجه الدلالة:** يتوعد الـلـه تعالى من يؤذي مؤمنة ظلما وعدوانا بالإثم المستوجب للعذاب الأليم، وفي التحرش والتعرض للمؤمنات أذى، يدخل في عموم الآية ووعيدها، فالآية تحذير من أذية المؤمنين والمؤمنات، والتعرض لهم بما يكرهون.

٧. قوله تعالى: ﴿وَالَّذِينَ يَرْمُونَ الْمُحْصَنَاتِ ثُمَّ لَمْ يَأْتُوا بِأَرْبَعَةِ شُهَدَاءَ فَاجْلِدُوهُمْ ثَمَانِينَ جَلْدَةً وَلَا تَقْبَلُوا لَهُمْ شَهَادَةً أَبَدًا وَأُولَئِكَ هُمُ الْفَاسِقُونَ﴾[٤].

---

(١) أبوحيان، البحر المحيط، بتصرف.

(٢) سورة الأحزاب، الآية ٣٢-٣٣.

(٣) سورة الأحزاب، الآية ٥٨.

(٤) سورة النور، الآية ٤.

**وجه الدلالة:** في تشريع الإسلام لحد القذف حفظ وحماية للمرأة من العنف اللفظي، فالإسلام يهدف إلى إبعاد وسد كل طريق تؤدي إلى العنف اللفظي، فيعاقب على قذف المحصنات وكل من يتحرش بهن، أو يتعرض لهن بالقول والتجريح، وفي هذا صيانة لجو الجماعة وصيانة للأعراض من التهم والريبة والشك [1].

مما يتقدم يظهر أن الشريعة الإسلامية تحرم العنف اللفظي ضد المرأة، وتأخذ الطريق على أسبابه، فتقطعها ابتداء، وتسد الذريعة الموصلة له، بخلاف المواثيق الدولية التي تجرم العنف ضد المرأة، دون تدابير ووسائل قانونية فضلا عن التدابير الوقائية التي تميزت بها شريعة الأسلام.

---

(١) انظر في حكمة حد القذف، قطب، سيد، في ظلال القرآن، (ج٤، ص٢٤٩٠)، طبعة دار الشروق.

المبحث الثاني

# العنف النفسي

## وفيه مطالب:

المطلب الأول: عدم منح المرأة جنسيتها لأولادها .

المطلب الثاني: إجبار المرأة على الزواج.

المطلب الثالث: إجبار المرأة على الحمل.

المطلب الرابع: إجبار المرأة على الرضاع.

## المطلب الأول: عدم منح جنسية[1] المرأة المتزوجة من أجنبي لأولادها: "حق المرأة في نقل جنسيتها لأولادها"[2]

في ظل المطالبات المستمرة في المساواة بين الجنسين في الحقوق والواجبات، احتل حق المساواة بين الأم والأب، فيما يتعلق بجنسية أطفالهما مكانا بارزا، ظهر في المادة التاسعة من اتفاقية سيداو، حيث نصت على: "منح الدول الأطراف للمرأة حقوقا مساوية للرجل فيما يتعلق بجنسية أطفالها"[3].

إذ لم تكن هذه المسألة مثارة من قبل[4]، إلا بعد أن وجد ت أنواعا من الزيجات، تضيف عبء على المرأة، خاصة إن تزوجت بأجنبي أو عديم الجنسية، وأنجبت أطفالا ثم حصل الفراق، ففي مثل هذه الحالات تتحمل المرأة مسؤولية أطفالها، إضافة لحرمانهم من حقوق المواطنة في بلد أمهم، كالحق في التعليم وهم أحوج ما يكونون إليه في هذه المرحلة، والعلاج، فضلا عن السلامة من خطر الإبعاد عن إقليم دولة أمه[5].

---

(١) تعرف الجنسية بأنها، "رابطة سياسية وقانونية بين الفرد والدولة" انظر: بخيت، أحمد، ٢٠٠١م، الجنسية ودور الأم في جنسية أولادها، ط(١)، دار النهضة، القاهرة، (ص٥).

(٢) من طريف ما يلحظ أنه رغم بناء الجنسية على أسس علمانية، وابتعادها في التنظيم القانوني عن الدين، إلا أن جوهر المناقشات يبنى على مسوح دينية، نظرا لارتباط المشكلة بالمساواة بين الرجل والمرأة، فعلمانية الجنسية لم تمنع أن تكون الشريعة الإسلامية غطاء، للمناداة بالمساواة بين الأم والأب في هذا الخصوص، بخيت، الجنسية ودور الأم في جنسية أولادها، (ص٩٨).

(٣) الطفل في الاتفاقية من لم يبلغ سن الثامنة عشر، فلا ينظر للبلوغ وعدمه في استحقاقهم لاسم الطفل، على خلاف الشريعة التي تعتبر البلوغ علامة رشد لكل من الذكر والأنثى.

(٤) يذهب بعض الباحثين إلى القول بأن الاتجاهات الحديثة في تشريعات الجنسية الغربية، تتخذ من المساواة بين الجنسين ذريعة لزيادة رعاياها، أو أخذت به خضوعا لجماعات الضغط النسائية، وكسبا لأصواتها وتحقيقا لمكاسب حزبية ضيقة، على حساب القومية. انظر، بخيت، الجنسية ودور الأم في جنسية أولادها، (ص ١٤٢).

(٥) بخيت، الجنسية ودور الأم في جنسية أولادها، (ص١٠٤).

المسألة الأولى: هل عرف التشريع الإسلامي الجنسية، أم لا؟

يوجد اتجاهان في المسألة[1]، فريق يرى أن فكرة الجنسية فكرة لا تمت للإسلام بصلة، حيث أن الجنسية قامت على أفكار وتنظيمات بشرية، دون أن يكون للنظام الديني أدنى اعتبار فيها، وفريق آخر يرى أن الإسلام عرف الجنسية بوصفها معيارا للتمييز بين المسلم وغيره، فلم تعرف الرابطة بين المسلم ودولته باسم الجنسية، فعدم التسمية لا يعني عدم وجود هذه الرابطة إذ العبرة بالمقاصد والمعاني لا بالألفاظ والمباني، ولا مشاحة في الاصطلاح[2]. واستند كل فريق إلى مجموعة من الأدلة أذكرها فيما يلي:

**الفريق الأول: النافون لفكرة الجنسية في الإسلام، استدلوا بمايلي:**

١. تتعارض فكرة الجنسية مع مبدأ عالمية الإسلام، باعتبار أن الإسلام دينا عالميا، لا يقبل الحواجز السياسية أو القانونية المتمثلة في الجنسية، والتي تعد بمثابة فكرة ضيقة تقوم على تعدد الدول والسيادات، فالإسلام لم يعتد في تكوين الدولة بالجنسية، ولا بالعنصرية ولا بالتوطن، فهذه الأسس تتنافى مع عالمية الإسلام وعمومه باعتباره دينا نزل للبشر جميعا[3].

٢. إلغاء الإسلام للعصبية والقبلية التي كانت سائدة في الجاهلية، دليل على عدم اعتباره للجنسية، فالإسلام ألغى التفاوت بين البشر على أساس العصبية والجنس، فلا فرق بين البشر إلا بالتقوى، فرابطة الإسلام تسموعلى كل صلات النسب، أو العشيرة أو الجنسية، لأن هذه الصلات عارية الفائدة إذا تجردت عن صلة الإيمان[4].

---

(١) للتوسع انظر، غرايبة، رحيل، الجنسية في الإسلام، وانظر في أسباب الرعوية في الشريعة الإسلامية، بخيت، الجنسية ودور الأم في جنسية أولادها، (ص١٠٦ وما بعدها).

(٢) عليوة، عبد الحميد محمود، ٢٠٠٦م، دور الأم المصرية والعربية والأجنبية في نقل الجنسية لأبنائها، دار المطبوعات الجامعية، الإسكندرية، (ص١٦ وما بعدها).

(٣) عليوة، دور الأم في نقل الجنسية، (ص١٦-١٧).

(٤) عليوة، دور الأم في نقل الجنسية، (ص١٨).

٣. رابطة الجنسية رابطة سياسية قانونية، لا مدخل للدين فيها، لأنها انبثقت عن فكرة العلمانية التي تفصل الدين عن الدنيا، بدليل أن قوانينها تعطى للشخص دون نظر إلى اعتبار ديانته أو معتقده[١].

**الفريق الثاني: المثبتون لفكرة الجنسية في الإسلام، استدلوا بما يلي:**

١. لا تتعارض فكرة الجنسية مع عالمية الإسلام، فعالمية الإسلام لا تعني جهله بأحكام الجنسية، فليست هي حجر عثرة أمام عالمية الإسلام، لأن الدخول في جنسية الإسلام ليس حصرا على المسلم بل تتعدد طرق كسبها كعقد الذمة[٢].

٢. لا يصح الربط بين الجنسية والعصبية، لأن الجنسية تعني الانتماء للدولة، أما العصبية فتعني الانتماء للقبيلة أو العشيرة، فلا يمكن أن نتصور قيام دولة واحدة استنادا لعنصر الجنس، نظرا لاختلاط الأجناس وتشابكها، فلا تشابه بين الجنسية والعصبية[٣].

٣. فكرة الجنسية وفكرة الدولة، فكرتان متلازمتان يستحيل أن تتحقق إحداهما دون الأخرى، والإسلام تأسس على دولة، ولا تستطيع الدولة أن تضبط ركن الشعب، إلا بوسيلة تحدد بموجبها مواطنيها ولا يتأتى ذلك إلا من خلال الجنسية[٤].

٤. مصطلح الجنسية وإن كان حديثا، لكن الفقهاء استخدموا مصطلحات أخرى، تدل على اعتبارهم لرابطة الأفراد مع الدولة، كمصطلح " الرعوية" أو "التبعية" أو "من أهل الدار" وهذا دليل على اعتبار الإسلام لفكرة الجنسية، فإن اختلفت المصطلحات فلا مشاحة فيها[٥].

وترى الباحثة أن أدلة القائلين بوجود فكرة الجنسية في الإسلام أولى بالاعتبار،

(١) عليوة، دور الأم في نقل الجنسية، (ص٢٠).
(٢) عليوة، دور الأم في نقل الجنسية، (ص٢٣).
(٣) عليوة، دور الأم في نقل الجنسية، (ص٢٣-٢٤).
(٤) عليوة، دور الأم في نقل الجنسية، (ص٢٥).
(٥) عليوة، دور الأم في نقل الجنسية، (ص٣٠ وما بعدها).

لصلاحية الإسلام لكل زمان ومكان، إذ إنها لا تتعارض معه.

## المسألة الثانية: هل يحق للأم أن تمنح جنسيتها لأطفالها ؟

بناء على ما تقرر من أن الإسلام لا يتعارض مع الجنسية، فما حكم نقل الأم لجنسيتها لأولادها ؟

ظهر اتجاهان في المسألة، فريق يؤيد منح الأم لجنسيتها لأطفالها، بناء على تحقيق المنفعة والأصلح للأم والأطفال، وفريق آخر يعارض ذلك ويرى أن الأطفال ينتسبون لأبيهم فيعطون جنسيته[1]، ولكل أدلته التي استند إليها، وفيما يلي التفصيل:

**الرأي الأول:** يذهب إلى عدم منح الأمة جنسيتها لأطفالها، وأن الأب هومن يمنحهم ذلك، مستدلين بما يلي:

دعوى المساواة في المسؤولية بين الأب والأم، تتعارض مع أدلة من القرآن الكريم من مثل؛ قوله تعالى: ﴿الرِّجَالُ قَوَّامُونَ عَلَى النِّسَاءِ بِمَا فَضَّلَ اللّٰه بَعْضَهُمْ عَلَى بَعْضٍ﴾[2]، وقوله تعالى: ﴿وَلِلرِّجَالِ عَلَيْهِنَّ دَرَجَةٌ﴾[3]، وقوله تعالى: ﴿يُوصِيكُمُ اللّٰه فِي أَوْلَادِكُمْ لِلذَّكَرِ مِثْلُ حَظِّ الْأُنْثَيَيْنِ﴾[4].

ثم إن الولد يتبع في نسبه لأبيه فكذا في جنسيته: ﴿ادْعُوهُمْ لِآبَائِهِمْ هُوَ أَقْسَطُ عِنْدَ اللّٰه﴾[5].

(١) سيتبين من خلال أدلة كل فريق احتجاجهم وتذرعهم بمراعاة نفع الولد ومصلحته، لأن من قالوا يتبع الأب برروا قولهم بعناية الأب بالتأديب ونسبته إليه، ونفقته عليه، ومن قالوا يتبع أمه لكونها أرفق به ولحاجته إلى خدمتها.

(٢) سورة النساء، الآية ٣٣.

(٣) سورة البقرة، الآية ٢٢٨.

(٤) سورة النساء، الآية ١١.

(٥) سورة الأحزاب، الآية ٥.

لما غرم الأب النفقة على ولده، فيغنم لحوق ولده بجنسيته[١].

**الرأي الثاني:** يذهب إلى جواز منح الأم جنسيتها لأطفالها، مستدلين بما يلي:

١. تقرر في الفقه الإسلامي، **أن** الصغار يتبعون المسلم من الوالدين، فالولد يتبع المسلم من والديه، سواء كان الأب أو الأم، فمن خلال تطبيق القاعدة: "الولد يتبع خير الوالدين دينا"[٢]، فكذا في الجنسية يتبع الأنفع له[٣]، فمتى ما أمكن نفع أحد، فليس من الإيمان حرمانه منه، فيجوز نقل الأم جنسيتها لأطفالها لأن هذا هو العدل والبر[٤].

٢. ما ثبت من أن أولاد المسلمين معهم في الجنة وهم مع كل واحد منهم، فكذلك في أحكام الدنيا[٥]، لابتنائها على النفع والصلاح للأطفال، بل في الدنيا هم أحوج لأمهم، لأن الدنيا جبلت على الكبد والتعب، ومع الأم راحتهم وأمنهم.

٣. أن الجنسية في الإسلام لا تبنى على القرابة أو الإقامة، وإنما يراعى فيها ما هوالأنفع والأصلح للولد، فالجنسية تعطى له بناء على ما يتمخض له من منفعة، لا فيما يشوبه من ضرر، ومن الجنسية النافعة، منح الأم جنسيتها لأطفالها، احتياطا لهم ودفعا للمفسدة عنهم، فتقرير التشريع الإسلامي طلب الأنفع للولد، والأصلح، يشير إلى رعاية الشريعة للضعفاء[٦].

---

(١) بخيت، الجنسية ودور الأم في جنسية أولادها، (ص١٢٨ بتصرف).

(٢) ابن نجيم،البحر الرائق،ج٣،ص٢٣٣

(٣) ابن نجيم، البحر الرائق، (ج٣، ص٢٣٣،).ابن عابدين، الحاشية، (ج٣، ص١٩٩)، وقال: "يتبع خير الوالدين وأخفهما شرا".

(٤) بخيت، الجنسية ودور الأم في جنسية أولادها، (ص١٢٤-١٢٩)، وذكر أن المرعي في تبعية الصغير قرابة الدم.

(٥) بخيت، الجنسية ودور الأم في جنسية أولادها، (ص١٢٤ وما بعدها). انظر، البخاري، الصحيح، باب ما قيل في أولاد المسلمين، من مات له ثلاثة من الولد كن له حجابا من النار أو أدخله الجنة،ح رقم(١٣١٥)، (ج١،ص٤٦٤).

(٦) بخيت، الجنسية ودور الأم في جنسية أولادها، (ص١٣٢).

٤. منح الأم جنسيتها لأطفالها يتفق مع روح الشريعة، التي جاءت بالحث على التعاون والتكافل والبر، والمساواة بين جميع البشر، وفي منح المرأة جنسيتها لأطفالها، تحقيق لكل هذه المبادئ. فمثلا إعمال مبدأ المساواة في الجنسية بين الجنسين، لا يتعارض مع روح الشريعة، إذ جاء ما يدعمه من مثل؛ "النساء شقائق الرجال"[١]، ﴿وَلِأَبَوَيْهِ لِكُلِّ وَاحِدٍ مِنْهُمَا السُّدُسُ﴾[٢]، ﴿وَلَهُنَّ مِثْلُ الَّذِي عَلَيْهِنَّ بِالْمَعْرُوفِ﴾[٣]، فالمساواة بين البشر جميعا، مبدأ عام، ونقل جنسية الأم لأو لادها لم يأت في الإسلام ما يمنعها أو يقيدها، فتبقى على أصل الإباحة، والشريعة الإسلامية بوصفها دينيا عالميا لا يختص بها قوم دون قوم، فعالمية الإسلام تتفق مع نقل جنسية الأم لأو لادها[٤].

٥. بالقياس على الولد غير ثابت النسب، فإنه يلحق نسبه بأمه نظرا له[٥]. فكذلك في الجنسية يتبعها، فإذ كانت الأم تحمل جنسية دولة ما والأب عديمها أو مجهول الجنسية، فالأولى أن يتبع الطفل جنسية أمه[٦]، وهنالك شواهد من التراث والفقه تبين صحة هذا القياس من ذلك؛ ما ذكر في ولد المرتد" لوارتد الأب ولحق بدار الحرب، وكانت الأم ذمية بقيت في دار الإسلام، فالولد لا يكون فيئا ويبقى تبعا لأمه"[٧]. وما ذكر في ولد الذمي

---

(١) أبو داود، السنن، باب في الرجل يجد البلة في منامه، ح رقم(٢٣٦)، (ج١، ص٦١)، ورواية عبد الله بن حفص ضعفه يحيى بن سعيد من جهة حفظه، آبادي،عون المعبود، (ج١ص٢٧٥).

(٢) سورة النساء، الآية ١١.

(٣) سورة البقرة، الآية ٢٢٨.

(٤) عليوة، عبد الحميد محمود، ٢٠٠٦م، دور الأم المصرية والعربية والأجنبية في نقل الجنسية لأبنائها، دار المطبوعات الجامعية، الإسكندرية، (ص٣٦-٣٩).

(٥) بخيت، الجنسية ودور الأم في جنسية أولادها، (ص١٣٤). وانظر: عليوة، عبد الحميد محمود، دور الأم المصرية، (ص٤٨-٤٩).

(٦) خزاعلة، حسن، ٢٠٠٣م، حق الأم الأردنية المتزوجة من أجنبي في نقل جنسيتها لأبنائها، بحث قدم لمؤتمر التشريعات الأردنية والعربية المتعلقة بحقوق المرأة، جامعة إربد الأهلية، (ص٢٢٦).

(٧) عليوة، عبد الحميد محمود، ٢٠٠٦م، دور الأم المصرية والعربية والأجنبية، (ص٤٧ وما بعدها)، بخيت، الجنسية ودور الأم في جنسية أولادها، (ص١٣٢). انظر تفصيل المسألة في كتب الفقه، ابن

إذا نقض عهده، فلا ينتقض عهد نسائه وأولاده الصغار، لأن النقض وجد منه دونهم، فاختص حكمه به[1]، مع أنهم تبع في الحكم فإذا بطل في المتبوع فالتابع كذلك، لكن نظرا لنفعهم لم ينقض عهده عهدهم.

---

عابدين، الحاشية، (ج٣، ص١٩٦ وما بعدها)، مطلب الولد يتبع خير الأبوين دينا. السرخسي، المبسوط، (ج١٠، ص١٥)، في باب المرتدين وقال، "وإذا ارتد الزوجان وذهبا إلى دار الحرب بولدهما الصغير ثم ظهر عليهما المسلمون فالولد فيء لأنه خرج من أن يكون مسلما حين لحقا به إلى دار الحرب فإن ثبوت حكم الإسلام للصغير باعتبار تبعية الأبوين والدار فقد انعدم كل ذلك حين ارتدا ولحقا به بدار الحرب فلهذا كان الولد فيئا يجبر على الإسلام إذا بلغ كما تجبر الأم عليه وإن كان الأب ذهب به وحده والأم مسلمة في دار الإسلام لم يكن الولد فيئا لأنه بقي مسلما تبعا لأمه فإن قيل كيف يتبعها بعد تباين الدارين قلنا تباين الدارين يمنع الاتباع في الإسلام ابتداء لا في إبقاء ما كان ثابتا ألا ترى أن الحربي لو أسلم في دار الحرب وله ولد صغير ثم خرج إلى دارنا بقي الولد مسلما بإسلامه حتى إذا وقع الظهور عليه لا يكون فيئا بخلاف ما لو أسلم في دارنا وله ولد في دار الحرب فها هنا قد كان الولد مسلما فيبقى كذلك ببقاء الأم مسلمة وإن كانت في دار الإسلام وكذلك إن كانت الأم ماتت مسلمة لأن إسلامها يتأكد بموتها ولا يبطل وكذلك إن كانت الأم نصرانية ذمية لأنها من أهل دارنا وكما يتبعها الولد إذا كانت من أهل ديننا يتبعها إذا كانت من أهل دارنا توفيرا للمنفعة على الولد ولأنه لا يتم إحراز الولد بدار الحرب لأن اعتبار جانب الأب يوجب أن يكون الولد حربيا واعتبار جانب الأم يوجب أن يكون الولد من أهل دار الإسلام فيترجح هذا الجانب عند المعارضة توفيرا للمنفعة على الولد وإذا بقي من أهل دار الإسلام فكأنه من أهل دارنا حقيقة فلا يسترق". وقال الكاساني في بدائع الصنائع، (ج٧، ص١٣٩): "لو ارتد الزوج دون المرأة أو كانت له أم ولد مسلمة ورثه مع ورثته المسلمين وإن جاءت به لأكثر من ستة أشهر لأن الأم مسلمة فكان الولد على حكم الإسلام تبعا لأمه فيرث أباه". وقال البهوتي: "ولا ينتقض بنقض عهده عهد نسائه وأو لاده الصغار الموجودين لحقوا بدار الحرب أو لا، لأن النقض وجد منه دونهم فاختص حكمه به". كشاف القناع، (ج٣، ص١٤٤). وجاء في حواشي الشرواني، (ج٩، ص٣٠٣): "لم يبطل أمان ذراريهم فلا يجوز سبيهم في دارنا".

(١) عليوة، عبد الحميد محمود، ٢٠٠٦م، دور الأم المصرية والعربية والأجنبية، (ص٤٠ وما بعدها)، بخيت، الجنسية ودور الأم في جنسية أولادها، (ص١٣٢). جاء في حواشي الشرواني، (ج٩، ص٣٠٣): "لم يبطل أمان ذراريهم فلا يجوز سبيهم في دارنا". وقال ابن العربي فب أحكام القرآن: " لا يؤخذ ابنه فيئا لأنه نقض وحده" أحكام القرى، (ج٢، ص٤٦١).

١. ورود النهي عن التفريق بين الأم وابنها، دليل على منح الجنسية للولد، توفيرا للمنفعة له، فالتفريق بين الأم وولدها الطفل غير جائز[١]، لما فيه من الإضرار بالولد، ولأن الأم قد ترضى بذلك ثم يتغير بعد ذلك قلبها فتندم[٢].

٢. ثم إن أحكام الجنسية يدخل في باب السياسة المتروكة لمن بيدهم مقاليد الأمور، بما يحقق مصالح العباد[٣]، وفي نقل الأم جنسيتها لأولادها تحقيق لمصلحة الأم والأطفال، لأن عاطفتها وشفقتها تأبى ألا تكون معهم، لكونهم محتاجون إليها، وفي ذلك تمكينهم من الاستفادة من حقوق المواطنة في بلد أمهم كالتعليم والعلاج.

٣. ثم إن ما لا يدرك كله لا يترك كله، فكما أن الأولاد اذا فقدوا رعاية أبيهم لهم، ينبغي أن لا نفقدهم رعاية أمهم، فنضيف عليها عبء جديدا، بتحمل نفقات تعليمهم وعلاجهم، ولا نضيف على احتياجهم وفقرهم لأبيهم، حرمانهم من حقوق المواطنة.

## الترجيح:

ترى الباحثة أن القول بمنح الأم الحق في نقل جنسيتها لأولادها، أولى بالاعتبار والأخذ من نظيره، لأن ذلك ينسجم مع القواعد الكلية في الإسلام كتقرير مبدأ المساواة، ورحمته وعنايته بالضعفاء، فمن العنف بأطفال المرأة ألا يمنحوا جنسية أمهم، رحمة ورفقا بهم وبأمهم، وعليه فلا تعارض مع ما جاء في المادة التاسعة من اتفاقية سيداو، التي تنص على القضاء على جميع أشكال التمييز ضد المرأة، بمنحها حقوقا مساوية للرجل، في نقل جنسيتها لأطفالها، وهو ترجمة واقعية لمبدأ المساواة بين الرجل والمرأة، كما نصت المادة (١٥) من الميثاق العالمي لحقوق الإنسان، أن الجنسية تعد حقا أصيلا من حقوق الإنسان" لكل فرد حق التمتع بجنسية ما"[٤]، فكل مولود ينبغي أن يتمتع بها ولا يحرم منها[٥].

(١) ابن قدامة، الكافي في فقه ابن حنبل، (ج٢، ص٢٠). لا يجوز أن يفرق في البيع بين ذي رحم محرم، الصنعاني، سبل السلام، (ج٣، ص٢٤).

(٢) الحطاب، مواهب الجليل، (ج٤، ص٣٧٠)،ابن القيم، إعلام الموقعين، (ج٣، ص٢٩٥).

(٣) بخيت، الجنسية ودور الأم في جنسية أولادها، (ص١٤٢).

(٤) انظر: الإعلان العالمي لحقوق الإنسان عام(١٩٤٨).

## المطلب الثاني: إجبار المرأة على الزواج

الأصل في عقد الزواج أنه عقد رضائي يتم برضا وموافقة الزوجين عليه، حتى يعطي الزواج ثمراته من السكينة والمودة بينهما وإيجاد النسل الذي به تحفظ الأمة وتستمد قوتها منه، لذلك يمكننا بيان موقف الفقه في إجبار المرأة على الزواج[1]، بالتفصيل الآتي:

**أولا:** اتفق الفقهاء[2] على أن المرأة الثيب[3] البالغة العاقلة لا تزوج بغير رضاها مطلقا، فأهليتها للاختيار كاملة لا تشوبها شائبة إجبار؛ لأنها قد جربت الزواج فهي على علم بأموره وتستطيع أن تقرر مصلحتها، فهي رشيدة عالمة بالمقصود من النكاح مختبرة فلم يجز إجبارها عليه[4]، واستنادا على مجموعة من الأحاديث الشريفة تثبت انعدام ولاية

(١) انظر: إعلان حقوق الطفل عام ١٩٥٩م، واتفاقية حقوق الطفل عام١٩٨٩م. ونصها: "للطفل الحق أن يكون له اسم وجنسية".

(٢) قصدت من المبحث بيان عظم الفقه الإسلامي في النظر لجانب المرأة، والحفاظ عليها وحماية حقوقها، فعرضت للمسألة بإيجاز لأن الكلام فيها يطول فيمكن لمن أراد الاستزادة الرجوع للكتب الفقهية التي أحلت عليها، أو الرسائل المتخصصة التي تناولت الموضوع بإسهاب.

(٣) ابن المنذر، الاجماع، (ص٧٤). ابن تيمية، الفتاوى الكبرى، (ج٤، ص١١٥): "وأما البالغ الثيب فلا يجوز تزويجها بغير إذنها لا للأب ولا لغيره بإجماع المسلمين"، ابن قدامة،الكافي في فقه ابن حنبل، (ج٣، ص٢٦) وفيه: "ولا يملك تزويج ابنته الثيب الكبيرة إلا بإذنها". وفي عمدة الفقه، (ج١، ص٨٩) "وليس له تزويج البالغ من بنيه وبناته الثيب إلا بإذنهم"، الإنصاف للمرداوي، (ج٨، ص٥٧). "الثيب البالغة العاقلة ليس له إجبارها بلا نزاع"، الغمراوي،السراج الوهاج، (ج١، ص٣٦٥) "وليس له (الاب) تزويج ثيب إلا بإذنها"، الشيرازي، المهذب، (ج٢، ص٣٧)، "أما الثيب فإنها إن ذهبت بكارتها بالوطء فإن كانت بالغة عاقلة لم يجز لأحد تزويجها إلا بإذنها"، الأنصاري،فتح الوهاب، (ج٢، ص٦١)،الشربيني، مغني المحتاج، (ج٣، ص١٤٩)،ابن نجيم، البحر الرائق، (ج٣، ص١١٨). قال السرخسي المبسوط، (ج٥، ص٩): "أن نكاح الأب الثيب لا ينفذ بدون رضاها وهومجمع عليه". العبدري، التاج والإكليل، (ج٣، ص٤٢٧). النفراوي،الفواكه الدواني، (ج٢، ص٦).

(٤) التي تزوجت وفارقت زوجها بأي وجه بعد أن مسها، ابن منظور،لسان العرب، (ج١، ص٢٤٨).

(٥) ابن قدامة، المغني، (ج٧، ص٣٤).

الإجبار في نكاح الثيب، ولا بد من رضاها، كقوله **صلى الله عليه و سلم**: " الثيب أحق بنفسها"(١)، ولحديث: "خنساء بنت خذام أن أباها زوجها وهي ثيب فكرهت ذلك فأتت رسول الله **صلى الله عليه و سلم** فرد نكاحه"(٢).

**ثانيا: اختلفوا فيما عدا ذلك؛ البكر البالغة والصغيرة ثيبا أوبكرا، وأسباب اختلافهم:**

١. في مناط الإجبار هل هوالبكارة أو الصغر(٣)؟

فمن قال أن مناط الإجبار هوالصغر، أثبت ولاية الإجبار على الصغيرة الثيب والبكر، فقط دون البالغة، ومن قال أن مناط الإجبار هو البكارة أثبت ولاية الإجبار على البكر الصغيرة والكبيرة، دون الثيب الصغيرة.

٢. اختلافهم في فهم وتوجيه بعض الأدلة من السنة النبوية الشريفة، إذ تعارض المفهوم مع العموم المنطوق، فمثلا في إجبار البكر البالغة يقول ابن رشد أن سبب اختلافهم: "معارضة دليل الخطاب للعموم وذلك أن ما روي عنه عليه الصلاة والسلام من قوله: "لا تنكح اليتيمة إلا بإذنها"(٤)، وقوله: "تستأمر اليتيمة في نفسها"(٥)، والمفهوم منه

---

(١) مسلم، الصحيح، باب استئذان الثيب في النكاح بالنطق والبكر بالسكوت، ح رقم(١٤٢١)، (ج٢، ص١٠٣٧)، وفي لفظ آخر عنده الأيم.

(٢) البخاري، الصحيح، كتاب النكاح، باب إذا زوج الأب ابنته وهي كارهة فنكاحه مردود، ح رقم(٤٨٤٥)، (ج٥، ص١٩٧٤).

(٣) قال ابن رشد سبب اختلافهم: "استنباط القياس من موضع الإجماع، وذلك أنهم لما أجمعوا على أن الأب يجبر البكر غير البالغ وأنه لا يجبر الثيب البالغ إلا خلافا شاذا فيهما جميعا كما قلنا اختلفوا في موجب الإجبار هل هو البكارة أو الصغر"، بداية المجتهد، (ج٢، ص٥). كتب ورسائل وفتاوى ابن تيمية في الفقه، (ج٣٢، ص٢٣).

(٤) البيهقي، السنن الكبرى، باب ما جاء في نكاح اليتيمة، ح رقم(١٣٤٧٠)، (ج٧، ص١٢٠).

(٥) الحاكم، المستدرك على الصحيحين، ح رقم(٢٠٧٢)، (ج٢، ص١٨٠)، وقال: حديث صحيح على شرط الشيخين ولم يخرجاه.

بدليل الخطاب أن ذات الأب بخلاف اليتيمة، وقوله عليه الصلاة والسلام: "والبكر تستأمر"(١) يوجب بعمومه استئمار كل بكر(٢). فمن أخذ بالعموم نفى الإجبار عن البكر وأوجب إذنها، ومن أخذ بالمفهوم أثبت الإجبار بغير رضاها.

**ثالثا: اختلفوا في البكر البالغة العاقلة هل تزوج من غير رضاها؟ وفيما يلي التفصيل:**

**القول الأول:** لا يجوز إجبار المرأة البكر البالغة العاقلة على الزواج، ويثبت لها حرية الاختيار في عقد الزواج، بمعنى أن استئذانها واجبا على وليها، وإن زوجت بغير رضاها يثبت لها خيار القبول أو الرفض، فعلة الإجبار هي الصغر، فإن كانت صغيرة جاز إجبارها، وهذا قول الحنفية(٣)، ورواية عن الإمام أحمد(٤)، مستدلين بما يلي:

١. قوله صلى الله عليه و سلم: "لا تنكح الأيم حتى تستأمر، ولا تنكح البكر حتى تستأذن، قالوا يا رسول الله وكيف إذنها قال أن تسكت"(٥).

---

(١) البخاري، الصحيح، باب لا يجوز نكاح مكره، ح رقم(٦٥٤٧)، (ج٦، ص٥٤٧)، ونصه: عن عائشة قالت: "قلت، يا رسول الله يستأمر النساء في أبضاعهن؟، قال نعم، قلت، فإن البكر تستأمر فتستحي فتسكت، قال سكاتها إذنها".

(٢) ابن رشد، بداية المجتهد، (ج٢، ص٤ ).

(٣) الزيلعي، تبيين الحقائق، (ج٢، ص١١٨)، "ولا تجبر بكر بالغة على النكاح"،ابن نجيم، البحر الرائق، (ج٣، ص١١٨). السرخسي، المبسوط، (ج٤، ص٢١٨). "وكونها أحق بنفسها وذلك إنما يتحقق في البالغة دون الصغيرة". المرغيناني،الهداية شرح البداية، (ج١، ص١٩٦). بداية المبتدي، (ج١، ص٥٩).

(٤) ابن قدامة،الكافي في فقه ابن حنبل، (ج٣، ص٢٦)، وفيه: "وفي البكر البالغة روايتان إحداهما له إجبارها... والثانية لا يجوز تزويجها إلا بإذنها". المرداوي، الإنصاف، (ج٨، ص٥٥).

(٥) صحيح مسلم، كتاب النكاح، باب استئذان الثيب في النكاح بالنطق والبكر بالسكوت، ح رقم(١٤١٩)، (ج٢، ص١٠٣٦). البخاري، باب لا ينكح الأب وغيره البكر إلا برضاها، ح رقم(٤٨٤٣)، (ج٥، ص١٩٧٤).

٢٣١

**وجه الدلالة:** بين صلى الله عليه و سلم أن البكر لا بد من استئذانها للنكاح، بأن يصدر ما يدل على قبولها، فلا ولاية على إجبارها، فلا تنكح البكر حتى يصدر رضاها، ثم هذه صيغة خبر والمراد بها الأمر، وهو أقوى وجوه الأمر، فيكون الاستئذان واجبا كالاستئمار [1].

**الاعتراض:** لما قسم صلى الله عليه و سلم النساء إلى ثيب وبكر، علم أنهما مختلفتان في الحكم، وإلا لم يكن للعطف معنى، والبكر ههنا يحتمل أن تكون اليتيمة، بدليل حديث محمد بن عمرو، وإذا حمل على هذا لم تتعارض الأحاديث، وكانت الصغيرة والكبيرة إذا كانت بكرا ذات أب سواء في لاية إجبارها [2].

٢. ما رواه ابن عباس عن النبي صلى الله عليه و سلم: "أنه أتته جارية بكر فذكرت له أن أباها زوجها وهي كارهة فخيرها رسول الله صلى الله عليه و سلم" [3]. وفي روايات: "رد نكاحها" [4].

**وجه الدلالة:** أن هذه الجارية قد كرهت إجبار أبيها، فشكت ذلك للنبي صلى الله عليه و سلم، فخيرها صلى الله عليه و سلم بين القبول أو الرفض، فلو كان على البكر ولاية إجبار ما خيرها صلى الله عليه و سلم، ولأمضى نكاح أبيها.

**الاعتراض:** الحديث مرسل [5]، ويحتمل أن يكون زوجها أبوها من غير كفء وممن يضر بها [6]، فالاستدلال به ليس في موضع النزاع، إذ وردت روايات دون لفظ بكر مما يعني أنه خيرها لأجل ما سبق.

---

(١) الزيلعي، تبيين الحقائق، (ج٢، ص١١٨)، وفي الدراية في تخريج أحاديث الهداية، (ج٢، ص٦٢). قال ابن حجر: "يحتمل أن يكون التفريق بينهما بسبب أن الثيب تخطب إلى نفسها، فتأمر وليها أن يزوجها، والبكر تخطب إلى أبيها، فاحتيج إلى استئذانها، فمن أين وقع لهم أن التفرقة لأجل الإجبار وعدمه".
(٢) ابن عبد البر، التمهيد، (ج١٩، ص١٠٢).
(٣) أبو داود، السنن، باب في البكر يزوجها أبوها ولا يستأمرها، ح رقم (٢٠٩٦)، (ج٢، ص٢٣٢). وقال: "رواه الناس مرسلا".
(٤) البيهقي، السنن الكبرى، باب ما جاء في نكاح الآباء للأبكار، ح رقم (١٣٤٤٩)، (ج٧، ص١١٧)، وفيه: أن رسول الله صلى الله عليه و سلم رد نكاح ثيب وبكر أنكحهما أبوهما وهما كارهتان.

٣. ما روته عائشة: "أن فتاة دخلت عليها فقالت: إن أبي زوجني من ابن أخيه ليرفع بي خسيسته[١]، وأنا كارهة، قالت: اجلسي حتى يأتي النبي **صلى الـلـه عليه و سلم**، فجاء رسول الـلـه **صلى الـلـه عليه و سلم**، فأخبرته، فأرسل إلى أبيها فدعاه، فجعل الأمر إليها، فقالت: يا رسول الـلـه قد أجزت ما صنع أبي، ولكني أردت أن أعلم النساء أن ليس للآباء من الأمر شيئا"[٢].

**وجه الدلالة:** لما جعل **صلى الـلـه عليه و سلم** الأمر إليها يعني لها حرية القبول أو الرفض، فلا يملك الولي إجبارها، وهذا دليل على أنها تخير ولا تجبر، إذ إن النبي **صلى الـلـه عليه و سلم** أقرها على قولها "ليس للآباء من الأمر شيئا".

**الاعتراض:** الحديث منقطع الإسناد فابن بريدة لم يسمع من عائشة[٣]، وليس في الرواية ذكر الثيب والبكارة، كل ما تدل عليه أنه أراد أن يرفع بها خسيسته وكأنه لم يكن تزويج غبطة فخيرها، فيحتمل أنه خيرها لأن أبيها زوجها ممن ليس بكفء أو ممن يضر بها كتزويجها بذي عيب، فالعلة كراهتها له.

٤. قياس ولاية النفس على ولاية المال[٤]؛ فكما أن الولي لا يملك التصرف في مال البالغة بغير رضاها، رضاها، فكذا لا يملك الولاية على نفسها بإجبارها على النكاح، لأن النفس فوق المال، والمال دونها، فذهاب مالها أهون عليها من أن تزوج جبرا.

---

(١) البيهقي ،معرفة السنن والآثار، (ج٥، ص٢٤٤).

(٢) ابن عبد البر، التمهيد، (ج١٩، ص١٠١).

(٣) الخسة: الدناءة والتفاهة،ابن منظور، لسان العرب، (ج٦، ص٦٥). "وخسيسته: أي فقره وحقارته، والخسيس: الدني الحقير، والكلام يحتمل أن يكون راجعا إلى أبي أي يريد أبي ان يزيل حقارة نفسه ودنائته بسبب تزويجي بابن أخيه الغني، فعلى هذا يكون الأب فقيرا وابن أخيه غنيا موسرا، ويحتمل أن يكون راجعا إلى ابن أخيه فعلى هذا يكون فقيرا محتاجا، وكانت المرأة أو أبوها من أهل اليسار وهذا أقرب. انظر: شرح سنن ابن ماجه، (ج١، ص١٣٥).

(٤) ابن ماجه، السنن، باب من زوج ابنته وهي كارهة، ح رقم(١٨٧٤)، (ج١، ص٦٠٢).

(٥) البيهقي،معرفة السنن والآثار، (ج٥، ص٢٤٦).

(٦) ابن تيمية،كتب ورسائل وفتاوى ابن تيمية في الفقه، (ج٣٢، ص٢٣)، "فإن الأب ليس له أن

٥. قياس الأنثى على الذكر؛ فكما أن الذكر ببلوغه تسقط عنه الولاية فكذا الأنثى ببلوغها تسقط عنها الولاية[١]، إذ إنها بالبلوغ تطالب بالتكاليف الشرعية، فلما وليت أمرها بالتكاليف الشرعية من باب أولى النكاح فلا يحق إجبارها عليه، إذ البضع حقها دون الولي[٢].

٦. الصغر سبب الحجر بالنص والإجماع، وهذه بالغة انتفى سبب الإجبار عنها، فجعل البكارة موجبة للإجبار مخالفة لأصول الإسلام، لأن الشارع لم يجعل البكارة سببا للحجر في موضع من المواضع المجمع عليها، فتعليل الإجبار بذلك تعليل بوصف لا تأثير له في الشرع[٣].

٧. إجبارها على الزواج يخالف مقصود النكاح، من انتظام الحياة بينهما بالمودة والسكينة، ليحصل النسل، ويتربى بينهما سليما في بنائه الداخلي والخارجي، وهذا لا يتحقق بالإجبار.

٨. القول **الثاني:** يجوز إجبار المرأة البكر البالغة العاقلة للولي إن كان أبا أو جدا، فللولي تزويج البكر دون رضاها، لأن البكارة علة الإجبار، وهذا قول الشافعية[٤].

---

يتصرف في مالها إذا كانت رشيدة إلا بإذنها وبضعها أعظم من مالها فكيف يجوز أن يتصرف في بضعها مع كراهتها ورشدها".ابن نجيم، البحر الرائق، (ج٣، ص١١٧)، "والأصل أن كل من يجوز تصرفه في ماله بولاية نفسه يجوز نكاحه على نفسه وكل من لا يجوز تصرفه في ماله بولاية نفسه لا يجوز نكاحه على نفسه".

(١) ابن نجيم،البحر الرائق، (ج٣، ص١١٨)، " أنها حرة مخاطبة فلا يكون للغير عليها ولاية والولاية على الصغيرة لقصور عقلها وقد كمل بالبلوغ بدليل توجه الخطاب فصار كالغلام وكالتصرف في المال". المرغيناني، بداية المبتدي، (ج١، ص٥٩). المرغيناني،الهداية شرح البداية، (ج١، ص١٩٦).

(٢) الغزنوي،(٧٣٣هـ) أبو حفص عمر الحنفي،الغرة المنيفة،مكتبة الإمام أبو حنيفة، بيروت،ط(٢)، (ج١، ص١٣٠).

(٣) ابن تيمية، كتب ورسائل وفتاوى ابن تيمية في الفقه، (ج٣٢، ص٢٣).

(٤) الغمراوي،السراج الوهاج، (ج١، ص٣٦٥)، "وللأب نزويج البكر الكبيرة بغير إذنها ويستحب استئذانها". الشيرازي،المهذب، (ج٢، ص٣٧)، "ويجوز للأب والجد تزويج البكر من غير رضاها

والمالكية[١]، والرواية الثانية عند الإمام أحمد[٢]، مستدلين بما يلي:

١. قوله **صلى الله عليه و سلم**: "لا تنكح الأيم حتى تستأمر، ولا تنكح البكر حتى تستأذن، قالوا: يا رسول الله، وكيف إذنها؟ قال أن تسكت"[٣]، وفي رواية "الأيم أحق بنفسها من وليها والبكر تستأذن وإذنها صماتها"[٤].

**وجه الدلالة:** نص الحديث على وجوب استئذان الثيب في نكاحها، ولماعطف البكر عليها علم أنها على خلاف الحكم، إذ العطف للمغايرة، ومفهوم المخالفة يدل على إجبار البكر على النكاح، حيث أنهن لا يستأمرن، واستئذانهن على سبيل الاستحباب لا الوجوب[٥]، إذ لو وجب لأصبحت أحق بنفسها من وليها كالثيب، ولم يكن للعطف فائدة عندئذ، ثم لما قسم النساء قسمين، وخص الثيب بكونها أحق، دل على أن البكر ليست مثلها وإلا لم يكن للتفريق معنى، فالحق للأيم على الخصوص يدل على نفيه عن

صغيرة كانت أو كبيرة"، الغزالي،الوسيط، (ج٥، ص٦٣)، "الأب والجد أب الأب فلهما منصب الإجبار في حالة البكارة ولو بعد البلوغ". وضع الشافعية قيود وضوابط لحفظ حقها مع إجبارها فاشترطوا في الولي، أن يزوجها وليس بينهما عداوة ظاهرة، وبمهر مثلها من نقد البلد، ومن كفء لها موسر به لكمال شفقته، ويسن له استئذانها تطييبا لخاطرها، انظر: الأنصاري، فتح الوهاب، (ج٢، ص٦١)، الشربيني، مغني المحتاج، (ج٣، ص١٤٩)، الأنصاري، أسنى المطالب في شرح روض الطالب، (ج٣، ص١٢٧)، النووي، منهاج الطالبين، (ج١، ص٩٦).

(١) العبدري، التاج والإكليل، (ج٣، ص٤٢٧)، النفراوي،الفواكه الدواني، (ج٢، ص٦).

(٢)ابن مفلح،المبدع، (ج٧، ص٢٣)، وفيه: "فإن كانت بالغة عاقلة فله إجبارها في أظهر الروايتين... والثانية لا". ابن قدامة،الكافي في فقه ابن حنبل، (ج٣، ص٢٦)، وقال في عمدة الفقه، (ج١، ص٨٩): "وللأب تزويج أولاده الصغار ذكورهم وإناثهم وبناته الأبكار بغير إذنهم ويستحب استئذان البالغة... وليس لسائر الأولياء تزويج صغير ولا صغيرة ولا تزويج كبيرة إلا بإذنها". قال المرداوي في الإنصاف، (ج٨، ص٥٥): "البكر البالغة له إجبارها على الصحيح من المذهب مطلقا وهذا أظهر الروايتين".

(٣) سبق تخريجه.

(٤) سبق تخريجه.

(٥) الشافعي، الأم، (ج٥، ص١٨)، البيهقي، معرفة السنن والآثار، (ج٥، ص٢٤٦).

البكر[1].

**الاعتراض:** المفهوم إذا عارضه المنطوق يقدم المنطوق لكونه أقوى، وهنالك روايات تنص على أن البكر تستأذن، لاسيما حديث مسلم وهو قوله **صلى اللـه عليه و سلم**: "البكر يستأمرها أبوها"، وهذا نص عليه في موضع الخلاف، فلا يعتبر المفهوم معه، ثم قوله **صلى اللـه عليه و سلم**: "الأيم أحق بنفسها من وليها" يتناول البكر والثيب لأنه اسم لمن لا زوج لها[2].

٢. قوله **صلى اللـه عليه و سلم**: "تستأمر اليتيمة في نفسها، فإن سكتت فهورضاها، وإن كرهت فلا كره عليها"[3].

**وجه الدلالة:** لما كانت اليتيمة من لا أب لها تستأذن ولا تنكح إلا بإذنها، علم أن غير اليتيمة وهي البكر ذات الأب تنكح بغير إذنها[4].

٣. قياس البكر البالغة على البكر الصغيرة، بجامع البكارة، فكما أن الولي يملك تزويج البكر الصغيرة دون رضاها، فكذا البالغة يملك إجبارها[5]، لوجود العلة فيهما وهي البكارة التي تجعلها أكثر حياء وجهلا بمصالح النكاح، إذ البكر لا خبرة لها بالرجال فيتولى تزويجها وليها الذي يدرك أحوال الرجال ومصالح الزواج، فهي شديدة الحياء إذ إنها لم تمارس الرجال بالوطء[6].

---

(١) ابن قدامة،الكافي في فقه ابن حنبل، (ج٣، ص٢٦).

(٢) الزيلعي، تبيين الحقائق، (ج٢، ص١١٨).

(٣) الحاكم، المستدرك على الصحيحين، ح رقم(٢٠٧٢)، (ج٢، ص١٨٠)، وقال حديث صحيح على شرط الشيخين ولم يخرجاه.

(٤) ابن عرفة، التمهيد، (ج١٩، ص٩٩-١٠٠).

(٥) ابن عرفة، التمهيد، (ج١٩، ص٩٨) قال: " فلما أجمعوا على أن للأب أن يزوجها صغيرة وهي لا إذن لها صح بذلك أن له أن يزوجها بغير إذنها كائنة ما كانت بكرا لأن الفرق إنما ورد بين الثيب والبكر".

(٦) الشربيني، مغني المحتاج، (ج٣، ص١٤٩)، الأنصاري، أسنى المطالب في شرح روض الطالب، (ج٣، ص١٢٧).

الاعتراض: هذا القياس ليس مستنده الإجماع، إذ مختلف في مناطه، هل البكارة أو الصغر، فلا يسلم أن العلة البكارة لأن الحنفية يجعلونها الصغر، فإذا كانت الصغر لم يجز إجبار البالغة لانتفاء علة الإجبار في حقها.

## الترجيح:

ترى الباحثة أن الولي لا يملك إجبار البكر البالغة على النكاح، لقوة أدلة الحنفية ومن وافقهم، ولأن النكاح إنما يراد للرغبة والرضا في المعاشرة، فإذا انعدمت عاد على مقصود النكاح بالبطلان، فلا تتحقق السكينة والمودة بينهما، ولا يؤتي النكاح ثمراته المرجوة من إيجاد جيلا سليما في بنائه الداخلي والخارجي، ثم إن الله تعالى نفى الإجبار في الدين وحفظ الدين مقدم على حفظ النسل، فلما نفي الإجبار عن الأعظم (الدين) كان الأهون (النكاح) أولى.

**ثالثا: اختلفوا في الثيب الصغيرة والبكر الصغيرة؟**

اتفق جمهور الفقهاء[1] على أن الأنثى البكر قبل بلوغها يملك وليها إجبارها على الزواج لمصلحة يراها، وأثبتوا ولاية الإجبار على الصغار في الزواج استثناء من الأصل

---

(١) خالف ابن شبرمة وأبوبكر الأصم الجمهور فلم يجوزوا نكاح الصغيرة، لأن مقصود النكاح طبعا هوقضاء الشهوة وشرعا النسل والصغر ينافيهما، انظر، المبسوط للسرخسي، (ج٤، ص٢١٢)، وقولهما قد أخذت به قوانين الأحوال الشخصية، وهوما تراه الباحثة. انظر في الاتفاق، قال ابن عرفة، التمهيد، (ج١٩، ص٩٨): "أجمع العلماء على أن للأب أن يزوج ابنته الصغيرة ولا يشاورها". الغمراوي،السراج الوهاج، (ج١، ص٣٦٤)، "وللأب تزويج البكر صغيرة". الشيرازي،المهذب، (ج٢، ص٣٧)، الشربيني،مغني المحتاج، (ج٣، ص١٤٩)، الأنصاري،أسنى المطالب في شرح روض الطالب، (ج٣، ص١٢٧)، قال ابن قدامة في الكافي في فقه ابن حنبل، (ج٣، ص٢٧): "وفي الصغيرة ثلاث روايات إحداهن ليس لهم تزويجها... والثانية لهم تزويجها ولها الخيار... والثالثة لهم تزويجها إذا بلغت تسعا بإذنها ولا يجوز قبل ذلك". وقال ابن مفلح في المبدع، (ج٧، ص٢٣): "لا يجوز تزويج ابنة تسع سنين إلا بإذنها". المرغيناني،الهداية شرح البداية، (ج١، ص١٩٨). مالك،المدونة الكبرى، (ج٤، ص١٥٥).

بأن عقد النكاح عقد رضائي، والأصل في الأبضاع التحريم، وبعض الفقهاء[1] أثبت خيار البلوغ لمن يزوجها أبوها بغير رضاها إن بلغت فلها القبول أو الرفض.

**مستدلين بما يلي:**

١. قوله تعالى: (وَاللَّائِي يَئِسْنَ مِنَ الْمَحِيضِ مِنْ نِسَائِكُمْ إِنِ ارْتَبْتُمْ فَعِدَّتُهُنَّ ثَلَاثَةُ أَشْهُرٍ وَاللَّائِي لَمْ يَحِضْنَ)[2].

**وجه الدلالة:** قوله (وَاللَّائِي لَمْ يَحِضْنَ) المقصود بها الصغيرة فجعل الله تعالى عدتها ثلاثة أشهر كاليائسة، والعدة لا تكون إلا بعد الفراق من الزواج، فالصغيرة تزوج وتطلق، وهي لا تملك تزويج نفسها لعدم خبرتها ومعرفتها بأمور الزواج، وهذا دليل على أن الولي هوالمنفرد بتزويجها[3].

٢. عن عائشة قالت: "تزوجني رسول الله **صلى الله عليه و سلم** وأنا ابنة ست سنين وبنى بي وأنا ابنة تسع"[4].

**وجه الدلالة:** دل إنكاح رسول الله **صلى الله عليه و سلم** عائشة من أبي بكر وهي ابنة ست سنين، وبناؤه بها ابنة تسع، على أن الأب أحق بالبكر من نفسها[5].

٣. المأثور عن صحابة رسول لله **صلى الله عليه و سلم** أن عددا منهم زوجوا الصغيرات ولم

---

(١) فعند الحنفية والحنابلة روايات، ابن نجيم،البحر الرائق، (ج٣، ص١٣٢) قال:"وخيار البلوغ في حق الثيب وخيار البلوغ في حق البكر".

(٢) سورة الطلاق، الآية ٤.

(٣) من فقه البخاري أنه ذكر الحديث تحت باب" إنكاح الرجل ولده الصغار، لقوله تعالى، (وَاللَّائِي لَمْ يَحِضْنَ) "فجعل عدتها ثلاثة أشهر قبل البلوغ".

(٤) مسلم، الصحيح، باب تزويج البكر والصغيرة، ح رقم(١٤٢٢)، (ج٢، ص١٠٣٨). وفي البخاري، باب إنكاح الرجل ولده الصغار، ح رقم(٤٨٤٠)، (ج٥، ص١٩٧٣).

(٥) البيهقي،معرفة السنن والآثار، (ج٥، ص٢٣٩).

يستأذنوهن، فعلي زوج ابنته أم كلثوم وهي صغيرة لعمر بن الخطاب، وزوج عروة بن الزبير بنت أخيه من ابن أخيه وهما صغيران[1]، ولم ينكر أحد من الصحابة عليهم فدل على جواز تزويج الولي الصغيرة دون رضاها.

**واختلفوا في الثيب الصغيرة**، فللولي إجبارها عند الحنفية[2]، والمالكية[3]، وبعض الحنابلة[4]، لعلة الصغر، وعند الشافعية[5] والحنابلة[6] لا تزوج حتى تبلغ لعلة الثيوبة (ذهاب البكارة)، فالصغر يحول دون دون تزويجها حتى تبلغ فيزوجها وليها بإذنها صريحا.

استدل الحنفية والمالكية ومن وافقهم من القرآن الكريم والقياس والمعقول، بما يلي:

١. قوله تعالى: (وَأَنْكِحُوا الْأَيَامَى مِنْكُمْ)[7].

---

(١) البيهقي، معرفة السنن والآثار، (ج٥، ص٢٤٠).

(٢) ابن نجيم، البحر الرائق، (ج٣، ص١٢٣): "الثيب الصغيرة لا تستأذن". قال السرخسي في المبسوط، (ج٤، ص٢١٨): "وكما يجوز للأب عندنا تزويج الثيب الصغيرة فكذلك يجوز لغير الأب والجد". المرغيناني، الهداية شرح البداية، (ج١، ص١٩٨): "ويجوز نكاح الصغير والصغيرة إذا زوجهما الولي بكرا كانت الصغيرة أو ثيبا".

(٣) العبدري،التاج والإكليل، ٣، ص٤٢٧، النفراوي،الفواكه الدواني، (ج٢، ص٦).

(٤) المرداوي الإنصاف، (ج٨، ص٥٦): "الثيب العاقلة التي لها دون تسع سنين له إجبارها على الصحيح من المذهب... وقيل ليس له إجبارها"، وفي الكافي في فقه ابن حنبل، (ج٣، ص٢٦) قال ابن قدامة: "وأما الثيب الصغيرة ففيها وجهان أحدهما لا يجوز تزويجها... والأخرى يجوز تزويجها"، وقال ابن مفلح في المبدع، (ج٧، ص٢٢): "وهل له تزويج الثيب الصغيرة على وجهين". وفي المغني، (ج٧، ص٣٤) قال ابن قدامة: "لأنها صغيرة فجاز إجبارها كالبكر والغلام يحقق ذلك أنها لا تزيد بالثيوبة على ما حصل للغلام بالذكورية ثم الغلام يجبر إن كان صغيرا فكذا هذه".

(٥) الغمراوي، السراج الوهاج، (ج١، ص٣٦٥): "فإن كانت الثيب صغيرة لم تزوج حتى تبلغ". الشيرازي، المهذب، (ج٢، ص٣٧)، "وإن كانت صغيرة لم يجز تزويجها حتى تبلغ وتأذن لان إذنها معتبر".

(٦) قال ابن قدامة في المغني، (ج٧، ص٣٤): "ولأن الإجبار يختلف بالبكارة والثيوبة لا بالصغر والكبر وهذه ثيب، ولأن في تأخيرها فائدة وهو أن تبلغ فتختار لنفسها ويعتبر إذنها فوجب التأخير".

(٧) سورة النور، الآية ٣٢.

**وجه الدلالة:** أن الأيم كل أنثى لا زوج لها صغيرة كانت أو كبيرة[١]، (**وَأَنْكِحُوا**) أمر يفيد الوجوب إلا لصارف ولم يصرفه عن الوجوب دليل، فدلت الآية على ثبوت ولاية على كل أنثى لا زوج لها كبيرة أو صغيرة[٢]، مما يعني جواز إجبار الثيب الصغيرة على الزواج لتحقق علة الصغر فيها.

٢. **القياس** على البكر الصغيرة، فالبكر الصغيرة يجبرها وليها على الزواج فكذا الثيب الصغيرة بجامع الصغر، الذي يسبب ضعف عقلها وعدم قدرتها على تحصيل مصالح نفسها، بل إن إجبار الثيب الصغيرة على الزواج أشد لحاجتها إليه لأنها مارست الرجال وصحبتهم، فللصحبة أثر في الميل إلى من تعاشر[٣].

٣. **المعقول:** لما ثبتت الولاية على مال الصغيرة إلى أن تبلغ، كانت الولاية على تزويجها أشد بجامع الصغر، الذي يجعلها عاجزة عن النظر لنفسها[٤]، دون الالتفات إلى بكارتها أو ثيوبتها، لآن أمر النكاح أشد خطورة من أمر المال.

استدل الشافعية ومن وافقهم على عدم إجبار الثيب الصغيرة، من السنة الشريفة والمعقول بما يلي:

من السنة الشريفة: قوله **صلى الله عليه و سلم:** " الثيب أحق بنفسها من وليها"[٥].

---

(١) ابن عرفة، التمهيد، (ج١٩، ص٩٦) قال: "والأيم كل امرأة لا زوج لها بكرا كانت أو ثيبا".

(٢) الكاساني، بدائع الصنائع، (ج٢، ص٢٤٥) وفيه: "والأيم اسم لأنثى لا زوج لها كبيرة أو صغيرة فيقتضي ثبوت الولاية عاما إلا من خص بدليل ولأن الولاية كانت ثابتة قبل زوال البكارة لوجود سبب ثبوت الولاية وهوالقرابة الكاملة والشفقة الوافرة ووجود شرط الثبوت وهي حاجة الصغيرة إلى النكاح لاستيفاء المصالح بعد البلوغ وعجزها عن ذلك بنفسها وقدرة الولي عليه، والعارض ليس إلا الثيابة وأثرها في زيادة الحاجة إلى الإنكاح لأنها مارست الرجال وصحبتهم وللصحبة أثر في الميل إلى من تعاشره معاشرة جميلة فلما ثبتت الولاية على البكر الصغيرة فلأن تبقى على الثيب الصغيرة أولى".

(٣) ابن قدامة، المغني، (ج٧، ص٣٤).

(٤) الكاساني، بدائع الصنائع، (ج٢، ص٢٤٥).

**وجه الدلالة:** دلت الأحاديث أن لا سبيل لإجبار الثيب على الزواج، ولم تفرق بين الثيب الصغيرة والبالغة فيبقى الأمر على عمومه، من عدم جواز إجبار الثيب صغيرة أو بالغة على الزواج فهي أحق بنفسها.

بالقياس على الثيب البالغة لما لم يجز إجبارها فكذا الثيب الصغيرة بجامع الثيوبة[١] (زوال البكارة).

**من المعقول:** أن الصغيرة الثيب قد مارست الرجال بالوطء، فحصل لها من العلم بمصالح النكاح، ما يجعلها أقدر على الاختيار، فلا يملك الولي إجبارها، لزوال علة الإجبار وهي البكارة، ولما كانت صغيرة لا إذن لها فتؤخر حتى تبلغ فتستأذن، لأن ثيوبتها إن لم تصلح لإثبات الولاية لها فهي تصلح لدفع الإجبار عنها[٢].

لم يرد دليل على إجبار الثيب الصغيرة فتبقى على الأصل، وهو التحريم في الأبضاع، وتدخل في عموم أخبار النهي عن تزويج الثيب، فلا تجبر وتنتظر حتى تبلغ فتستأذن[٣].

**الترجيح:**

ترى الباحثة عدم جواز إجبار المرأة على الزواج، صغيرة كانت أو كبيرة، بكرا أو ثيبة، وذلك لما يلي:

١. في الإجبار منافاة للغاية التي شرع الزواج من أجلها، وهي تحقيق السكينة والمودة بين الزوجين، فانعدام الرضا ابتداء لا يحقق السكن والراحة بينها وبين زوجها.

٢. ثم لا يتحقق المقصد الأصلي من الزواج وهوالمحافظة على النسل، إذ في الإجبار انعدام للاستقرار الأسري والسكن العاطفي ومن ثم إيجاد جيل من الأبناء غير

---

(١) سبق تخريجه.

(٢) انظر: الدمياطي،إعانة الطالبين، (ج٣، ص٣٠٩).الشربيني، مغني المحتاج، (ج٣، ص١٤٩ بتصرف). الأنصاري،أسنى المطالب، (ج٣، ص١٢٧).

(٣) الدمياطي،إعانة الطالبين، (ج٣، ص٣٠٩). الأنصاري،أسنى المطالب، (ج٣، ص١٢٧).

(٤) الكاساني، بدائع الصنائع، (ج٢، ص٢٤٥).

مستقر بسبب الخلافات بين الزوجين وعدم قبولها له، بل إن المرأة المجبرة ربما تفسد فراش زوجها، لانعدام الاستقرار العاطفي والنفسي بينهما، فالقول بعدم إجبارها ينسجم مع روح التشريع الإسلامي وأصوله الكلية من ضرورة بناء الأسر على أساس متين بتحقق رضا كل من الزوجين بالآخر، وإعفافه له، لينتج للأمة جيل مستقيم في بنائه الداخلي والخارجي، "فتزويجها مع كراهتها مخالف للأصول والعقول فالله لم يسوغ لوليها أن يكرهها على بيع أو إجارة إلا بإذنها، ولا على طعام وشراب لا تريده، فكيف يكرهها على مباضعة ومعاشرة من تكره معاشرته"[1].

٣. والقول بعدم الإجبار هو ما وسعه جانب من الفقه الإسلامي كما بينت[2]، وما أخذت به مجموعة من قوانين الأحوال الشخصية في الدول العربية كالأردن[3] وسوريا[4]، وهومانصت عليه اتفاقية سيدأو من رفع جميع أشكال التمييز ضد المرأة في المادة السادسة عشر[5]، من أن للمرأة نفس الحق في حرية اختيار الزوج وفي عدم عقد الزواج إلا برضاها الحر الكامل.

(١) النجدي، مجموع فتاوى ابن تيمية، (ج٣٢، ص٢٣وما بعدها).

(٢) في المسائل الخلافية السابقة بل إن ذهاب جانب من الفقه إلى استحباب مشاورة الأمهات في زواج بناتهن نظرا لجانب البنت إذ إنها قد تسر برأيها لأمها، بل إنهم نصوا أن الولاية ولاية شفقة ورحمة واحتياط للمرأة في اختيار الأصلح لها لذلك وضعوا شروطا في ولي الإجبار، كاشتراطهم الكفاءة حفظا لحقها وحماية له، وخيار البلوغ والخلع... بل إنهم نصوا أنها إذا عينت كفءا وجب على وليها إجابة رغبتها، انظر،ابن مفلح، المبدع، (ج٧، ص٢٣)، البيهقي،معرفة الآثار والسنن، (ج٥، ص٢٤٢).

(٣) نصت المادة الخامسة من قانون الأحوال الشخصية الأردنية على ذلك، انظر للاستزادة، أبوفارس، ساجدة، ١٩٩٦م، ولاية المرأة في الزواج والطلاق، رسالة ماجستير في القضاء الشرعي، غير منشورة، الجامعة الأردنية، قسم الرسائل الجامعية.

(٤) نصت المواد (١٥)، (١٦)، من قانون الأحوال الشخصية السوري على ذلك، انظر للاستزادة: المصري، غيداء، ٢٠٠٥م، أهلية المرأة في الشريعة الإسلامية دراسة مقارنة، لنيل أطروحة الدكتوراة من جامعة دمشق، غير منشورة، قسم الرسائل الجامعية. الجامعة الأردنية.

(٥) تحفظت الدول الإسلامية على هذه المادة لمخالفتها الصريحة للأحكام الإسلام في الزواج والأسرة. كإلغاء الولي في عقد الزوج، والزواج من غير المسلم للمسلمة، والمثلية في الزواج (الشذوذ)، وقضايا النفقة والحمل، الحضانة...

## المطلب الثالث: إجبار المرأة على الحمل:

منح الله تعالى المرأة عناية فائقة في خلقها وخلقتها، لتتناسب مع المهمة الموكولة إليها، فالله جعلها أمينة على عالم الرحم، بما أودعها من فطرة حانية، وخصائص خلقية تؤهلها لذلك، فشرع لها الزواج ليكون محضنا طبيعيا للأمومة والذرية[١]، وجاء الإسلام بالحث على الذرية والترغيب فيها، واعتبرها المقصد الأصلي من النكاح[٢].

ومسألة إجبار المرأة على الحمل إن امتنعت عنه، لها صلة بقضايا النسل، كمسائل الإجهاض وتحديد النسل وتنظيمه[٣]، واعتباره الزواج طريقا لحفظ النسل[٤]، فهي مسائل

(١) قياسة، ندى، ٢٠٠٢م، أحكام الحمل في الفقه الإسلامي، أطروحة لنيل الدكتوراة في الفقه من جامعة دمشق، مودعة في قسم الرسائل الجامعية، مكتبة الجامعة الأردنية، عمان، (ص٣٠٦ بتصرف).

(٢) في أصول السرخسي، (ج٢، ص١٩٧): "النكاح عقد مشروع للتناسل". وقال الشربيني: "ومقاصد النكاح ثلاثة: حفظ النسل، وإخراج الماء الذي يضر احتباسه، ونيل اللذة، وهذه الثالثة هي التي في الجنة إذ لا تناسل هناك ولا احتباس". الشربيني،مغني المحتاج، (ج٣، ص١٢٤). وقال البهوتي: "ولأن مصالح النكاح أكثر من مصالح التخلي لنوافل العبادة لاشتماله على تحصين فرج نفسه وزوجته وحفظها والقيام بها وإيجاد النسل وتكثير الأمة وتحقيق مباهاة النبي، وغير ذلك من المصالح الراجح أحدها على نفل العبادة". كشاف القناع، (ج٥، ص٧). وقال الشاطبي: "النكاح مشروع للتناسل بالقصد الأول ويليه طلبه السكن والازدواج والتعاون على المصالح الدنيوية والأخروية من الاستمتاع بالحلال والنظر إلى ما خلق الله من المحاسن في النساء والتجمل بمال المرأة". الموافقات، (ج٢، ص٣٩٦). النفراوي،الفواكه الدواني، (ج٢، ص٤).

(٣) يفرق في الشريعة الإسلامية، بين تنظيم النسل بمعنى منع الحمل وإبطاله بالكلية، وتنظيم النسل بمعنى التحكم في عدد الأولاد، ولابد من التفريق بين أن يكون التنظيم علاجا لحالات فردية، وأن يكون التنظيم سياسة عامة للدولة، ومما لاشك فيه أن منع الحمل وإبطاله بالكلية مخالف للشريعة الإسلامية، التي تعتبر النسل نعمة من النعم التي من الله بها على عباده، إذ يقول الله تعالى، (يَا أَيُّهَا النَّاسُ اتَّقُوا رَبَّكُمُ الَّذِي خَلَقَكُمْ مِنْ نَفْسٍ وَاحِدَةٍ وَخَلَقَ مِنْهَا زَوْجَهَا وَبَثَّ مِنْهُمَا رِجَالًا كَثِيرًا وَنِسَاءً وَاتَّقُوا اللَّهَ الَّذِي تَسَاءَلُونَ بِهِ وَالْأَرْحَامَ إِنَّ اللَّهَ كَانَ عَلَيْكُمْ رَقِيبًا) [النساء:١]. ويقول جل شأنه: (وَالَّذِينَ يَقُولُونَ رَبَّنَا هَبْ لَنَا مِنْ أَزْوَاجِنَا وَذُرِّيَّاتِنَا قُرَّةَ أَعْيُنٍ وَاجْعَلْنَا لِلْمُتَّقِينَ إِمَامًا) [الفرقان:٧٤]. لذلك رغبت الشريعة في تكثير النسل وزيادته وانتشاره فقد قال: "تزوجوا الودود الولود فإني مكاثر بكم الأنبياء يوم القيامة". انظر، الدردير، عبد العزيز، ١٩٩٠م، لمصلحة من تحديد النسل وتنظيمه؟، مكتبة القرآن، القاهرة، (ص١٥وما بعدها)، وعمران، عبد الرحيم، ١٩٩٤م، تنظيم الأسرة في التراث الإسلامي، نشر صندوق الأمم المتحدة، (ص١١٠وما بعدها).

(٤) من بين المراجع التي أفاضت في هذه المسائل، زين، صفاء، ٢٠٠٥م، تنظيم النسل في الشريعة

متقاربة، وكذلك لها صلة بتكييف حق الوطء؛ هل هوحق للزوج أم حق مشترك[1]؟ فيحق لها أن تمتنع، ويحق له أن يعزل، أم لا بد من تراضيهما، ليشتركا في آثاره؟ وهل الولد حق له، أو حق لها، أو حق لهما، أو حق لـلـه والمجتمع؟[2]، وبناء على اختلافهم في هذه المسائل فإن البحث سيعنى بتحرير محل النزاع في قضايا النسل، ثم يبين حكم إجبار المرأة على الحمل، بالتفصيل الآتي:

**أولا:** هنالك مسائل خارج محل النزاع في قضايا النسل والذرية يمكن إجمالها بما يلي:

---

الإسلامية، رسالة ماجستير من جامعة النجاح الوطنية، مودعة في قسم الرسائل الجامعية، في مكتبة الجامعة الأردنية، عمان، وانظر، أبوفارس، محمد، ٢٠٠٢م، تحديد النسل والإجهاض في الإسلام، ط(١)، دار جهينة للنشر، عمان. قياسة، ندى، أحكام الحمل في الفقه الإسلامي، تناولت حكم العزل، (ص٣٤ وما بعدها)، وحكم استخدام موانع الحمل، (ص52وما بعدها).

(١) ذهب جمهور الفقهاء من الحنفية والمالكية والحنابلة إلى أن الوطء حق للزوجة على زوجها، فيجب عليه وطؤها، وذهب الشافعية إلى أنه لا يجب على الزوج وطء زوجته، بل هو سنة في حقه. انظر: الموسوعة الفقهية الكويتية، مادتي الوطء، العزل. قال العيني: "ولأن الوطء حق الحرة قضاء للشهوة وتحصيلا للولد ولهذا تخبر في الجب والعنة" الهداية شرح البداية، (ج٤، ص٨٧).

(٢) اختلف في تكييف حق النسل لمن؟ فقالت طائفة أنه حق الزوج وحده، مستدلين بما ذكره الغزالي في الإحياء في جواز ترك الإنزال بعد الإيلاج عند حديثه عن العزل عن الزوجة دون إذنها، وما ذكروه الحنفية من جواز العزل عن الحرة بغير إذنها، إن خاف فساد الزمان، حيث نص الكاساني في بدائعه إن الولد له لا لها، لعموم الأدلة التي تعطي الرجل درجة عن المرأة، ولكونه المسؤول عن الأسرة بالنفقة والتأديب، وقالت طائفة، أن الولد لها، لأن لها حقا في الاستمتاع، من خلال أقوال العلماء في آداب الجماع، ولأن عمر نهى أن يعزل عن الحرة إلا بإذنها، ولقضاء علي في امرأة شكت أن زوجها لا يأتيها، فأمره علي بإتيانها، وطائفة قالت: إن الولد حق مشترك لهما، فالنكاح ما شرع إلا مثمرا لثمرات مشتركة بينهما منها الاستمتاع وإضافة الولد، فالأم لا تقل مسؤوليتها عن مسؤولية الأب في التربية، وطائفة قالت، أن النسل حق لله تعالى وللمجتمع، بالقياس على عدم جواز تعطيل الأجهزة التناسلية، بصفة دائمة لأنه اعتداء على خلقة الـلـه تعالى وتغيير لها، وفيه معاكسة للفطرة، ثم إن للأمة حق في الولد خاصة في زمن الحروب، فالولد مشترك بين والديه والأمة، انظر للاستزادة: زين، صفاء، تنظيم النسل في الشريعة الإسلامية، (ص٤٣ وما بعدها). وانظر: البوطي، محمد رمضان، تحديد النسل وقاية وعلاجا، (ص٣٢وما بعدها).

١. الإسلام لا يقر منع الإنجاب على إطلاقه، ولا يقر القوانين التي تفرضها الدول لتنظيم النسل بصورة عامة وإجبارية[١]، كما لا يقبل الحجج التي يقدمها بعض الناس في هذا الصدد، مثل القول بضيق الأرض وقصور خيراتها عن الوفاء بحاجة الأعداد المتكاثرة من الناس[٢]، لأن القول بضيق الأرض وقلة خيراتها غير صحيح، إضافة إلى أنه مخالف لما يقرره الإسلام، من أن الله خلق الأشياء وقدرها، وحدد أعداد الخلق ومقاديرهم، لقوله تعالى: (إِنَّا كُلَّ شَيْءٍ خَلَقْنَاهُ بِقَدَرٍ)[٣]، وقوله تعالى: (وَكُلُّ شَيْءٍ عِنْدَهُ بِمِقْدَارٍ)[٤]، كما أن الرزق بيد الله، يرزق من يشاء بغير حساب. قال تعالى: (وَلَا تَقْتُلُوا أَوْلَادَكُمْ مِنْ إِمْلَاقٍ نَحْنُ نَرْزُقُكُمْ وَإِيَّاهُمْ)[٥]، وقوله تعالى: (وَلَا تَقْتُلُوا أَوْلَادَكُمْ خَشْيَةَ إِمْلَاقٍ نَحْنُ نَرْزُقُهُمْ وَإِيَّاكُمْ إِنَّ قَتْلَهُمْ كَانَ خِطْئًا كَبِيرًا)[٦].

٢. يحرم التداوي لمنع الحمل بالكلية، فلا يجوز استعمال أي وسيلة تقضي على النسل، قضاء تاما، سواء بإرادة الرجل أو المرأة أو تراضيهما، كإجراء عملية جراحية لرحم المرأة، يفقدها صلاحية الحمل والإنجاب[٧]، ولا مانع من استعمال الدواء لمنع

---

(١) انظر الخطيب، أم كلثوم، تحديد النسل، (ص١٤٧).

(٢) انظر في تفنيد نظرية مالتوس، أبوفارس، محمد عبد القادر، تحديد النسل والإجهاض، (ص٩ وما بعدها)، عمران، عبد الرحيم، تنظيم الأسرة في التراث الإسلامي، (ص١١٤ وما بعدها).

(٣) سورة القمر، الآية ٤٩.

(٤) سورة الرعد، الآية ٨.

(٥) سورة الأنعام، الآية ١٥١.

(٦) سورة الإسراء، الآية ٣١.

(٧) في الفقه ذكر العلماء أنه يجب على من انقطع حيضها أن توقى من الأودية ما يخاف على الجنين منها، إذا كانت من ذوات البعول، وفي هذا حماية لحق جنينها وزوجها، وسئل ابن تيمية، "عما إذا تراضى الزوجان الحران على ترك الحبل، هل يجوز التداوي لمنعه، أجاب لا يجوز"، وقد أفتى ابن تيمية في مسألة عن امرأة تضع دواء وقت المجامعة، تمنع بذلك نفوذ المني في مجاري الحبل، فهل ذلك جائز حلال أم لا؟ وهل إذا بقي ذلك الدواء معها بعد الجماع، ولم يخرج، يجوز لها الصلاة والصوم بعد الغسل أم لا ؟فأجاب بقوله، أما صومها وصلاتها فصحيحة، وإن كان ذلك الدواء في جوفها،

الحمل ضمن شروط ذكرها العلماء، هي: "ألا يكون في استخدامها ضرر على المرأة، لقول النبي **صلى الـلـه عليه و سلم**: "لا ضرر ولا ضرار"، ولقول الـلـه تعالى: (وَلَا تَقْتُلُوا أَنْفُسَكُمْ إِنَّ اللَّهَ كَانَ بِكُمْ رَحِيمًا) [1]، وأن يكون ذلك برضى الزوجين؛ لأن إيجاد النسل من مقاصد النكاح الأساسية، وهوحق ثابت لكل واحد منهما، فلا يجوز لأحدهما منع الآخر منه بدون رضاه، وأن تدعوالحاجة إلى ذلك، كتعب الأم بسبب الولادات المتتابعة، أو ضعف بنيتها، أو غير ذلك من المصالح المعتبرة، وألا يكون القصد من استخدام هذه الموانع هو قطع النسل بالكلية"[2].

١. أباح الشرع تنظيم النسل في حالة الخشية على صحة الأولاد أو تربيتهم، أو العناية بتنشئتهم إذا كثر عددهم، ففي هذه الحالة يمكن أن تتخذ الوسائل التي يؤخر بموجبها الحمل[3]. وأباح الإسلام تأخيرالحمل إذا كان هناك خطر على حياة المرأة، وذلك دفعا للضرر الأعظم وتجنبا للتهلكة، وقوله تعالى: (وَلَا تُلْقُوا بِأَيْدِيكُمْ إِلَى التَّهْلُكَةِ)[4]. فإذا دعت حاجة معتبرة شرعا لامتناعها، كمرض يؤذيها، أو حالة غير طبيعية في جسمها

---

وأما جواز ذلك ففيه نزاع بين العلماء، والأحوط أن لا يفعل، و الـلـه أعلم"، فالزوج يملك إجبارها على إزالة ما يمنع حقه، كتب ورسائل وفتاوى ابن تيمية، (ج٢١، ص٢٩٧).

(١) سورة النساء، الآية ٢٩.

(٢) قياسة، ندى، أحكام الحمل، (ص٥٦ بتصرف).

(٣) ورد في صحيح مسلم، كتاب النكاح، باب جواز الغيلة وهي وطء المرضع وكراهة العزل، ح رقم(١٤٤٣)، (ج٢، ص١٠٦٧)، عن أسامة بن زيد، "أن رجلا جاء إلى رسول الـلـه فقال: يارسول الـلـه إني أعزل عن امرأتي، فقال له رسول الـلـه، لم تفعل ذلك؟ قال الرجل، أشفق على ولدها، فقال رسول الـلـه، لوكان ذلك ضارا لضر فارس والروم". كما يجيز الإسلام أيضا تنظيم النسل إذا خشي الزوج على الطفل الرضيع من حمل جديد، فيعزل عن المرأة منعا لذلك، ويعرف الوطء في حال الرضاع بوطء الغيلة أو الغيل لما يترتب عليه من حمل يفسد اللبن ويضعف الولد، وإنما سمي غيلا أو غيلة لأنه جناية خفية على الرضيع فهو أشبه بالقتل سرا، انظر: شرح الزرقاني، (ج٣، ص٣٢٠). وشرح النووي، (ج١٠، ص١٦).

(٤) سورة البقرة، الآية ١٩٥.

تسبب لها إزعاجا، أو أذى كعجز رحم، إذ كان لا يصلح للإنجاب، أو يحتوي على فيروس يقتل الجنين، أو تكون زمرة دمها سالبة تقتضي إيجاد جنين مشوه، لها الامتناع للضرورة، والضرورة تقدر بقدرها، فإذا ذهب المانع وزال العذر عادت للأصل، وينبغي التحقق من الضرر على صحة الأم، أو صحة الطفل وذلك بواسطة طبيب مسلم ثقة، فإن منع الحمل يجوز في هذه الحالات، لأن الإسلام يحرص على صحة الأم وصحة وليدها، فقد رخص لها الفطر في رمضان دفعا للضرر عنهما، لكن هذه الضرورة تكون مؤقتة فإذا زال العذر عاد حكم الأصل[١].

١. حرم الإسلام على المرأة الامتناع عن الحمل ترفها، للمحافظة على رشاقتها وجمالها، ورغبة في عدم تحمل مشقة الحمل والولادة وتبعاتها، لما في ذلك من تعطيل للنسل وضياع للأمومة[٢]، بل إنها يجب أن تعلم أن الحمل والولادة لا بد فيه من ألم، ولا بد فيه من تعب، فمشقته معتادة، قال تعالى: ﴿وَوَصَّيْنَا الْإِنْسَانَ بِوَالِدَيْهِ حُسْنًا﴾[٣].

٢. ندب الإسلام للمرأة الحمل في حالات معينة، كزمن الحروب فإنه يندب الحمل لتكثير الذرية، أو كان بالمسلمين قلة عددية، فيندب الحمل تكثيرا لسواد المسلمين.

**ثانيا:** حكم إكراه المرأة على الحمل في الإسلام، بمعنى هل يحق للزوج أن يكره زوجته على الحمل وهي ترفضه؟

يمكن من خلال دراسة اتجاهات العلماء في تنظيم النسل وتحديده، القول أن في المسألة رأيان[٤]، هما:

---

(١) الخطيب، أم كلثوم، قضية تحديد النسل في الشريعة الإسلامية، (ص١٣٣). قياسة، ندى، أحكام الحمل، (ص٥٥).

(٢) الخطيب، أم كلثوم، قضية تحديد النسل في الشريعة الإسلامية، (ص١٣٢).

(٣) سورة الأحقاف، الآية ١٥.

(٤) لم أجد في كتب الفقه فيما اطلعت عليه من تكلم بهذه المسألة، لكني وجدتها في الشبكة الإسلامية عبارة عن فتاوى لإجابات لعدد من الأسئلة تتبين فيها النساء عن حكم استخدامهن لموانع الحمل

**الرأي الأول:** يرى أن للزوج إكراه زوجته على الحمل، ولا يجوز لها الامتناع، مستدلا بما يلي:

لا يوجد رخصة تبيح للزوجة الامتناع عن الحمل لمصلحة تراها هي كحفظ جمالها ورشاقتها، لأن هذا مناقض لمقصد الشريعة في حفظ النسل، بالإضافة إلى أن هذه المصلحة لا تستند إلى دليل علمي، فقد أثبتت الدراسات البيولوجية أن عملية الحمل والولادة، لا تذهب نضارة المرأة وجمالها، إذا كانت صحيحة الجسم، بل على العكس من ذلك، يقول الدكتور (ازوالد شوازر): "أن كل عضو في جسدنا يجب أن يقوم بوظيفته، وعلى هذا إذا حيل بينه وبين أن يقوم بوظيفته، فلا بد أن يختل به التوازن في نظامنا الجسدي، فالمرأة ليست بحاجة إلى إنجاب الذرية، لمجرد أنها ترى القيام بهذه الخدمة واجب على نفسها، بناء على ضابط خلقي مفروض عليها، وإنما هي بحاجة إليها لأن نظامها الجسدي ما بني كله، إلا للقيام بها، فهي إذا امتنعت أن تقوم به فلا بد أن تتأثر شخصيتها كلها بالانقباض والحرمان والهزيمة واليأس المميت"[1]، فالامتناع عن الحمل لمصالح موهومة ككراهة الزوج أو الولد أو الفقر، أو للتمتع بجمالها أو غير ذلك مما فيه معصية، لا يجوز لأن الرخص لا تناط بالمعاصي[2]، ولأنها مصالح موهومة، تعارض مصلحة محققة هي الحفاظ على النسل والذرية، فدرءا لمفسدة استئصال النسل والقضاء عليه قضاء تاما، ينبغي أن تجيبه للحمل، لأننا إن قلنا لها الحق في الامتناع، نفتح بابا للحد من التناسل، إذ الحمل وسيلة لتكثير النسل، وتكثيره واجب، فتأخذ الوسيلة حكم غايتها، فيجب عليها الحمل وعدم الامتناع.

لما كان جواز تنظيم النسل قد جرى على خلاف الأصل، لأنه يتعارض مع الحكمة التي شرع لأجلها الزواج، لم يبح لها الامتناع عن الحمل[3]، فعقد الزواج يجمع بين حل

---

دون علم أزواجهن، إما كراهة أو مرضا أو خوفا من الفقر أو لبخل الزوج وعدم إنفاقه أو سوء خلقه، أو سوء البيئة المحيطة بها، وغير ذلك.

(١) الخطيب، أم كلثوم، قضية تحديد النسل في الشريعة الإسلامية، (ص١٣٢).

(٢) الخطيب، أم كلثوم، قضية تحديد النسل في الشريعة الإسلامية، (ص١٣٢-١٣٣).

(٣) قياسة، ندى، أحكام الحمل، (ص٥٤).

الاستمتاع، ورجاء النسل الذي من أجله شرع الزواج، فهي لما رضيت بالعقد، كان في ضمنه رضاها بتبعاته، ثم لما كان حقا"عليها تمكين الزوج من الوطء"[1]، وجب عليها التمكين من آثاره وتوابعه، فلا يحق لها الامتناع عن الحمل.

الولد والذرية سبب لإدامة المودة بينهما، فكم من الأزواج هان على الآخر وسرعان ما تركه لعدم الرابط بينهما، فإنجاب الأولاد ليس فقط سعادة للأسرة، ولكنه يعتبر الأساس في بقائها واستقرارها، فبتنشئة الأولاد والسهر على تربيتهم، تتولد عواطف الحب والإيثار والتضحية، في قلب الأبوين، وبها يتدربان على التفكير في المستقبل، وعلى الصبر واحتمال الشدائد، ومصارعة الأهوال وضبط النفس[2]، وإدامة المودة بينهما مقصد للنكاح، فينبغي تحصيل أسبابه ومنها الحمل والذرية.

القول بامتناع المرأة عن الحمل، لا ينسجم مع مقصد الشريعة في حفظ النسل، إذ جاءت الشريعة بالحث على التزوج من المرأة الولود، التي بها تكثر الأمة ويحفظ النسل، فالنبي **صلى الله عليه و سلم** حث على تعاطي أسباب الولد، فقال: "تناكحوا تكثروا"[3]، وفي امتناعها عن الحمل مخالفة لمقصد الشريعة، ولهديه **صلى الله عليه و سلم** في طلب الذرية .

ولأن الرغبة في الإنجاب ميول فطرية في كل من الرجل والمرأة، لا يصح حرمانهما منها، والإسلام قد راعى في تشريعاته الفطرة البشرية، عند الرجل والمرأة على حد سواء،

---

(١) البحر الزخار، (ج٤، ص٧٥). الناظر في عبارات الفقهاء يجد أنهم اعتنوا بأدآب الجماع فنصوا على "إذا كانت المرأة لا تحتمل الوطء إلا بالإفضاء لم يجز للزوج وطؤها".الزركشي، خبايا الزوايا، (ج١ ص٣٥٥)، وهذا ينبئ عن مدى عناية الفقه بالمرأة وحرصه عليها. قال العز بن عبدالسلام: "تخير الرجال بين الجماع وتركه، وفعل الأصلح للزوجين أفضل، فإن قيل لم خير الرجل في الاستمتاع، وأجبرت المرأة؟ قلنا، لو خيرت النساء لعجز الرجال عن إجابتهن إذ لا تطاوعم القوى عن إجابتهن، ولا يتأتى لهم ذلك في كثير من الأحوال، لضعف القوى وعدم الانتشار، والمرأة يمكنها التمكن في كل وقت وحين". مصالح الأنام، (ج١، ص٢٤٧).

(٢) الخطيب، أم كلثوم، تحديد النسل، (ص٩٤).

(٣) عبد الرزاق، المصنف، كتاب النكاح، باب وجوب النكاح وفضله، ح رقم(١٠٣٩١)، (ج٦، ص١٧٣)، وتتمته: " فإني أباهي بكم الأمم يوم القيامة".

فالامتناع فيه إبطال لصفة الأمومة المميزة للأنثى، وإبطال لصفة الأبوة المميزة للرجل، فهومصادمة للفطرة التي خلقاعليها.

في نهيه صلى الله عليه و سلم عن الخصاء[1]، نهي عن امتناع المرأة عن الحمل، بجامع رفع الضرر، والحفاظ على النسل، فالخصاء مخالف لإرادة تكثير النسل، وفيه من المفاسد على النفس، والتشويه الذي يفضي إلى الهلاك ما يستوجب منعه[2]، فكذا امتناع المرأة عن الحمل، فيه من الضرر، وعدم الحفاظ على النسل، ما يكفي لأن يكون جديرا بإجبارها عليه.

القول بإجبارها لا يعني أن يعدم الزوج وسائل الإقناع لها بأهمية الحمل، فينبغي تثقيفها بقيمة الذرية التي لا تنتهي بانتهاء الحياة الدنيا، بل يمتد أثرها إلى الثواب والأجر في الآخرة، فقد ورد في عنه صلى الله عليه و سلم: "إذا مات الإنسان انقطع عنه عمله إلا من ثلاث صدقة جارية، أو علم ينتفع به، أو ولد يدعو له"[3]، فالشارع جعل دعاء الولد لوالديه من الصدقة الجارية التي لا ينقطع ثوابها، ثم إن أمر المسلم مع ولده كله خير، إذا عاش كان عونا له، وقرة عين في الدنيا، وإذا توفاه الله واحتسبه الوالدان كان لهما تقية من النار يوم القيامة، عن أبي هريرة؛ أن رسول الله عليه وسلم قال لنسوة من الأنصار: " لا يموت لإحداكن ثلاثة من الولد فتحتسبه، إلا دخلت الجنة فقالت امرأة منهن: أو اثنين يا رسول الله، قال: أو اثنين"[4]، فلوعلمت المرأة هذا الفضل العظيم الذي تجنيه من إنجاب الأولاد وتربيتهم لما تأخرت لحظة عن القيام بهذا الواجب، وينبغي تثقيفها بأضرار الإجهاض ووسائل منع الحمل[5]، فقد ذكر ميك كارمك أن: " أقراص الحمل التي تبذل الجهود

(١) البخاري، الصحيح، كتاب النكاح، باب تزويج المعسر الذي معه القرآن، ح رقم(٤٧٨٤)، (ج٥، ص١٩٥٢)، ورواه تحت باب آخر ما يكره من التبتل والخصاء. وروايته عن ابن مسعود رضي الله عنه قال: "كنا نغزومع النبي ليس لنا نساء فقلنا يا رسول الله ألا نستخصي فنهانا عن ذلك".

(٢) ابن حجر، فتح الباري، (ج٩، ص١١٩).

(٣) مسلم، الصحيح، كتاب الوصية، باب ما يلحق الإنسان من الثواب بعد وفاته، ح رقم(١٦٣١)، (ج٣، ص١٢٥٥).

(٤) مسلم، الصحيح، كتاب البر والصلة والآداب، باب فضل من يموت له ولد فيحتسبه، ح رقم(٢٦٣٢)، (ج٤، ص٢٠٢٨).

(٥) انظر في أضرار الإجهاض وموانع الحمل، أبوفارس، محمد، تحديد النسل والإجهاض، (ص٦٢ وما بعدها).

للإشادة بذكرها، والدفاع عن سمعتها فيها من عوامل مضرة بصحة المرأة، وتعطيل كثير من قواها العقلية والتناسلية، فمن الخيانة الشنيعة القول بأنها غير ضارة بصحة المرأة"[1]، ففيها من المخاطر النفسية والبدنية على صحتها، ما يكفي إذا علمت بها، أن تتجه للحمل برغبتها دون إكراه من زوجها.

**الفريق الثاني**: يرى أن الزوج لا يملك إكراه زوجته على الحمل، فلها الحق في الامتناع إن لم ترده، مستدلين بما يلي:

١. بالقياس على مسألة العزل[2]، فكما منح الرجل رخصة جزئية لمنع حدوث الحمل، فتمنح المرأة تلك الرخصة، وتعتبر وسيلة مؤقتة، فالعزل يشترط باتفاق الزوجين وبرضاهما، لأن لهما الحق في الولد، فكذا لا يصح إجبارها على الحمل، بل يجب أن يكون برضاها، لأن لها حق في الولد، كما أن له حقا فيه[3].

---

(١) الخطيب، أم كلثوم، قضية تحديد النسل في الشريعة الإسلامية، (ص١٣٩-١٤١).

(٢) اختلف الفقهاء في حكم العزل عن الزوجة، فأباحه الشافعية مطلقا، سواء أذن الزوج زوجته، أو لم يأذن، فإذا جاز ترك الوطء جاز ترك الإنزال، وكرهه المالكية والحنفية والحنابلة عن الحرة إلا بإذنها، لأن لها في الولد حقا، فكذا لا يعزل إلا بإذنها، انظر الموسوعة الفقهية الكويتية، مادة عزل، انظر،المرداوي، الإنصاف، (ج٨، ص٣٤٨). ابن قدامة،المغني، (ج٧، ص٢٢٧).وفي البحر الرائق، (ج٣، ص٢١٤) قال ابن نجيم:"والإذن في العزل عن الحرة لها ولا يباح بغيره؛ لأنه حقها، الخانية ذكر في الكتاب أنه لا يباح بغير إذنها، وقالوا في زماننا يباح لسوء الزمان قال في فتح القدير بعده فليعتبر مثله من الأعذار مسقطا لإذنها". قال الكاساني: "ويكره للزوج أن يعزل عن امرأته الحرة بغير رضاها لأن الوطء عن إنزال سبب لحصول الولد ولها في الولد حق وبالعزل يفوت الولد فكأنه سببا لفوات حقها، وإن كان العزل برضاها لا يكره لأنها رضيت بفوات حقها "بدائع الصنائع (ج٢، ص٣٣٤). قال ابن عبد البر: "لا خلاف بين العلماء أيضا في أن الحرة لا يعزل عنها الا بإذنها لأن الجماع من حقها ولها المطالبة به" التمهيد (ج٣، ص١٤٨)، والعزل أن ينزع قرب الإنزال فينزل خارج الفرج، ابن مفلح،المبدع، (ج٧، ص١٩٤).

(٣) قال ابن قدامة في المغني، (ج٨، ص١٣٣)، "عن عمر **رضي الله عنه** أنه قال، نهى رسول الله **صلى الله عليه و سلم** أن يعزل عن الحرة إلا بإذنها"، ولأن لها في الولد حقا، وعليها في العزل ضرر فلم يجز إلا بإذنها.

٢. الوطء حق للرجل وللمرأة، فكذا آثاره يشتركان بها، إذ لا بد من حصول رضاها في أثر النكاح وهوالذرية، فالزوج لا يملك إجبارها على أثر الوطء -الحمل- وهي لا تريده.

٣. ذكر الفقهاء من آداب الجماع أن على الزوج أن يراعي حق زوجته في الجماع، وأن يأتيها ليصون دينها، ويكون قضاء حاجته تبعا لغرضها[١]، فإذا اشترط في مقدمات الجماع رضاها وتطييب خاطرها، فكذا في لواحقه.

الترجيح:

ترى الباحثة أن على الزوج أن يتدرج مع زوجته في إقناعها بضرورة الحمل، وأهمية الذرية، إدامة للمودة بينهما، ورغبة في الأجر في الدارين، فإن تجاوبت فبها ونعم، وإلا فعليه أن يلجأ لبعض أهلها للتأثير عليها، فإن لم تستجب يعلمها أن ينوي الزواج عليها، رغبة في الذرية، وعندئذ لن تتردد الزوجة في قبول الحمل على الأغلب، لأن ألم الحمل أهون من ألم الزوجة الثانية[٢]، وإن لم تستجب فلها الخيار باستمرار النكاح دون ذرية مع مشاركة امرأة أخرى، أو طلب الفراق[٣]، مع العلم أن له حقا في إجبارها إن كانت تمتنع لمصلحة موهومة.

---

(١) العبدري، المدخل ٢، (ص١٨٧-١٨٦)، تدعي الجمعيات النسوية لحقوق المرأة، أن للمرأة الحق في جسدها، وهي حرة في التصرف فيه، والباحثة ترى أن هذه كلمة حق أريد بها باطل، لأن حرية التصرف بالجسد، لا يعني الاعتداء على حرمات الله تعالى ومنهجه في حفظ الذرية، أو في حفظ العفة والطهر للمرأة وللمجتمع.

(٢) فالمرأة ينبغي أن تكون فطنة، فإذا وقعت الخلافات ودب الشقاق بينهما بسبب الإجبار أو الامتناع، مما ينعكس سلبا على حياتهما الأسرية، أو أراد الزوج أن يتخذ امتناعها مبررا للزواج عليها، عندئذ يجب عليها الموازنة بين المصالح والمفاسد، وإزالة الضرر، حتى تستقر الحياة بينهما، وحتى لا تكون آثمة.

(٣) مع القول بأن لها الحق في أن تبدي أسباب امتناعها، فإن هي أقنعت زوجها ورضي، فبها ونعمت، فمثلا الناظر في أقوال الفقهاء القائلين أن له الحق في العزل لسوء الزمان، أو للخوف على الولد من الاسترقاق، إذا قلنا أن الذرية حق مشترك لهما نقول بتعدي الأسباب لها، فيكون من حقها الامتناع

## المطلب الرابع: إجبار المرأة على الرضاع(١):

من مظاهر عناية الفقه الإسلامي بالأمومة، أن تكلم عن أحكامها بالتفصيل فتناول الحديث عن أحكام الرضاع(٢) باعتباره أقوى عامل بين الأم وطفلها، ينمي الرابطة

---

في مثل الحالات التالية، إذا خافت السوء على الولد لفساد الزمان، أو خشيت من عقوقه لها، أو سوء خلق زوجها، فلا تريد الحبل لأنها تنوي فراقه، أو إذا كانت في أرض الحرب، وخافت على ولدها الاسترقاق إن وقعت أسيرة، لها حق الامتناع، بالقياس على ما ذكره الحنابلة في جواز عزل الرجل عن زوجته، "إلا أن يكون في دار حرب فتدعوه حاجته إلى الوطء فيطأ ويعزل، ذكره الخرقي، أو تكون زوجته في دار الحرب فيخشى الرق على ولده". ويقابل ذلك الحالات التي منع فيها الزوج من العزل كأن تكون نيته فاسدة فلا يريد الإنجاب خشية من البنات، أو خشية الفقر وتدهور الوضع الاقتصادي عند مجيء الذرية، فهذه إن كانت أسباب في امتناع المرأة أيضا لا يلتفت لها لأنها أسباب لا مبرر لها، وهي على خلاف ما جاء به الشرع من أن الذرية ذكورا وإناثا هبة من الله تعالى وأن كره البنات خلق جاهلي، وأن الأرزاق بيد الله تعالى.

(١) يقال الرضاع بفتح الراء وبكسرها والرضاعة. الذخيرة، (ج٤، ص٢٧٠)، "اسم لمص الثدي وشرب لبنه وشرعا، اسم لحصول لبن امرأة أو ما حصل منه في معدة طفل أو دماغه" الشربيني، الإقناع، (ج٢، ص٤٧٦).

(٢) المستقرىء لكتب الفقهاء في المسألة يلحظ عناية فائقة بأحكام الرضيع وحمايته فاقت ما تنادي به مؤسسات حقوق الطفل العالمية، إذ وضع الفقه ضمانات دقيقة مفصلة في أحكام رضاعة الأم لطفلها، من ذلك على سبيل الذكر لا الحصر:

تشريع الاسترضاع (إجارة الظئر) المرضعة عند التعاسر أو لسبب آخر، كفالة المسلمين للرضيع إن ماتت أمه أو مرضت أو أعسر والده فابن حزم أوجب كفالته من بيت مال المسلمين فإن أعسر فيجبر الجيران على كفالته ولو بقوة السلطان. المحلى، (ج١٠، ص٣٤٢). ومن بين الضمانات النهي عن الغيلة (أن يجامع الرجل زوجته وهي ترضع) على اختلاف بين الفقهاء في نسخها وهل النهي حق للجنين الذي قد يتولد من الجماع أم حق للرضيع خشية الإضرار ببدنه إذا حملت أمه فيعود سلبا عليه، ويذكر من عناية الخلفاء بالمواليد أن عمر بن الخطاب كان يفرض لكل مولود بعد أن يفطم عطاء من بيت المال، وبينما كان يتفقد الرعية سمع صراخ طفل فقال لأمه أرضعيه فقالت إن أمير المؤمنين يفرض العطاء لكل من يفطم وقد فطمته، فقال عمر إن كدت لأقتله، أرضعيه وفرض عطاء للمولود حين يولد. الصنعاني، المصنف، (ج٥، ص٣١١).

العاطفية، ولما له من فوائد نفسية روحية وجسمية واجتماعية، لكل من الأم ورضيعها، ومع ما نشهده من تعالي صيحات العقلاء بالعودة للرضاعة الطبيعية، في حين يقابله رأي يدافع عن حرية الأم في عدم رضاعها لطفلها ضاربا عرض الحائط بالفطرة الحانية التي فطرت عليها الأم تجاه طفلها، معلنا حقها في الحفاظ على قوامها وجسدها؟

و فيما يلي سأبين حكم الإسلام في إرضاع الأم لطفلها، وهل هوحق للطفل على أمه، أم حق للمولود له، تجبر عليه، أم أنه حق لها لا تجبر عليه؟ وفيما يلي التفصيل.

تحرير محل النزاع:

اتفق العلماء على أن المرأة المطلقة المبتوتة لا يجب عليها إرضاع طفلها، وإن أرادت إرضاعه فتعطى أجرة الرضاع من أبيه، ولأبيه أن يسترضع امرأة غيرها إن امتنعت عن إرضاعه، ولا تجبر على إرضاعه وهذا إجماع نقله غير واحد من العلماء[1]، لقوله تعالى في سورة الطلاق: (فَإِنْ أَرْضَعْنَ لَكُمْ فَآتُوهُنَّ أُجُورَهُنَّ)[2].

واتفقوا على إجبارها في حالات يخشى فيها على الطفل، كأن يكون الطفل لا يقبل إلا ثديها، أو انعدمت المرضعة، فعندئذ تجبر دفعا للضرر والهلاك عن الطفل وإبقاء لحياته[3].

واختلف العلماء في وجوب الرضاع على المرأة التي في نكاح زوجها أو المطلقة الرجعية، فرأي أوجب عليها الرضاع، ورأي لم يوجبه عليها، ورأي أوجبه على الدنيئة[4]، ولم يوجبه على الشريفة.

(١) انظر، ابن رشد، بداية المجتهد، (ج٢، ص٤٣). الطحاوي، مختصر اختلاف العلماء، (ج٣، ص٤٠٥). ففي منح الجليل، (ج٤، ص٤٠٢) قال عليش: "والبائن لا يجب عليها الإرضاع". وفي المبدع، (ج٨، ص٢٢٢) قال ابن مفلح: "إن امتنعت من رضاعه لم تجبر إذا كانت مفارقة لا نعلم فيه خلافا". ومثله في المغني لابن قدامة، (ج٨، ص١٩٩).

(٢) ابن رشد ، بداية المجتهد، (ج٢، ص٤٣). الطحاوي، مختصر اختلاف العلماء، (ج٣، ص٤٠٥).

(٣) "فإذا كان بحالة لا يمكن أن يتقوت إلا من أمه كان بمنزلة الحمل وتعينت أمه طريقا لقوته". السعدي، تيسير الكريم الرحمن في تفسير كلام المنان، (ج١، ص٨٧١-٨٧٢).

(٤) عند المالكية تفريق بين الشريفة والدنيئة وهذا لا يعني أن الاسلام طبقي وإنما نظروا للعرف القائم آنذاك .

وسبب اختلافهم:

١. هل آية الرضاع في سورة البقرة: (وَالْوَالِدَاتُ يُرْضِعْنَ أَوْلَادَهُنَّ حَوْلَيْنِ كَامِلَيْنِ)[١]. متضمنة حكم الرضاع وجوبا، أو أنها على سبيل الإخبار، فمن قال إخبار قال لا يجب عليها الرضاع إذ لا دليل هنا على الوجوب، ومن قال تتضمن الأمر بالرضاع وإيجابه وأنها من الأخبار التي مفهومها مفهوم الأمر قال يجب عليها الإرضاع، وأما من فرق بين الدنيئة والشريفة فاعتبر في العرف والعادة، إذ كان في الجاهلية في ذوي الحسب والثروة ألا ترضع الشريفة، فيفرغون الأمهات للمتعة بدفع الرضعاء للمراضع، ولماجاء الإسلام لم يغيره ولم ينكره[٢].

٢. وهل الإجبار على الرضاع حق الولد أو الزوج أو الزوجة أو لهما؟ قال البهوتي: "لا يجوز أن يكون لحق الزوج فإنه لا يملك إجبارها على رضاع ولده من غيرها، ولا على خدمته فيما يختص به، ولا لحق الولد لأنه لوكان له للزمها بعد الفرقة، ولأنه مما يلزم الوالد لولده كالنفقة، ولا يجوز أن يكون لهما، لأنه لوكان لهما لثبت الحكم به بعد الفرقة، والآية محمولة على حال الإتفاق وعدم التعاسر إلا أن يضطر إليها ويخشى عليه بأن لا توجد مرضعة سواها، أو لا يقبل الصغير الإرضاع من غيرها فإنه يجب عليها التمكين من رضاعه، لأنه حال ضرورة وحفظ لنفس ولدها كما لولم يكن له أحد غيرها"[٣] فثبت أن اللبن وإن خلق لمكان الولد فهو ملك لها، وإلا لم يكن لها أن تأخذ الأجر[٤]، ولأن منافعها في الرضاع والحضانة غير متسحقة للزوج، بدليل أنه لا يملك

---

(١) سورة البقرة، آية ٢٣٢. وقال الفخر الرازي: اعلم أن في قوله " الوالدات" ثلاثة أقوال، الأول: المراد من ظاهر اللفظ جميع الوالدات سواء كن مزوجات أو مطلقات، الثاني: المراد المطلقات، الثالث، الأولى كما نسبه للواحدي أن يحمل على الزوجات في حال بقاء النكاح"، وساق أدلة كل قول، التفسير الكبير، (ج٢، ص٤٥٨)، دار إحياء التراث العربي، بيروت.

(٢) ابن رشد، بداية المجتهد، (ج٢، ص٤٣). القرطبي، الجامع لأحكام القرآن،(ج٣، ص١٧٣).

(٣) ابن مفلح،المبدع، (ج٨، ص٢٢٢).ابن قدامة، المغني، (ج٨، ص٢٠٠).

(٤)الفخرالرازي، التفسير الكبير، (ج٣٠، ص٣٣).

إجبارها على حضانة ولدها، ويجوز لها أن تأخذ على الرضاع الأجر"[1]، فلا يملك إجبارها على الرضاع، ومن قال أنه حق الزوج يجبرها على الرضاع، ومن قال أنه حق الولد يجبر الأم إن خشي هلاك الولد.

وفيما يلي التفصيل:

**القول الأول:** لا تجبر الأم على الرضاع في النكاح ولا بعد الفرقة وهذا قول الحنفية[٢]، والشافعية[١]، والحنابلة[٢]، والثوري والأوزاعي مستدلين بالقرآن الكريم والمعقول:

---

(١) ابن قدامة، المغني، (ج٥، ص٢٨٩)/ وقال في أم الولد: " وإن كان لها ولد لم تجز إجارتها للإرضاع إلا أن يكون فيها فضل عن ربه لأن الحق لولدها وليس لسيدها إلا ما فضل عنه وإن كانت مزوجة لم تجز إجارتها لذلك إلا بإذنه لأنه يفوت حق الزوج لاشتغالها عنه بإرضاع الصبي وحضانته". وفيه يظهر حماية حق الرضاع للولد. وقال البهوتي في شرح منتهى الإرادات، (ج٣، ص٢٤٣) عن المرأة المتزوجة من ثان ولها من الأول ولد: "ولزوج ثان أي غير أب الرضيع منعها من إرضاع ولدها من الزوج الأول أو من شبهة أو زنا لأنه يفوت حقه من الاستمتاع بها في بعض الأحيان إلا لضرورته أي الولد بأن لا يوجد من يرضعه غيرها، أو لا يقبل ثدي غيرها، أو شرطها، بأن شرطت في العقد أن لا يمنعها رضاع ولدها فلها شرطها".

(٢) فرق الحنفية في حال بقاء الزوجية تجبر المرأة ديانة أما قضاء فلا تجبر وبعد الطلاق لا تجبر ديانة وقضاء، جاء في حاشية ابن عابدين، (ج٣، ص٦١٨): "وليس على أمه التي في نكاح الأب أو المطلقة إلا إذا تعينت بأن لم يجد الأب من ترضعه أو كان الولد لا يأخذ ثدي غيرها فتجبر"، بتصرف، وقال السرخسي في المبسوط، (ج٥، ص٢٠٩): "لأن في حال بقاء النكاح الرضاع من الأعمال المستحقة عليها دينا وبعد الفرقة ليس ذلك بمستحق عليها دينا ولا دنيا وأن أبت أن ترضع لم تكره على ذلك لأن المستحق عليها بالنكاح تسليم النفس إلى الزوج للاستمتاع، وما سوى ذلك من الأعمال تؤمر به تدينا ولا تجبر عليه في الحكم، نحو كنس البيت وغسل الثياب والطبخ والخبز فكذلك إرضاع الولد". وقال الكاساني في بدائعه، (ج٤، ص٤٠): "ولا تجبر الأم على إرضاعه إلا أن لا يوجد من ترضعه فتجبر عليه"، ثم قال: "وأما في الفتوى فتفتى بأنها ترضعه لقوله تعالى: (لَا تُضَارَّ وَالِدَةٌ بِوَلَدِهَا) ، قيل في بعض تأو يلات الآية أي لا تضار بولدها بأن ترميه على الزوج بعد ما عرفها

وألفها ولا ترضعه فيتضرر الولد ومتى تضرر الولد تضرر الوالد لأنه يتألم قلبه بذلك وقد قال اللـه تعالى: "ولا مولود له بولده" أي لا يضار المولود له بسبب الإضرار بولده كذا قيل في بعض وجوه التأويل ولأن النكاح عقد سكن وازدواج وذلك لا يحصل إلا باجتماعهما على مصالح النكاح ومنها إرضاع الولد فيفتى به ولكنها إن أبت لا تجبر عليه". وقال ابن نجيم في البحر الرائق، (ج٨، ص٢٦): للزوج منعها من الرضاع "لأن الإرضاع والسهر يذهب جمالها فكان له أن يمنعها". وكذا قال الزيلعي في تبيين الحقائق، (ج٥، ص١٢٧). انظر، أبو السعود،إرشاد العقل السليم (ج١، ص٢٣١). البيضاوي،أنوار التنزيل (ج١، ص٥٢٦). الألوسي، روح المعاني، (ج٢، ص١٤٧). خلافا للحنابلة حيث جاء في شرح منتهى الإرادات، (ج٣، ص٢٤٢): "ولأبيه منع أمه من خدمته لأنه يفوت حق الاستمتاع بها في بعض الأحيان ولا يمنعها من إرضاعة ولو أنها في حباله للآية فترضعه هي والخادم تقوم بخدمته عندها فلم يفتها رضاعه ولا حضانته".

(١) الشافعي، أحكام القرآن، (ج١، ص٢٦٣)، وفيه: "ولا يلزم المرأة رضاع ولدها كانت عند زوجها أو لم تكن إلا إن شاءت وسواء كانت شريفة أو دنيئة أو موسرة أو معسرة". وفي مختصر المزني، (ج١، ص٢٣٤)، "لا تجبر امرأة على رضاع ولدها شريفة كانت أو دنيئة موسرة كانت أو فقيرة وأحكام اللـه فيهما واحدة". وبعض الشافعية يفرق بين وجوب إرضاعه اللبأ على أمه وعدم وجوب إرضاعها له اللبن حيث، ففي أسنى المطالب في شرح روض الطالب، (ج٣، ص٤٤٥) قال الأنصاري: "على الأم إرضاع ولدها اللبأ وإن وجدت مرضعة أخرى لأنه لا يعيش أو لا يقوى غالبا إلا به وهو اللبن النازل أول الولادة ومدته يسيرة... وكذا اللبن يجب عليها إرضاعه له إن عدمت المرضعات فلولم يوجد إلا أجنبية وجب عليها أيضا إبقاء على الولد ولها الامتناع من الإرضاع إن وجدن أي المرضعات ولو واحدة سواء أكانت في نكاح أبيه أم لا". وأجاز أخذها الأجرة على اللبأ أو اللبن فقال: "وتعين الإرضاع عليها لا يوجب التبرع به كما يلزم مالك الطعام بذله للمضطر ببدله" وكذا في الجمل شرح المنهج، (ج٤، ص٥١٤). وأنظرللإستزادة: الأنصاري، فتح الوهاب، (ج٢، ص٢١٠). الشربيني، مغني المحتاج، (ج٣، ص٤٤٩).الرملي، نهاية المحتاج، (ج٧، ص٢٢١).

(٢) قال ابن قدامة في الكافي في فقه ابن حنبل، (ج٣، ص٣٧٩): "فإن امتنعت الأم من رضاعه لم تجبر سواء كانت في حبال الزوج أو مطلقة؛ لقوله تعالى: ﴿وَإِنْ تَعَاسَرْتُمْ فَسَتُرْضِعُ لَهُ أُخْرَى﴾، ولأنها لا تجبر على نفقة الولد مع وجود الأب فلا تجبر على الرضاع إلا أن يضطر إليها ويخشى عليه فيلزمها إرضاعه كما لولم يكن له أحد غيرها". وكذا قال الرحيباني في مطالب أولي النهى، (ج٥، ص٦٥١). وكذا قال البهوتي في كشاف القناع، (ج٥، ص٤٨٧): "وإن امتنعت الأم الحرة من إرضاع ولدها لم تجبر ولو كانت في حبال الزوج... إلا أن يضطر الصغير إليها أو يخشى عليه بأن لا يوجد مرضعة

١. قوله تعالى: (فَإِنْ أَرْضَعْنَ لَكُمْ فَآتُوهُنَّ أُجُورَهُنَّ)[١].

**وجه الدلالة:** الآية تدل على أنها مخيرة إن شاءت أرضعت وإن شاءت لم ترضع، فلوكان الرضاع مستحقا لما استحقت عليه أجرا، ثم لماجعل تعالى أجر الرضاع على الأب لا على الأم مع وجودها، دل أن الرضاع ليس على الأم[٢].

**الاعتراض:** الآية خاصة في المطلقة المبتوتة وليس في سائر الأمهات[٣]، فتبقى الأمهات على الأصل المتعارف عليه في إرضاعهن أولادهن.

٢. وقوله سبحانه وتعالى: (وَإِنْ تَعَاسَرْتُمْ فَسَتُرْضِعُ لَهُ أُخْرَى)[٤].

---

سواها أو لا يقبل الصغير الإرضاع من غيرها فيجب عليها إرضاعه لأنه حال ضرورة وحفظ النفس كما لولم يكن له أحد غيرها".وقال ابن مفلح في المبدع، (ج٨، ص٢٢٢)،: "وإن امتنعت من رضاعه لم تجبر إلا أن يضطر إليها ويخشى عليه... وإن امتنعت من رضاعه لم تجبر إذا كانت مفارقة لا نعلم فيه خلافا وكذا إن كانت في حبال الزوج". وقال البهوتي في شرح منتهى الإرادات، (ج٣، ص٢٤٢): "ولا يمنعها من إرضاعة ولوأنها في حباله... ويلزم حرة إرضاع ولدها ومع خوف تلفه بأن لم يقبل ثدي غيرها ونحوه حفظا عن الهلاك كما لولم يوجد غيرها ولها أجرة مثلها فإن لم يخف لم تجبر دنيئة كانت أو شريفة في حباله أو مطلقة". وقال ابن قدامة في المغني، (ج٨، ص١٩٩): "وليس له إجبار أمه على رضاعه دنيئة كانت أو شريفة سواء كانت في حبال الزوج أو مطلقة ولا نعلم في عدم إجبارها على ذلك إذا كانت مفارقة خلافا فأما إن كانت مع الزوج فكذلك عندنا وبه يقول الثوري والشافعي وأصحاب الرأي".

(١) سورة الطلاق، الآية ٦.

(٢) الكاساني، بدائع الصنائع، (ج٤، ص٤٠). البغوي، تفسير البغوي، (ج٤، ص٣٦٠) وقال: "الخطاب للزوجين".

(٣) ابن كثير، تفسير القرآن العظيم (ج٤، ص٣٤٨). أبو السعود،إرشاد العقل السليم، (ج٨، ص٢٨٣). تفسير الجلالين، (ج١، ص٧٥٠)، الطبري،جامع البيان، (ج٢٨، ص١٤٧)، وقال: "فإن أرضعن لكم نساؤكم البوائن منكم بأجرة فآتوهن أجور على رضاعهن إياهم"، النسفي، (ج٤، ص٢٥٦).

(٤) سورة الطلاق، الآية ٦.

**وجه الدلالة:** التعاسر يعني اختلاف الوالدين في رضاعه، فلما كان وقوع التعاسر ممكنا جعل السبيل لحل الخلاف استرضاع امرأة أخرى للطفل، فجواز الاستئجار دليل على أن الأم مخيرة، وإلا لألزمها إرضاعه حتى لوتعاسرت مع والده، بل إن من المفسرين من ذكر أن هذا خبر بمعنى الأمر(١)، أي ليتخذ المرضعة لولده.

**الاعتراض:** الآية ذكرت التعاسر بين الزوج ومبتوتته، وليس بينه وبين زوجته في نكاحه، ثم ذكرت الاسترضاع حلا لهذا التعاسر، حماية للولد وحفظا لحقه، لما يكون بين المتفرقين من نزاع وبغض قد يمس الولد، ينافي ما فطرا عليه من وجوب الإشفاق عليه(٢) فليس فيها دليل إجبار على عدم الرضاع.

٣. قوله عز وجل: ﴿لَا تُضَارَّ وَالِدَةٌ بِوَلَدِهَا﴾(٣).

**وجه الدلالة:** قيل في بعض وجوه التأويل أي لا تضار بإلزام الإرضاع مع كراهتها(٤)، وهي شاملة ما إذا كانت زوجته أو مطلقة(٥).

---

(١) السمعاني، تفسيرالقرآن (ج٥، ص٤٦٦) قال: "الأم إذا أرضعت بعد الطلاق" .

(٢) النسفي، تفسير النسفي، ٤، ص٢٥٦.

(٣) سورة البقرة، الآية ٢٣٢.

(٤) الكاساني، بدائع الصنائع، (ج٤، ص٤٠). انظر:البغوي، تفسير البغوي، (ج١، ص٢١٣). تفسير الجلالين، (ج١، ص٥٠). وقال المفسرون في معناها: "لا تضار والدة زوجها بسبب ولدها وهو أن تعنف به وتطلب منه ما ليس بعدل من الرزق والكسوة وأن تشغل قلبه بالتفريط فى شأن الولد وأن تقول بعد ما ألفها الصبى اطلب له ظئرا وما أشبه ذلك ولا مولود له بولده أى ولا يضار مولود له امرأته بسبب ولده بأن يمنعها شيء مما وجب عليه من رزقها وكسوتها أو يأخذه منها وهى تريد إرضاعه وهو نهى عن أن يلحق بها الضرار من قبل الزوج وعن أن يلحق الضرار بالزوج من قبلها بسبب الولد أو تضار بمعنى تضر أي لا تضر والدة ولدها فلا تسئ غذاءه وتعهده ولا تدفعه إلى الأب بعد ما ألفها ولا يضر الوالد به بأن ينتزعه من يدها أو يقصر في حقها فتقصر هي في حق الولد". تفسير النسفي، (ج١، ص١١٣-١١٤). وقال:الغرناطي، في التسهيل لعلوم التنزيل، (ج٤، ص١٢٨): ﴿وَإِنْ تَعَاسَرْتُمْ فَسَتُرْضِعُ لَهُ أُخْرَى﴾ المعنى إن تشططت الأم على الأب في أجرة الرضاع

**واعترض على هذا الدليل:** هذه الآية ليست عامة في كل أم وإنما هي للمطلقة خاصة، إذ ذكرهما الله تعالى بحق الولد الذي بينهما، وألا يتخذه أحد المتفرقين وسيلة للإضرار بالآخر[١].

٤. لما أوجب الله تعالى بدل الإرضاع على الأب مع وجود الأم، علم أن الإنفاق على الولد قبل الاستغناء وبعده، يختص به الأب لا تشاركه فيه الأم، فكما لا تجب عليها نفقته بعد الاستغناء لا تجب قبله وهو إرضاعه[٢]، أي كما لا تجبر على نفقة الولد مع وجود الأب فلا تجبر على الرضاع.

**واعترض على هذا الدليل:** هذا قياس مع الفارق، فحاجة الولد للرضاعة أقوى من حاجته للنفقة، إذ لايصبر الولد على الرضاعة من أمه، إذ إنها له أمرأ[٣].

٥. لما نفى الجناح عمن يسترضع لولده مطلقا سواء بسبب أو لا، علم أنها مخيرة[٤]، في قوله تعالى: ﴿وَإِنْ أَرَدْتُمْ أَنْ تَسْتَرْضِعُوا أَوْلَادَكُمْ فَلَا جُنَاحَ عَلَيْكُمْ﴾ .

---

وطلبت منه كثيرا فللأب أن يسترضع لولده امرأة أخرى بما هوأرفق له إلا أن لا يقبل الطفل غير ثدي أمه فتجبر حينئذ على رضاعه بأجرة مثلها ومثل الزوج".

(١) السعدي، تيسيرالكريم الرحمن، (ج١، ص١٠٤)،الشوكاني، فتح القدير، (ج١، ص٢٤٦) قال فيه: "لصدق ذلك على كل مضارة ترد عليها من المولود له أو غيره"،الألوسي، روح المعاني، (ج٢، ص١٤٥) قال: "الحكم عام للمطلقات وغيرهن".

(٢) السيوطي، الدر المنثور، (ج١،ص٦٨٧). الطبري، جامع البيان، (ج٢، ص٤٩٠). النسفي، (ج١، ص١١٣).

(٣) الكاساني، بدائع الصنائع، (ج٤، ص٤٠)

(٤) أي لم يثقل على المعدة وانحدر عنها طيبا . **ابن منظور، لسان العرب، (ج١، ص١٥٥).**

(٥) الكاساني، بدائع الصنائع، (ج٣، ص١٩٣)؛ لقوله تعالى: ﴿وَإِنْ أَرَدْتُمْ أَنْ تَسْتَرْضِعُوا أَوْلَادَكُمْ فَلَا جُنَاحَ عَلَيْكُمْ﴾ ، نفى الجناح عمن يسترضع مطلقا، وهناك قراءة لمن اراد أن تتم الرضاعة، على أن الخطاب للمرأة، وأنها مخيرة لكنها قراءة شاذة كما قال الطبري، جامع البيان عن تأو يل آي القرآن، (ج٢، ص٤٩٥).

**واعترض على هذا الدليل:** نفي الجناح لا يعني أنها مخيرة، لأنها جاءت في جواز الاسترضاع للولد بين المتفرقين، وهي خاصة بحالتها وليست عامة لكل أم، ثم إن هذا عتاب للوالدين لأنه خلاف الأولى في تنشئة الولد بينهما، وإرضاعه من أمه لا من مرضعة[1].

٥. لما جاز لزوجها منعها من إرضاعه إن كانت في حباله، إذا فوت الرضاع حق الاستمتاع بها، علم أنها مخيرة في إرضاعه.

**وأعترض على هذا الدليل:** لا يستقيم أن الرضاع يفوت حق الزوج بالاستمتاع والتمكين، لأنه ولدهما وهما شريكان في جلب ما يصلح له، ودرء ما يضره، وهذه حالة خاصة ببعض الأزواج دون بعض، فالغالب من الرجل ألا يتضرر من إرضاعها لولده[2]، فلا تجعل أصلا لعدم إجبارها.

**القول الثاني:** تجبر على الرضاع، إلا أن تكون شريفة لا ترضع مثلها، وهذا قول المالكية[3]؛ مستدلين بالقرآن الكريم والسنة الشريفة والمعقول:

(١) الألوسي، روح المعاني، (ج٢، ص١٤٨) بتصرف، وذكر أن نفي الإثم بتسليم الأجرة مطلقا غير مقيد، وقال المعنى لولم تأثموا بالتعدي بالأجرة وظلم المرضعة.

(٢) مسلم، الصحيح، كتاب النكاح، باب جواز الغيلة، ح رقم(١٤٤٣)، (ج٢، ص١٠٦٧) وفيه: "إني أعزل عن امرأتي... أشفق على ولدها".

(٣) قال القرافي في الذخيرة، (ج٤، ص٢٧١): "تجبر ذات الزوج على رضاع ولدها إلا أن يكون لا يرضع مثلها لشرفها" أو لمرضها أو لقطع لبنها. وفي التاج والإكليل، (ج٤ ص٢١٣) قال العبدري: "وعلى الأم المتزوجة والرجعية رضاع ولدها بلا أجر إلا لعلو قدر كالبائن" فلا تجبر **إلا** "أن لا يقبل غيرها فتجبر أن ترضعه بأجر"، وعن تفريقهم بين الدنيئة والشريفة قال القرطبي في الجامع لأحكام القرآن، (ج٣، ص١٧٣): "استثنى مالك الحسيبة فقال: لا يلزمها رضاعة،فأخرجها من الآية، وخصها بأصل من أصول الفقه، وهوالعمل بالعادة، وهذا أصل لم يتفطن له إلا مالك والأصل البديع في هذا أمر كان في الجاهلية في ذوي الحسب، وجاء الإسلام فلم يغيره وتمادى ذووالثروة والأحساب على تفريغ الأمهات للمتعة بدفع الرضعاء للمراضع إلى زمانه فقال به، وإلى زماننا فتحققناه شرعا"، واستثنى المالكية المريضة والمنقطع لبنها للمصلحة.

قوله تعالى: ﴿وَالْوَالِدَاتُ يُرْضِعْنَ أَوْلَادَهُنَّ حَوْلَيْنِ كَامِلَيْنِ﴾[1][2].

**وجه الدلالة:** الآية خبر يراد به الأمر وهوعام في كل والدة[3]، فتجبر المرأة على إرضاع ولدها.

---

(1) سورة البقرة الآية ٢٣٢.

(2) اختلف العلماء في الآية هل هي خبر سيق لبيان غاية الرضاعة التي مع اختلاف الوالدين في رضاع المولود جعلت حدا فاصلا ،أم أنها خبر معناه الأمر لما فيه من الالزام، كقولك حسبك درهم أي اكتف بدرهم. القرافي، الذخيرة، (ج٤، ص٢٧١). انظر: الشوكاني، فتح القدير، (ج١، ص٢٤٥). الطبري، جامع البيان عن تأويل آي القرآن، (ج٢، ص٤٩٠) من المفسرين من اعتبره خبر يفيد الأمر على اختلاف هل هوللندب أو الوجوب. انظر: الواحدي، التفسير، (ج١، ص١٧٢). السمعاني، تفسير، (ج١، ص ١٣٦). النسفي، تفسير، (ج١، ص١١٣). السعدي، تيسير الكريم الرحمن، (ج١، ص١٠٤)، القرطبي، الجامع لأحكام القرآن، (ج١، ص١٢٣)، واختلف في الآية هل هي عامة في كل الوالدات أم أنها في المطلقات البائنات؟فمن المفسرين من قال أنها في المطلقات البائنات، انظر؛ الطبري، جامع البيان عن تأويل آي القرآن، (ج٢، ص٤٩٠)، ومنهم من اعتبرها عامة في كل الوالدات، ومنهم من جعل الحولين خاص ببعض المواليد دون بعض. انظر: الألوسي، روح المعاني، (ج٢، ص١٤). واختلفوا هل هي محكمة أم منسوخة؟ قال ابن الجوزي في زاد المسير، (ج١، ص٢٧١): "واختلف علماء الناسخ والمنسوخ في هذا القدر من الآية، فقال بعضهم هومحكم والمقصود منه بيان مدة الرضاع... ونقل عن قتادة والربيع بن أنس في آخرين أنه منسوخ بقوله تعالى:" فإن أرادا فصالا عن تراض منهما" قال شيخنا علي بن عبيد الله وهذا قول بعيد لأن الله تعالى قال في أولها:" لمن أراد أن يتم الرضاعة" فلما قال في الثاني: " فإن أرادا فصالا عن تراض منهما" خير بين الإرادتين وذلك لا يعارض المدة المقدرة في التمام... وقرأ مجاهد بتاءين أن تتم الرضاعة"

(3) السمعاني،تفسير القرآن، (ج١، ص٢٣٦) قال: "بل هوخبر في معنى الأمر المؤكد"، الواحدي، الوجيز في تفسير الكتاب العزيز، (ج١،ص ١٧٢) قال: "لفظه لفظ خبر معناه الأمر" يصلح الاستدلال بهذه الآية لمن قال بأنها لا تجبر على اعتبار أنها عامة في كل الوالدات وأنه خبر يفيد الأمر لكنه خفف بقوله "لمن أراد أن يتم الرضاعة" وهذا منسوب لقتادة، انظر: القرطبي، الجامع لأحكام القرآن، (ج٣، ص١٧١). والذين قالوا أنها لا تجبر استندوا إلى أنه إخبار عن الغاية التي ينتهي إليها حد الرضاع عند التعاسر بين الوالدين، انظر: الطبري، جامع البيان عن تأويل آي القرآن، (ج٢، ص٤٩٠). الألوسي، روح المعاني، (ج٢، ص١٤٥)، " الحكم عام للمطلقات وغيرهن".

**واعترض على هذا الدليل:** هذه الآية خاصة بالمطلقات لأنها سيقت في بيان أحكام الطلاق، وعلى فرض أنها عامة فهي لا تفيد الوجوب، إذ تحتمل الندب، ومع الاحتمال لا يستقيم الاستدلال، وهي خبر يراد به بيان مبلغ مدة الرضاع إذا تنازع المتفرقان(١).

تأخيره عليه الصلاة والسلام إقامةالحد علي الغامدية، حتى إذا أرضعت ولدها حينئذ رجمها فدل ذلك على تعينها للإرضاع ووجوبه عليها(٢).

**واعترض على هذا الدليل:** ليس في الحادثة دليل على وجوب الرضاع على المرأة، غاية ما فيها رحمته **صلى الـلـه عليه و سلم** بالرضيع، ودفعه لأمه على سبيل المتعارف من أن النساء ترضع أولادهن رحمة بها وشفقة عليهم.

لما وجبت نفقتها عليه في النكاح وجب عليها إرضاع صغيرها، إذ نفقة الرضاع داخلة في النفقة عليها.

ولأنها دخلت على ذلك عرفا فيلزمها شرعا(٣)، إذ المتعارف عليه بين النساء أن المرأة ترضع ولدها، ولما دخلت على النكاح كانت تعلم أنها ستحمل وتلد وتتحمل تبعاته من إرضاع وغيره.

ولأنها أشفق على ولدها بفطرتها، وأحق بحضانتة ولبنها امرأ(٤)، لما ثبت أن في إرضاعها له تقوية لبدنه ومناعته، فوائدها النفسية والجسمية والاجتماعية لهما على حد سواء.

ولأن النكاح عقد سكن وازدواج، وذلك لا يحصل إلا باجتماعهما على مصالح النكاح ومنها إرضاع الولد(٥).

---

(١) الطبري،حامع البيان (ج٢، ص٤٩٠). الرازي، التفسير الكبير، (ج٢، ص٤٥٨).

(٢) القرافي، الذخيرة، (ج٤، ص٢٧١).

(٣) القرافي، الذخيرة، (ج٤، ص٢٧١).

(٤) ابن مفلح، المبدع، (ج٨، ص٢٢١). قال الإمام محمد عبده، " أفضل اللبن للولد لبن الأم باتفاق الأطباء لأنه تكون من دمها" تفسير المنار، (ج٢، ص٤٠٧ وما بعدها).

(٥) الكاساني، بدائع الصنائع، (ج٤، ص٤٠).

الترجيح:

من إحسان الله تعالى بالطفل الصغير، أن أمرالأمهات على أبلغ وجه برعاية جانبه، والإهتمام بشأنه، إذ ذكرأحكام الرضاع في سورتين مبالغة في المحافظة على ما شرع في أمر الأطفال، وأوجب على الوالدين إن أرادا فطام الطفل أن يشاوروا أهل العلم والخبرة به حتى يخبروا أن الفطام في ذلك الوقت لا يضر بالطفل، واعتبر تراضيهما شرطا للفطام[١]، مراعاة لصلاح الطفل، وأخبر سبحانه إخبارا لا يحتاج إلى أمر بأن يرضعن الأمهات أولادهن حولين[٢]، وهولفظ محتمل لكونه حقا عليها أو لها، ولكن العرف يقضي بأنه عليها، إذ إنها لما قبلت بالنكاح،في ضمنه قبولها بآثاره من الحمل والولادة والرضاع، ولقد ذكر العلماء في تفسير قوله تعالى: ﴿وَإِن تَعَاسَرْتُمْ فَسَتُرْضِعُ لَهُۥٓ أُخْرَىٰ﴾: أن فيه طرف من معاتبة الأم على المعاسرة، وخصها بالمعاتبة لأن المبذول من جهتها هو لبنها لولدها، وهوغير متعول ولا مضمون به في العرف، وخصوصا من الأم على الولد، والمبذول من جهة الأب المال المضنون به عادة فالمال عزيز على نفس صاحبه حتى يضن به على نفسه فكيف على ولده، إذن الأم أجدر باللوم وأحق بالعتاب، لما تحمله من عاطفة فطرية تجاه ولدها[٣]، ولما في العدول عن الرضاعة من مخالفة للمألوف الذي فطرت عليه المرأة من حنوها على رضيعها وشفقتها، ففي ترك الرضاعة،إضرار بالرضيع ضررا كبيرا[٤]، حتى أنه لم يسقط حقها من الرضاع إلا عند التعاسر، وإذا اختارت ألا ترضعه، يؤمر الزوج

---

(١) البغوي، التفسير، (ج١، ص٢١٣). السمعاني، التفسير، (ج١، ص٢٣٧).

(٢) السعدي، تيسير الكريم الرحمن في تفسير كلام المنان، (ج١، ص١٠٤).

(٣) الزمخشري،الكشاف، (ج٤، ص٥٦٣). وقال الألوسي في روح المعاني، (ج٢٨، ص١٤٠). "قال البعض إن الكلام لا يخلوعن معاتبة الأب أيضا حيث أسقط في الجواب عن حيز شرف الخطاب مع الإشارة إلى أنه ضايق الأم". بتصرف

(٤) انظر في فوائد الرضاعة، الأغر، كريم نجيب، ٢٠٠٥م، إعجاز القرآن في ما تخفيه الأرحام، ط(١)، دار المعرفة، بيروت، (ص٤٣٢-٤٩٣). السعيد، عبد الله، الرضاعة الطبيعية، ط(١)، (ص٣٣-٣٨وما بعدها).

بأن يحضر المرضعة عند الأم حتى ترضعه في بيتها[1] فسقوط الرضاع لا يحرمها حق حضانته.

ولما ذكرالـلـه تعالى المعروف في الآيتين ذكرهما بأن يأمر كل واحد منهما الآخر بالمعروف، وهوكل ما فيه منفعة ومصلحة في الدنيا والآخرة، لهما ولولدهما، فإن الغفلة عن الائتمار بالمعروف، يحصل فيها من الضرر والشر ما لا يعلمه إلا الـلـه، وفي الائتمار بالمعروف تعاون على البر والتقوى، وأولى الناس بالبر ولدهما فذكرهما بحقه عليهما، ومما يناسب هذا المقام أن الزوجين عند الفراق إذا كان بينهما ولد، يحصل في الغالب من التنازع والتشاجر لأجل النفقة عليه، مع الفراق الذي لا يحصل في الغالب إلا مقرونا بالبغض، فيتأثر من ذلك شيء كثير فكل منهما يؤمر بالمعروف والمعاشرة الحسنة وعدم المشاقة والمنازعة وينصح على ذلك، وختم آية سورة البقرة بالأمر بالتقوى، والتذكير بأن الـلـه تعالى بصير بكل عمل، وفي هذا تربية للنفوس على المهابة منه، وفيه من الوعيد والتهديد والتحذير مالا يخفى، فهومجاز الوالدين بحسب الأعمال، إذ يذكرهما بالإحسان لولديهما حتى يجدا ما قدما.

وعليه ترى الباحثة أن الأم ترضع طفلها مختارة بعدما تتبين فوائد الرضاعة لها ولطفلها، ولا يلتفت إلى مصلحة الأم من مثل المحافظة على قوامها وجمالها، لأنها مصلحة موهومة، لا تقوم أمام المصالح المتحققة لها ولطفلها من الرضاعة[2]، أما إن كانت الأم تتضرر من الرضاع كأن تكون مريضة أو ضعيفة البنية أو لبنها قليل فعندئذ يجوز ألا ترضع، ويسترضع لطفلها حفظا لحقه وفي عصرنا الحاضر ينوب الحليب الصناعي عن الاسترضاع، و الـلـه تعالى أعلم.

---

(١) الجصاص أ،حكام القرآن، (ج٢، ص١٠٦).

(٢) والباحثة لا تؤيد قول الحنابلة والحنفية " أن عقد النكاح يقتضي تملك الزوج من الاستمتاع في كل الزمان سوى أوقات الصلوات، والرضاع يفوت عليه الاستمتاع في بعض الأوقات، فكان له منعها منه" لأن مصلحة الطفل مقدمة على مصلحة المحافظة على الجمال والاستمتاع. انظر؛الرحيباني، مطالب أولي النهى، (ج٥، ص٦٥٢). البهوتي، كشاف القناع، (ج٥، ص٤٨٨).

# الخاتمة

الحمد لله الذي بنعمته تتم الصالحات، والصلاة والسلام على سيدنا محمد وآله وصحبه أجمعين؛ وبعد:

**يمكن تلخيص نتائج البحث بما يلي:**

**أولا:** إن قضية العنف ضد المرأة من القضايا الهامة على الصعيد الدولي، بحيث لا يجوز إغفالها، أوالتهاون بها، الأمر الذي يتطلب تفعيل كل الجهود للحد من انتشارها.

**ثانيا:** لا يعني لفظ "واضربوهن" وجوب الضرب للمرأة الناشز، وغاية ما يدل عليه أنه علاج قد يفيد بعض النساء دون بعض،ضمن الضوابط والقيود حتى لا يخرج إلى الظلم والإهانة، بل إنه خلاف أخلاق رسول الله ووصيته بالإحسان للمرأة والعطف عليها والعفو عن أخطائها.

**ثالثا:** ختان المرأة لا يرتبط بالإسلام، وإنما هو عادة تمارسها المجتمعات الإسلامية وغيرها، والإسلام لا يقر العادات والأعراف إذا تصادمت مع مقاصده وقواعده الكلية،أما إذا لم تتصادم فيترك حرية تركها للناس، وعليه فالختان إن ثبت ضرره فيحرم، وإلا فالناس بالخيار بين فعله وتركه.

**رابعا:** يحرم الإسلام الاغتصاب ويجرم فاعله ويقيم عليه الحد المتردد بين الزنا والحرابة،ويرفع الضرر عن المغتصبة فيثبت لها حقوقا تخفف بعض آلامها،كالدية والمهر ورتق البكارة.

**خامسا:** يحرم الإسلام كافة أشكال الاتجار بالمرأة،ويقيم ضمانات تكفل العفاف والحياء للمجتمع، فإذا ما ظهر شذوذ عالجه في دائرته بما يردع ويزجر ويجبر.

**سادسا:** يحرم الإسلام كل أشكال العنف اللفظي ضد المرأة داخل الأسرة وخارجها، بما يربيه في النفوس من الوازع الأخلاقي المتمثل في مراقبة الله تعالى، والبعد عن كل فحش من الاقوال والأفعال اقتداء بخير البشر محمد.

**سابعا:** يحرم الإسلام الحيلولة بين المرأة وأولادها، مما يعني جواز منح جنسية الأم المتزوجة من أجنبي لأولادها.

**ثامنا:** لا يجيز الإسلام إجبار المرأة على زواج لا تريده، لابتناء مؤسسة الأسرة على المودة التي تتنافى مع الإجبار.

**تاسعا:** امتناع المرأة على الحمل والرضاع لأسباب موهومة او لا تقوم على ضرورة، امتناع لا تقر عليه، بل يجب أن تبصر بأهمية الحمل والرضاع وفوائدهما الصحية لجسدها.

**عاشرا:** يتفق الإسلام مع المواثيق الدولية في تجريم كل أشكال العنف ضد المرأة، ولا يقف عند معالجتها، بل يأخذ الطريق عليها بوسائل تقي منها، ويؤثم كل من يقترفها.

## وتوصي الدراسة:

**أولا:** ضرورة تناول قضايا العنف ضد المرأة بالدراسة ووضع الخطط التي تحد منه.

**ثانيا:** تبصير المجتمع بحكم الشرع في قضايا العنف ضد المرأة، عن طريق المنابر أو وسائل الإعلام المختلفة، واشتمال البرامج الدراسية في المدارس والجامعات على التوجيه الديني الذي ينمي رقابة الله في النفوس، وعلى ضرورة الرفق بالمرأة، ومعاملتها بالحسنى، بما يضمن الحد من العنف ضدها.

**ثالثا:** تأمين الحاجات الاجتماعية والاقتصادية، للحيلولة دون تزايد العنف بشكل عام بين أفراد المجتمع، والعنف ضد المرأة بشكل خاص، إذا ما علمنا أن من أهم أسباب العنف ضد المرأة تردي الوضع الاقتصادي.

**رابعا:** الرقابة على أجهزة الإعلام،- كالإنترنت والتلفاز -، في بث الخير ونشره،لما له من دور في الوقاية من الجريمة،ومنع نشر الإباحية والرذيلة وأخبارالعنف التي تحرك الغرائز وتساعد على ارتكاب الجرائم.

**خامسا:** وضع العقوبات التي تزجر كل من تسول له نفسه بالاعتداء المادي أو المعنوي على المرأة،بحيث تفعل الضمانات القانونية والأمنية لحمايتها، وإعادة صياغة بعض مواد القانون لسد الثغرات التي تعزز العنف ضد المرأة،والاضطلاع بالمسؤولية من كافة المعنيين تجاه قضايا العنف ضد المرأة بالعمل على توقيها وعلاجها.

**سادسا:** تأسيس المؤسسات التي تهتم بالنساء المعنفات، وتقديم المساعدة والإرشاد لهن ولأسرهن، وتفعيل دور مؤسسات المجتمع المدني بالتعاون مع المؤسسات الحكومية في ذلك.

وأخيرا وليس آخرا أحمده تعالى الذي بحمده تتم النعم،وأسأله أن يتقبل مني بحثي خالصا لوجهه الكريم،وينفعني به وينفع به، وأن يجعل رضاه عني قصارى ما تطمح إليه نفسي في كل أقوالي وأعمالي، وان يبصرني بالحق وأن لا يحرمني نعمائه إنه ولي كل توفيق.

# قائمة المصادر والمراجع

- أحمد، عنان توفيق، **العنف الأسري ضد الطفل في المجتمع الأردني**، رسالة ماجستير في علم الاجتماع، الجامعة الأردنية، عمان، (١٩٩٩م).

- آبادي، محمد شمس الحق العظيم، **عون المعبود شرح سنن أبي داود**، ط(٢)، دار الكتب العلمية، بيروت، (١٩٩٥م).

- الأزهري، أبو منصور محمد بن أحمد، **تهذيب اللغة**،ط(١)، دار إحياء التراث العربي،بيروت،تحقيق محمد عوض، (٢٠٠١م).

- أسد، محمد مرهف، **تأملات في المرأة بين الأصالة والمعاصرة**، ط(١)، دار وحي القلم، بيروت، (٢٠٠٤م).

- إسلامبولي، سامر، **المرأة مفاهيم ينبغي أن تصحح**، دار الأوائل، دمشق، (١٩٩٩).

- اطفيش، محمد بن يوسف، **شرح النيل وشفاء العليل**، مكتبة الإرشاد.

- الأغر، كريم نجيب،**إعجاز القرآن في ما تخفيه الأرحام**،ط(١)، دار المعرفة، بيروت (٢٠٠٥م).

- افنيخر، حامد، **هموم المرأة المسلمة**، ط(١)، دار المكتبي، دمشق، (٢٠٠٤م).

- الألوسي، أبو الفضل شهاب الدين السيد محمود، **روح المعاني في تفسير القرآن العظيم والسبع المثاني**، دار إحياء التراث العربي،بيروت.

- الأنصاري أبو يحيى، زكريا بن محمد بن أحمد بن زكريا، **فتح الوهاب بشرح منهج الطلاب**، دار الكتب العلمية، بيروت، (١٤١٨هـ).

- الأنصاري، أبو يحيى زكريا بن محمد بن أحمد، **فتح الوهاب بشرح منهج الطلاب**، ط(١)، دار الكتب العلمية، بيروت، (١٤١٨هـ).
- الأنصاري، زكريا بن محمد بن أحمد، **حاشية الجمل على المنهج**، دار الفكر، بيروت.
- الأنصاري، زكريا بن محمد بن أحمد، **فتح الوهاب بشرح منهج الطلاب**، ط(١)، دار الكتب العلمية، بيروت، (١٤١٨هـ).
- الأنيس، عبد السميع، **حادثة التحريم في إطار المعالجة النبوية لمشاكل الحياة الزوجية دراسة حديثية**، مجلة الأحمدية، ع(١٠)، آذار، دار البحوث للدراسات الإسلامية، الإمارات العربية، ( ٢٠٠٢م).
- البخاري، علاء الدين عبد العزيز بن أحمد، **كشف الأسرار عن أصول فخر الإسلام البزدوي**، تحقيق عبد الله محمود محمد عمر، دار الكتب العلمية، بيروت، (١٩٩٧م) .
- بخيت، أحمد، **الجنسية ودور الأم في جنسية أولادها**، ط(١)، دار النهضة،القاهرة، (٢٠٠١م).
- البنا: جمال، **المرأة المسلمة بين تحرير القرآن وتقييد الفقهاء**، ط(١)، دار الفكر الإسلامي، القاهرة، (١٩٩٨).
- البهوتي، منصور بن يونس بن إدريس، **شرح منتهى الإرادات المسمى دقائق أولي النهى لشرح المنتهى**، ط(٢)، دارعالم الكتب، بيروت، (١٩٩٦م).
- البهوتي، منصور بن يونس بن إدريس، **الروض المربع شرح زاد المستقنع**، مكتبة الرياض الحديثة، الرياض، (١٣٩٠هـ).
- البهوتي، منصور بن يونس بن إدريس، (١٤٠٢هـ) ،**كشاف القناع عن متن الإقناع**، (تحقيق: هلال مصيلحي)، دار الفكر، بيروت.
- البوطي، محمد رمضان، **المرأة بين طغيان النظام الغربي ولطائف التشريع الرباني**، دار الفكر، سوريا، (١٩٩٦م).

- البيجرمي، سليمان بن عمر بن محمد، **الحاشية على شرح منهج الطلاب (التجريد لنفع العبيد)**، المكتبة الإسلامية، ديار بكر، تركيا.

- البيروتي، محمد بن درويش بن محمد الحوت، **أسنى المطالب في أحاديث مختلفة المراتب**، ط(١)، تحقيق مصطفى عطا، دار الكتب العلمية، بيروت، (١٩٩٧م).

- **البيهقي**، أبو بكر أحمد بن الحسين بن علي بن موسى أبو أحمد، **معرفة السنن والآثار**، (تحقيق سيد كسروي حسن)، دار الكتب العلمية، بيروت،

- البيهقي، أبو بكر أحمد بن الحسين بن علي بن موسى، **سنن البيهقي الكبرى**، (تحقيق محمد عبد القادرعطا)، مكتبة دار الباز، مكة المكرمة، (١٩٩٤م).

- البيهقي، أبو بكر أحمد بن الحسين بن علي، **المدخل إلى السنن الكبرى**، (تحقيق محمد ضياء الرحمن الأعظمي)، دار الخلفاء للكتاب الإسلامي، الكويت، (١٤٠٤هـ)

- الترمذي، أبو عيسى محمد بن عيسى السلمي، **الجامع الصحيح سنن الترمذي**، (تحقيق أحمد محمد شاكر وآخرون)، دار إحياء التراث العربي، بيروت.

- بن تيمية، أبو العباس أحمد عبد الحليم الحراني، **كتب ورسائل وفتاوى شيخ الإسلام ابن تيمية**، ط(٢)، (تحقيق عبد الرحمن بن محمد النجدي)، دار ومكتبة ابن تيمية للنشر.

- الثعالبي، عبد الرحمن بن محمد بن مخلوف، **الجواهر الحسان في تفسير القرآن**، مؤسسة الأعلمي، بيروت

- الثعلبي، أبو إسحاق أحمد بن محمد بن إبراهيم النيسابوري، **الكشف والبيان (تفسير الثعلبي)**، ط(١)، (تحقيق أبو محمد بن عاشور)،دار إحياء التراث العربي، بيروت، (٢٠٠٢م).

- ابن الجارود ،عبد الله بن علي أبو محمد النيسابوري،**المنتقى من السنن المسندة**، تحقيق عبد الله عمر البارودي، دار مؤسسة الكتاب الثقافية، بيروت، (١٩٨٨م).

- الجاوي، أبو عبد المعطي محمد بن عمر بن علي، **نهاية الزين في إرشاد المبتدئين**، ط(١)، دار الفكر، بيروت.

- جرادات، صالح أحمد، **حقوق المرأة في الإسلام دراسة مقارنة مع الواقع**، ط(١)، مطبعة الروزنا، اربد، (١٩٩٩م).

- الجصاص، أبو بكر أحمد بن علي الرازي،**أحكام القرآن**، تحقيق محمد الصادق قمحاوي ، دار إحياء التراث العربي ،بيروت، (١٤٠٥ هـ).

- الجصاص، أحمد بن علي الرازي، **الفصول في الأصول**، ط(١)، تحقيق عجيل جاسم النشمي، وزارة الأوقاف والشؤون الإسلامية، الكويت، (١٤٠٥هـ).

- الجلالين، جلال الدين  عبد الرحمن بن أبي بكرالمحلي وجلال الدين محمد بن أحمد السيوطي، **تفسير الجلالين**، ط(١)، دار الحديث، القاهرة.

- ابن الجوزي، عبد الرحمن بن علي بن محمد، **زاد المسير في علم التفسير**، ط(٣)، المكتب الإسلامي، بيروت، (١٤٠٤هـ).

- ابن الجوزي، عبد الرحمن بن علي بن محمد،، **نزهة الأعين النواظر في علم الوجوه والنظائر**، (تحقيق: محمد عبد الكريم كاظم الراضي)، ط(١)، مؤسسة الرسالة، بيروت، (١٩٨٤م).

- جمعية العلوم الطبية الإسلامية: **قضايا طبية معاصرة في ضوء الشريعة الإسلامية**، ط(١)، دار البشير، عمان، (١٩٩٥م).

- ابن أبي حاتم، عبد الرحمن محمد الرازي، **تفسير القرآن العظيم**، (تحقيق أسعد محمد)، الطيب المكتبة العصرية، صيدا.

- ابن حبان،أبو حاتم محمد بن حبان بن أحمد التميمي البستي، **صحيح ابن حبان بترتيب ابن بلبان**،، ط (٢)، (تحقيق شعيب الأرنؤوط)، مؤسسة الرسالة، بيروت، (١٩٩٣م)،

- الحاكم، أبو عبد الله محمد بن عبد الله النيسابوري، **المستدرك على الصحيحين**، ط(١)، تحقيق مصطفى عبد القادر عطا دار الكتب العلمية، بيروت، (١٩٩٠م).

- ابن حجر، أبو الفضل أحمد بن علي العسقلاني الشافعي، **هدي الساري مقدمة فتح الباري شرح صحيح البخاري**، (تحقيق محمد فؤاد عبد الباقي ، محب الدين الخطيب)، دار المعرفة، بيروت( ١٣٧٩هـ).

- ابن حجر الهيتمي، **الزواجر عن اقتراف الكبائر**، ط(٢)، المكتبة العصرية، بيروت، (١٩٩٩م).

- ابن حجر، أبو الفضل أحمد بن علي العسقلاني ،**تلخيص الحبير في أحاديث الرافعي الكبير**، (تحقيق السيد عبد الله هاشم اليماني المدني) ،(١٩٦٤م)

- ابن حجر، أحمد بن علي العسقلاني، **فتح الباري شرح صحيح البخاري**، دار المعرفة، بيروت، تحقيق محي الدين الخطيب.

- أبو حجيلة، علي، **الحماية الجزائية للعرض في القانون الوضعي والشريعة الإسلامية**، ط(١)، دار وائل، عمان، (٢٠٠٣م) .

- حرز الله، محمود ومها أبو ياسين، **علم الأمراض والطب الشرعي**، دار زهران، عمان، (١٩٩٩).

- ابن حزم، علي بن أحمد بن سعيد، **المحلى بالآثار**، (تحقيق لجنة إحياء التراث العربي)، دار الآفاق الجديدة، بيروت

- أبو حيان، محمد بن يوسف الأندلسي،**تفسير البحر المحيط**،ط(١)، (تحقيق الشيخ عادل أحمد عبد الموجود)، دار الكتب العلمية بيروت، ( ٢٠٠١م).

- الحصيني، الحسيني تقي الدين أبي بكر بن محمد الدمشقي الشافعي، **كفاية الأخيار في حل غاية الاختصار**، ط(١)، تحقيق علي عبد الحميد بلطجي ومحمد وهبي سليمان، دار الخير، دمشق، (١٩٩٤م).

- الحطاب، أبو عبد الله  محمد بن عبد الرحمن المغربي، **مواهب الجليل لشرح مختصر خليل**، ط(٢)، دار الفكر، بيروت، (١٣٩٨هـ).

- الحنبلي، علي بن عباس البعلي، **القواعد والفوائد الأصولية وما يتعلق بها من الأحكام**، (تحقيق محمد حامد الفقي)، دار مطبعة السنة المحمدية،القاهرة، (١٩٥٦م).

- الحيت، رولا، **قضايا المرأة بين الشريعة الإسلامية والمواثيق الدولية**، رسالة دكتوراة غير منشورة قسم إيداع الرسائل الجامعية، الجامعة الأردنية، عمان.

- حيدر، علي، **درر الحكام شرح مجلة الأحكام**، (تحقيق و تعريب المحامي فهمي الحسيني)، دار الكتب العلمية، بيروت،

- الخادمي، محمد بن محمد بن مصطفى، **بريقة محمودية في شرح طريقة محمدية وشريعة نبوية أحمدية**، دار إحياء الكتب العربية،بيروت.

- خزاعلة، حسن،، **حق الأم الأردنية المتزوجة من أجنبي في نقل جنسيتها لأبنائها**، بحث قدم لمؤتمر في التشريعات الأردنية والعربية المتعلقة بحقوق المرأة، جامعة اربد الأهلية، (٢٠٠٣م).

- الخشت، محمد عثمان، **من إعجاز القرآن "وليس الذكر كالأنثى " دراسة من منظور الإسلام والعلوم الحديثة**، مكتبة القرآن، القاهرة.

- الخطيب، أم كلثوم يحيى مصطفى، **قضية تحديد النسل في الشريعة الإسلامية**، ط(٢)، الدار السعودية ،جدة،(١٩٨٢م).

- دراغمة، ديما، **العنف الأسري وأثره على الصحة النفسية للمرأة الفلسطينية**، رسالة ماجستير،جامعة القدس، مودعة في قسم الرسائل الجامعية، مكتبة الجامعة الأردنية، عمان، (٢٠٠٢م).

- الدردير، أبو البركات،**الشرح الكبير**، (تحقيق محمد عليش)، دارالفكر،بيروت.

- دروزة، محمد عزة، **المرأة في القرآن والسنة**، ط(٢)، المكتبة العصرية، بيروت، (١٩٦٧).
- ابن دريد، **جمهرة اللغة**، (تحقيق رمزي منير بعلبكي)، دار العلم للملايين، بيروت، (١٩٨٧).
- الدسوقي، محمد عرفه، **حاشية الدسوقي على الشرح الكبير**، تحقيق محمد عليش، دار الفكر، بيروت.
- الدمياطي، أبو بكر ابن السيد محمد شطا، **إعانة الطالبين على حل ألفاظ فتح المعين لشرح قرة العين بمهمات الدين**، دار الفكر، بيروت.
- ابن أبي الدنيا، أبو بكر عبد الله بن محمد بن عبيد القرشي البغدادي، **العيال**، ط(١)، تحقيق نجم عبد الرحمن خلف، دار ابن القيم، السعودية، الدمام، (١٩٩٠م).
- الرازي، محمد بن أبي بكر بن عبد القادر، **مختار الصحاح**، مكتبة لبنان، بيروت، تحقيق محمود خاطر، ( ١٩٩٥م).
- الرازي، فخر الدين محمد بن عمر التميمي،**التفسير الكبير أومفاتيح الغيب**، ط(١)، دار الكتب العلمية، بيروت (٢٠٠٠م).
- الربابعة، حسين محمد، **تحديد النسل وتنظيمه بين العلم والدين**، ط(١)، دار قنديل، عمان، (٢٠٠٦م).
- رضا، محمد، **تفسير القرآن الحكيم الشهير بالمنار**، ط(٢)، دار المعرفة، بيروت، (١٩٧٣م).
- رضوان، زينب،، المرأة بين الموروث والتحديث،مطابع الهيئة المصرية العامة للكتاب(٢٠٠٤م).

- الرملي، شمس الدين محمد بن أبي العباس أحمد بن حمزة ابن شهاب الدين الشهير بالشافعي الصغير، **نهاية المحتاج إلى شرح المنهاج**، دار الفكر للطباعة، بيروت، (١٩٨٤م).

- أبو الروس، أحمد، **جرائم الإجهاض والاعتداء على العرض والشرف**، المكتب الجامعي الحديث، (١٩٩٧م).

- زايد، أحمد، **العنف في الحياة اليومية في المجتمع المصري**، المركز القومي للبحوث الاجتماعية والجنائية، القاهرة، (٢٠٠٢م)

- الزحيلي، وهبة، **نظرية الضرورة الشرعية**،ط(٤)، دار الفكر، دمشق، (١٩٩٧م).

- الزرقاني، محمد بن عبد الباقي بن يوسف، **شرح الزرقاني على موطأ الإمام مالك**،ط(١)، دار الكتب العلمية، بيروت، (١٤١١هـ).

- الزركشي، أبو عبد الله محمد بن بهادر بن عبد الله ، **خبايا الزوايا**،ط(١)، تحقيق عبد القادر عبد الله العاني، نشر وزارة الأوقاف والشئون الإسلامية، الكويت، (١٤٠٢هـ).

- الزمخشري، أبو القاسم محمود بن عمر الخوارزمي، **الكشاف عن حقائق التنزيل وعيون الأقاويل في وجوه التأويل**، (تحقيق عبد الرزاق المهدي)، دار إحياء التراث العربي، بيروت.

- الزمخشري، أبو القاسم محمود بن عمر بن محمد بن عمر الخوارزمي،**أساس البلاغة**، دار الفكر،(١٩٧٩م).

- أبو زهرة، محمد، العقوبة، دار الفكر العربي، القاهرة.

- الزهري الغمراوي، محمد، **السراج الوهاج على متن المنهاج**، دار المعرفة للطباعة، بيروت.

- الزيلعي: فخر الدين عثمان بن علي، **تبين الحقائق شرح كنز الدقائق**، دار الكتب الإسلامي، القاهرة، (١٣١٣هـ).

- زين، صفاء، **تنظيم النسل في الشريعة الإسلامية**، رسالة ماجستير من جامعة النجاح الوطنية، مودعة في قسم الرسائل الجامعية، في مكتبة الجامعة الأردنية، عمان، (٢٠٠٥م).
- الزيني، محمود محمد عبد العزيز، **مسؤولية الأطباء عن العمليات التعويضية والتجميلية والرتق العذري**، مؤسسة الثقافة الجامعية، الإسكندرية، (١٩٩٣م).
- سعداوي، عمرو عبد الكريم، قضايا المرأة في فقه القرضاوي، دار قطر الندى، الجيزة، مصر، (٢٠٠٦م).
- السعدي، عبد الرحمن بن ناصر، **تيسير الكريم الرحمن في تفسير كلام المنان**،(تحقيق: ابن عثيمين)، مؤسسة الرسالة ، بيروت، (٢٠٠٠م).
- سلمان، مشهور حسن، **الهجر في الكتاب والسنة**،ط(١)، دار ابن القيم،الدمام، (١٩٨٩).
- السلمي، أبو محمد عز الدين، **قواعد الأحكام في مصالح الأنام**، دار الكتب العلمية، بيروت.
- أبو سليمان، عبد الحميد، **ضرب المرأة وسيلة لحل الخلافات الزوجية**، مطبوعات المعهد العالمي للفكر الإسلامي، فرجينيا، ، (٢٠٠٢م)
- السمرقندي، نصر بن محمد بن أحمد أبو الليث، **بحر العلوم**، (تحقيق محمود مطرجي)، دار الفكر بيروت.
- السمعاني، أبو المظفر منصور بن محمد بن عبد الجبار، **تفسير القرآن**، دار الوطن،الرياض، (١٩٩٧م). ط(١)، (تحقيق ياسر بن إبراهيم و غنيم بن عباس)
- أبو السعود، محمد العمادي، **تفسير القرآن المسمى إرشاد العقل السليم إلى مزايا القرآن الكريم** ، دار إحياء التراث العربي، بيروت.
- السيسي، محمود ناجي، **دليل الزوج والزوجة في علاج النزاعات الزواجية**، منشورات المكتب العلمي للكمبيوتر والنشر، الاسكندرية.

- السيواسي، كمال الدين محمد بن عبد الواحد، **شرح فتح القدير**، ط(٢)، دار الفكر، بيروت.
- السيوطي: جلال الدين عبد الرحمن بن الكمال، ت(٩١١هـ)، **الدر المنثور**، دار الفكر، بيروت، (١٩٩٣).
- السيوطي، عبد الرحمن بن أبي بكر، **الأشباه والنظائر**،دار الكتب العلمية، بيروت، ط(١).
- السيوطي، مصطفى الرحيباني، **مطالب أولي النهى في شرح غاية المنتهى**، المكتب الإسلامي، دمشق ، (١٩٦١م).
- الشاطبي، أبو إسحاق، **الاعتصام**، المكتبة التجارية الكبرى، مصر.
- الشامي: صالح أحمد، **نظرات في هموم المرأة المسلمة**، ط(١)، المكتب الإسلامي، بيروت، (٢٠٠٤م).
- الشربيني: محمد الخطيب، **الإقناع**، دار الفكر، بيروت.
- الشربيني، محمد الخطيب، **مغني المحتاج إلى معرفة معاني ألفاظ المنهاج**، دار الفكر، بيروت.
- الشرواني، عبد الحميد، **حواشي الشرواني على تحفة المحتاج بشرح المنهاج**، دار الفكر، بيروت
- الشريف، محمود، **القرآن ودنيا المرأة**، ط(١)، دار المعارف، القاهرة، (١٩٩١م).
- الشعراوي، محمد متولي، **تفسير الشعراوي**، ط(١)، مطابع الأخبار، القاهرة، (١٩٩١م).
- الشنقيطي، محمد الأمين بن محمد بن المختار الجكني ،**أضواء البيان في إيضاح القرآن** بالقرآن، (تحقيق مكتب البحوث والدراسات)،دار الفكر، بيروت، (١٩٩٥م).

- أبو شهية، فادية، **ظاهرة العنف داخل الأسرة المصرية**، المركز القومي للبحوث الاجتماعية والجنائية، القاهرة(٢٠٠٣).

- الشوكاني، محمد بن علي بن محمد،**فتح القدير الجامع بين فني الرواية والدراية من علم التفسير**، دار الفكر، بيروت.

- الشوكاني، محمد بن علي بن محمد، **نيل الأوطار من أحاديث سيد الأخيار شرح منتقى الأخبار**، دار الجيل، بيروت.

- الشيباني، أبو عبد الله أحمد بن حنبل ، **مسند الإمام أحمد بن حنبل**، دار مؤسسة قرطبة، مصر.

- ابن أبي شيبة، أبو بكر عبد الله بن محمد الكوفي، **المصنف في الأحاديث والآثار**، ط(١)، (تحقيق كمال يوسف الحوت)،مكتبة الرشد، الرياض، ( ١٤٠٩هـ).

- الشيرازي، أبو إسحاق إبراهيم بن علي بن يوسف، **المهذب في فقه الإمام الشافعي**،دار الفكر ،بيروت

- الصنعاني، أبو بكر عبد الرزاق بن همام، **المصنف**، ط(٢)، ( تحقيق حبيب الرحمن الأعظمي)،المكتب الإسلامي، بيروت،( ١٤٠٣هـ).

- الصنعاني، أبو بكرعبد الرزاق بن الهمام، (ت ٢١١ هـ)، **تفسير القرآن**، ط(١)، تحقيق د مصطفى مسلم، مكتبة الرشد، الرياض.

- الصنعاني، محمد بن إسماعيل،**سبل السلام شرح بلوغ المرام من أدلة الأحكام**، تحقيق: محمد عبد العزيز الخولي،ط(٤)، دار إحياء التراث العربي، بيروت، (١٣٧٩هـ).

- ابن ضويان،  إبراهيم بن محمد بن سالم، **منار السبيل في شرح الدليل**، تحقيق عصام قلعجي، ط(٢)، مكتبة المعارف،الرياض، (١٤٠٥هـ)

- الطبراني، سليمان بن أحمد بن أيوب أبو القاسم، **المعجم الكبير**، ط(٢)، (تحقيق حمدي بن عبدالمجيد السلفي) مكتبة الزهراء، الموصل، (١٩٨٣م).

- الطبري: محمد بن جرير، **جامع البيان عن تأويل آي القرآن**،ط(١)، دار الفكر، بيروت،(٢٠٠١م)

- الطحاوي، أحمد بن محمد بن سلامة الجصاص، **مختصر اختلاف العلماء**، دار البشائر الإسلامية ، بيروت، تحقيق عبد الله نذير أحمد، ط(٢)،(١٤١٧هـ).

- ابن عابدين، **حاشية رد المختار على الدر المختار شرح تنوير الأبصار**، دار الفكر، بيروت، (٢٠٠٠م).

- ابن عاشور،محمد الطاهر، **تفسير التحرير والتنوير**،دار سحنون، تونس.

- العباسي، إياد محمد، **مضارة الزوجة بالشقاق والنزاع في ضوء الكتاب والسنة**، رسالة ماجستير غير منشورة،جامعة القدس، مودعة في قسم الرسائل الجامعية في مكتبة الجامعة الأردنية، (٢٠٠٢).

- ابن عبد البر، أبو عمر يوسف بن عبد الله النمري القرطبي، **الاستذكار الجامع لمذاهب فقهاء الأمصار**،ط(١)، (تحقيق سالم محمد عطا و محمد علي معوض)،، دار الكتب العلمية، بيروت (٢٠٠٠م).

- العبد الكريم: فؤاد بن عبد الكريم، العدوان **على المرأة في المؤتمرات الدولية**، اصدارات مجلة البيان، الرياض، (٢٠٠٥م)

- العبدري، أبو عبد الله محمد بن يوسف بن أبي القاسم، **التاج والإكليل لمختصر خليل**،ط(٢)، دار الفكر، بيروت، (١٣٨٩هـ).

- ابن العربي، أبو بكر محمد بن عبد الله، **أحكام القرآن**، (تحقيق محمد عبد القادر عطا )، دار الفكر للطباعة والنشر، لبنان.

- العدوي، علي الصعيدي المالكي، **حاشية العدوي على شرح كفاية الطالب الرباني**، يوسف الشيخ محمد البقاعي، دار الفكر، بيروت، (١٤١٢هـ).

- العقاد، عباس، **الفلسفة القرآنية**، مؤسسة دار الهلال.

- علي، كوثر كامل، **سمو التشريع الإسلامي في معالجة النشوز والشقاق بين الزوجين**، دار الاعتصام.

- عليوة، عبد الحميد محمود، **دور الأم المصرية والعربية والأجنبية في نقل الجنسية لأبنائها**، دار المطبوعات الجامعية، الإسكندرية(٢٠٠٦م).

- العواودة، أمل، **العنف ضد الزوجة في المجتمع الأردني**، رسالة ماجستير في علم الاجتماع، الجامعة الأردنية، عمان، (١٩٩٨م).

- العودات، حسين، **المرأة العربية في الدين والمجتمع**، ط(١)، الأهالي للطباعة، دمشق، (١٩٩٦م).

- العيني: محمود بن أحمد، **عمدة القاري شرح صحيح البخاري**، دار إحياء التراث العربي، بيروت.

- الغزالي، أبو حامد محمد بن محمد، **الوسيط في المذهب**، ط(١)، (تحقيق أحمد محمود إبراهيم)، دار السلام، القاهرة، (١٤١٧هـ).

- الغزالي، محمد، **قضايا المرأة بين التقاليد الراكدة والوافدة**،ط(١)، دار الشروق، القاهرة،(١٩٩٠).

- ابن فارس، أحمد بن فارس بن زكريا،**معجم مقاييس اللغة**،(تحقيق عبد السلام هارون)، ط(١)، دار الجيل، بيروت، (١٩٩١م).

- أبو فارس، محمد، **تحديد النسل والإجهاض في الإسلام**، ط(١)، دار جهينة للنشر، عمان، (٢٠٠٢م).

- فتال، اخلاص، **العنف ضد المرأة لدى سيدات متزوجات من مدينة دمشق**،مفاهيم وآثار صحية، رسالة ماجستير في طب الأسرة والمجتمع، جامعة دمشق، مودعة في قسم الرسائل الجامعية في مكتبة الجامعة الأردنية، عمان، (٢٠٠٢م).

- الفراهيدي، الخليل بن أحمد،**العين**، (تحقيق مهدي المخزومي)، دار ومكتبة الهلال.

- فرحات: محمد عبد الحميد، **دراسة مقارنة بين اتجاهات الأمهات المتعلمات وغير المتعلمات نحو ختان الإناث**، رسالة ماجستير، دراسات الطفولة، جامعة عين شمس، مودعة في قسم الرسائل الجامعية، مكتبة الجامعة الأردنية، عمان، (٢٠٠٠م)

- ابن فرحون، إبراهيم بن علي، **تبصرة الحكام**، دار الكتب العلمية.

- فوزي،محمود، **دماء المغتصبات**،ط(١)، دار نهضة مصر للنشر، القاهرة، (٢٠٠٠م).

- الفيروزآبادي، محمد بن يعقوب، **القاموس المحيط**، مؤسسة الرسالة، بيروت.

- الفيومي، أحمد بن محمد بن علي المقري، **المصباح المنير في غريب الشرح الكبير للرافعي**،المكتبة العلمية ، بيروت

- ابن قدامة، أبو محمد عبد الله المقدسي، **الكافي في فقه ابن حنبل**، المكتب الاسلامي، بيروت.

- ابن قدامه، عبد الله بن أحمد المقدسي، **عمدة الفقه**، (تحقيق عبد الله سفر العبدلي، محمد دغيليب العتيبي)، مكتبة الطرفين، الطائف.

- ابن القيم، محمد بن أبي بكر الجوزية،( ٧٥١هـ)، **تحفة المودود بأحكام المولود**،ط١،مكتبة ابن تيمية، القاهرة، تخريج محمد الحلاق، ( ١٩٩٩م).

- القاري، علي بن سلطان، **مرقاة المفاتيح شرح مشكاة المصابيح**، تحقيق جمال عيتاني،دار الكتب العلمية، بيروت، (٢٠٠١م).

- القاطرجي، نهى، **الاغتصاب دراسة تاريخية نفسية اجتماعية**،ط(١)، دار مجد (المؤسسة الجامعية للدراسات والنشر)، بيروت، (٢٠٠٣م)

- القرشي، محمد بن محمد بن أحمد،**معالم القربة في طلب الحسبة**، دار الفنون، كمبردج.

- القرطبي، أبو عبد الله محمد بن أحمد الأنصاري، **الجامع لأحكام القرآن**، دار الشعب،القاهرة.

– قريشي، آصفة،بحث **شرف المرأة**، من كتاب دعونا نتكلم، ط(١)، دار الفكر المعاصر، دمشق، (٢٠٠٢م).

– القصير، فدى عبد الرزاق، **المرأة المسلمة بين الشريعة الإسلامية والأضاليل الغربية**، ط(١)، مؤسسة الريان، بيروت، (١٩٩٩).

– القضاة، عبد الحميد، **الأمراض الجنسية عقوبة إلهية**، ط(٢)، إصدارات جمعية العفاف الخيرية، عمان، (٢٠٠٦ م)

– قطب، سيد، **في ظلال القرآن**، ط(٤)، دار الشروق، القاهرة (٢٠٠٤م).

– قعدان، زيدان عبد الفتاح، **المرأة في ظل شريعة القرآن**، ط(٢)، مؤسسة الرسالة، بيروت، (١٩٩٧م).

– قليوبي وعميرة، شهاب الدين أحمد بن أحمد بن سلامة، **الحاشيتان على شرح جلال الدين المحلي على منهاج الطالبين**، ط(١)، دار الفكر، بيروت، (١٩٩٨م).

– قياسة، ندى ،**أحكام الحمل في الفقه الإسلامي**، أطروحة لنيل الدكتوراة في الفقه من جامعة دمشق، مودعة في قسم الرسائل الجامعية، مكتبة الجامعة الأردنية، عمان، (٢٠٠٢م).

– ابن القيم،محمد بن أبي بكر أيوب الزرعي أبو عبد الله، **زاد المعاد في هدي خير العباد**، مؤسسة الرسالة، ط(١٤)، (تحقيق شعيب الأرناؤوط، عبد القادر الأرناؤوط). مكتبة المنار الإسلامية، بيروت، (١٩٨٦م).

– الكاساني، علاء الدين، **بدائع الصنائع في ترتيب الشرائع**، ط(٢)، دار الكتاب العربي، بيروت، (١٩٨٢م)

– ابن كثير، أبو الفداء إسماعيل بن عمر،**تفسير القرآن العظيم**، دار الفكر، بيروت(١٤٠١هـ).

- الكفوي، أبو البقاء أيوب بن موسى الحسيني، **الكليات معجم في المصطلحات والفروق اللغوية،** مؤسسة الرسالة، بيروت، (تحقيق عدنان درويش- محمد المصري)، (١٩٩٨م).

- الكيلاني: محمد أمين، **إنصاف المرأة في الإسلام،** ط(١)، مطابع الإيمان، (١٩٩٨).

- الإمام مالك بن أنس، المدونة الكبرى، دار صادر، بيروت.

- المالكي، أبو الحسن، **كفاية الطالب الرباني لرسالة أبي زيد القيرواني،** (تحقيق يوسف الشيخ محمد البقاعي)، دار الفكر، بيروت، (١٤١٢هـ).

- لمالكي، أبو عبد الله محمد بن أحمد بن محمد ، **شرح ميارة الفاسي،** ط(١)، (تحقيق عبد اللطيف حسن عبد الرحمن)، دار الكتب العلمية، لبنان،بيروت، (٢٠٠٠م).

- المالكي، خليل بن إسحاق بن موسى، **مختصر خليل في فقه إمام دار الهجرة،** دار الفكر، (تحقيق أحمد علي حركات)، بيروت، ( ١٤١٥هـ).

- المباركفوري أبو العلا، محمد عبد الرحمن بن عبد الرحيم، **تحفة الأحوذي بشرح جامع الترمذي،** دار الكتب العلمية، بيروت.

- المجدوب، أحمد، **اغتصاب الإناث في المجتمعات القديمة والمعاصرة،** ط(٢)، الدار المصرية اللبنانية، (١٩٩٥م).

- المحمدي، علي محمد، **بحوث فقهية في مسائل طبية معاصرة،** ط(١)، دار البشائر، بيروت، (٢٠٠٥م).

- المرداوي، أبو الحسن علي بن سليمان، **الإنصاف في معرفة الراجح من الخلاف على مذهب الإمام أحمد بن حنبل،** تحقيق: محمد حامد الفقي، دار إحياء التراث العربي،بيروت.

- المرغيناني، برهان الدين علي بن أبي بكر بن عبد الجليل، **متن بداية المبتدي في فقه الإمام أبي حنيفة،** مكتبة ومطبعة محمد علي صبح، القاهرة.

- المطرزي: ناصر بن عبد السيد، **المغرب في ترتيب المعرب،** دار الكتاب العربي.

- المغربي، أبو عبد الله محمد بن عبد الرحمن، **مواهب الجليل لشرح مختصر خليل**،ط(٢)، دار الفكر ، بيروت (١٣٩٨هـ).

- ابن مفلح، أبو عبد الله محمد المقدسي، **الآداب الشرعية والمنح المرعية**، (تحقيق شعيب الأرناؤوط)، ط(٢)، مؤسسة الرسالة، بيروت، (١٩٩٦م).

- ابن مفلح، أبو إسحاق إبراهيم بن محمد بن عبد الله الحنبلي، **المبدع في شرح المقنع**، المكتب الإسلامي، بيروت، (١٤٠٠هـ).

- ابن مفلح، أبو عبد الله محمد المقدسي ، **الفروع وتصحيح الفروع**، ط(١)، (تحقيق أبو الزهراء حازم القاضي)، دار الكتب العلمية، بيروت، (١٤١٨هـ).

- المكتب العالمي للبحوث، **الخلافات الزوجية في نظر الإسلام**، دار مكتبة الحياة، بيروت، (١٩٨٥م).

- المناوي، زين الدين عبد الرؤوف،**فيض القدير شرح الجامع الصغير**، ط(١)، المكتبة التجارية الكبرى، مصر (١٣٥٦هـ).

- المناوي، زين الدين عبد الرؤوف، **التيسير بشرح الجامع الصغير**، ط(٣)، مكتبة الإمام الشافعي، الرياض(١٩٨٨م).

- **منح الجليل شرح على مختصر سيد خليل**، محمد عليش، دار الفكر، بيروت، (١٩٨٩م).

- منصور، محمد خالد، **التداخل وأثره في الأحكام الشرعية**، ط(١)، دار النفائس، عمان،(١٩٩٨).

- الموسوعة الفقهية، إصدار وزارة الأوقاف والشؤون الإسلامية بدولة الكويت، ط(٢)،مطبعة ذات السلاسل، (١٩٨٧).

- ابن نجيم، زين الدين، **البحر الرائق شرح كنز الدقائق**، ط(٢)، دار المعرفة ، بيروت.

- النحاس: أحمد بن محمد، **إعراب القرآن**،ط(٣)، تحقيق زهير غازي، دار عالم الكتب، بيروت، (١٩٨٨م).

- النحاس، أحمد بن محمد، **معاني القرآن الكريم**،ط(١)، (تحقيق محمد علي الصابوني)، مطابع جامعة أم القرى، مكة المكرمة، (١٤٠٩هـ).

- النسائي، أحمد بن شعيب أبو عبد الرحمن، **السنن الكبرى**، ط(١)، (تحقيق عبد الغفار سليمان البنداري، سيد كسروي حسن)، دار الكتب العلمية بيروت، (١٩٩١م).

- نظام، جماعة من علماء الهند، **الفتاوى الهندية في مذهب الإمام الأعظم أبي حنيفة النعمان**، دار الفكر، (١٩٩١م).

- النفراوي، أحمد بن غنيم بن مهنا، **الفواكه الدواني على رسالة أبي زيد القيرواني**، دار الفكر.

- النووي: أبو زكريا يحيى بن شرف، **رياض الصالحين من كلام سيد المرسلين**، ط(٣)، دار الفكر، بيروت، (٢٠٠٠م).

- النووي، أبو زكريا يحيى بن شرف، **شرح النووي على صحيح مسلم**، ط(٢)، دار إحياء التراث بيروت، (١٣٩٢هـ).

- النووي، **روضة الطالبين وعمدة المفتين**،ط(٢)، المكتب الإسلامي، بيروت.

- الواحدي، أبو الحسن علي بن أحمد، **الوجيز في تفسير الكتاب العزيز**، ط(١)، (تحقيق صفوان عدنان داوودي) دار القلم، الدار الشامية، دمشق، بيروت، (١٤١٥هـ).

- الوادياشي:عمر بن علي بن أحمد الأندلسي، **تحفة المحتاج إلى أدلة المنهاج**، ط(١)، (تحقيق عبد الله بن سعاف اللحياني)، دار حراء، مكة المكرمة (١٤٠٦هـ).

- ياسين، محمد نعيم، أبحاث فقهية في قضايا طبية معاصرة، ط(١)، دار النفائس، عمان،(١٩٩٦م).

Printed in the United States
By Bookmasters